游汝杰 著

西洋传教士汉语方言学著作书目考述

增订本

上海教育出版社
SHANGHAI EDUCATIONAL
PUBLISHING HOUSE

图书在版编目（CIP）数据

西洋传教士汉语方言学著作书目考述 / 游汝杰著.
— 增订本. — 上海：上海教育出版社，2021.5
ISBN 978-7-5720-0654-8

Ⅰ. ①西… Ⅱ. ①游… Ⅲ. ①汉语方言 – 著作 – 研
究 Ⅳ. ①H17

中国版本图书馆CIP数据核字(2021)第071984号

责任编辑　毛　浩
封面设计　陆　弦

西洋传教士汉语方言学著作书目考述（增订本）
游汝杰　著

出版发行　上海教育出版社有限公司
官　　网　www.seph.com.cn
地　　址　上海市永福路123号
邮　　编　200031
印　　刷　上海展强印刷有限公司
开　　本　889×1194　1/32　印张 17　插页 4
字　　数　355 千字
版　　次　2021年5月第1版
印　　次　2021年5月第1次印刷
书　　号　ISBN 978-7-5720-0654-8/H·0021
定　　价　118.00 元

如发现质量问题，读者可向本社调换　电话：021-64377165

本书初版获得"上海市第七届哲学社会科学
优秀成果(2002—2003)"著作类一等奖

目　录

·考　述　篇·

· 研 究 篇 ·

考　述　篇

第一章
西洋传教士的方言记录和研究

1.1 序说

基督教传入中国,《圣经》译成中文,始于唐代的景教,景教即基督教的聂斯脱略派(Nestorians)。基督教史将此派看作是异端派别之一,其创始人即是聂斯脱略(又译作聂斯托利)。此派于 635 年(唐太宗贞观九年)传入中国。可惜此派的《圣经》中文译本已亡轶,其事迹见于《大秦景教流行中国碑》。此碑建于 781 年(唐德宗建中二年),碑文述及景教经典《尊经》曾被译成中文。

元代则有属天主教的也里可温教派来华传教,方济各会(Franciscans)会士梦特可维诺(Monte Corvino)神父于1294 年抵达大都(今北京),此后他一直在北京传教,于1328 年在北京逝世。他曾将《诗篇》和《新约全书》译为蒙古语(八思巴文?)。在唐代和元代,西来的传教士人数很少,他们多在君王和贵族之间活动,与平民百姓的关系不大。他们与汉语方言的接触,也无文献记载可考。

明初,中国人的民族优越感和排外倾向陡然高涨,为防蒙古人东山再起和沿海倭寇骚扰,明廷采取闭关自守政策,北方重修长城，沿海设置卫所。同时，民族主义情绪造成独尊中国传统文化的风气，而对海外事务失去兴趣。因此禁止洋教入华。

对南方邻国，包括隔海相望的邻国，自古以来大多为纳贡国，相对交往较多。西方商人和传教士也多以南洋为通道接触中国人，但最初中国政府不允许他们的船只登陆，只是开放广东台山的上川岛，而后开放澳门。耶稣会会士西班牙人圣方济各·沙勿略（Francisco Xavier，卒于 1552 年，享年 46 岁）即在上川岛传教。今此岛仍有沙勿略墓园及教堂，笔者2005 年 10 月 16 日曾到访。此后许多天主教传教士力图进入内地，但不得其门而入，只能在沿海地带逗留，一直到 1582 年罗明坚（Michael Ruggieri，1543—1607）和利玛窦（Matteo Ricci，1552—1610）才获准进入中国内地，利玛窦到 1601 年才进入北京。西洋传教士是以西洋的科学、技术和文化，而不是宗教，赢得朝廷和士大夫的欢心，从而进入内地的。

明代的天主教传教士利玛窦、罗明坚辈为了传教的方便，都曾学会中国语言文字，但是他们所学究竟是何种方言，不得而知。从他们常跟中国官员交涉来看，他们可能会说官话；从他们始居于澳门、广州一带来看，他们也可能学说粤语。明李日华在《紫桃轩杂缀》中说利玛窦"居广二十余年，尽通中国语言文字"。所通是官话或是粤语？不得其详。除了金尼阁（Nicholas Trigault，1577—1629）的《西儒耳目资》和利玛窦的《西字奇迹》可以算是研究官话的著作外，明代的传教士并没有留下记录和研究汉语方言的出版物。但应有不少手稿，藏于天主教国家的图书馆，例如罗马所藏 1602 年手稿本《闽南话—西班牙语词典》。

据马西尼(F. Masini)的研究(马西尼 2004),在利玛窦经澳门到中国之前,在菲律宾的传教士们为学会汉语和中文,已经开始努力工作了。大多数传教会,如奥古斯汀会、多明各会和耶稣会,都声称已经编写好词典,这些教会是 1565 年至 17 世纪初期抵达菲律宾传教的。第一本词典是《中国语言词汇集》(Arte y Vocabulario de la lengua China),据称编者是西班牙奥古斯汀会的 Martin de Rada(1533—1578)。他说他曾于 1575 年和 1576 年两度到福建旅行。可惜他编写的词典已逸失,与别的一些词典一样,只有书名残留至今。

这一时期编写的词典,只有少数几种至今犹存。其中一种今存罗马 Angelica 图书馆,作者是西班牙耶稣会的 Pedro Chirino(1557—1635)。这本手稿于 1602 年由作者从菲律宾带到罗马。这是一本记在笔记本上的手稿,共 88 页(其中只有 83 页有文字),包括几百条中文词语,并有某种闽南话及相应的 Castilian 西班牙语注音。这些词语对于研究中国和西方早期的语言接触是非常有用的。它也可以用于研究当时闽南话的语音和词汇特点。手稿上的汉字是文化程度不高的人写的,所以它对于验证最初出现的一些简笔字也是有用的。

西班牙的多明各会继奥古斯汀会之后来到菲律宾传教。他们是在 1578 年到达的,一直到 1626 年离开,当年他们设法登陆台湾,在 1642 年荷兰人占领台湾后,他们最终转移到中国大陆。他们在那儿所遇见的是福建人,多明各会便创制了闽南话罗马字拼音方案。

西班牙多明各会在 16 世纪末和 17 世纪初,曾将这些罗马字拼音方案用于各种宗教文献。开头在菲律宾,后来到中国大陆的多明各会编写了 16 本有关汉语词汇的著作，我们只知道这 16 本书的书名。其中非闽南话著作暂不讨论，我现在只是把其中的闽南话著作的情况略为说一说。正如上文所说，有关闽南话的著作是最早的，因为最早与传教士接触的中国人是福建人。

这些书的书名如下：

a) *Vocabulario Sinico*，又名 *Diccionario español-chino vulgar*，Miguel de Benavides（1550—1605）著；

b) *Dictionarium Sinicum*，又名 *Diccionario chino*，Domingo de Nieva（1563—1606）著；

c) *Vocabulario Chino*，Juan Cobo（? —1592）著。

还有下列闽南话词典，我们也仅仅知道其书名，大部分不知其作者是谁。

据马西尼说，其中有五种曾在马尼拉的 San Tom 大学的档案馆目验。这五种中有两种毁于 1941 年第二次世界大战时。今存以下几种应无问题。

（1）*Diccionario chino-español*。

（2）*Diccionario español-chino*。

（3）*Vocabulario de la lengua española-china*。

（4）又一种见于巴黎国家书目，书名为 *Dicionario de la legua Chin-cheo*，写于 1609 年。最初为 Abel Remusat 藏书，后为 Stanislas Julien 所收藏，最后归 L. d'Hervey de Saint Denis 所有。

（5）又一种见于大英博物馆图书馆（Add 25. 317, ff. 2a - 224b），书名为 *Bocabulario de lengua sangleya por las letraz*

de el A. B. C.，最初为 Heinrich Julius Klaproth 藏书，1863 年
7 月 11 日由大英博物馆购得。

（6）又一种见于罗马的 Angelica 书目，书名为 *Dictionarium Sino-Hispanicum*，Pedro Chirino 著，作者是在菲律宾的西班牙耶稣会会士。

前三种仅存书名，其编写的年代可能比后三种要古老得多。

第五种今藏大英博物馆图书馆，P. Van der Loon 曾研究过这本词典，并有所描述：这是一本汉语闽南话—西班牙语 Castilian 话词典，几无汉字，记录约 300 个音节，标出送气音和鼻音，但大多不标声调。P. Van der Loon 详细研究了用于 1605 年在马尼拉印刷的 *Doctrina christiana en letra y lengua china* 的罗马字拼音方案，他在梵蒂冈图书馆找到原本（Riserva，V，73，ff. 33，只有中文部分），又在大英博物馆找到该馆所藏两种稿本，在同一档案中另藏上文述及的 *Bocabulario*，还有 *Dictrina* 的两个抄本，一本有罗马字拼音和西班牙语译文（Add 25. 317，ff. 239a—279a），另一本只有罗马字拼音（Add 25. 317，ff. 281a—313a）。

P. Van der Loon 已认定 *Dictrina* 所见语言是闽南地区的潮州话，他相信 *Dictrina* 和 *Bocabulario* 的作者是 Domingo de Nieva，他也是 *Dictionarium Sinicum* 的作者，参见上文 b）。

据 P. Van der Loon 说，多明各会传教士虽然负责编写词典，但是不会读中文。然而他们创制的罗马字拼音方案系统性很强。他们用了 13 个附加的发音符号，包括用 7 个符号表

示不同的调值,用一个符号,即提升半格的 h,表示送气;另用一个符号,即斜线,表示鼻音。

上述最后一本词典(第六种)是耶稣会而不是多明各会传教士编写的。就我所知,这是 16 世纪晚期以来,耶稣会传教士所编的唯一的非官话词典。要不是利玛窦和罗明坚所编的著名的汉葡词典早十年问世,这将是第一本汉外词典。

基督教传教士在 18 世纪初年再次来中国和东南亚,在华人中间传教。最早来华的是马礼逊(Robert Morrison,1782—1834)牧师,他于 1807 年到达广州,时任东印度公司翻译。当时清政府禁止外国人在中国境内传教,他以翻译的身份得以在广州和澳门居住。他努力学习中文,热衷于翻译《圣经》。马礼逊所译《新遗诏书》(第一本至第五本)于 1823 年出版。此前曾有马殊曼(Jushua Marshman,1768—1837)译本出版。他们所译《圣经》皆用文言文,后来称这些译本为深文理译本。鸦片战争之前《圣经》的各种中国语言译本见表 1.1。

表 1.1

年代	译本书名	译本语言	原书文本	译　　　者
13 世纪初	新约全书及诗篇	八思巴文?	拉丁文?	梦特可维诺
1636	圣经直解	深文理	通俗拉丁文	阳玛诺(Emmanuel Diaz)
1739	大英博物馆稿本	深文理	拉丁文	天主教徒?

年代	译本书名	译本语言	原书文本	译　者
1750—1800	新约圣书	深文理?	英文本大英博物馆稿本	鲁士波柔（Poirot de Louis）
1811	圣经全书	深文理	英文本大英博物馆稿本	马殊曼拉沙（Joannes Lassar）
1814	新约圣经	深文理	大英博物馆稿本	马礼逊米怜（William Miline）
1823	新遗诏书	深文理	马礼逊、米怜译本?	马礼逊
1840	新遗诏书	深文理	马礼逊译本?	麦都思（W. H. Medhurst）郭富猎（Karl Friedrich）裨治文（E. C. Bridgman）小马礼逊（J. R. Morrison）

　　自清代雍正直至鸦片战争,基督教在中国的传布,在法律上是禁止的。鸦片战争之后清政府重新允许西洋传教士来华传教。大批传教士就此蜂拥而至,开头仅在沿海城市立足,在法律上外国人只能在五个"条约口岸"设立教堂做礼拜而已,并无向中国人传教或招收信徒的权利。至1844年中国人信奉天主教或基督教的禁例始告解除,但仍禁止外国人到内地传教。到1858年中美、中英、中法签订《天津条约》,才给予基

督教到内地传教的权利，此后各国传教士很快就深入内地。

　　为传教的方便，他们往往事先或就地学习当地方言，并且编写出版大量记录和研究汉语方言的著作。西来的传教士可以分为天主教和基督教（或称耶稣教），后者更热衷于用方言翻译《圣经》，直接用方言布道传教，因此对汉语方言的调查、描写和记录也更多。基督教对汉语方言学的贡献集中在19世纪40年代至20世纪40年代这一百年间。

　　天主教和基督教内部有复杂的宗派分歧。来华的传教士也因宗派的不同分属不同的传教修会。基督教传教士以英国人和美国人为多，最著名的基督教教会有：

　　长老会（Board of Foreign Missions of the Presbyterian Church）

　　抗议教派（Protestantism）

　　浸礼会（Baptist Missionary）

　　公理教会（Congregational Church）

　　美国圣公会（American Episcopal Church）

　　伦敦传道会（Foreign Mission）

　　美以美会（Methodist Episcopal Church）

　　大英教会安立甘或译为"教堂传教士协会"（Church Missionary Society）

　　内地会（China Inland Mission）

　　美国圣经会（American Bible Society）

　　大英圣书公会（British & Foreign Bible Society）

　　联合教会（Union Church）

　　巴色会（Basel Mission）

天主教传教士早在 17 世纪就开始在中国传教,天主教传教士以法国人为多。较早来华的天主教传教教会有:

公教会(Catholic Mission)

比利时传教会(Procure des Missions Belges)

异域传教会(Procure des Missions Etrangeres)

味增爵会(Procure des Lazaristes)

罗马公教会(Roman Catholic Mission)

西班牙奥斯汀传教会(Spanish Augustinian Procuration)

耶稣会(Society of Jesus)

罗马公教会(Roman Catholic Mission)

本书所谓西洋传教士不限教派。

19 世纪下半期至 20 世纪上半期来华的西洋传教士,翻译、编写、出版了种类繁多的汉语方言《圣经》译本(其中有一部分为罗马字本)和方言学著作(有罗马字对音)。这些文献记录、描写并研究了当时各地汉语方言口语,在广度、深度和科学性方面远远超过清儒的方言学著作,也是同时代的其他文献,如地方志和方言文学作品所望尘莫及的。它们对于研究近代中西学术交流、中国基督教史、汉语方言学和方言学史都有相当高的价值。利用这些文献,可以十分完整地归纳 19 世纪至少下述地点方言的语音系统:上海、苏州、杭州、金华、宁波、台州、温州、福州、厦门、莆田、汕头、海口、广州、嘉应(客话)等;整理和研究这些地点方言的词汇和语法;研究这些地点方言一百多年来语音、词汇和语法系统的历史演变。但是国内语言学界长期以来对这些宝贵的材料重视不够,了解很少,研究更少。在汉语语言学史和方言历史研究上,这基本上还是一个空白。

传教士的方言学著作大多由各教会所办的印刷所印刷出版。在1899年之前各教会自办的印刷所已有12处。其中最重要的有3所:一是美国长老会所办的"美华书馆"(American Presbyterian Press),1844年创办于澳门,1845年迁至宁波,1860年又迁至上海;二是美国浸信会所办的"美华浸信会书局",1899年创办于广州,1922年在上海设一编辑所,1926年整个书局迁至上海,书局的名称改为"中华浸会书局"(China Baptist Publication Society);三是上海徐家汇的"土山湾印书馆"。其地除有印书馆外,另有大学、天文台、图书馆、画馆、杂志社等一系列西方宗教文化设施。

这些文献大都是在上海出版的,上海本来有一个基督教著作"样书间",每一种图书都收藏5本,但毁于"文革"浩劫。原藏上海香港路3号圣书库(?)。在国内,这些著作仅有一小部分散见于上海、北京及东南沿海各省城的公共图书馆、高校图书馆和基督教图书室,况且保管不善,日渐损坏。这些文献在国内已残留无多,反而在国外的某些图书馆里收藏较多。因此调查、整理和研究这些文献,不仅是语言学家的重要课题,也可以说是文化遗产的抢救工作。对于中国学者来说更应该是义不容辞的责任。

笔者自20世纪80年代初即注意搜集此类文献,但限于条件只能零敲碎打。从1995年开始得到下列四种基金的资助,才能相对地集中时间、精力和经费,从事调查研究。先后曾在中国内地和香港、日本、美国、加拿大、英国、瑞士搜寻、摘录世界各地图书馆的有关书目,又以吴方言为主目验、摘录并复印部分原书及相关资料。

（1）日本学术振兴会（1995 年）

（2）上海市社会科学研究基金（1996 年）

（3）美国加州大学（伯克利）东亚研究所赵元任国际中国语言学研究中心（1997 年）

（4）日本丰田基金会（1999 年）

1.2　收藏

据我调查结果,方言《圣经》（不包括文理本和各种官话本）共有 700 多种；传教士的其他汉语方言学著作,包括课本、会话、词典、词汇集、语法书等,共有近 300 种；方言通俗读物也有 300 多种,所涉及的方言包括吴、闽、粤、客、赣等五大类。

这三类著作在国内外现存较多的图书馆如下：

（1）北京图书馆（今称国家图书馆）。收藏 49 种（不含方言圣经）。

（2）上海基督教三自爱国会图书室。管理不佳。原址在圆明园路,已迁华东神学院。

（3）上海图书馆徐家汇藏书楼。天主教耶稣会创建于 1847 年,年久失修,2003 年重新开放,今藏 1950 年前的外文图书 5 万册,以汉学和神学为主,收藏约 30 种。

（4）东京东洋文库。东洋文库所藏传教士汉语方言学著作（不包括圣经方言译本）甚丰,共 120 种以上,世界各地图书馆均无能与其比肩。此类著作原为莫利逊所有。莫利逊（George Ernest Morrison,1862—1920）原来是澳大利亚的医学家，后任伦敦泰晤士报驻中国特派记者。1912 年中华民国政府聘他为总统府顾问。出于职业的需要和对远东研究的兴趣以及因此产生的藏书癖，他在北京生活和工作的二十年间，竭力搜集、收藏有关中国的西文书籍，并在北京的私宅设立书库，供人阅览。晚年他将所藏图书悉数出让，而为日本企业家、东洋文库创始人岩崎久弥所购得。东洋文库有正式出版的书目，查阅其中有关书目颇为方便。笔者 1995 年和1999 年两度往访，都曾承早稻田大学古屋昭弘教授的协助。

（5）日本仙台的东北大学图书馆。藏有 19 世纪出版的广东话《圣经》35 种以上。这些《圣经》本来是 J. Dyer Ball（1847—1919）的私人藏书，每一本上都有他的亲笔签名。J. Dyer Ball 曾在广东传教，并曾出版多种广东话和客家话著作。笔者 1995 年到访时，曾承该校花灯正宏教授和博士生野间晃协助。

（6）日本的天理大学图书馆。藏有三十来种西洋传教士的汉语方言学著作，其中方言《圣经》10 种。书目卡片与书库的实际收藏不符，可能有的圣经未制成卡片。其中有一部分本来是志贺正年的私人藏书。志贺正年生前曾著有《中文译方言圣书的基础研究》一书，此书以作者所见日本所藏中文《圣经》为基础写成。"天理"是关西地区一个宗教（天理教）城市。笔者 1995 年到访时，曾承该校村上嘉英教授的协助。

（7）日本的同志社大学图书馆。藏有 15 种以上方言《圣经》，其中 19 世纪出版的有 4 种。大多本来是小川环树的私人藏书，为他 20 世纪 30 年代在上海求学时所购置，后转让该大学。笔者 1995 年到访时，曾承该校木津祐子老师的协助。

（8）日本京都大学图书馆及该校人文科学研究所图书馆。笔者 1995 年到访时，曾承该校平田昌司教授的协助。

（9）美国圣经会（American Bible Society）。成立于 1816 年，会址几经搬迁，今在纽约百老汇街 1865 号（Broadway 1865，New York，USA）。其图书馆收藏了用世界上各种语言出版的圣经及单篇 5.2 万种，其数量与英国圣经会不相上下。其中属汉语方言（不含官话）的有 140 种以上，最为珍贵的是 15 世纪中国开封府的犹太人社区所使用的圣经（*Torah scroll*）。该图书馆有两种主要的出版物：一是 *The Book of Thousand Tongues*，按语种分类，列出全世界已经出版的圣经及单篇书目，并对各语种圣经有简要的说明。此书 1938 年初版，1972 年二版，目前正在进一步修订之中，拟出第三版，书名将改为 *The Book of Two Thousand Tongues*。第一版收 1 018 种语言圣经片段，另有对各种语言的简略说明，外有盲文（包括中国国语盲文）实例。书末有语言和方言名称索引；二是 *Scriptures of the World*（*United Bible Society*，1996）按语种、出版的国家或地区、出版的年月，列出《圣经》及单篇书目，并有多种统计表格和地图。该书须预约才能在馆内阅览。笔者 1999 年 11 月到访时曾承该馆馆长助理 Dr. Liana Lupas 的协助。

（10）纽约公共图书馆（The New York Public Library）下属的人文和社会科学图书馆（Humanities and Social Sciences Library）。馆址在纽约第五大街。19 世纪以后传教士的方言学著作藏该馆的东方部（Oriental Division），数量较少。在馆内阅览不需任何证件。

（11）美国加州大学伯克利分校东亚图书馆。该馆所藏两种稿本为海内外孤本,极为珍贵。

一是秦右（Benjamin Jenkins）所撰 *Lessons in the Shanghai Dialect*（《上海土白》,1850 年,22 厘米）每课每句都先出汉字,再用罗马字和另一种土音新字逐字翻译。课文内容据 Ollendorff 系统,罗马字据 Keith 系统,拼音系统据高第丕土音新字。全书约有一半有手写的英语译文,写在插页上。此书是毛边纸毛笔手抄本,分六卷合订成一本。书脊上有“上海土白”四字,可能是藏书者傅兰雅所题。

二是《上海土白》,22 厘米。毛笔手抄,未标页码,只有汉字,但开头五页以铅笔用罗马字逐字注音。第一页有“John Fryer, Shanghai。上海傅兰雅”字样的印章。据第一页钢笔题字,此书英文名作 *Lessons in the Shanghai Dialect*,内容可能参照 Ahn 的法语课本,作者是 Dr. R. Jenkins 或 Rev. J. Wherry,约编于 1865 年。全书分三十一课。

笔者 1997 年到访时曾承中文部主任助理赵亚静的协助。

（12）英国圣经会（British Bible Society）。除收藏许多正式出版的方言圣经以外,还藏有一些稿本。此会的前身是“大英国和外国圣经会”（British and Foreign Bible Society）。会址及藏书原在伦敦多利亚皇后街一教堂内。原址如下：

Bible Society

148 Queen Victoria Street, London EC4V 4BX, England

会址后迁至 Swindon（Stonehill Green, Westlee, Swindon, SN5 7DG）,藏书转至剑桥大学图书馆代管。须与英国圣经会预约,才能到剑桥大学图书馆阅览。该会 1975 年曾打字印刷

Hubert W. Spillett 所编的中国语言圣经目录，即 *A Catalogue of Scriptures in the Languages of China*。此目录所收以大英国和外国圣经会所藏为主，加上美国圣经会、苏格兰圣经会等圣经会的书目，包括四大部分：文理和官话译本、大陆汉语方言译本、大陆少数民族语言译本、台湾各种语言译本。其中属汉语方言（不含官话）的有 315 种以上，所藏数量为各大图书馆之冠。笔者 1999 年 8 月到访时曾承该会高级资料员 Ms. Ingrid Roderick 和剑桥大学中文部主任 Mr. Charles Aylmer(艾超世)的协助。

(13) 大英图书馆(British Library)。始建于 260 多年以前，1999 年迁入新址伦敦 Euston 路 96 号。部分精华藏品原藏大英博物馆(British Museum)。在其东方和印度文库(Oriental Collection)内收藏若干西洋传教士的早期汉语方言学著作和方言圣经，以前者为多。所藏比纽约公共图书馆多，其中宁波话《英华仙尼四杂字文》(Seen-ne-hwa-sze, *An English and Chinese Vocabulary* [*in the Ningbo Dialect*]，定海，线装本，1846 年) 少见于别地图书馆。分天文、人事等 72 门，梵文、汉字、宁波话（用汉字写）和英文对照。作者是印度马德拉斯(Madras)人，是一位有名的学者。须凭介绍信申请阅览证方可入内阅览。

(14) 瑞士的巴色(Basel)教会。现存客家方言圣经以此会的档案馆（又称文献中心）所藏最为完备，原因是客家方言区的传教士多来自巴色教会。他们最初在香港的客家人中间传教，然后北上到广东的嘉应州一带传教。除收藏圣经外，也收藏有关客话的课本、词典、语法书等，皆用德文解释。这个档案馆可以说是客家方言历史语料的宝库。此会所藏别种汉语方言的圣经不多。总共收藏 33 种以上客方言圣经，其他汉语方言学著作 17 种以上。藏书在教会的地下室书库。此地下室由政府资助，1984 年前建成，有厚墙，能防火、防水，甚至防核。藏书 5 万册，包括手稿，如客家话《俗话撮要》。所藏圣经等图书以印度文字为最多，其次为中文（包括罗马字）。该室有一种历年补充手写的散页书目，字迹模糊，装在活页夹内，翻检不甚方便。巴色（今译巴塞尔）是瑞士一城市，与法国交界。当地属瑞士德语区。巴色会于 1920 年改称为"崇真会"，今仍见于中国香港。日本学者桥本万太郎和法国学者柯理斯（Christine Lammarre）曾于 20 世纪 70 年代和 1996 年先后访问巴色会。中国学者到巴色会寻找客家方言圣经等，笔者算是第一人。笔者 1999 年 8 月到访时，曾承该会档案馆主任 Mr. Jenkins 和副主任 Mr. Buess 的协助。

（15）荷兰莱登大学国际汉学研究所图书馆。此馆收藏一种客家话俗语手稿（1860 年）和一种闽南话俗语词典手稿（1878 年）。笔者 2004 年 9 月到访时曾承荷中翻译家、该馆兼职人员高柏（P. N. Kuiper）先生的协助。

（16）笔者曾于 1995 年至 2004 年到上述图书馆调查研究。

美国哈佛大学燕京图书馆（Harvard-Yenching Library）收藏也颇丰，笔者惜未到访。据书目，哈佛大学图书馆，包括燕京、外德纳（Widener Library）和霍顿（Houghton Rare Book Library）三馆，收藏汉语方言《圣经》61 种，其他方言学著作 52 种（张美兰 2013）。

此外,笔者还曾在下述国内外图书馆搜寻有关资料:

广东省立中山图书馆

广州中山大学图书馆

福建师范大学图书馆

厦门大学图书馆

北京大学图书馆

宁波市立包兆龙图书馆

温州市立图书馆

香港基督教圣经图书馆

香港道风山基督教丛林

香港基督教天道书楼

日本基督教圣经图书馆

日本东京大学中文系图书室

美国旧金山神学院联合图书馆

美国斯坦福大学图书馆

美国威斯康星州州立大学麦迪逊校区图书馆

美国纽约神学院图书馆

美国哥伦比亚大学图书馆

加拿大英属哥伦比亚大学亚洲学系

美国华盛顿大学亚洲图书馆等。

这些图书馆都有些零星的收藏。

(17)长老会历史学会(the Presbyterian Historical Society)藏有来华传教士手稿和资料。已有这批手稿的"导读"出版。此学会的地址如下:425 Lombard Street,Philadelphia, U. S. A. 。笔者因限于经费惜未往访。

1.3　西洋传教士汉语方言学著作概述

近代和现代西洋传教士记录和研究汉语方言的著作可以分为三大类：《圣经》译本、其他方言学著作（包括方言词典、方言课本等）、通俗读物。下面逐一讨论。

1.3.1　《圣经》方言译本概述

《圣经》的汉语译本从语种的角度可以分为五大类：一是文言译本，或称为"深文理译本"；二是浅文言译本，或称为"浅文理译本"；三是官话译本，或称为"白话文译本"，又因地点方言不同而有南京话译本、汉口官话译本等之分；四是土白译本，或称为"方言译本"；五是国语译本，国语新旧约重译本于1939年出版。表1.2为各种用中国文字翻译的方言圣经出版的最早年代。

表 1.2　方言《圣经》出版的最早年代

语　种		《圣经》单篇	《新约》	《圣经》全译本
甲	官话			
	深文理	1810 年	1814 年	1822 年
	浅文理	1880 年	1885 年	1902 年
	直隶	1862 年	1877 年	1894 年
	北京		1866 年	
	胶东	1918 年		

续　表

	语　种	《圣经》单篇	《新约》	《圣经》全译本
	汉口	1921 年		
	南京	1854 年	1857 年	
	山东	1892 年		
乙	吴语			
	上海	1847 年	1872 年	1908 年(旧约)
	苏州	1879 年	1881 年	1908 年(旧约)
	宁波	1852 年	1868 年	1901 年(旧约)
	杭州	1890 年		
	金华	1866 年		
	台州	1880 年	1881 年	1914 年(旧约)
	温州	1892 年	1902 年	
丙	闽语			
	厦门	1852 年	1856 年	1884 年(旧约)
	福州	1852 年	1856 年	1888 年(旧约)
	汕头	1875 年	1898 年	1922 年
	潮州	1888 年	1915 年	
	兴化	1892 年	1900 年	1912 年
	建阳	1898 年		
	邵武	1891 年		
	海南	1889 年		

续　表

	语　种	《圣经》单篇	《新约》	《圣经》全译本
丁	赣语			
	建宁	1896 年	1896 年	
戊	客家话			
	客家	1860 年	1883 年	1916 年
	五经富	1910 年	1919 年	
	汀州	1919 年		
己	粤语			
	广州	1862 年	1873 年	1894 年
	连州	1904 年		

　　近代第一本《圣经》汉语译本于 1822 年出版，译者是英国传教士马殊曼和拉撒（J. Lassas）。英国传教士马礼逊的译本于次年出版。这两种译本皆用文言。美国传教士高德（Josiah Goddard，中文又名高雪山）将马士文译本加以订正，改用浅显文言，于 1853 年出版。第一本白话文（官话土白）译本是 1857 年在上海出版的。此后于 1872 年至 1916 年相继有多种官话《圣经》出版发行。长老会传士并于 1907 年的全国大会上议决停止使用文言翻译《圣经》。一般认为白话文运动是"五四"之后才开始的，其实官话土白《圣经》早已使用道地的白话文，不过对后来的白话文运动似乎没有直接的推动作用。当时的宗教界（基督教）和知识界还是相当隔阂。但是白话文运动及后来的国语推广工作反过来却对《圣经》翻译产生了决

定性的影响。由于白话文运动和国语推广工作的不断开展和成功，20世纪30年代以后官话和合本（1907年初版，一说1919年初版）和国语译本就逐渐取代了方言译本。就笔者所知，目前只有香港的五旬节教会仍使用广东话《圣经》。

方言土白的《圣经》全译本有十种：上海、苏州、宁波、台州、福州、厦门、兴化、广东、汕头、嘉应（今梅州）。下述两种方言只译出《新约》：建宁、温州。

土白译本从文字种类的角度可以分为三大类：一是方块汉字本；二是罗马字本；三是其他拼音符号本。最早出版的土白方块汉字本是1847年在上海出版的上海土白《约翰福音书》；最早出版的土白罗马字本是1852年在宁波出版的宁波土白《路加福音书》和同年在广州出版的广州土白《约翰福音》；用其他拼音符号翻译出版的土白译本寥寥无几，有五种福州土白译本是用国语注音符号（1913年读书统一会制定时称为"注音字母"）拼写的，另有一种早期的上海土白译本是用高第丕（Tarleton Perry Crawford）设计的拼音符号。这种符号也曾用于撰写非方言学著作，如《三个小姐》。

就标点符号而言，方块汉字本可分为标点和句逗两种。有的句逗本只有逗号，而无句号。罗马字本分词连写，采用英文标点符号，有的还用发圈法表示字调。只有书名和版权页有英文和方块汉字。

土白译本从方言种类的角度可以分为吴语、闽语、粤语、客话和赣语五大类。前两大类又包括若干小类。各小类的名目和数量见表1.3。

表1.3　方言《圣经》数量分类分地统计

	方　言　名　称	汉字本	罗马字本	其他译本	分类合计
甲	吴语				
	上海	45	18	2	65
	苏州	19	9	1	29
	宁波	14	39	0	53
	杭州	2	2	0	4
	金华	0	1	0	1
	台州	2	22		24
	温州	0	5	0	5
乙	闽语				
	厦门	6	61	0	67
	福州	47	77	5	129
	汕头	17	44	0	61
	潮州	0	3	0	3
	兴化	2	21	0	23
	建阳	0	2	0	2
	邵武	0	2	0	2
	海南	0	16	0	16
丙	赣语(建宁)	1	9	0	10
丁	客话[嘉应(今梅州)]	46	25	0	71
戊	粤语				
	广州	138	14	0	152
	连州	4	0	0	4
总计		343	370	8	721

由表 1.3 可知,有土白《圣经》译本的地点方言,属吴语的有 7 种,属闽语的有 8 种,属粤语的有两种,属赣语和客话的各一种,共 19 种。客话内部有香港客话、五经富客话、嘉应客话等差异,不过差异不算大,这里合为一种处理。就译本的数量而言,广州最多,有 152 种,其次为福州、嘉应(今梅州)、厦门、上海、汕头、宁波、台州、苏州、兴化、海南、建宁、温州、连州、杭州、潮州、建阳,以金华最少,只有 1 种。以上共计 721 种。

各大类方言译本的数量及所占百分比(四舍五入)见表 1.4。

表 1.4　各大类方言译本的数量及所占百分比(四舍五入)

	方言名称	汉字本	罗马字本	其他译本	合计	百分比
甲	吴语	82	96	3	181	25.1%
乙	闽语	72	226	5	303	42%
丙	赣语(建宁)	1	9	0	10	1.4%
丁	客话	46	25	0	71	9.9%
戊	粤语	142	14	0	156	21.6%
合计		343	370	8	721	
百分比		47.6%	51.3%	1.1%		100%

由表 1.4 可知,罗马字本略多于汉字本。各大方言译本的数量,则以闽语为最多,占 42%,其次为吴语、粤语、客话,最少的是赣语。湘语和徽语的译本则还没有发现。其中罗马字本也以闽语最多,吴语次之。

各大方言《圣经》最早的出版年代见表1.5。

表 1.5　各大方言《圣经》最早的出版年代比较

	方言名称	《圣经》单篇	《新约》	《旧约》	《圣经》全译本
甲	吴语	1847/1853	1872/1868	1901/1901	1913/1914
乙	闽语	1852/1852	1856/1869	1888/1884	1884/1891
丙	赣语(建宁)	1896/1897	—/1896	—/—	—/—
丁	客话	1881/1860	1883/1883	1916/—	1923/—
戊	粤语	1862/1867	1873/1906	1907/—	1907/1907

表中年代斜线前为汉字本,斜线后为罗马字本。

教会罗马字在各地不识汉字的教徒中间是颇受欢迎的。教会罗马字实际上不仅用于基督教的传教活动,民间也曾将它用作通信的工具,特别是在闽南话地区,极盛时每三封信中就有一封是用这种"白话字"写的,信封用白话字写,邮差也能送到。内地会传教士路惠理(W. D. Rudland,中文名又作"卢兰")在 1904 年写道:"台州是个多文盲的地方。当地基督徒很欢迎罗马本,其中许多人,甚至老太太,都已经学会用罗马字拼写,并且可以自由通信或跟我们通信。"罗马字本《圣经》的读者究竟有多少,并没有统计资料,但是可以从销售量作些推测。从 1890 年至 1920 年 30 年间各地共销售《圣经》和《旧约全书》1.8 万多本,《新约全书》1.5 万多本。以上销售量不包括《圣经》单篇,而单篇的数量要大得多。

以下从官话土白和广东话的《圣经》译本中摘出一段(见于《新约·路加·第二十二章》),以见方言《圣经》的面目。标点符号为笔者所加,原文只有顿号和句号。

众拏住耶稣,带到大祭司家里去,彼得远远的跟着。众人在院子里生火,一同坐着,彼得也和他们坐在那里。有一个使女看见彼得坐在那里烤火,注目看他说:"这个人也是跟随耶稣的。"彼得不承认,说:"女子,我不认得他。"

——摘自《新约全书》(官话)(大英圣书公会,1905 年)

佢哋捉住耶稣,拉佢到大祭司嘅住家,彼得远远跟住。佢哋在院中透着火,同埋坐处,彼得亦坐在佢哋之中。有个女工人睇见坐火光处,就定眼望住佢,话:"呢个都系同埋个个人嘅。"但彼得唔认,话:"女人呀,我唔认得佢。"

——摘自《新约全书》(广东话新译本、美国新译英文,美国圣书公会,1927 年)

《圣经》的方言译本不仅对于研究方言历史是极宝贵的文献资料,而且也便于各地方言的比较研究。因为各种方言译本的内容完全相同,翻译事工非常谨慎严肃,因此可以逐词比较词汇,逐句比较句法。就此而言,没有别的文献材料的价值会超过《圣经》的方言译本。例如逐句对照《路加福音》(22 章 54—56)官话、粤语、上海话、客家话和苏州话的译文,不必参考别的资料,也很容易看出这除官话以外的四种方言在词汇和句法方面的差别(见表 1.6)。前三项是词汇差异,后四项并与语法差异有关,即否定形式、所有格、人称代词复数和时态。

表 1.6　官话与四种方言的词汇对照

英　文	he	look	know	no	of	they	follow
官话(1905)	他	看	认	不	的	他们	跟着
粤语(1927)	佢	睇	识	唔	嘅	佢哋	跟住
上海话(1923)	伊	看	认	勿	个	伊拉	跟拉
客家话(1923)	佢	看	识	唔	个	佢等	跟紧
苏州话(18??)	俚	看见	晓得	弗	个	俚笃	跟子

1.3.2　其他方言学著作概述

除了方言《圣经》译本之外,西洋传教士的其他方言学著作包括语音学论著、词典类著作、课本类著作和语法书四大类。这四大类书涉及吴、闽、赣、粤、客五大方言,包括以下地点方言:上海、宁波、杭州、温州、苏州、台州;福州、厦门、汕头、海南、潮州;建宁、广州、三江、东莞、澳门、顺德、新会;嘉应(今梅州)。

各类书在各地点方言的数量见表 1.7。

表 1.7　方言学著作分类分地数量统计

	方言名称	语音学	词典类	课本类	语法类	合　计
甲	吴语					
	上海	5	27	25	3	60
	苏州	3	0	0	0	3
	宁波	5	2	5	0	12
	杭州	3	0	1	0	4
	金华	0	0	1	0	1

续　表

	方言名称	语音学	词典类	课本类	语法类	合　计
	台州	1	0	0	0	1
	温州	3	1	2	0	6
乙	闽语					
	厦门	4	20	9	0	33
	福州	5	11	3	0	19
	福安	0	1	0	0	1
	汕头	2	0	4	1	7
	漳州	0	2	2	0	4
	潮州	1	13	1	0	15
	邵武	2	0	0	0	2
	海南	2	2	1	0	5
丙	赣语建宁	1	1	0	0	2
丁	客家话	4	12	21	1	38
戊	粤语	11	46	36	3	96
己	湘语长沙	1	0	0	0	1
合计		55	136	111	8	310

各类著作在各大方言中的数量见表1.8。

表 1.8　各类著作在各大方言中的数量比较(四舍五入)

	吴语	闽语	粤语	客家话	赣语	湘语	合计	百分比
语音类	22	16	11	4	1	1	55	17.8%
词典类	28	49	46	12	1	0	136	43.9%

续　表

	吴语	闽语	粤语	客家话	赣语	湘语	合计	百分比
课本类	34	20	36	21	0	0	111	35.8%
语法类	3	1	3	1	0	0	8	2.6%
合　计	87	86	96	38	2	1	310	100%
百分比	28.1%	27.8%	31%	12.3%	0.7%	0.3%	100%	

从表1.8可知,这一大类著作一共有310种,就方言的种类而言,以粤语为最多,有96种,占31%,其次依次为吴语、闽语、客家话、赣语和湘语。就著作的内容而言,以词典类最多,有136种,占43.9%;其次为课本类、语音类;语法类最少,总共只有8种,表中所载吴语3种实际上都是上海话。除了极少数的几种之外,这些著作都是在鸦片战争和沿海城市相继开埠之后陆续出版的。

语音类著作大多是单篇论文。这些论文大多是描写和分析地点方言的语音系统的,每篇大致包括方言使用概况(地域、人口等)、声韵调的记录和分析、标音比较表、音节表等。截至1884年至少已经发表有关下述方言语音的论文:北京、福州、扬州、广州、汉口、梅县、川东、温州。这些论文多发表于《中国评论》(China Review)杂志(1972年至1901年社址在香港,后迁上海)、《中国传教事工年报》(China Mission Year Book)、《中国丛刊》(Chinese Repository)和《教务杂志》(China Recorder)这四种刊物上。最早出版的是怀特(Moses Clark White)所著 The Chinese language spoken at Fuh Chau(《福州话》),Concord, N. H. , Missionary Society of the Methodist General Biblical Institute，44 页，1856。

　　传教士所撰词典都是双语词典，词条大多用汉字或罗马字写出，再用英文、法文、西班牙文、葡萄牙文或荷兰文释义，其中用英文和法文释义的为绝大多数。最早出版的词典是马利逊所著的《广东省土话字汇》(*A Vocabulary of the Canton Dialect*)，此书未标页码，分上下两册，应有 600 多页，1828 年出版。厦门话词典共有 10 种以上，分别用英文、西班牙文和荷兰文释义。现以出版最早的一本厦门话词典为例，说明此类词典的特点和价值。

　　英国长老会传教士杜嘉德(Carstairs Douglas)所撰《厦英字典》(*Chinese English Dictionary of the Vernacular of Vernacular of Spoken Language of Amoy*)，于 1873 年由伦敦 Truber 公司出版，正文前的自序述及写作经过。作者 1855 年到厦门，为了学习当地方言，抄录已故美国传教士 J. Lloyd 的词汇手稿以及另两位传教士所撰手册中的词汇。几年之后又用伦敦传教会 A. Stronach 所撰字典手稿校核，并且加入当地方音字书中所收词汇，主要是记录漳州方言的《十五音》。又与当时已经出版的麦都思(W. H. Medhurst)所撰字典及玛高温(MacGowan)所撰手册作比较，不过所取甚少。从写作过程来看，作者尽量吸收前人的研究成果，态度是很认真、谨慎的。作者认为这本字典的最大缺点是词目不用汉字，只用拉丁字母注音，释义全用英文。原因是大约有四分之一到三分之一的词，没有找到相应的方块汉字，此外在印刷上也有些困难。不过就记录方言口语词汇来说，没有汉字的束缚，而用纯粹的语音符号，反而有利于反映词汇的真实语音面貌。

这本词典初版以后 50 年，即 1923 年，另一位传教士 Thomas Barcley 增补词条，并用中文译出，由上海商务印书馆出版。

中国最早的方言课本即是西洋传教士在鸦片战争之后编写。早期传教士编写课本类著作的直接原因是为了方便后来的传教士学习当地方言，但是后来实际的使用范围有所扩大，特别是在沿海的几个开放城市，外国的海关人员、医生、商人、租界的警察和政府工作人员也使用这些课本。它们对方言学的价值主要有三方面：一是课本提供了当时方言忠实可靠的语料；二是课本用罗马字母拼音，因此必定保存当时的拼音系统，即语音系统；三是从对课文中有关语法问题的解释或注解，可以看出方言的语法面貌。

最早出版的课本是裨治文（Elijah Colemn Bridgman，1801—1861）所著的 A Chrestomathy in the Canton Dialect，1839，274 页（另有 1841 年序刊本，共 697 页）。还值得一提的是，笔者在美国加州大学伯克利分校东亚图书馆发现一本上海话课本的手抄本，这是最早的一本上海话课本，大约写于 1850 年，用毛笔抄在毛边纸上。每课先出汉字，再用罗马字注音，又用高第丕拼音系统双重注音。共分三十一课，604 页。

方言语法书都是参照英文语法编写的。最早的一本是艾约瑟著《上海口语语法》，伦敦布道团 1853 年初版，上海长老会 1868 年再版（Joseph Edkins，A Grammar of Colloquial Chinese，as Exhibited in the Shanghai Dialect，Shanghai：London Mission Press，248 页，1853；第 2 版，225 页，1868）。

此书用英文写成,在汉语方言学史上,这是第一本研究语法的专著。作者中文名艾约瑟(1823—1905),是英国人,传教士,东方学家,1848 年来上海任教职,并研究中国宗教和语言。语言学著作除本书外还有《官话口语语法》、*China's Place in Phonology: An Attempt to Show That the Languages of Europe and Asia Have a Common Origin*(London, Trubuner & Co.,1871,403 页,20 厘米)。全书分三部分,第一部分"语音",只占全书四分之一。用拉丁字母标音,并通过与西方语言作比较,说明音值。除分析声母、韵母和声调外,还讨论连读字组的重音。附有上海话和官话韵母对照表。作者对上海方音的审音和分析相当细致,十分准确。第二部分是"词类",第三部分是"句法"。这两部分是全书主干,分为三十课。课文按语法要点安排,例如第一课是"量词",第二课是"指示代词"。用英语语法框架分析上海口语语法。例如第六章描写动词的语法变化,即以"吃"为例,先介绍陈述语气,包括一般现在时、现在进行时、一般过去时、过去进行时、过去时强调式(如"我是吃个")、完成时、过去完成时、将来时,再介绍命令语气(如"吃末哉"),最后介绍词尾(如"吃仔",又如"'个'或'拉个'用在动词后,使动词变为形容词:种拉个稻、话拉个物事")。

此外,传教士在他们的著作中也常常提出对汉语方言分类的见解。见于下述几种著作:艾约瑟的《官话口语语法》(Shanghai:London Mission Press,1857,264 页)、吴思明(Simeon Foster Woodin,1833—1896)所撰的《传教会议录》(*Records of Missionary Conference*,1890)、潘慎文(A.

P. Parker）为 Giles 的汉英词典所写的序言、Mullendorf 1896 年在《中国传教事工年报》上发表的文章。Mullendorf 把汉语方言分为四大类：粤语（广东话、客家话）、闽语（漳州话、潮州话、福州话）、吴语（温州话、宁波话、苏州及上海话）、官话。他在 1899 年出版的 *Classification des Dialects Chinois*（Inprimeimerie de la Mission Catholique de Nin-po，1899，34 页，24.5 厘米）一书中，将汉语方言分为 16 种：北京（北方）、南京（中部）、湖北（西南）、杭州、扬州、徽州、苏州、上海、宁波、金华、温州、福州、厦门、汕头、客话、广州。有陶渊明《归去来辞》16 地语料。其分类法反而没有 1896 年的分类合理。传教士还曾绘制过一张汉语方言分布图，见于《中华归主——中国基督教事业统计（1901—1920）》一书，此书有《中国的语言和方言》一节，分省说明方言分布，述及各方言使用人数，并附方言地理分布图。图上今湘语、赣语归官话区，吴语区包括皖南及赣东，闽语包括浙南一带，较《中华民国新地图：语言区域图》（1934 年）准确。这是中国第一张汉语方言区域图，文字说明部分将汉语方言分为四大类，即：

官话：官话本身、客家话、杭州话、海南官话、其他变种。

吴语：苏州话、上海话、宁波话、台州话、金华话、温州话、其他。

闽语：建阳话、建宁话、邵武话、福州话、汀州话、兴化话、厦门话、海南话、其他。

粤语：汕头话、客家话、三江话、广州话、其他。

值得注意的是，作者将客家话和杭州话归入官话。客家话又在粤语一类中出现,可见作者举棋不定。将汕头话归属粤语,也成问题。作者在别处指出,"汕头地区通用一种类似闽南话的土语",则较接近事实。

1.3.3　通俗读物

通俗读物的内容可分为基督教教理解说、故事、地理、算术等,内容庞杂,难以统称概括,笔者暂且冠以"通俗读物"之总名。所用文字有汉字本、罗马字本、其他拼音文字本;方言种类有吴语、闽语、粤语、客家话。数量共有几百种之多。出版年代较早,大多出版于19世纪后半叶。最早的一种是出版于1844年的上海土白《祷告式文》(31叶),是从文理本翻译的。

现将笔者至今搜集到的这些读物的方言种类、文字种类及所占百分比统计如下,见表1.9和表1.10。

表 1.9　通俗读物的方言和文字种类分地数量统计表

	方言名称	汉字本	罗马字本	其他译本	分类合计
甲	吴语				
	上海	66	17	7	90
	苏州	6	0	0	6
	宁波	12	42	0	54
	杭州	3	1	0	4
	崇明	1	0	0	1
乙	闽语				

续　表

	方言名称	汉字本	罗马字本	其他译本	分类合计
	福州	48	36	0	84
	厦门	24	70	0	94
	潮州	2	2	0	4
丁	客家话	34	20	0	54
戊	粤语				
	广州	19	0	0	19
总计		215	188	7	410

表 1.10　通俗读物的方言和文字种类百分比表(四舍五入)

方言名称	汉字本	罗马字本	其他译本	分类合计	％
吴语	88	60	7	155	37.9
闽语	74	108	0	182	44.4
客话	34	20	0	54	13.2
粤语	19	0	0	19	5
合计	215	188	7	410	100
％	52.4	45.9	2		

以方言种类分,闽语最多,占 44.4％,吴语其次,占 37.9％。以文字种类分,汉字本(52.4％)略多于罗马字本(45.9％)。

通俗读物按内容可分为以下九个类别。

(1) 基督教教理解说,例如:

《使徒言行传》,汉字本,1890 年,上海土白。

《耶稣言行传》,汉字本,1894 年,上海土白。

《入耶稣小引》,C. C. Baldwin 著,福州亚比丝喜美总会,1854 年初版。

《真理三字经》,夏查理著,26 页,福州美华书局,1875 年。

(2) 祷告文,例如:

《众祷告文》,汉字本,1864 年,宁波土白。

《祈祷文式》,汉字本,1874 年,福州土白。

《公祷书》,汉字本,1872 年,杭州土白。

《祷告式文》,汉字本,1844 年,上海土白。

(3) 赞美诗,例如:

《赞美真神诗》,罗马字本,1851 年,宁波土白。

《启蒙诗歌》,53 叶,广州,1863 年,有 116 首诗歌,粤语。

《榕腔神诗》,福州美华书馆,1865 年,作者是 Burns & Williams,罗马字。

《漳泉神诗》,杜嘉德著,39 页,厦门,1862 年,用厦门地区方言写,罗马字。

(4) 儿童启蒙书,例如:

《蒙童训》,26 叶,浦东问凤翔刊印,1857 年,从英文原本译出,上海话。

《启蒙浅学》,198 页,巴色,1879 年,21 厘米,罗马字本,客家话。

《训幼韵文》,126 页,宁波话,1858 年,罗马字本。

(5) 故事书,例如:

《张远两友相论》,16 叶,广州,1862 年,粤语。

《贫女勒诗嘉》,47 页,福州美华书局印,1878 年,福州话。

《一杯酒》*Ih-Pe Tsiu*,12 页,宁波,1852 年,罗马字本,宁波话。

《三个小姐》,25 叶,上海,1856 年,上海话。

《伊娑菩喻言》(伊索寓言),78 叶,上海,1856 年,高第丕拼音,上海话。

《笔算个初学》(一、二),萃经堂,1897—1900 年,罗马字,闽南话。

《笔算法》,309 页,1875 年前,罗马字本,算术和几何教科书稿本,客家话。

另有故事书《阿爹替儿子算账》附此供参考。

(6)算术,例如:

《阿爹替儿子算账》(*A Father Instructing His Son on Setting Accounts*),12 页,宁波,出版年代未详,罗马字本,Russell 太太著。

(7)科普,例如:

《化学》,11 章,32 页,1906 年,罗马字,福州话。

《天文道理》,1903 年,罗马字,闽南话。

《身体理的总论》,萃经阁,1896 年,罗马字,闽南话。

《天文问答》,23 叶,1854 年,福州话。

(8)古典文献方言翻译,例如:

《论语》,上海,1861 年,罗马字本。标记所有声调,用文读音(according to Shanghai reading sound)。

《大学》,上海,1861 年,罗马字本。标记所有声调,用文读音(according to Shanghai reading sound)。

《中庸》,上海,1861 年,罗马字本。标记所有声调,用文读音(according to Shanghai reading sound)。

《大学、中庸字音解说》,鼓浪屿,1902 年,罗马字,闽南话。

此类注文读音,甚为珍贵。据此可研究各地方言 19 世纪文读音系统。

(9) 地理,例如:

《地理书》(Geography),185 页,宁波,分三篇,1852 年,罗马字本,宁波话地理教材。

《地理 e5 头绪》,厦门,1888 年,罗马字。

《地理志问答》,美国博马利亚著,上海美华书馆摆印,1896 年,64 叶。

《地球图、五大洲图、本国图、本省图、本府图、圣经地图、地理问答、地名找引》,10 页及 10 大幅折页地图,宁波,1853 年。罗马字。宁波土白。

以上九大类内容庞杂,以神学为多,如《进教要理问答》(上海,1846 年,73 叶。含 93 个问题,从文理本译成上海土白本)、《圣教幼学》(上海,1855 年,7 叶。上海话)。其他如《蒙童训》(上海,1857 年,87 叶。从英文原本译成上海土白本)、《方言备终录》(1906 年,松江话)、《三字经》(厦门话)等。

还有教会期刊,例如上海的《福音新报》(*The Gospel News*)。此类刊物也是了解 19 世纪汉语方言的极宝贵的资料。

1.4 关于拼音系统及其价值

1890 年在华外国传教士仅抗议派就有 1 296 人,其中大多数为英国人,教徒有 37 287 人。这一年 5 月,446 人集聚上海参加中国规模空前的传教会议。全盛时期,同时在中国传教的西洋传教士多达 2 000 人。他们的传教工作多在平民百姓中进行。在民族共同语尚未普及的时代,方言是传教必要的工具,这自不待言,教堂和教会也常以方言划分。例如礼贤会在粤语区,巴色会多在客家话区。又如江苏的浸礼教会原来有联合议会的组织,后来因为镇江和扬州一带的官话与吴语不便沟通,遂依方言分为两个独立的议会。鸦片战争以后来华的传教士,为了便于在平民百姓中传教,都必须先学说当地的方言。

各地先来的传教士往往编写当地方言的词典和课本,以供后来者学习。并且往往相互讲授或学习各地方言。例如原属荷兰传教会的郭士立(K. F. A. Gutzaff)于 1831 年从爪哇到达福建传教,此后不仅学会闽南话,而且也通晓客家话、潮州话和粤语等。1847 年他曾在香港教礼贤会的叶纳清(F. Genahr)牧师和柯士德(H. Kuster)牧师学习广州话,教韩山明牧师学习客家话,教黎力基牧师学习潮州话。又如 1855 年 4 月内地会创始人戴德生(Hudson Taylor)曾与约翰·卜尔顿从上海到崇明岛旅行布道,在一寺庙向佛教徒讲论基督教的要义和崇拜偶像的愚昧,先由戴德生用不太流利的官话讲,再由卜尔顿用上海话讲一遍。戴德生曾在宁波传教,学过宁波话,但他的宁波话说得不流利,他的妻子玛丽亚(Maria)在宁波办教会小学,宁波话比他说得好,常教他说更流利的宁波话。帮助戴德生翻译罗马字本宁波土白《圣经》的高德牧师是希腊文专家,也精通宁波话。

后来的传教士也有在方言学校学习的。这种学校是传教修会专为初到中国的传教士们开办的。在 19 世纪后半期即有此类学校存在。1910 年伦敦传道会在北平创办一所华言学校，后在南京金陵大学附设了一所华言学校，广州、成都和安庆也有此类学校。抗日战争时期北平的华言学校部分迁移到菲律宾的碧瑶。传教士就读一年后再派往各地传教。值得指出的是，这些方言学校是中国最早的学习方言口语的学校。在方言区传教的传教士大多只懂方言口语，不懂官话。抗战之后计划来华的美国传教士有一部分人则是先在旧金山或耶鲁大学学习汉语。

这些著作有一部分是用罗马字拼音的。某一个字母代表什么语音，是参酌欧洲文字和语言的关系制定的。总部在瑞士巴塞尔的巴色会（后改称崇真会）传教士翻译《圣经》所依据的是 Lepsius 系统。Richard Lepsius（1810—1884）是 19 世纪后半叶的著名语音学家，在柏林任教授。在语音学界创制国际音标之前，Lepsius 系统是权威的拼音系统，他曾出版专著 *Standard Alphabet for Reducing Languages and Foreign Graphic Systems to a Uniform Orthography in European Letters*（London，1855），用他设计的系统标记许多尚无文字的非印欧语。这一套标准字母以 26 个拉丁字母为基础，加上附加符号构成。符号和语音的关系，主要参酌比较几种主要的欧洲语言而最后确定。

当年是应海外传教的需要而创制"标准字母"的，此书出版时教堂传教会已采用 Lepsius 系统。此书第一版（1855年）有中国的官话的标音样品。第二版（1863 年）有中国的官

话（南京话）、潮州闽语和客家话的标音样品。书中客家话的
韵母、声母和声调见表 1.11。

表 1. 11

潮州闽语鹤佬话（Hok-Lo）的韵母、声母和声调见表 1.12。

表 1. 12

后来陆续出版的客家话罗马字《圣经》都是使用这个系统的。
别种方言罗马字《圣经》的拼音方案直接声明采用 Lepsius 系
统的不多见，如 1867 年以前出版的广州土白《马太》《路加》

《约翰》福音书。这三种福音书原是汉字本，由 E. Faber 转写成 Lepsius 系统。不过可能还有不少著作实际上是采用这个系统的，或者是以这个系统为基础加以修订。他们在制订拼音方案时，也是郑重其事的。例如上海的传教士曾组织"沪语社"（Shanghai Vernacular Society），专门研究上海话，包括讨论、制订上海话拼音方案。

J. A. Silsby 曾撰一书对官话、上海话、宁波话、台州话、广州话、建宁话和厦门话的罗马字拼音方法有所说明。此书的书名及出版年代等如下：J. A. Silsby, *A Review of Several Systems Used in China*，上海美华书馆，1905，25 页，23.5 厘米。

有的地方传教士是约请当地的学者一起制订方言罗马字的，从事《圣经》的翻译工作，并参酌别种方言已经出版的译本，再三讨论，最后才定稿。例如台州土白《新约》第二版（1897 年）就是在四位本地教师协助下修订完成的，他们的态度是十分认真的。又如客家话译本的翻译者韩山文（T. Hamberg）就曾得到当地学者戴文光（1823—1889）的帮助。戴文光是新安人，受过良好的古文教育，又懂客家话。从汉字本的用字和罗马字本的拼音来看，译文也是可靠的。

在上述学术背景下，他们为各地方言制订的罗马字拼音方案以及所拼的音节、词汇、句子和长篇语料，虽然不能说非常完善，但是就当时的语言科学水平而言，应该说已经十分准确了。例如罗马字本上海土白《马太福音》"第十五章"记作"DI SO-NG TSANG"（声调符号略去），就很准确。在上海话口语里，"十"字与别的数字连用或单用，都是读"zeh"，只是在

"十五"中读 so。又如上文所引英国长老会传教士 Carstairs Douglas 所撰《厦英字典》(*Chinese English Dictionary of the Vernacular of Spoken Language of Amoy*，1873)的《序言》实际上是对厦门方言语音的全面分析，包括"拼写法和发音""声调""重音"三小节，分别对单元音、双元音、辅音、单字调、多字组变调等进行描写和分析，皆用英语或厦门话举例，对语音规律有较深入的了解和较仔细的说明。例如作者指出两字组和多字组的重音通常落在最后一个音节上，例如 hong-chhe（风车），如果重音在后字，前字轻声，意谓"纸鸢"；如果重音在后，前字读次重音，声调不变，则意谓"风吹"，写作 hong chhe。

　　从各地方言罗马字本可以考见当时当地方言的音系。由于汉字不是拼音的，所以从任何用汉字记录的方言文献中，很难获知方言语音的真实面貌。值得注意的是其中有的方言尚有传教士所作别的方言学著作可供参考，也有的方言没有任何别的著作可供参考，要了解这些方言一百多年前的语音面貌，唯一可靠的资料就是方言《圣经》译本了。这样的方言有闽语的兴化（莆田）土白、建阳土白和邵武土白，粤语的三江土白，客家话的长汀土白。

　　《圣经》的方言罗马字译本一般对拼音系统或每一个罗马字所代表的实际音值没有直接说明，研究者可以参考传教士有关该方言的论文、词典、课本、语法书等著作。

　　另有一种非罗马字的拼音系统是高第丕创制的，供上海的浸礼教传教士使用。它的好处是一个符号只代表一个语音，不会混淆。符号的形状取自汉字笔画，以便用毛笔书写。

1.5 关于书目

1.5.1 方言《圣经》方面

英国、美国和日本等地共有七八种正式或非正式出版的中文(包括方言)《圣经》书目。

(1)英国圣经会的打印本书目,本书 1.2.12 已述。

(2)美国圣经会的两种书目,本书 1.2.9 已述。

(3)《圣经公会目录》(Catalogue of Chinese Scriptures)由上海圣书公会、美华圣经会印发,1935 年重订,44 页,22 厘米。收有下列语种圣经目录:国语、文理、广东话、客家话、五经富话(客家话之一种)、福州话、兴化话、厦门话、汕头话、宁波话、台州话、上海话、部落方言(tribal dialects)藏语、蒙语、满语、中亚语言、安南语和柬埔寨语。此书目共收汉语方言圣经 396 种。

(4)(日本)志贺正年《中文圣书的基础研究》,株式会社天理寺报社印刷,1973 年 3 月。此书所列南方方言《圣经》书目共 281 种。另列文理译本 169 种,浅文理译本 34 种,官话译本 114 种(其中北京官话 103 种,山东 2 种,南京官话 9 种)。书中所列"日本国内现存中国方言圣经"仅 20 种,且都是 20 世纪出版的,笔者在日本调查所见的方言《圣经》大大超过此数。

(5)(日本)木津祐子《关于同志社大学藏汉语方言译等圣书》,载《同志社女子大学学术研究年报》第 45 卷第 4 期(1994 年)。此文所列南方方言《圣经》书目共 15 种。

（6）（日本）野间晃《东北大学附属图书馆藏〈汉语方言译圣书　基督教关系书目录〉》,《东北大学中国语学文学论集》第 2 号,1997 年。此文所列南方方言《圣经》书目共 32 种。

（7）（法国）柯理思, *Early Hakka corpora held by the Basel Mission Library*, *a tentative list*。载《国际中国语言学评论》,第二期,2001 年(?),荷兰。此文文稿,承作者美意,让我先睹为快。作者曾于 1996 年到巴色教会调查研究一个月。此文不仅分类详列巴色教会所藏方言圣经,并且讨论相关问题相当深入。

1.5.2　其他方言学著作方面

国内外均无专门的方言学著作书目,只是在一些综合性质的书目中载有这一类著作的目录。

（1）杨福绵编著《中国方言学分类参考书目》,香港中文大学出版社,1981 年。此书兼收专书和单篇论文,首次将传教士著作编集在一起。作者系天主教神父,1950 年前曾供职于上海徐家汇教堂。

（2）聂建民、李琦编《汉语方言研究文献目录》,江苏教育出版社,1994 年。此书所录传教士著作与上述《中国方言学分类参考书目》相似。

（3）上海图书馆编印《前亚洲文会图书馆图书目录上册》(E 部分),1955 年 3 月。

（4）笔者目前已写成两种书目考录,一是《圣经方言译本书目考录》,刊《基督教与中国文化丛刊》第三辑(2000 年,湖北教育出版社);二是《西洋传教士的汉语方言学著作书目考录》(不包括《圣经》方言译本)，未刊。

（5）Hilary Chappell and Christine Lamarre，*A Grammar and Lexicon of Hakka*，*Historical Materials from the Basel Mission Library*，曹茜蕾、柯理思《客家话的语法和词汇——瑞士巴色会所藏晚晴文献》，Ecole des Hautes Etyudes en Sciences Sociales Centre de Recherches Linguistiques sur l'Asie Orientale，Paris，2005。

1.6　西洋传教士方言学著作的研究价值

西洋传教士方言学著作的研究价值有以下几方面。

第一，研究 19 世纪后半期至 20 世纪初期汉语方言自然口语的最有价值的资料。

语言科学是 19 世纪初年在欧洲诞生的，19 世纪 40 年代来华传教士利用语言科学知识记录和研究汉语方言口语，达到当时这一领域的最高学术水平。当时中国学者的研究工作还停留在传统语文学阶段，研究的重心仍然是古代文献或书面语。除了西洋传教士著作以外，这一时期的方言文献资料只有一些方言文学作品，例如方言小说、地方戏曲、民歌以及地方志中的方言志。这些方言文学作品，一则都是汉字本，不能反映语音面貌；二则其中的方言成分大多是不纯粹的，或者只是掺杂一些方言词汇，或者只是人物对白用方言，其价值不及成篇都是方言口语的《圣经》译本。而地方志中的方言志，一般只是收录一些方言词汇，所用是方块汉字，并且没有成篇的语料。

就研究的广度和深度而言,传教士的著作都是远胜于赵元任之前的中国学者的。这些著作是研究 19 世纪汉语方言不可或缺的资料。利用这些著作,可以十分完整地归纳 19 世纪至少下述地点方言的语音系统:上海、苏州、宁波、台州、温州、福州、厦门、莆田、汕头、海口、广州、嘉应(客家话)等。这些著作可用于整理和研究这些地点方言的词汇和语法系,研究这些地点方言一百多年来语音、词汇和语法系统的历史演变。

第二,它们所提供的自然口语的准确度是同时代其他文献资料不可比拟的。

来华的传教士皆属知识界,并非一般的等闲之辈,以耶稣会士最为典型。中学或大学毕业之后,要经过十五年的专门训练才能成为合格的耶稣会士,主要包括两年神修(也称为初学),三年科学和哲学研究;两年或三年神学研究;最后一年神修(也称为最后考验或卒试)。又如英国长老会的杜嘉德(Carstairs Douglas)1851 年毕业于格拉斯哥大学,1855 年在爱丁堡自由教会学院读完神学课程。最早来华传教的美国人裨治文 1826 年大学毕业后,即到神学院进修,1829 年来华。传教士在来华之前有没有受过语言学的专门训练,未见有事迹可考。但是从他们的方言学著作来考察,其中有些人有很好的语言学修养,如:艾约瑟,庄延龄(Edward Harper Parker),杜嘉德等。他们用西方语言学尤其是语音学知识,记录、分析和研究汉语方言。他们所撰的方言学著作是研究 19 世纪后半期至 20 世纪初期的汉语方言的宝贵材料,也是研究方言历史演变的宝贵材料,切不可等闲视之。语言科学在欧洲早在 19 世纪初年就已经建立,拉斯克(R. Rask)的《古代北方话或冰岛语起源研究》出版于 1818 年,葆朴(F. Bopp)的《论梵语动词变位系统》出版于 1816 年,同时代的中国语言学还处于传统语文学的统治之下,从现代语言学的眼光来看,清儒的方言学著作远不逮西洋传教士著作的深入和科学。

鸦片战争以后来华的传教士,为了便于在平民百姓中传教,一般都要先学说当地的方言。早期来华的传教士一般在当地居民中间学习方言口语。例如伦敦传教会的麦都思牧师于 1816 年到达马六甲,即着力于学习闽南话。当时的南洋华人以闽南人为多。他于 1832 年出版《福建方言词典》。又如 1847 年来上海的美国传教士晏玛太(Matthew Tyson Yates,1819—1888)先在市井学说上海话,一年之后,认为已可以应对听众,继而开始传道。他曾编写第一本上海话课本和第一本上海方言词典。

上文曾述罗马字本客家方言著作是采用 Lepsius 系统拼音的。别种方言罗马字《圣经》的拼音方案直接声明采用 Lepsius 系统的不多见,但是可能在实际上是采用这个系统的。

第三,从各地方言罗马字本可以考见当时当地方言的音系。

由于汉字不是拼音的,所以从任何用汉字记录的方言文献,很难获知方言语音的真实面貌。

第四,方言《圣经》为不同方言的共时比较提供了宝贵资料。

方言共时比较的前提,是必须有用不同方言记录下来的内容或项目一致的资料。方言《圣经》是非常理想的资料,真可以说是天造地设。方言《圣经》包括四大类 19 个地点的方言资料,排比这些资料就可以研究各历史时期 19 种方言的异同,特别是词汇和语法方面的异同。如此理想的资料,舍方言《圣经》别无可求。例如《马可传福音书》第一章第十节在客家话译本(1892 年)和上海话译本(1904 年)里分别如下:

客家话:"遂即从水中起来,伊看见天开,又看见有圣灵相似鸽鸟,降临在伊上。"

上海话:"伊就从水里上来,看见天开哉,圣灵象鸽子能降到伊身浪。"

从以上排比的例句至少可以看出这两种方言的比拟句构成方式不同,客家话是"相似＋名词";上海话是"象＋名词＋能"。又,在上海话里"哉"用于完成体。

第五,方言《圣经》为同一方言的历时比较提供了宝贵资料。

方言历时比较的前提,是最好有用同一方言记录下来的不同历史时期的内容或项目一致的资料。方言《圣经》是很理想的资料。通过同一种方言早期《圣经》和晚期《圣经》的比较,或与现代方言的比较,可以了解一百年来方言的历史演变。

例如上海土白罗马字本《马太传福音书》(1895 年)第一章第一节和第二节如下。原文是罗马字,原文中用以标声调的半圆形的发圈符号略去,汉字是笔者所译:

A-pak-la-hoen-kuh¹eu-de , Da-we-kuh tsz-sung, Ya-soo Ki-
阿 伯 拉 罕 　个 后代 ， 大 卫 个 子 孙 ， 耶 稣 基

tok-kuh
督　个

ka-poo . A-pak-la-hoen　yang　I-sah ,　I-sah　yang
家谱 。阿伯拉罕　养　以撒 ，以撒　养
Ia-kauh；Ia-kauh
雅　各；雅　各

yang Yeu-da tah-tsz yi-kuh di-hyong.
养　犹　大　搭　之　伊　个　弟　兄 。

以上两节除了结构助词“个”以外，有五个入声字，即“伯、督、撒、各、搭”。前两个字韵尾写作 k，后三个字韵尾写作 h，这说明一百年前的上海话里有一类入声字还是收 k 尾。现代上海话里已经没有收 k 尾的入声字，所有入声字一律收喉塞音韵尾。

第六，为方言汉字研究提供宝贵资料。

方言字对于方言的共时描写、方言的历史研究、方言的比较研究都有重要的价值。方言字在古代的字书如戴侗《六书故》和韵书如《集韵》里都有所记载，但是更多的是流传于民间，不见于文献的各地方言俗字。西洋传教士著作，尤其是其中的字典，收录了大量方言俗字。其中有的字不见于任何别的出版物。如 Louis Aubazac, *Dictionnaire Cantonnais-Francais*(《粤法字典》,Hong Kong, Imprimerie de la Societe des Mission Etrangeres，1116 页,26 厘米,1912,台北成文出版社有限公司 1971 年重印。)收录近百年前民间流行的粤语方言字甚多。如䉯，音[pho¹]，用于"树、菜"的量词，相当于"棵"。

第七，为近代和现代语文运动史提供宝贵的资料和有力的证据。

一般认为白话文运动是五四运动以后才开始的，其实第一本白话文（官话土白）《圣经》译本早在1857年就在上海出版，此后于1872年至1916年相继有多种白话文译本出版。其中的白话文比后来的所谓白话文作品更接近自然口语，并且更加流行于社会底层。周作人《圣书与中国文学》说："我记得从前有人反对新文学，说这些文章并不能算新，因为都是从《马太福音》出来的。当时觉得他的话很可笑，现在想起来反要佩服他的先觉。《马太福音》确是中国最早的欧化的文学的国语，我又预计它与中国新文学的前途有极大极深的关系。"

语文学界一般认为新式的标点符号是20世纪初年才开始见于国内的出版物的，例如《中国大百科全书　语言文字卷》就认为："翻译家严复（1853—1921）的《英文汉诂》（1904）是最早应用外国标点于汉语的著述。"实际上19世纪后半期大量出版的罗马字本方言《圣经》早就引进外国的全套标点符号。最早出版的方言罗马字《圣经》是1852年出版的宁波土白《路加福音》和同年出版的广州土白《约翰福音》。

汉语方言的拼音化运动也肇始于西洋传教士的方言《圣经》翻译工作。虽然明代来华的传教士早已出版研究官话拼音的著作，如意大利传教士利玛窦的《西字奇迹》出版于1605年，法国传教士金尼阁的《西儒耳目资》出版于1626年，但是为方言创制罗马字拼音方案却晚至19世纪40年代才开始,其原动力即是来华基督教大量翻译和出版《圣经》,以便于在不识字的平民百姓中间传教。

第八,传教士的方言学著作是方言史和方言学史研究不可或缺的文献。

西洋传教士的汉语方言研究,在中国方言学史上有以下几项首创之功不可没:首创利用西洋语音学知识分析地点方言语音系统,首创方言罗马字及其拼音系统,首先编写方言词典,首先编写方言课本,写成第一本方言语法专著,绘制第一幅汉语方言区域图,创办学习方言口语的学校。除绘制方言区域图之外,这些工作都是在19世纪后半期完成的。

1.7　大英图书馆、日本东洋文库和瑞士巴色会文献中心简介

这三个图书馆收藏西洋传教士方言学著作甚多,限于体例,上文未能细述,下面略作介绍。

1.7.1　大英图书馆简介

大英图书馆(British Library)始建于260多年以前。1998年迁入新址:伦敦尤斯顿(Euston)路96号。它是受英国政府资助的国家图书馆,也是对外国人开放的国际图书馆。藏品包括书籍、期刊、手稿、地图、乐谱、邮票和录音带,这些藏品来自五大洲,内容囊括所有学科,历史有三千年的跨度,而书面形式包括世界上已有的所有文字。各类藏品都以精粹而闻名于世,是目前世界上最重要的用于学术研究的图书馆。

　　大英图书馆是英国 20 世纪最大的公共建筑物。门口有一座牛顿雕像,他坐而俯首,手执圆规正在作图。占地约 10 万平方米,分为五层,地下两层,地面以上三层。地下室在伦敦是最深的,拥有 300 千米长的书架,1 200 万册图书。有 12 个阅览区、4 条画廊、1 家书店、1 个会议中心,其演讲厅有 255 个座位。部分精华藏品原藏大英博物馆(British Museum)。迁入新址时,有员工近 1 000 名。

　　全馆有以下几个阅览室:

　　人文科学一室:可阅览 1850 年以后出版的人文科学文献,大多学科的文献是开架的。

　　人文科学二室:可开架阅览期刊、论文、有关图书馆学和信息科学的图书资料。

　　善本和乐谱室:可阅览善本书、乐谱稿本或已经出版的乐谱。1851 年以前出版的文献都列为"善本"。

　　地图室:可阅览 15 世纪以来的单张地图、地图集、地球仪和有关地图学历史的文献。

　　手稿室:可阅览用西欧语言撰写的所有学科的手稿。最早的手稿写于公元前 4 世纪。阅览其中某些手稿要经特别许可。

　　东方和印度文库:可阅览用亚洲和非洲东北部语言书写的人文科学、社会科学和政治学文献。所藏图书资料,除来自中国外,还来自日本、印度、巴基斯坦、缅甸、孟加拉国及邻近国家、伊朗和波斯湾国家、南非、马来西亚、新加坡、印度尼西亚。

　　科学一室(南):可阅览英国、欧洲大陆和专利合作条约国的专利和商标。

科学一室（北）：可阅览美国、法国、德国等国家的专利。

科学二室（南）：可阅览有关生命科学和技术、医药和化学的文献。

科学二室（北）：可阅览政府出版物和有关社会科学及工程学的文献。

科学三室：可阅览有关商业、市场、产品的文献；可阅览有关物理、地球科学、计算科学的文献。

所有图书资料都只能在阅览室内阅览，不能外借。各阅览室都有文献复制服务，可以为读者复印、拍照或制作缩微胶卷。凡在版权有效期内的文献最多只能复制其中的10％。手稿、乐谱、善本书和地图不允许复印。

值得一提的是该图书馆藏有世界上最古老的中文和日文文献。该馆藏有斯坦因（M. A. Stein）、伯希和（P. Pelliot）、赫定（S. A. Hedin）和寇克（A. von Le Coq）等人20世纪初年在新疆和甘肃敦煌盗去的极为珍贵的文献。有关英国和南亚贸易历史，以及英国在南亚的殖民统治史，该馆所藏资料极为丰富，是世界上任何别的图书馆所不能匹敌的。

因为大英图书馆是一座供学术研究用的图书馆，而不是公共图书馆，所以各大阅览室或文库对一般公众并不开放，而只对有一定学力的读者开放。读者的准许资格是：他从事研究所需的资料在别的图书馆不能全部借到，或者他能证明他的进一步研究确实需要利用大英图书馆。阅览证分长期和短期两种，最长为五年，到期可以申请延续。对研究生和大学生的阅览申请另有规定。但图书馆的公共场所，如大厅、展览厅、广场、走廊等处,即使是假日也对一般公众开放,以供参观游览。

各大阅览室不仅有电脑检索书目系统,而且还有电脑借书系统。初次使用的读者可以参加一小时的学习班,或临时向阅览室里的电脑辅导员请教。国内外读者还可以通过万维网(World Wide Web)检索大英图书馆的书目。读者可以通过电话、普通信函、传真、电子邮件预约借书,但要提供索书号和借书证号码。这样一来,在到达图书馆后,不必再办任何手续,立即可以阅览所借到的书。

图书馆常常在进口处的广场举办免费的诗歌朗诵会、音乐演奏会、歌星演唱会。

附注:此段内容主要参考文献:*The British Library*, issued by the Readers Services of the British Library, May 1999。

1.7.2 日本东洋文库简介

日本的"东洋文库"是一个多功能的图书馆,除了有藏书和阅览的功能外,还出版多种学术刊物,组织学术讲座,对外交流亚洲研究情报,定期展示善本书籍,微缩胶卷和静电复制图书资料等,并设有研究部。

就藏书而言,东洋文库是世界上屈指可数的专门收藏有关亚洲文献的专业图书馆。所藏图书按语种来分,主要有以下几类:

(1)中文书,包括约 4 000 部地方志和丛书,800 多种族谱。

（2）用英文及其他欧洲文字撰写的研究中国的图书，共2 400 册，另有地图 500 件、期刊 120 种。其中特别重要的有：汉语方言和少数民族语言词典 500 册、马可·波罗《东方闻见录》的各种刊本、外国来华探险队的调查报告等。此类文献的收藏已近于完璧，在世界上无与伦比。还有有关日俄战争资料约 300 册。

（3）清版满文书籍。

（4）清版蒙文书籍。

（5）西藏藏经和其他藏文图书。

（6）朝鲜文古籍、古地图、拓本。

（7）阿拉伯语资料，约 6 000 件。

（8）波斯语资料，约 4 500 件。

（9）用泰语等东南亚文字撰写的书籍。

（10）安南古籍。

（11）日文图书。

这些文献所涉及的地域有中国、日本、朝鲜、蒙古、西伯利亚、中亚、西亚、印度、东南亚，几乎包括整个亚洲。

这些文献所涉及的内容有政治、宗教、国际关系、文学、戏剧、语言、历史、地理、考古、医学等，可以说无所不包。

藏书总数达 80 万册以上，如果加上微缩胶卷，就超过100 万册。

东洋文库的创始人是三菱系统企业社长岩崎久弥氏（1865—1955），他在 1917 年收购当时担任中华民国总统顾问的莫利逊的藏书，加上他自己的私人藏书，即"岩崎文库"，于次年创设了这个专业图书馆。

　　莫利逊(George Ernest Morrison,1862—1929)原来是澳大利亚的医学家,后任伦敦泰晤士报驻中国特派记者。1912年中华民国政府聘他为总统府顾问。出于职业的需要和对远东研究的兴趣以及因而产生的藏书癖,他在北京生活和工作的二十年间,竭力搜集、收藏有关中国的西文书籍,并在北京的私宅设立书库,供人阅览。晚年他将所藏图书悉数出让,而为日本企业家岩崎久弥所购得。饶有兴趣的是,莫利逊的藏书每一本的扉页上都贴有藏书票,虽然这些书早已归东洋文库,但是藏书票至今保留完好。藏书票呈长方形,上端是他的英文姓名,左下方是一只袋鼠,右侧中间有一只小鸵鸟,极富澳洲色彩。莫利逊所藏有关中国的西文书籍已近完备,但是有关亚洲其他地区的文献却极为缺乏。于是岩崎久弥扩大收藏范围,把目光投向用亚洲各种语言写的有关亚洲的文献。后来所收藏的文献主要来自二十来位日本著名藏书家的藏书,其中有梅原末治悉数捐赠的有关西亚、朝鲜、中国、日本的考古学资料及书籍。

　　东洋文库的藏书可以说精彩纷呈,目不暇接,许多藏品被日本政府列为国宝或重要文物。其中有关中国的精品除上述莫利逊原藏西文图书外,最重要的是日本僧人河口惠海从西藏携取的藏语文献,包括大藏经的各种版本10 371件,其他有关西藏文献3 100件。缩微胶卷中最重要的是新疆出土文献,包括斯坦因、伯希和、赫定和寇克20世纪初年在新疆和甘肃敦煌调查时盗去的文献以及北京所藏敦煌写经等。还有国家图书馆(旧称北京国立图书馆)所藏善本,包括经书、史书、方志、文集等,约300卷。

东洋文库的出版物除了有分类书目外，较重要的有："东洋文库论<u>丛</u>""东洋文库欧文论丛"《东洋文库欧文纪要》(将用日文发表的优秀论文译为欧洲文字，介绍到国外)、《东洋学报》"东洋文库丛刊"(将已褪色或破损的日文、中文和西文的珍贵典籍复制刊行)等。

1961 年东洋文库应联合国教科文组织(UNESCO)的要求，附设了东亚文化研究中心，致力于与东亚国家合作，将东亚文化介绍给世界。该中心还出版英文机关刊物《东亚文化研究》(*East Asian Cultural Studies*)。1962 年创设近代中国研究中心。

为了普及东洋学(亚洲研究)知识，东洋文库每年春秋两季举办两次东洋学讲座，海外优秀学者来访时，也临时举办特别学术演讲会。每年还举办一次珍贵资料和专业书籍展示会。

东洋文库分为图书部、研究部和总务部三大部分，设有书库、缩微胶卷保管室、阅览室、研究室、复制室、装订室等。馆址起初在东京丸之内，1935 年迁至今址，即东京文京区驹入驿。除节假日外，图书馆都向本国公众和世界各国学者开放。

1.7.3　瑞士巴色会文献中心简介

巴色会文献中心(The Basel Mission Documentation Centre)的历史可以追溯至 1815 年巴色会成立的时候，当时是传教士讲习班的神学图书馆，只对讲习班的师生开放。图书馆刚成立的时候就拥有一批很重要的文献，它们是靠遗产赠予或一般的捐献获得的，其中有些是珍本，最早的一种是

1520 年的。

1955 年因讲习班停办，神学图书馆的功用和方针也有所改变。此后图书馆的方针是重在海外的参与，图书的收藏也开始考虑海外读者的需要，一改以前以收藏欧洲神学文献为重的传统。同时文献中心也对瑞士全国和海外读者和研究人员开放。不过现有的文献大多还是直接与早期传教的地区相关，正在将这些文献编成电子目录。

这个文献中心的藏书，包括手稿，总数约为 5 万册，其中 80％是 1850 年至 1955 年出版的。所收藏的与海外传教有关的小册子和期刊有 1 000 种，另有 200 种有关第三世界的录像带，还有一批历史照片，自成一个书库。由于这些文献以前是用于大众教育的，所用是价廉质次的纸张，目前正在采取措施加以保护，包括制成缩微胶卷，或者输入电脑等。

巴色会文献中心对海内外公众免费开放。这个文献中心是瑞士-德国网络协会成员，读者可以通过互联网查找已经输入电脑的图书目录。这个文献中心已参加"全球信息网"（Globinfo），这个网站有 24 个第三世界的图书馆或文献中心参加。在交换信息和藏书目录方面，与别的神学图书馆合作，也是巴色会文献中心的重要工作。巴色会文献中心还与德国西南地区的科学图书馆和德国教会联盟交流信息和资源。在第三世界则与刚果金沙萨大学的长老会教职员图书馆有合作关系。

附注：此段内容根据巴色会文献中心副主任 Marcus Buess 带笔者参观地下档案馆时的口述和他提供的书面材料编写。

第二章
《圣经》方言译本书目考录

2.0 引言

本书目收录《新约》《旧约》及各种单篇的汉语方言译本，《圣经》的各种官话译本附在文末。凡线装本皆注出，未注者皆是洋装本。凡罗马字译本、注音字母译本皆注出，未注者即是方块汉字本。每种书目的各项内容出条顺序如下例所示：

书名	出版单位	印刷单位或地点	出版年份	页数	版高	装帧	文字	收藏	其他
新约	大美国圣经会	美华书馆	1891年	72页	19厘米	线装	罗马字	上图	

某项内容资料缺乏时，后面各项按顺序提前。"页"（page）用于计数洋装本的版面，"叶"（leave）用于计数线装本的版面，一"叶"相当于两页。解说部分则对世界各地图书馆的收藏情况有所说明，但因所见未全，只能就笔者所知略为考录。收藏单位用简称，全称见书末附录。

罗马字本原书一般没有汉字书名，只有罗马字书名。如照录方言罗马字，一则不便阅读，二则不便排印（除拉丁字母外,还有些附加的符号)。所以罗马字本的书名一律译成汉字。

书目按译本所属方言类别编排,每类内部再按方言地点分立,以年代先后为序。

2.1　吴语

2.1.1　苏州土白

《四福音书和使徒行传》,大美国圣经会,上海美华书馆,1879 年,25 厘米。

案:合订本书名为《新约全书略注》(第一卷苏州土白)。书名页题"耶稣教士戴维思译"。译者英文名当作 Davis。书前有序。夹注也用苏州土白。"个"字有量词、近指代词和"的"三种用法。例如:"个本书原是圣书个一册""所写个,所记载个""五个人所写个书"。

《四福音书和使徒行传》,上海美华印书馆,1880 年,41叶,18.5 厘米,据上海土白本重译,英经会藏分册装订的《马太福音》,美经会。

《罗马人书—启示录》,大美国圣经会,上海,1880 年,美经会。

案:以上两种由 G. F. Fitch(APM)和 A. P. Parker(ASMEM)据上海译本改译。

《新约》,上海,1881 年,分篇标页码,19 厘米,1882 年改订重版,上海美华书馆,据上海土白译本译出。

案:主译者为美国南方长老会的 A. P. Parker。

《马可福音传》,大美国圣经会托印,上海美华书馆印,1891 年,72 页,19.4 厘米,线装,罗马字,同志社/美经会。

《新约》,大美国圣经会,上海,1892 年,分篇标页码,19.5 厘米,修订本。

案:修订者为美国南方长老会的 A. P. Parker 和 D. M. Lyon,英经会,美经会藏此书 1908 年和 1913 年重印本。

《民数纪略》MING-SU JI-LIAH,英国和外国圣经会,上海美华书馆,1895 年。

《路加传福音书全》,18?? 一,苏州土白汉字抄本,澳大利亚。

《马可传福音书》,大美国圣经会托印,上海美华书馆印,1897 年,罗马字。

《列王纪略》LIH-WONG KYI-LIAH,英国和外国圣经会,上海美华书馆,1900 年。

《旧约》(分四卷),上海,1901—1905 年。

案:这是吴语最早的汉字本《旧约》。

《创世记—路德记》,大美国圣经会,上海,1901 年,美经会,据上海土白本重译。

《新约》,上海大英国圣经会,上海,1903 年。

《旧约律法》五卷,上海美华书馆印,1908 年,线装,分章编页码,24 厘米,上基图/英经会/美经会。

《旧约全书》苏州土白,《旧约律法》五卷,苏州话译本,1908 年,汉字本,线装,大美国圣经会托印——上海美华书摆印,大清光绪三十四年岁次戊申,信望爱网站。

《旧约全书》苏州土白,《旧约先知》十七卷,苏州话译本,

1908 年,苏州话,汉字本,线装,大美国圣经会托印——上海
美华书摆印,大清光绪三十四年岁次戊申,信望爱网站。

《新约》,大美国圣经会,上海,1913 年,586 页,19.5 厘
米,英经会/美经会。

《新约全书》,1915 年,伦敦。

《新约全书》,上海大美国圣经会,1921 年,586 页,复旦
(复印本)。

《马可福音》,大美国圣经会,上海,1921 年,118 页,
18.5 厘米,封面原注"苏州土白注音字母合汉文",美经会藏
两册。

案:注音字母和汉字相对照。"个"字有量词、近指代词和
"的"三种用法。例如:"就对个个人说,倷个手伸出来。"(14 页)

《新约》,上海大英国圣经会,上海,1922 年,次年重版,中
山图书馆藏。

《新约》,中华圣经公会,上海,1940 年。

《马可福音》,上海大英国圣经会,上海,14 页,苏州土白
注音字母和汉文。

2.1.2　上海土白

《约翰传福音书》,上海,1847 年,91 叶,18 厘米,江苏省
松江府上海县墨海书馆藏版,英经会。

案:这是最早的汉语方言《圣经》单篇汉字译本。私人印
刷。译者为伦敦会的麦都思。用句逗。开头三句如下:"起头
道有拉个、第个道惢上帝两一淘个,道就是上帝拉。第个道勒
拉起头惢上帝一淘个拉。样样物事、但凭道造个、唔没道末、

一样物事勿有拉。"这段话更像现代的松江话,而不像现代的上海市区话。人称代词如下,皆不带词头:

	第一人称	第二人称	第三人称
单数	吾/我	侬	伊
复数	倪	那	伊拉

《路加记》,宁波,1848 年,61 叶,22.5 厘米,中华圣公会/英经会。

《马太福音》,私人印刷,1848 年,译者为伦敦会的米怜(W. C. Miline)。

《马太福音》,大美国圣经会,宁波,1850 年,86 叶,1856 年再版,80 叶,译者为文惠廉(William Jones Boone)。

《约翰书》,伦敦,1853 年,94 页,18.5 厘米,罗马字,英经会/大英/美经会。

案:这是最早出版的罗马字本上海土白圣经单篇。书前有写于 1853 年 7 月的《序言》。正文前长达 12 页的《序言》对上海话语音和语法有说明。内容包括正字法(即元音和辅音)、声调和重音(声调分 8 类)、构词法、名词和动词、小品词、介词和连词等。第一人称复数作 ngo"ni(我倪)。书末有第一章和第二章的英译词汇表。译者为伦敦 King 学院中文教授苏谋斯(James Summers),曾著《中国语言与文学讲义》(*Lectureon the Chinese Language and Literature*, Parker & Son, West Strand)。

《创世记》,大美国圣经会,上海(?),1854 年,94 叶,罗马字,译者为卫理圣公会的 Robert Nelson。

《马太福音》,大美国圣经会,上海,1856 年,80 叶,23 厘米,英经会,据 1850 年本改订,木版。

《路加福音》,大美国圣经会,上海,1856 年,英经会,译者为吉牧师(Cleveland Keith)。

《使徒行传》,大美国圣经会,上海,1856 年,60 叶,22.5 厘米,英经会,木版,译者为吉牧师。

《路加记》,大美国圣经会,上海,1859 年,106 页,22 厘米,英经会,木版。

案:由美国南方浸理会的 A. B. Cabaniss 将吉牧师的译本用高第丕所创的语音符号转写。

《路加福音》,大美国圣经会,上海,1860 年,罗马字本,译者为吉牧师。

案:这是最早的罗马字本上海方言《圣经》单篇。

《路加记》,大美国圣经会,上海,1860 年,128 页。

《罗马人书—启示录》,1860 年,196 页。

《使徒行传》,上海,1860 年,罗马字,译者为吉牧师。

《约翰福音》,大美国圣经会,上海,1861 年,64 叶,22.5 厘米,英经会。又,罗马字本,100 页,译者为文惠廉,美国圣公会传教士,能用上海话布道。

《马太福音》,上海,1861 年,195 页,24.5 厘米,罗马字。哈佛燕京 TA1977.62 CF1861,译者为文惠廉。

《出埃及记》,大美国圣经会,上海,1861 年,103 页,罗马字,译者为吉牧师。

《马可福音》,大英国圣经会,上海,1862 年,47 页,罗马字,译者为文惠廉。

《使徒保罗达罗马人书》,1864年,22叶,上海。

《使徒保罗寄哥林多人前书》,1864年,22叶,上海。

《使徒保罗寄哥林多人后书》,1864年,14叶,上海。

《罗马人书—哥林多后书》,上海,1864年,22+22+14页,24厘米,罗马字,英经会。又,汉字本,译者为APEM的Elliot H. Thomson,Samuel Gayley和J. S. Roberts。

《新约全书》,1870年,122叶,译者为美国长老会的J. M. W. Farnham。

《加拉太书—启示录》,大美国圣经会,上海,1870年,分篇标页码,113叶,21.5厘米,罗马字,美经会/英经会,译者为美国长老会的J. M. W. Farnham。

《四福音书》,大美国圣经会,上海,1871年,58+34+59+47页,16厘米,由文惠廉修订,分册线装,重印本:《马太福音》《约翰福音》,1861年;《马可福音》,1863年;《路加福音》,1856年,英经会。

《新约》,大美国圣经会,上海,1872年,408叶,罗马字,由J. M. W. Farnham修订。

《新约》,上海,1872年,分篇标页码,罗马字,上海编委会。

《马太福音》,大美国圣经会,上海,1875(?)年,美经会,此为米怜1848年译本的修订本。

《马太福音》,美国圣经联合会,上海,1876年,62页,24.5厘米,美经会/英经会,浸礼教用,上海浸会堂晏玛太翻土白。

《四福音书》《使徒行传》,大美国圣经会,上海,1880年,

40＋25＋43＋33＋39 叶,18.5 厘米,分册装订,线装,英经会藏《马太福音》《马可福音》《路加福音》。

《新约》,宗教小书出版会,上海,1879—1881 年,分篇标页码,23.5 厘米,英经会,分上下册,慕维廉(William Muirhead)译。

《四福音书》,上海土音注解浅文,上海三牌楼福音会堂,1879 年,62＋37＋63＋51 页,英经会。

《新约》,伦敦圣教书会,上海,1881 年。

《新约》,大美国圣经会,上海,1881 年,分篇标页码,18 厘米,线装,英经会,美以美会的汤姆逊等译。

《新约》,大美国圣经会,上海,1882 年,分篇标页码,25 厘米,汤姆逊等译本的大开本,分上下册线装,英经会。

《诗篇》,大英国圣经会,上海,1882 年,108 叶,23 厘米,英经会/哈佛燕京 TA 1977.32 CS1882,伦敦会的慕维廉参考浅文理本译。

《创世记》,大美国圣经会,上海,1885 年,77 叶,20 厘米,美经会/英经会。

《出埃及记》,大美国圣经会,上海,1885 年,66 叶,19.5 厘米,美经会/英经会,据 1861 年本改订。

《申命记》,大美国圣经会,上海,1885 年,60 页,20 厘米,美经会/英经会。

《诗篇》,大美国圣经会,上海,1886 年,87 叶,19.5 厘米,英经会。

《路加福音》,大美国圣书会印,上海修文书馆稿,上海,1886 年,43 页,19 厘米,哈佛燕京 TA 1977 CS1886。

《马太福音》,大美国圣经会,上海,1886 年,译者为 L. Haygood,用译者自行设计的罗马字拼音系统。

《以赛亚书》《但以理书》,大美国圣经会,上海,1888 年,英经会,译者为大美国圣经会所指定的委员会,该委员会曾译《新约》,于 1880—1881 年出版。

《马太福音》,大美国圣经会,上海,1893 年,70 叶,15 厘米,英经会。

《马可福音》,大美国圣经会,上海,1893 年,44 叶,15 厘米,和合本,英经会。

《路加福音》,大美国圣经会,上海,1894 年,74 叶,16 厘米,和合本,英经会/美经会。

《马太福音》,大美国圣经会托印,上海美华书馆印,1895 年,98 页,23. 3 厘米,罗马字,上声和去声用发圈法表示,入声韵尾分-h 和-k 两套,同志社/美经会。

《马太传福音书》,大美国圣经会托印,上海美华书馆印,1895 年,124 页,24 厘米,罗马字,哈佛燕京 TA 1977. 62 CF1895。

《新约》,大美国圣经会,上海,1897 年。

案:从和合本译出。上海圣经会编,当时此会成员有 W. B. Burk, G. E. Perth 和 E. F. Tatum。

《创世记—路得记》,大美国圣经会,上海,1901 年,从和合本译出。

《旧约》,大英国圣经,上海,1901 年。

《马可福音》,大美国圣经会,上海,1903 年,42 叶,20 厘米,英经会/美经会。

《马可福音》,大美国圣经会托印,上海美华书馆印,1904 年,47 页,21 厘米,罗马字,入声韵尾分-h 和-k 两套,同志社/美经会。

《撒母耳前书—约伯记》,大美国圣经会,上海,1904 年。

《四福音书》,大美国圣经会,上海,1905 年,75＋47＋81＋63 页,21.5 厘米,译者为 J. A. Silsby,罗马字,英经会。

《四福音书》,上海大美国圣经会,在横滨印刷,分四本装订。1906 年。

《旧约》,大美国圣经会,上海,1908 年,分篇标页码,23.5 厘米,分四册线装,英经会/美经会。

《新约》,上海,大美国圣经会,在横滨印刷,1908 年,618 页,双面印,上海圣经委员会译,英经会。

《新旧约圣经》,上海大美国圣经会印行,1913 年,1396＋438 页,22 厘米,加州大学伯克利分校。

案:用句逗。这是最早的吴语新旧约合订本。

《新约全书》,上海美国圣经会印发,1923 年,18 厘米,614 页,复旦吴语室复印本。

《新旧约圣经》,上海美华圣经会印发,1928 年,《旧约》1396 页,《新约》438 页,用句逗,21.5 厘米,同志社/天理/中山图书馆/北大,复旦吴语室藏其中《马太传福音书》复印本,51 叶。

《新约全书》,上海美华圣经会铅印本,1928 年,614 页,北大。

《新约圣经》,上海美华圣经会印发,1933 年,586 页,15.5 厘米,天理。

《方言圣经》,上海土山湾印书馆,457 页,18.5 厘米,出版年代未注明,上图。

2.1.3 宁波土白

《路加福音》,大美国圣经会,宁波,1852 年,罗马字本,美经会。

案:在美经会藏本封面上 Rankin 题"译于 1852 年"。实则 1853 年刊行。

《马太福音》,大美国圣经会,宁波,1853 年,223 页,23.5 厘米,木版,罗马字,美经会/英经会。与马可(57 页)、路加(170 页)、约翰(168 页)合订,线装。美经会所藏为分订本,又藏合订本。

案:美经会藏本封面手写题记说,译者为丁韪良(William Alexander Parsons Martin,1827—1916)和 W. A. Russell。全书木版费用为 34 美元。

《路加福音》,大美国圣经会,长老会印刷厂印,宁波,1853 年,大型罗马字本,据 1852 年本改订,170 页,26 厘米,哈佛燕京 TA 1977.64 CN1853/英经会。

《约翰福音》,大美国圣经会,宁波,1853 年,168 页,24 厘米,木版,罗马字。英经会/哥伦比亚。

案:无汉字,不标声调,入声收-h 尾。

《马可福音》,大美国圣经会,宁波,1854 年,罗马字。

《使徒行传》,大美国圣经会,宁波,1855 年。

《约翰》(第一封书信)《腓立比书》,大美国圣经会,1856(?),16 页,24 厘米,英经会,无封面。

《马可福音》,大美国圣经会,宁波,1857 年,57 页,23.5 厘米,修订,罗马字,英经会。

《诗篇》(部分),大美国圣经会,宁波,1857 年,4 页,23 厘米,罗马字,哈佛燕京 TA 1977. 32 CN1857,译者是丁韪良。

《创世记》《出埃及记》,大美国圣经会,宁波,1860 年,86+72 页,罗马字,译者为蓝亨利(H. V. V. Rankin)。

《赞美诗》,宁波,1860 年,155 页,译者:蓝亨利。

《使徒行传—犹大书》,大美国圣经会,宁波,1861 年,152 页,23.5 厘米,罗马字,英经会。

《四福音书》《使徒行传》,大英国圣经会,伦敦,1865 年,226 页,22.5 厘米,罗马字,英经会,译者为内地会的 J. H. Taylor 和 F. F. Gough。

《新约》,大英国圣经会,伦敦,1868 年,394 页,22 厘米,罗马字,东洋/英经会/信望爱网站,译者是高富(Frederick Foster Gough)、戴德生(James Hudson Taylor)、慕稼谷(George Evans Moule)。

案:这是最早的吴语罗马字《新约》。

《以赛亚书》,大美国圣经会,上海美华书馆,1870 年,2+187 页,19 厘米,罗马字。英经会。

案:序言说得到当地一女学者帮助。

《约伯记》,上海,1870 年,2+187 页,19 厘米,罗马字。

《四福音书》《使徒行传》,内地会,Chinkiang,1870 年,282 页,28.5 厘米,罗马字。

《创世记》《出埃及记》,大美国圣经会,上海,1871 年,

164 页,23.5 厘米,线装,罗马字,英经会/美经会。

《新约》,美国圣经联合会,上海,1874 年,412 页,20.5 厘米,罗马字,英经会,据 1868 年本改订,供浸礼教教徒用。

《诗篇》,大美国圣经会,上海,1877 年,罗马字。

《以士帖书—雅歌》,美国圣经联合会,上海,1881—1887 年,罗马字,译者为美国浸礼会的 E. C. Lord。

《诗篇》(部分),宁波,1882 年(?),108 页,23 厘米,罗马字,哈佛燕京,译者是 W. Muoirhead(1822—1900)。

《申命记》,私人印刷,上海,1885 年,92 页,22 厘米,罗马字,英经会,译者为中华圣公会的 M. Laurence。

《四福音全书》,大美国圣经会,上海,1887 年,167 页,22 厘米,罗马字,美经会/英经会。

《新约》,1889 年,大英国圣经会,上海,修订本,由一委员会修订,其成员包括 United Methodist Free Church 的 F. Galpin、中华圣公会的 J. C. Hoarh 和 J. Bates,罗马字。

《约翰福音》,上海(?),1894 年。

《以士帖书》《约翰书》《罗马人书》《希伯来人书》,上海,1894 年,译者为美国浸礼传教会的秦贞(Horace Jenkins,中文又名秦镜)。

《民数记略》,大英国圣经会,上海,1895 年,128 页,22 厘米,罗马字,哈佛燕京 TA 1977. 24 CN1895,译者 M. Laurence。

《约书亚记》,大英国圣经会,上海,1895 年,75 页,21 厘米,罗马字,英经会。

《士师记》《路得记》,大英国圣经会,上海,1896 年,76＋
11 页,21.5 厘米,罗马字,英经会。

《撒母耳记(上)》,上海,1896 年,99 页,21.5 厘米,罗马
字,英经会。

《马太福音》,上海,1897 年,48 叶,20 厘米,线装,浸礼
教,英经会。

《约翰福音》,上海,1897 年,39 叶,20 厘米,线装,英经会。

《新约》,大英国圣经会,上海,1898 年,395 页,23.5 厘
米,罗马字修订,哈佛燕京 TA 1977.5 CN1898/英经会。

《新约》,上海,1889 年,罗马字,修订本。

《罗马书信》,浸礼教会出版社,绍兴,1899 年,20 叶,
20 厘米,线装,英经会。

《希伯来书》,浸礼教会出版社,绍兴,1899 年,15 叶,
20 厘米,线装,英经会。

《以赛亚书》(部分),浸礼教会出版社,绍兴,1899 年,
17 叶,20 厘米,线装,英经会。

《出埃及记》,大英国圣经会,上海,1899 年,57 页,24 厘
米,罗马字,哈佛燕京 TA 1977.22 CN1899。

《创世记》,大英国圣经会,上海,1899 年,70 页,罗马字,
哈佛燕京 TA 1977.21 CN1899。

《约书亚记》,大英国圣经会,上海,1899 年,36 页,24 厘
米,罗马字,哈佛燕京 TA 1977.26 CN1899。

《士师记》,大英国圣经会,上海,1900 年,37 页,罗马字,
哈佛燕京 TA 1977.27 CN1900。

《列王纪略》,大英国圣经会,上海,1900 年,79 页,24 厘

米,罗马字,哈佛燕京 TA 1977.28 CF1900。

《撒母耳前后书》,大英圣经书局,上海,1900 年,88 页,24 厘米,罗马字,哈佛燕京。

《创世记》,大英及外国圣经会,1901 年,120 页。东洋。又,70 页,15 厘米,英经会。又有箴言等抽印本九种。

《旧约》,大英国圣经会,上海,1901 年,1181 页,23 厘米,罗马字。英经会/美经会。

案:这是最早的吴语罗马字本《旧约》。

《以弗所书》,Wayland Academy,杭州,1902 年,7 叶,20.5 厘米,英经会。

《提摩太前后书》,Wayland Academy,杭州,1903 年,6＋4 页,20.5 厘米,英经会。

《新约书》,上海大英国圣经会,在横滨印刷,1906 年,395 页,23 厘米,英经会/美经会。

《旧约书》,上海,大英国圣书公会,1923 年据 1901 年本重印,1139 页,22.5 厘米,罗马字,上基图/英经会。

《新旧约书》(合订本),大英本国等外国圣书会印,新约 1923 年印,368 页,旧约 1934 年印,1130 页,22 厘米,罗马字,同志社藏合订本/天理藏旧约/中山图书馆藏合订本,1139＋368 页,21.5 厘米,美经会/英经会藏旧约,1139 页。

《马可福音书》,大英国圣经会,上海,1928 年,90 页,19 厘米,英经会。

《约书亚记》(IAH SHÜ-ÜO-KYI),1899 年,罗马字,大英国圣经会。

《创世记》(TS‘ONG SHÜ KYI)，1899 年，大英国圣经会。

《出埃及记》(C‘IH YAEH-GYI KYI)，1899 年，大英国圣经会。

《士师记》(Z-S KYI)，1900 年，罗马字，大英国圣经会。

《撒母耳记》(SAH-MEO-R KYI)，1900 年，罗马字，大英国圣经会。

《列王纪略》(LIH-WONG KYI-LIAH)，1900 年，英国和外国圣经会，上海美华书馆。

2.1.4　杭州土白

《新约》(部分)，杭州，1877 年，43 页，22.5 厘米，英经会。

《约翰福音》，基督教知识促进会，伦敦，1879 年，86 页，21.5 厘米，罗马字，美经会/英经会，译者为圣公会的慕稼谷，参考官话译本译出。

《马太福音》，基督教知识促进会，伦敦，1879 年，103 页，21.5 厘米，罗马字，英经会/美经会/Widener1285.3。

案：鼻韵尾分为前鼻音和后鼻音两套。例如：生 sen、门 men、醒 sin、名 min；丈 dzang、想 siang、共 gong、从 dzong。书前有慕稼谷写于 1878 年 9 月的 note。

2.1.5　金华土白

《约翰福音》，大美国圣经会，上海，1866 年，118 页，21.5 厘米，罗马字，英经会，由美国浸礼传教士联盟(American Baptist Missionary Union)的秦贞从 1860 年开始在宁波翻译。

案：入声以 h 收尾：约 iah、福 foh、肉 nyuoh、独 doh。否定词用自成音节的 m。

2.1.6 台州土白

《马太福音》，台州内地会印书房印，1880 年，96 页，22.5 厘米，罗马字，英经会。

案：这是最早的台州土白圣经。译者是内地会传教士路惠理，台州话罗马字也是他设计的。入声以 h 收尾：督 yoh、十 zih。"母"用自成音节的 m。舌尖元音不标示：四 s、事 z。

《马可福音》《路加福音》《约翰福音》，内地会，台州，1880 年，237 页，21.5 厘米，罗马字，英经会。

《新约》，内地会，台州，1881 年，756 页，22 厘米，罗马字，美经会/英经/Widener1285.15，译者是路惠理。

《约拿书》，内地会，台州，1891 年，14 页，21.5 厘米，罗马字，美经会/英经会。

《诗篇》，大英国圣经会，台州，1893 年，259 页，21.5 厘米，罗马字，美经会/英经会。

《但以理书》，内地会，台州，1893 年，57 页，21 厘米，罗马字，英经会。

《新约》，大英国圣经会，台州，1897 年，342 页，14 厘米。据 1881 年本改订，台州府内地会印书房印，罗马字，美经会/英经会，澳大利亚国立图书馆藏翻拍照片版，信望爱网站。

《创世记》，大英国圣经会，台州，1905 年，69 页，21.5 厘米，罗马字，英经会/东洋/美经会。

《诗篇》，大英国圣经会，台州，1905 年，150 页，22.5 厘米，罗马字，英经会/美经会。

《旧约》，大英国和外国圣经会，台州，1905—1914 年，22 厘米，英经会。

《新旧约全书附诗篇》，大英国圣经会印，1905—1914 年，旧约 69＋96＋128＋169＋5＋87＋105＋150＋74＋158＋155 页，新约 406 页，罗马字，英经会/同志社/天理/东洋，译者为内地会的路惠理，协助者为传教士同行：C. Thomson, C. H. Jose, J. G. Kaudererts。

案：这是最早的吴语罗马字《圣经》全译本。

《出埃及记》《利末记》，大英国圣经会，1906 年，96 页，22.5 厘米，罗马字，英经会/美经会。

《民数记》《约西亚记—路德记》，大英国圣经会，台州，1906 年，128 页，22.5 厘米，罗马字，英经会。

《申命记》，大英国圣经会，台州，1907 年，50 页，22 厘米，罗马字，英经会/美经会。

《撒母耳前记—列王记下》，大英国圣经会，台州，1908 年，169 页，22.5 厘米，罗马字，英经会/美经会。

《新约》，大英国圣经会，台州，1909 年，406 页，22.5 厘米，罗马字，中山图书馆/英经会/美经会/同志社。

《历代志》，大英国圣经会，台州，1909 年，87 页，22.5 厘米，罗马字，英经会/美经会。

《以赛亚书—耶利米哀歌》，大英国圣经会，台州，1909 年，158 页，22.5 厘米，罗马字，英经会。

《以西结书—玛拉基书》，大英国圣经会，台州，1912 年，

155 页,21.5 厘米,罗马字,英经会/美经会。

《以斯拉记—约伯记》,大英国圣经会,上海,1914 年,105 页,22 厘米,罗马字,英经会/美经会。

《箴言》《传道书》《雅歌》,大英国圣经会,上海,1914 年,74 页,22 厘米,罗马字,英经会/美经会。

《旧约书》,大英国圣经会,上海,1914 年,分篇标页码,22 厘米,罗马字,另有一与 1909 年版新约合订的合订本,分章标页码,21.5 厘米,英经会/美经会,译者为路惠理(CMS)和 C. Thomson 等人。

《马太福音》,大英国圣经会,上海,1919 年,19 厘米,英经会。

2.1.7　温州土白

《马太福音》,大英国圣经会,上海,1892 年,120 页,24 厘米,罗马字,美经会/英经会。

案:入声字皆用-h 收尾:督 tuh、福 fuh、约 iah、博 poh、踏 dah、着 djah。第三人称单数"渠"拼作 gi,"来"拼作 li,韵母皆为单元音。"我们"(排除式)称为"我大家"(ng-da-ko),"你们"称为"你大家"(nye-da-ko),"他们"称为"渠大家"(gi-da-ko)。

《救主耶稣基督新约圣书—四福音带使徒行传》——翻温州土白,大英国圣经会,伦敦,1894 年,120 页,24 厘米,罗马字,美经会/英经会/哈佛燕京/Widener1285.26/信望爱网站,苏惠廉译。

《新约》,大英国圣经会,温州,1902 年,650 页,18.5 厘米,罗马字,译者和修订者为 United Methodist Free Church 的苏惠廉,美经会/英经会。

《马可福音》,大英国圣经会,温州内地会印刷,1902 年, 56 页,18 厘米,罗马字,中山/英经会。

案:"谁"称为"谁人"(Ji-nang)。

《圣歌》(Hymn Book)修订本,1905 年前,译者为 W. E. Soothill,汉字、罗马字对照。

2.2 闽语

2.2.1 厦门土白

《约翰福音》,大英国圣经会,广州 Wells William 出版社, 1852 年,46 页,21 厘米,罗马字,英经会/美经会。

案: 这是最早的闽语罗马字本《圣经》单篇。译者为 Elihu Doty(Dutch Reform)。信望爱网站。1871 年再版。 1892 莘经堂三版。

《马太福音》,怀特译,罗马字,1852 年。

案: 这是最早的闽语汉字本《圣经》单篇。同年福州话 《马太福音》和《马可福音》出版。

《路得记》,美国圣经会,厦门,1853 年,20 页,20.5 厘米, 木刻罗马字,英经会/巴色,据代表文理本译出,有一简短 前言。

《新约》,上海大英圣经公会、外国圣经公会,日本横滨福 建印刷公司印刷,1856 年初版,罗马字。1922 年,天理藏两 本;1933 年、1940 年再版;上海中华圣经会,1948 年,天理。

案：这是最早的闽语汉字本《新约》。同年福州话《新约》
出版。

《马可福音》，美国圣经会，厦门，1863 年，80 叶，罗马字，
Alvin Ostrom 译于 1858—1860 年。美经会。

《使徒行传》，美国圣经会，厦门美国长老会出版社，
1867 年，151 页，20.5 厘米，罗马字本，有厦门音和漳州音两
种。英经会/美经会。

《路加福音》，美国圣经会，厦门，1868 年，148 页，21 厘
米，罗马字，英经会/美经会。

《彼得前后书》，美国圣经会，厦门，1868 年，16 页，
20.5 厘米，罗马字，英经会/美经会。

《启示录》，美国圣经会，厦门，1868 年(?)，40 页，20 厘
米，罗马字，英经会/美经会。

《约翰书》，美国圣经会，厦门，1870 年，24 页，20.5 厘米，
罗马字，英经会/美经会。

Sù-tô iok-han ê sam-su /Three Epistles of John(《使徒
约翰 e 三书》)，12 叶，1870 年，罗马字。

《约翰福音》，美国圣经会，厦门，1871 年，65 页，20 厘米，
罗马字，英经会/美经会。

《加拉太书—哥罗西书》，美国圣经会，厦门，1871 年，
23 页，20 厘米，罗马字，英经会/美经会。

《马太福音》，美国圣经会，厦门，1872 年，108 页，
21.5 厘米，罗马字，英经会/美经会。

案：以上十种译者为 John Stronach, Alvin Ostrom 和
J. V. N. Talmage(American Reform Mission)。

《新约》,406 页,19.5 厘米,罗马字,格拉斯哥,1873 年,
铅印,1898 年重印,英经会/美经会。

《诗篇》,美国圣经会,厦门,1873 年,183 页,21 厘米,罗
马字,英经会。

《彼得前后书》,1873 年,8 叶,罗马字,格拉斯哥,John
Stronach 译。

《启示录》,1873 年,8 叶,罗马字,格拉斯哥,John
Stronach 译。

《新约》,大英国圣经会,伦敦,1882 年,406 页,17.5 厘
米,据 1873 本翻印,罗马字,英经会。

《旧约 e 圣经:诗篇》,圣书公会活版印,1882 年,罗马字,
马雅各译,The state library of NSM/哈佛燕京/信望爱网站。

《哈巴谷书》,伦敦,1883 年,罗马字。

《那鸿书》,伦敦,1883 年,罗马字。

《约拿书》,伦敦,1883 年,罗马字。

《申命记》,伦敦,1883 年,罗马字。

《士师记、路德》,伦敦,1883 年,罗马字。

《以士拉、尼奇米、以士贴、传道、雅歌》,伦敦,1883 年,罗
马字。

《历代志录》,伦敦,1883 年,罗马字。

《耶利米、耶利米哀歌》,伦敦,1883 年,罗马字。

《旧约》,大英国圣经会,伦敦,1884 年,18 厘米,罗马字,
英经会,据深文理本译出。上海,伦敦圣教公会 1902 年订
正本。

案:这是最早的闽语罗马字本《旧约》。

《帖撒罗尼迦前后书》，大英国圣经会，台南，1885 年，23 页，双面印刷，19.5 厘米，罗马字，英经会。

《箴言》，大英国圣经会，厦门，1889 年，55 页，18.5 厘米，罗马字，英经会。

《新约》，大英国圣经会活版印，伦敦，1891 年，406 页，据 1873 年本翻印，17.5 厘米，罗马字，同志社/英经会。

《新约》，伦敦，圣书公会活版印，1894 年，406 页，据 1891 年本翻印，18 厘米，罗马字，同志社。

《旧约》，伦敦圣经公会，伦敦，1894 年，12.17 厘米，罗马字，哈佛燕京。

《约西亚记》，罗马字，1895 年。

《新约》，上海大英国圣经会，1896 年，406 页，22.5 厘米，据 1891 年本在横滨影印，罗马字，英经会。

《新约全书》，圣册公会编，罗马字，上海，1896 年，通行于台湾教会信徒。

《咱 e 救主耶稣基督 e 新约》，1898 年，罗马字，哈佛燕京/Widener1285.2/信望爱网站，马雅各（James Laidlaw Maxwell）译。

《创世记》，上海，1900 年，45 页，修订，东洋/英经会。

《诗篇》，上海大英国圣经会，在横滨印刷，1900 年，86 页，22.5 厘米，罗马字，英经会。

《旧约》，上海大英国圣经会，在横滨印刷，1902 年，801 页，23 厘米，罗马字，英经会，据 1884 年本改订。

《诗篇》，上海大英国圣经会，在横滨印刷，1902 年，141 页，17.5 厘米，罗马字，英经会，据 1900 年本修订。

《箴言：闽腔》，福州 British and Foreign Bible Society, printed at Romanized Press,1904 年,42 页,22.5 厘米,罗马字,新国大分馆/哈佛燕京 TA 1977.37 CF1904。

《新旧约个圣经》，上海圣册公会活板,罗马字,1903 年；上海文瑞楼石印,1912 年。

《新约》，上海大英国圣经会,在横滨印刷,1908 年,290 页,23 厘米,罗马字,英经会。据 1873 年本修订。

《新旧约》，上海大英国圣经会,在横滨印刷,1908 年,801＋290 页,22.5 厘米,罗马字,英经会,《新约》据 1908 年本翻印,《旧约》据 1902 年本翻印。

《罗马人书》，台南英国长老会,1908 年,120 页,21 厘米,罗马字,英经会。

《新约》，上海大英国圣经会,在横滨印刷,1909 年,23 厘米,罗马字,英经会/美经会,据 1896 年本翻印。

《新约》，圣书公会活版印,1910 年,407 页,18.3 厘米,罗马字,同志社。

《新约》，上海大英国圣经会,在横滨印刷,1916 年,462 页,19 厘米,罗马字,英经会。

《新约》，上海大英国圣经会,在横滨印刷,1919 年,302 页,22.5 厘米,罗马字,英经会。

《新旧约圣经全书》，上海大英及外国圣经公会,1920 年,801＋302 页,22 厘米,天理/哈佛燕京。

《新约》(修订本)，上海大英及外国圣经公会,1921 年,18.5 厘米,罗马字,日圣图。

《旧约》,圣经公会,1921 年,罗马字,信望爱网站。

《新约》,上海大英及外国圣经公会,日本横滨福建印刷公司印,1922 年,462 页,19.5 厘米,罗马字,天理藏两本。

《新旧约全书》,上海大英圣经书局,801 页(旧约)+302 页(新约),1927 年,罗马字,上基图。

《新旧约》,圣书公会,1930 年,上海,一册,精装,罗马字,中山图书馆。

《马雅各旧约全书》《巴克礼新约全书》,1930 年,信望爱网站。

《创世记》,上海,罗马字,1933 年。

《新约全书》,修订本附诗篇,台湾,1933 年,罗马字。

《旧约》,上海大英国圣经会,1933 年,1047 页,罗马字,同志社/上基图/美经会,Tomas Barclag 译。

《新旧约 e5 圣经全书》,上海圣经公会,1047+302 页,1933 年,罗马字,同志社/上圣图,Tomas Barclag 译。

《新旧约圣经》,上海,罗马字,1934 年。

《旧约 e5 圣经》,上海圣册公会,1935 年。

《新旧约圣经全书》,上海,1936 年,1407+302 页,22 厘米,罗马字,东洋。

《新旧约 e5 圣经全书》,上海圣经公会,1047+302 页,1938 年,罗马字,天理。

《新约》,上海 Tiong Hoa 圣经会,462 页,1948 年,罗马字,天理。

《新约圣经》(手抄本),抄写年代未注明,共分十卷,190 页,天理。

2.2.2 福州土白

《马太福音》，大美国圣经会，福州，1852 年，美国监理会的怀特译。

《马可福音》，福州，1852 年，40 页，27 厘米，英经会，译者是中华圣公会的温敦（W. Welton）。

《路加福音》，福州，1853 年，50 叶，罗马字，译者是Baldwin。

《马太》《马可》《使徒行传—启示录》《创世记》，美国圣经会，福州，1853—1854 年，罗马字，美经会，译者为公理会的弼牧师（Lyman Birt Peet）。

《约翰书》《彼得前书—约翰三书》，大美国圣经会，福州，1853—1854 年，罗马字，美经会，译者为美国卫理圣公会的R. S. Mclay。

《马太福音》，大英国圣经会，福州，1854 年，50 页，28 厘米，英经会，仅印 130 册，译者是中华圣公会的温敦。

《约翰福音》，大英国圣经会，福州，罗马字，1854 年，41叶，28 厘米，英经会，仅印 90 册，译者为公理会的 J. Doolittle。

《创世记》，75 叶，福州，罗马字，1854 年，译者是弼牧师。

《使徒行传》《罗马人书》，大英国圣经会，福州，罗马字。1855 年。印 200 册。译者为温敦。

《新约》，大英国圣经会，福州，1856 年，哈佛燕京，1881 年再版，译者是弼牧师。

案：这是最早的闽语汉字本《新约》。

《马太福音书》，美国，罗马字，福州美华书局活板印，55 叶，25 厘米，线装，1856 年初版，1862 年再版，美经会，译者为怀特。

案：连词用"共"：耶稣共众人连门生讲吓。

《新约》，大美国圣经会，福州美华书局，1863 年，377 页，20.5 厘米，英经会/美经会/哈佛燕京 TA1977.5 CF1863。译者为弼牧师、麦利加，从和合本译出。

《福音》《使徒行传》，大美国圣经会，福州，1863 年，118 叶，21.5 厘米，罗马字，英经会/美经会。

《马太福音》，福建美国公理会印刷，福州金栗山藏版，1863 年，43 叶，22 厘米，罗马字，哈佛燕京/TA1977.62 CF1883，英经会/美经会/新国大分馆，译者为公理会夏查理（Charles Hartwell）。

《马可》《达哥林多人前书》《加拉太人书》，大英国圣经会，福州，1863 年，罗马字，译者为监理会的 Otis Gibson。

《新约圣经》，福州，1863 年，罗马字，新国大馆，麦利加译。

《创世记》，亚比丝喜美总会印，1863 年，共 50 章，76 页，线装，哈佛燕京 TA 1977.21 CF1863，译者为弼来满（Lyman B. Beet）。

《马可福音》，大美国圣经会，福州，1865 年，52 叶，20.5 厘米，罗马字，英经会/新国大分馆/哈佛燕京 TA 1977.5 CF1866/新国大分馆，麦利加译。

《新约》，大英国圣经会，福州，1866 年，388＋287 叶，20.5 厘米，英经会。

《路加福音》，福州美华书局，1866 年，90 页，21 厘米，罗马字，哈佛燕京 TA 1977.64 CF1866/大英圣经会。

《马可福音》，福州美华书局，1866 年，共 16 章，52 页，

21 厘米,哈佛燕京 TA 1977.63 CF1866。

《马太福音》,福州美华书局,1866 年,85 页,21 厘米,哈佛燕京 TA 1977.62 CF1866。

《新约五经》,福州美华书局,1866 年,388 页,21 厘米,罗马字,哈佛燕京。

《约伯记略》,大英国圣经会,福州美华书局,1866 年,62 叶,20.5 厘米,哈佛燕京 TA 1977.31 CF1866/霍顿图书馆/英经会。

《福音四书》,福州美华书局,1866 年,74 页,罗马字,哈佛燕京 TA 1977.6 CF1866。

《约翰福音》(1—3),福州美华书局,1866 年,74 页,罗马字,哈佛燕京,译者为摩怜(Caleb Cook Baldwin)。

《约翰传福音书》,福州,1866 年,105 叶。

《使徒行传》,福州,1866 年,87 叶。

《新约》,大美国圣经会,福州,1866 年,675 叶,20.5 厘米,英经会,译者为麦利加、Otis Gibson 等。

《新约》,福州美华书局、大英国圣经会,1866 年修订版,4 册,英经会、哈佛燕京 TA 1977.5 CF1866;大美国圣经会、福州美华,1869 年。哈佛燕京 TA 1977.5 CF1869/英经会;大英国圣经会、福州圣经会铅印新版,1900 年。哈佛燕京/霍顿图书馆/英经会;1904 年重印,哈佛燕京 TA 1977.5 CF1904。

《约翰书》,伦敦大英国圣经会,1866 年,罗马字,译者为中华圣公会的 R. W. Stewart。

《罗马人书》,1866 年,罗马字,新国大分馆。

《彼得前后书》,1866 年,罗马字,新国大分馆,摩怜译。

《默示录》,1866 年,罗马字,新国大分馆,摩怜译。

《雅各书》,1866 年,罗马字,新国大分馆,摩怜译。

《犹大书》,1866 年,罗马字,新国大分馆,摩怜译。

《使徒行传书》,1866 年,罗马字,新国大分馆。

《旧约》,大美国圣经会,福州,1866—1888 年,罗马字,译者为公理会 S. L. Baldwin,吴思明,J. E. Walk,圣公会的 L. Loyed,W. Banister 和美国卫理圣公会的 N. J. Plumb。

案:这是最早的闽语汉字本《旧约》。

《箴言》,大美国圣经会,福州美华书局,1868 年,39 叶,24 厘米,罗马字,哈佛燕京 TA 1977. 37 CF1868/霍顿图书馆/英经会。

《诗篇全书》,大美国圣经会,福州美华书局,1868 年,150 首,132 叶,24.5 厘米,哈佛燕京 TA 1977. 32 CF1868/霍顿图书馆/英经会,第 1—115 首译者为吴思明,116—150 首的译者为弼牧师。

《路得记》《诗篇》,福州美华书局,1868—1882 年陆续印成,447 页,23 厘米,罗马字,哈佛燕京。

《新约》,大美国圣经会,福州美华书局,1869 年,247 叶,17.5 厘米,罗马字,哈佛燕京 TA 1977. 5 CF1869/英经会,译者为马克礼、基顺、摩怜、夏查理。

案:这是最早的闽语罗马字本《新约》。

《约书亚书》,大美国圣经会,福州,1874 年,48 叶,24 厘米,罗马字,英经会。

《路得记》,大美国圣经会,福州美华书局,1874 年,8 叶,24 厘米,罗马字,哈佛燕京 TA 1977. 274 CF1974/英经会。

《福音四书合串》,福州美华书馆铅印,1874 年,201 页,一册,线装,东北。

《撒母耳前书》,福州美华书局,1875 年,64 叶,24 厘米,罗马字,哈佛燕京/英经会/新国大分馆。

《但以理书》,大美国圣经会,福州,1875 年,30 叶,23.5 厘米,罗马字。

《创世记》,大美国圣经会,福州美华书局,1875 年,96 叶,24 厘米,罗马字修订,哈佛燕京 TA 1977.21 CF 1875/霍顿图书馆/英经会,译者为摩怜。

《出埃及记》,福州,罗马字,1876 年,76 叶,23.5 厘米,英经会。

《救主行传》,178 页,哈佛燕京 TA 1978.29.95,吴思明译,将马太、马可、路加、约翰四本福音书合成一本传记。

《使徒行传》,上海美华书馆铅印,1877 年,60 页,一册,线装,罗马字,东北。

《利未记》,大美国圣经会,福州,1877 年,56 叶,24 厘米,罗马字,英经会。

《士师记》,大美国圣经会,福州,1877 年,49 叶,23.5 厘米,罗马字。

《新约》,大美国圣经会,福州,1878 年,251 页,17 厘米,据 1866 年本改订。

《民数记》,大美国圣经会,福州,1878 年,79 叶,23.5 厘米,罗马字,英经会。

《申命记》,大美国圣经会,福州,1878 年,72 叶,24 厘米,罗马字,英经会。

《撒母耳后书》,福州美华书局,1878 年,63 页,23 厘米,罗马字,哈佛燕京/新国大分馆。

《撒母耳后书》,大美国圣经会,1878 年,53 叶,23.5 厘米,英经会。

《马太福音》,福州编委会版,福州,1878 年,100 叶,25 厘米。

《列王纪略》(上卷),福州美华书局,1879 年,62 叶,23 厘米,线装,罗马字,哈佛燕京 TA 1977.28 CF1879 下卷于 1880 年出版,哈佛燕京 TA 1977.28 CF1880/英经会/新国大分馆。

《以斯拉记—以斯帖记》,大美国圣经会,福州,1879 年,20+29+15 叶,23.5 厘米,英经会。

《约翰福音》,大英国圣经会,福州美华书局,1881 年,66 叶,21 厘米,哈佛燕京/英经会/美经会,译者为 Llwellyn Lloyd。

案:据《福州口语词典》的拼音系统译成罗马字。

《历代志略》(上卷),福州美华书局,1881 年,61 页,23 厘米,哈佛燕京 TA1977.29 CF1881;下卷于 1882 年出版,哈佛燕京 TA1977.29 CF1882。

《以赛亚书》,福州美华书局活板,1882 年,66 章,71 页,TA1977.41 CF1882。

《以西结书》,福州美华书局,1883 年,70 页,18 厘米,哈佛燕京 TA1977.44 CF1883。

《约翰福音》,大英国圣经会,福州美华书局,1881 年,63 叶,21 厘米,哈佛燕京/英经会。译者为 Llwellyn Lloyd。

案：据经修订的《福州口语词典》拼音系统译成罗马字。

《新旧约全书》，1884 年初版，福州话汉字本。

案：这是最早的闽语汉字本《圣经》全书。

《约伯纪》，大美国圣经会和大英国圣经会，福州，1887年，36 叶，18 厘米，英经会。

《诗篇》，大美国圣经会和大英国圣经会，福州，1887 年，87 叶，18 厘米，罗马字，英经会；大英国圣经会，1902 年再版，新国大分馆。

《旧约全书》，1888 年，大英国圣经会，罗马字；福州，1906 年再版，哈佛燕京/英经会。

《马可福音》，福州，1889 年，福州美华铅印，线装一册，罗马字，东北，1892 年再版。

《马太福音》，大英国圣经会，伦敦，1889 年，79 叶，21 厘米，罗马字，英经会。

《使徒行传》，大英国圣经会，伦敦，1890 年，79 叶，21 厘米，罗马字，英经会/Widener1285.12。

《四福音书和使徒行传》，大英国圣经会，伦敦，1890 年，分篇标页码，22 厘米，罗马字，英经会，译者为 Robert Samuel Maclay。

《箴言》，1892 年，62 页，21.2 厘米，罗马字，哈佛燕京 TA1977.37 CF1892。

《以赛亚书》，福州美华书局，1892 年，71 页，14 厘米，哈佛燕京 TA1977.41 CF1892。

《新约》，福州土白修订注释本，大英国圣经会，伦敦，1890 年，罗马字，美经会；大英国圣经会，1904 年新版铅印。

《圣经》，W. A. Shmore 修订，大英国圣经会和大美国圣经会，福州，1891 年，1265 页，26 厘米，英经会；大英圣经会，汕头，1891 年再版，英经会；福州卫理圣公会，1895 年再版。

案：此书为前曾出版的《新约》和《旧约》的合订本。

《新约书》，British and Foreign Bible Society, Fuchow Printed at the Romanization Press，354 页，罗马字，1900 年，哈佛燕京 TA1977. 5 CF1900。

《圣经》，福州土白修订本，福州卫理圣公会，1891 年，罗马字，英经会；大英国圣经会，日本印刷，1909 年，英经会。

案：这是最早的闽语罗马字本《圣经》全书。

《新约》，大英国圣经会和大美国圣经会，福州，1891 年，530 页，18 厘米，罗马字，从和合本译出，英经会；大英国圣经会，福美罗马字社印刷，1905 年，哈佛燕京/英经会；大英圣经会，1910 年再版，英经会；大英国圣经会修订本，福州，1895 年，英经会。

《新旧约全书》，罗马字，1891 年；修订本，1909 年；大英国圣经会，福州，1911，哈佛燕京；民国圣经会，上海，1912 年；圣公会印发，1914 年；上海，1927 年，上基图；上海圣经公会铅印，1930 年，北大馆；美英等圣经会印发，1933 年，福建省图/通知社；圣经会，上海，1937 年；圣书公会印发，1940 年，北大馆/日圣图。

《诗篇》《箴言》，大英国圣经会，福州，1892 年，194＋62 页，21.5 厘米，罗马字修订，哈佛燕京 TA1977. 32 CF1892/英经会。

《马可福音》，福州美华书局铅印，1892 年，一册，40 叶，线装,东北。

《创世记》《出埃及记》,大英国圣经会,福州美华书局,1892 年,132＋108 页,21.5 厘米,罗马字,哈佛燕京/英经会。

《创世记》,福州,1892 年,罗马字,新国大分馆;大英国圣经会,福州,1902 年,英经会。

《出埃及记》,福州美国公理会罗马字印刷厂印,1893 年,罗马字,哈佛燕京/新国大分馆。

《新约》,大英国圣经会,福州,1895 年,265 页,17.5 厘米,罗马字,英经会。

《新旧约全书 1　创世记—士师记》,圣书公会印发,1898 年,汉字本,哈佛燕京 TA1977 CF1898。

《新旧约全书 2　路得记—尼希米记》,圣书公会印发,1898 年,汉字本,哈佛燕京 TA1977 CF1898。

《新旧约全书 3　以斯帖记—耶利米书》,圣书公会印发,1898 年,汉字本(缺少箴言 31：4 至以赛亚书 11：11),哈佛燕京 TA1977 CF1898。

《新旧约全书 4　耶利米哀歌—约翰福音》圣书公会印发,1898 年,汉字本,哈佛燕京 TA1977 CF1898。

《新旧约全书 5　使徒行传—启示录》,圣书公会印发,1898 年,汉字本,哈佛燕京 TA1977 CF1898。

《新约》,大英国圣经会,福州圣书公会,1900 年,354 页,罗马字,修订本,增有注释。哈佛燕京 TA 1977.5 CF1900/英经会/美经会。

《旧新约全书》,福州美华书局活版,1898 年,1268 页,25.5 厘米,罗马字,哈佛燕京。

《圣经》,上海大英国圣经会,在日本印刷装订,1901 年,1136+346 页,据 1891 年本翻印成袖珍本,英经会。

《创世记》,大英国圣经会,福州,1902 年,110 页,22.5 厘米,罗马字,英经会。

《旧约》,大美国圣经会,福州,1902—1905 年。译者为 L. Loyed,J. S. Collins,G. H. Hubbard 和 R. W. Stewart。

《出埃及记》,大英国圣经会,福州美国公理会罗马字印刷厂印,1902 年,88 页,22.5 厘米,罗马字,哈佛燕京/英经会。

《出埃及记》,福州土腔罗马册,福州 British and Foreign Bible Society,printed at Romanized Press,1892 年,新国大分馆。

《诗篇》,大英国圣经会,福州,1902 年,127 页,22.5 厘米,哈佛燕京 TA1977.32 CF1902。

《新约书:榕腔》,福州 British and Foreign Bible Society,printed at Romanized Press,377 页,1904 年,罗马字,新国大分馆/哈佛燕京 TA 1977.5 CF 1904。

《新约》,大英国圣经会,福州美国公理会罗马字出版社印刷,1905 年,377 页,22.5 厘米,罗马字,哈佛燕京/英经会。

《约书亚书》,福州美国公理会罗马字出版社印刷,1904 年,37 页,22.5 厘米,罗马字,哈佛燕京 TA 1977.26 CF1904。

《圣经》,British and Foreign Bible Society,Romanized Press(拉丁化文字社),1905 年。

《旧约全书》,大英国圣经会,福州,1906 年,1132 页,22 厘米,罗马字,哈佛燕京 TA 1977.1 CF1906/英经会。

《马太福音》,大英国圣经会,福州,1906 年,64 页,

18.5 厘米,英经会。

《新约全书:福州土腔》,福州 British and Foreign Bible Society,1906 年,罗马字,新国大分馆。

《新旧约全书—福州土腔》,大英连外国圣书会印制[?],福州,the Romanized Press A. B. C. F. M.[American Board of Commissioners for Foreign Missions]印制,1908 年,罗马字,信望爱网站。

《圣经》,大英国圣经会,在日本印刷,1909 年,1264＋386 页,22.5 厘米,英经会。

《新约》,大英国圣经会,1910 年,526 页,20 厘米,英经会。

《新旧约全书》,大英国圣经会,福州,1911 年,1031 页,哈佛燕京。

《新约马可》,上海圣书公会,1912 年,东洋。

《新旧约全书》,民国圣经会,上海,1912 年。

《马可福音》,私人印刷,上海,1921 年,43 页,20 厘米,用国语注音字母拼写,英经会,译者为中华圣公会(CMS)的 A. M. Hind。

《四福音书》《使徒行传》,上海和福州美经会或英经会,1921—1925 年,注音符号本,英经会,译者为中华圣公会的 A. M. Hind。

《路加福音》,大英国圣经会,福州,1922 年,82 页,19 厘米,用国语注音字母拼写,英经会,译者为中华圣公会的 A. M. Hind。

《约翰福音》,大英国圣经会,福州,1923 年,66 页,19 厘米,用国语注音字母拼写,注音符号本,译者为中华圣公会的

A. M. Hind。

《马太福音》,上海大美国圣经会,1924 年,65 叶,用国语注音字母拼写,注音符号本,译者为中华圣公会的 A. M. Hind。

《新旧约全书》,上海大美国圣经会印发,1136 页(旧约)+346 页(新约),1927 年,上基图藏/福建省图书馆藏(有书目卡片,原书未能检出)/信望爱网站。

《新旧约全书》,上海圣书公会,1929 年,一册,精装,罗马字,中山/北大。

《新旧约全书》,上海圣经公会铅印,1930 年,1282 页,北大。

《新旧约全书》,大英及外国圣经会印发,1136 页(旧约)+346 页(新约),1933 年,19 厘米,同志社,用句逗。

《新约全书》,圣书公会印发,1933 年,530 页,15.5 厘米,罗马字,天理。

《新旧约全书》,圣经公会,上海,1937 年。

《新旧约全书》,圣书公会印发,1940 年,1163+346 页,19 厘米,日圣图。

《新旧约全书》,上海圣经公会铅印,1940 年,1482 页,北大。

《新旧约全书》,圣书公会印发,1940 年,1163+346 页,19 厘米,日圣图。

2.2.3 潮汕土白

《福音四书合串》,福州,1874 年,201 叶,译者为 Ashmore。

《路得记》,美国浸礼教会,汕头,1875 年,10 页,18 厘米,罗马字,英经会,译者为美国浸礼会的 S. B. Partridge。

《创世记》,美国浸礼教会,汕头,1875 年,10 页,18 厘米,罗马字,译者为美国浸礼会的 S. B. Partridge。

《路加福音》,大英国圣经会,格拉斯哥,1877 年,77 页,18.5 厘米,罗马字,英经会,据深文理本翻译,译者为英国长老会的 W. Duffus。

《使徒行传》,美国浸礼教会,汕头,1877 年,英经会,据深文理本翻译。

《创世记》,美国浸礼教会,福州,1879 年。美经会/英经会,据深文理本翻译。

《罗马人书》,美国浸礼教会,福州,1879 年,33 页,24 厘米,英经会。

《新约》(部分),美国浸礼教会,福州,1879—1896 年,译者为美国浸礼会的 S. B. Partridge,W. Ashmore 和 A. M. Fields 等。

《哥林多前书》,美国浸礼教会,福州,1880 年,34 叶,23.5 厘米,英经会。

《希伯来书》,美国浸礼教会,福州,1880 年,24 叶,24 厘米,英经会。

《马太福音》,美国浸礼教会,福州,1882 年,73 叶,25 厘米,英经会。

《路加福音》,美国浸礼教会,福州,1882 年,76 叶,25.5 厘米,英经会。

《使徒行传》,美国浸礼教会,福州,1882 年,71 页,

24.5 厘米,英经会。

《马可福音》,美国浸礼教会,福州,1883 年,英经会。

《创世记》,大美国圣经会,在汕头礼拜堂 Hông-soh-hụn 印,汕头,1888 年,229 页,23.5 厘米,罗马字,哈佛燕京/英经会/新国大分馆/信望爱网站。译者为在汕头的英国长老会的 W. Duffus。

《创世记》,大美国圣经会,汕头福音印刷处印刷,1888 年,大字本,229 页,19.5 厘米,罗马字,1896 年重印,美经会/英经会,译者为 W. Duffus(迪弗斯)、J. C. Gibson(汲约翰),哈佛燕京 TA 1977.21 CW1888;另有小字本,138 页,哈佛燕京 TA 1977.21 CW1888.1。

《约拿书》,大英国圣经会,汕头,1888 年,9 页,23.5 厘米,罗马字,哈佛燕京 TA 1977.492 CW1888/英经会/美经会,译者为在汕头的英国长老会的 W. Duffus。

《约拿书》,大英国圣经会,汕头,1888 年,6 页,19 厘米,小开本,罗马字,英经会/信望爱网站。

《雅各书》,大英国圣经会,汕头,1888 年,16 页,24 厘米,罗马字,英经会/巴色/信望爱网站。译者为在汕头英国长老会的 W. Duffus。封面写 ek tso Tie-chiu peh-ue。

《雅各书》,大英国圣经会,汕头,1888 年,8 页,19.5 厘米,小开本,罗马字,英经会/巴色。

《雅各书》,大英国圣经会,在汕头礼拜堂 Hông-soh-hụn 印(?),汕头,1888 年,13 页,11.5 厘米,罗马字,英经会,译者为 W. Duffus & J. C. Gibson(?)。

《马太福音》,汕头大英长老会出版,1889 年,90 页,

19 厘米,罗马字,哈佛燕京 TA 1977 CW1889/英经会。

《马太福音》,大英国圣经会,1889 年,146 页,24 厘米,罗马字,英经会。

《马太福音》,大英国圣经会,1889 年,90 页,19 厘米,罗马字,英经会。

《使徒行传》,大英国圣经会,汕头,1889 年,151 页,23.5 厘米,罗马字,英经会。

《使徒行传》,大英国圣经会,汕头,1889 年,93 页,20 厘米,小开本,罗马字,英经会。

《马可福音》,大英国圣经会,汕头,1890 年,95 页,24.5 厘米,罗马字,英经会。

《马可福音》,大英国圣经会,汕头,1890 年,56 页,20 厘米,小开本,罗马字,英经会。

《约翰福音》,大英国圣经会,汕头,1891 年,124 页,24.5 厘米,罗马字,英经会。

《约翰福音》,大英国圣经会,汕头,1891 年,78 页,19.5 厘米,小开本,罗马字。

《马太福音—使徒行传》,大英国圣经会,格拉斯哥,1892 年,275 页,17 厘米,罗马字,英经会/信望爱网站。

《救主耶稣基督的新约全书:前卷马太到使徒》大英国内外圣书会,1892 年,罗马字,哈佛燕京。

《哈该书》《玛拉基书》,汕头长老会出版社,1892 年,罗马字,译者为在汕头英国长老会的 W. Duffus。

《路加福音》,大英国圣经会,汕头,1892 年;大英国圣经会 1893 年据 1892 年本翻印,159 页,24 厘米,罗马字,英经会。

《四福音书和使徒行传》，275 页，罗马字，1892 年，Widener1285. 19。

《腓立比书》《歌罗西书》，大英国圣经会，汕头，1893 年，31 页,24 厘米,罗马字,英经会。

《帖撒罗尼迦前后书》，大英国圣经会，汕头，1893 年，22 页,24. 5 厘米,罗马字,英经会。

《诗篇》(部分)，苏格兰圣经会，汕头，1894 年，33 页，17 厘米,罗马字,英经会。

《提摩太前书—腓立门书》，大英圣经会，1894 年，41 页,24 厘米,罗马字,英经会。

《腓立比书—腓立门书》，大英圣经会，在汕头礼拜堂 Hong-soh-hun印，1894 年，59 页,19. 5 厘米,英经会/信望爱网站，据 1893 年本和 1894 年本翻印，译者为 W. Duffus & J. C. Gibson(?)。

《约翰书》《犹太书》，大英国圣经会，汕头，1894 年，26 页，24 厘米,罗马字,英经会。

《哈该书—玛拉基书》，汕头大英圣经公会，1895 年，65 页,23. 5 厘米,罗马字,哈佛燕京 TA 1977. 497 CW1895/英经会,译者为在汕头英国长老会的 W. Duffus、J. C. Gibson 和 H. L. Mackenzie。

《彼得前后书》，大英国圣经会，汕头，1895 年，31 页，24 厘米,罗马字,英经会。

《加拉大书》《以弗所书》，大英国圣经会，汕头，1896 年，23＋23 页,24 厘米,罗马字,英经会。

《新约》,美国浸礼教会,上海,1898 年,306 页,26 厘米,英经会/美经会。

《撒母耳记下》,大英国圣经会,在汕头礼拜堂 Hông-soh-hun印发,1898 年,132 页,24 厘米,罗马字,英经会/信望爱网站,译者为 W. Duffus & J. C. Gibson(?)。

《新约马太福音书》,大英和外国圣经会,英国长老传教团印刷厂,汕头,罗马字,1899 年,东洋。

《启示录》,大英国圣经会,汕头,1900 年,34 页,21.5 厘米,罗马字,英经会/Widener1285.11.5。

《哥林多后书》,大英国圣经会,汕头,1901 年,18 页,21 厘米,罗马字,英经会,译者为在汕头英国长老会的 W. Duffus、J. C. Gibson 和 H. L. Mackenzie。

《圣经》修订本,浸礼会,1902 年,罗马字。W. A. Shmore等译(圣经全译本?)。

《创世记》,美国浸礼教会,1902 年,据 1879 年版修订。

《路得记》,大英国圣经会,汕头,1904 年,罗马字。

《诗篇》(部分),大英国圣经会,1904 年,33 页,16 厘米,罗马字,据 1894 年本翻印,英经会。

《哥林多前书》,大英国圣经会,汕头,1904 年,罗马字。

《新约》,大英国圣经会,汕头,1905 年,550 页,22 厘米,英经会/美经会,译者为在汕头英国长老会的 W. Duffus、J. C. Gibson 和 H. L. Mackenzie。

《诗篇》(部分),大英国圣经会,汕头,1913 年,49 页,16.5 厘米,罗马字,增补,英经会。

《路得记到撒母耳前后记》,在汕头礼拜堂 Hông-soh-hun

印,1915 年,4＋62 页,21.5 厘米,罗马字,英经会/信望爱网站,译者为 W. Duffus & J. C. Gibson(?)。

《新约圣经》,大英及外国圣经公会,英国传教会传教团印刷厂,汕头,1915 年;第二版印 1 500 册,罗马字,同志社。

《旧约前五章》,中华浸礼出版会,广州,1916 年,276 页,24.5 厘米,英经会/美经会。

《何西阿书—玛拉基》,大英国圣经会,1917 年,57 页,20.5 厘米,罗马字,英经会。

《诗篇选》,大英国圣经会,汕头,1919 年,71 页,16 厘米,罗马字,英经会。

《诗篇》,中华浸礼出版会,广州,1919 年,98 页,22 厘米,英经会。

《圣经》,美英外国传教会(?)(A. B. F. M. S.),上海,1922 年,1304＋400 页,英经会。

《新旧约全书》,大美浸信宣道会印发,1928 年,1096 页(旧约)＋352 页(新约),上基图。

2.2.4　潮州白话

《约拿书:潮州白话》,大英国圣经会,汕头,1888 年,罗马字,新国大分馆。

《新约马太福音书》,大英和外国圣经会,英国长老会传教团印刷厂,汕头,1899 年,146 页,大字体本,罗马字,东洋。

《新约圣经》,大英及外国圣经公会,英国长老会传教团印刷厂,汕头,1915 年,550 页,21.5 厘米,罗马字,第二版印 1 500 册,同志社。

2.2.5　兴化(莆田)平话

《新约圣书》,1872 年(?),罗马字,新国大分馆。

《圣经》,罗马字,1877 年前后；1912 年再版。

《约翰福音》,大美国圣经会,福州,1892 年,罗马字,美经会。

《莆田话新约全书》,1892—1900 年,罗马字。

《马可福音》,1893 年,罗马字。

《马太福音》《使徒行传》,1894 年,美经会。

《路加福音》,福州,1895 年,罗马字,美经会。

《出埃及记》,大美国圣经会,福州,1896 年,116 页,19.5 厘米,罗马字,英经会/美经会。

《创世记》,1897 年,罗马字,美经会。

《罗马人书》《哥伦多人书》,1898 年,罗马字,美经会。

《加拉太人书—犹大》,1899 年,罗马字,美经会。

《新约》,大美国圣经会,兴化,1900 年,罗马字,译者是秦贞。

《新约》,打马基(Talmage)补编,兴化,1901 年,罗马字。

《新约》,1902 年,罗马字,美经会。

《以赛亚书》《耶利米》《以西结书》,大美国圣经会,兴化,1903 年,95＋112＋90 页,19.5 厘米,罗马字,英经会/美经会。

《箴言》《传道书》《雅歌》,大美国圣经会,1904 年,64 页,19.5 厘米,罗马字,美经会/英经会。

《约伯书》,大美国圣经会,兴化,1905 年,64 页,19.5 厘米,罗马字,美经会。

《旧约书前五章》,大美国圣经会,兴化,1906 年,64 页,

19 厘米,罗马字,美经会。

《四福音书》《创世记》《出埃及记》,1911 年,修订本,美经会。

《新约全书》,美国圣经会蒲鲁士译,兴化美兴书局活版,1912 年,罗马字。

《新约附诗篇》,兴化实业教会出版社,1912 年,777 页,24 厘米,罗马字,哈佛燕京/加州大学伯克利分校。

《旧新约书》,大美国圣经会,兴化实业传教士出版社 1912 年,罗马字,译者为美国监理会的 W. N. Brewster。

案:书前有译者写的《前言》,称此书据当年的文言本圣经翻译,并有中国同事参与翻译。台湾曾于 1972 年重版此书,正文前有兴化方言元音、声调和特殊语音的说明。声调共有 7 个:高平、降、低平、低促、升、低升降、高促。1140＋333 页,24 厘米,英经会/上基图/东洋。此书还有兴化对兴书局活版印刷,1911 年、1912 年。

《新约全书附诗篇》,美华圣经会出版,上海,1934 年,360＋121 页,22 厘米,罗马字,同志社/天理/美经会,据国语和合本译出,译者为 F. Stanley Carson、W. B. Cole。

2.2.6 建阳土白

《马可福音》,福州,建阳教堂传教会私人印刷,1898 年,55 页,23.5 厘米,罗马字,英经会,H. T. Philips 译。

《马太福音》,大英国圣经会,福州 Methodist Episcopal Mission Press,印 300 本,1900 年,91 页,21.5 厘米,罗马字,东洋/中山/英经会/美经会,译者为 Hugh S. 和 Minnie

Phillips（CMS）。

2.2.7　邵武土白

《雅各书》，美国海外传教士派遣委员会，福州，1891 年，10 页，21.5 厘米，罗马字，英经会，用文字标调类，译者为美国海外传教士派遣委员会（American Board of Commissioners for Foreign Missions）的 J. E. Walk。

《使徒行传》，美国公理会，福州，1891 年，罗马字，J. E. Waiker 译。

2.2.8　建瓯土白

《新约圣经·使徒行传》，福州，罗马字，出版年代未详。

2.2.9　海南土白

《使徒行传》，大英国圣经会，外国圣经会，罗马字，1889 年。

《马太福音》，大英国圣经会，上海，1891 年，77 页，23 厘米，罗马字，美经会/英经会。

《约翰福音》，大英国圣经会，海南，1893 年，73 页，18.5 厘米，罗马字，美经会/英经会。

《路加记》，大英国圣经会，海南，1894 年，100 页，18 厘米，罗马字，美经会/英经会。

《马可福音》，大英国圣经会，海南，1895 年，58 页，18 厘米，罗马字，美经会/英经会，译者为美国长老会的 C. C. Jeremias。

《创世记》，大英国圣经会，伦敦，1899 年，61 页，21 厘米，罗马字,美经会/英经会/Widener1285.11。

《哈该书—玛拉基书》,大英国圣经会,伦敦,1899 年, 18 页,21 厘米,罗马字,美经会/英经会。

《使徒行传》,大英国圣经会,伦敦,1899 年,40 页, 20.5 厘米,罗马字,美经会/英经会。

《加拉太书—腓立比书》《雅各书—犹太书》,大英国圣经会,伦敦,1899 年,38＋20 页,20.5 厘米,罗马字,英经会。

《旧约历史》,哥本哈根,1899 年,39＋40 页,17.5 厘米,罗马字,英经会。

《新约历史》(福音对观书),哥本哈根,1899 年,87 页, 17.5 厘米,罗马字,英经会。

《创世记》,W. A. Shmore 订正,1901 年,罗马字。

《马可福音》,大英国圣经会,海南,1902 年,146 页, 19.5 厘米,罗马字,英经会,据 1895 年本改订,译者为美国长老会的 C. C. Jeremiassen。

《马可福音》,大英国圣经会,海南,在横滨印刷,1914 年, 54 页,18.5 厘米,罗马字,东洋/英经会/美经会,从国语本转译。

《路加福音》,大英国圣经会,海南,在横滨印刷,1916 年, 92 页,18.5 厘米,罗马字,中山/英经会。

《使徒行传》,大英国圣经会,海南,在横滨印刷,1916 年, 89 页,18.5 厘米,罗马字,美经会/英经会。

2.3 赣语(建宁土白)

《马太福音》,私人印刷,中国,1896 年,美经会/英经会。

　　案：这是建宁方言唯一的汉字本。

　　《新约》，大英国圣经会，伦敦，1896 年，655 页，22 厘米，罗马字。美经会/哈佛燕京/Widener1285.18/信望爱网站。

　　《约翰福音》，大英国圣经会，伦敦，1897 年，69 页，21 厘米，罗马字，英经会/美经会藏两册。

　　《创世记》，大英及外国圣经会，伦敦，1900 年，120 页，21 厘米，罗马字，东洋/英经会/美经会。

　　《出埃及记》，大英国圣经会，伦敦，1900 年，113 页，21 厘米，罗马字，东洋/英经会/美经会。

　　《诗篇》，大英国圣经会，伦敦，1905 年，176 页，21 厘米，罗马字，英经会。

　　《但以理书》，大英国圣经会，伦敦，1905 年，44 页，21 厘米，罗马字，美经会/英经会。

　　《新约》，上海大英国圣经会，在横滨印刷，1912 年，618 页，22.5 厘米，罗马字，英经会，同年出版修订本，译者和修订者都是英国 Zenana 传教会的 L. J. Bryer。

　　《以赛亚》，大英国圣经会，上海，1912 年，137 页，22 厘米，罗马字，美经会/英经会。

　　《新约》，上海圣书公会，修订本，横滨 Fukuin 印刷公司印刷，一册，精装，21 厘米。《启示录》从 580 页开始，1922 年，罗马字，中山图书馆（原藏广州培正中学图书馆）。

2.4　客家话

　　《马太福音》，巴色教会，柏林，1860 年，91 页，18.5 厘米，罗马字,巴色/英经会,译者为巴色会的 R. Lechler。

案:Lepsius 拼法。有拼法说明。这是最早的客家话圣经译本。中文助译者为 Tai Wun-gong,他依据《马太》的文言译本,并熟悉 Lepsius 拼法。有关于正字法的说明。这是最早的客家话罗马字本《圣经》单篇。

《路加福音》,大英国圣经会,香港,1865 年,108 页,19.5 厘米,罗马字,英经会/巴色,Lepsius 拼法,译者为巴色会的 R. lechler。

《马太福音》,大英国圣经会,巴色教会,1866 年,109 页,22 厘米,罗马字,据 1860 年本改订,巴色/英经会;与路加福音合订(见下一条),封面题为《新约》,美经会。

《路加福音》,大英国圣经会,巴色教会,1866 年,115 页,22 厘米,罗马字,巴色/美经会/英经会。与马太福音合订(见上一条),封面题为《新约》。

《马可福音》《使徒行传》,大英国圣经会,巴色教会,1874 年,63＋106 页,22.5 厘米,罗马字,英经会/巴色/哈佛燕京,译者是巴色福音传教会传教士,信望爱网站。

《新约》(部分),大英国圣经会,1874—1883 年,罗马字,英经会,译者为 R. Lechlert、P. Winnes、Charles P. Piton 和 Kong Fat-lin(中国籍牧师)。

《约翰福音》《罗马人书—哥林多后书》,大英国圣经会,巴色,1879 年,83＋121 页,罗马字,Lepsius 拼法;其中《约翰福音》同年另有单行本,21.5 厘米,巴色/英经会/美经会。

《路加福音传》,1881 年,73 页,21.5 厘米,巴色/英经会。

案:这是最早的客家话汉字本《圣经》单篇。

《路加福音传》,大英国圣经会,广州,1881 年,73 页,22.5 厘米,英经会/美经会,译者为巴色教会的 Charles P. Piton、G. Morgenroth 和 H. Ziegle。

《加拉太书—歌罗西书》,巴色,1881 年,54 页,21.5 厘米,罗马字,巴色/英经会。

《帖撒罗尼迦前后—希伯来》,1882 年,11＋15＋4＋2＋24 页,22 厘米,线装本,巴色。

《约翰—默示》,1882 年,8＋15＋12＋3＋36 页,22 厘米,线装本,巴色。

《新约圣书》,大英国圣经会,1883 年,23.5 厘米,线装两册,分篇标页码,东北/巴色/英经会,译者为巴色会的 Charles P. Piton、G. Morgenroth 和 H. Ziegle。

案:这是最早的客家话汉字本《新约》。

《约翰福音书》,1883 年,59 页,21.5 厘米,线装本,巴色。

《新约》,广州,大英圣经会,1883 年,23.5 厘米,罗马字,英经会。

案:这是最早的客家话罗马字本《新约》。

《帖撒罗尼迦前书—启示录》,大英国圣经会,巴色教会,1883 年,178 页,22 厘米,罗马字,巴色。

《马可福音传》广州,1883 年,共 16 章,43 页,20 厘米,线装本,哈佛燕京 TA 1977. 63 CK1883/巴色,Charles P. Piton 译。

《马太福音传》,1883 年,68 叶,22 厘米,线装本,巴色。

案:结构助词用"嘅":耶稣基督嘅族谱。人称代词方面,第一人称单数用"𠊎";第二人称单数用"㑑";第三人称代词用

"佢"：等厘也去拜下佢。人称代词复数词尾用"兜"：就打发佢兜去伯利恒,话"喝兜去,详细跟下该只细子"。相当于吴语"介"(这么)的代副词写作"唻"：雅各生犹他唻兄弟。

《使徒行传》,1883 年,100 页,21.5 厘米,巴色会;二版为大英圣经会印,罗马字,巴色。

《使徒行传》,1883 年,71 叶,22 厘米,线装本,巴色。

《罗马书》《哥林多前后书》,1883 年,31＋51 页,22 厘米,线装本,巴色。

《马太—使徒行传》,1883 年,这是新约全书的上卷,巴色。

《罗马—默示录》,1883 年,这是新约全书的下卷,巴色。

《创世纪》《出埃及记》,大英国圣经会,广州,33＋26 叶,1886 年,26.5 厘米,线装本,译者为巴色会的 Charles P. Piton、G. Morgenroth 和 H. Ziegle,巴色。

《新约圣经全书》,大英圣经会,C. Schultze 印,109＋63＋115＋83＋106＋121＋54＋178 页,21 厘米,1866—1887,罗马字,巴色,这是用 Lepsius 拼法拼写的完整的《新约》。

《马太福音》,大英国圣经会,巴色教会,1887 年,101 页,22 厘米,罗马字,巴色/英经会。

《诗篇》,广州,大英国圣经会,1890 年,26 叶(95 叶?),26.5 厘米,线装本,巴色,译者为巴色会的 Charles P. Piton、G. Morgenroth 和 H. Ziegle。

《新约》,大英国圣经会,巴色教会,1892 年,21 厘米,英经会。

《马可福音》,大英国圣经会,巴色教会,1892 年,63 页,21.5 厘米,罗马字,巴色/或英经会。

《使徒行传》,大英国圣经会,巴色教会,1892 年,100 页,21.5 厘米,罗马字,巴色/英经会。

《路加福音》,大英国圣经会,巴色教会,二版,1892 年(?,未注出版年月),104 页,22.5 厘米,罗马字,巴色/英经会。

《使徒行传》,大英国圣经会,巴色教会,1893 年,100 页,17.5 厘米,罗马字,巴色。

《新约》(*The New Testment of the Colloquial of the Hakka Dialect*),大英国圣经会,巴色教会,1893 年,17.5 厘米,罗马字,巴色。

《马太福音》,大英国圣经会,巴色教会,1896 年,101 页,22.5 厘米,罗马字,英经会/巴色。

《创世记》《出埃及记》,大英国圣经会,广州,1898 年,32＋56 页,26.5 厘米,英经会,据 1866 年本翻印。

《新约圣书》(分上卷和下卷),1900 年,大英圣书公会印发,巴色。

《创世记》《出埃及记》,大英国圣经会,广州,1904 年,据 1886 年本翻印。

《诗篇》,大英国圣经会,广州,1904 年,95 页,25.5 厘米,英经会,据 1890 年本翻印。

《诗篇》,三版,巴色会,1904 年,96 页,18.5 厘米,巴色。

《四福音书》《使徒行传》,中华浸礼出版社,1903—1905 年,45＋28＋48＋37＋45 页,英经会/巴色。

案:据广东话口语版本翻译,采用浸礼教用语,用于广东北部北江和东江之间的浸礼教会。

《新约圣书》(分上卷和下卷),1905 年,大英圣书公会印发,巴色。

《箴言》,大英国圣经会,在日本印刷,1905 年,45 页,19 厘米,英经会,1908 年、1923 年重印,译者为巴色会的 Charles P. Piton、G. Morgenroth 和 H. Ziegle。

《新约》,大英国圣经会,修订本,在日本印刷,1906 年,518 页,18.5 厘米,英经会。

《路加福音》,圣书公会,1908 年,66 页,19 厘米,一册,线装,东北。

《以赛亚书》,大英国圣经会,广州,1909 年,86 叶,26.5 厘米,巴色,译者为巴色教会 Charles P. Piton、G. Morgenroth 和 H. Ziegle。

《诗篇选》,英国长老会,五经富,1910 年,49 页,18.5 厘米,英经会/巴色,五经富方言,译者为 M. C. MacKenzie 和 Phang Khi-fung。

《新约》,大英国圣经会,在日本印刷,1913 年,正文前有客家话音表,536 页,19 厘米,英经会/巴色。

《新约》,英国长老会,五经富,1916 年,分篇标页码,五经富、揭西方言,21.5 厘米,罗马字,香港/巴色。

《圣经》,大英国圣经会,上海,1916 年,1356＋412 页,22 厘米,英经会/巴色/美经会。

《马可福音》,上海美国圣书公会,1917 年,东洋。

《新约》,中华浸礼出版社,广州,1917 年,311 页,18.5 厘米,英经会。

《新约修订版》,原版是 1916 年出版的,在汕头印刷,588 页,巴色。

《马太福音》,大英国圣经会,上海,1919 年,91 页,19 厘米,罗马字,美经会/哈佛燕京(?)/信望爱网站,译者为伦敦传教会的 L. R. Hughes 和 E. R. Rainey。

案:用汀州土白翻译,参照厦门土白罗马字拼法,略加修改。长汀方言属客家话。

《新约圣经》,修订版,1921 年。上海大英圣书公会印发,正文前有客家话音表及两张地图,536 页,巴色。

《新约》,大英国圣经会,上海,1919 年,分篇标页码,22 厘米,五经富方言,罗马字,巴色。

《客话新旧约圣经》,1923 年,1356+411 页,上海大英圣书公会,信望爱网站。

案:这是最早的客家话汉字本《圣经》全书。

《新约全书》,上海英国长老会出版社(English Presbyterian Mission Press),汕头,1924 年,588 页,22.5 厘米,罗马字,据1916 年版修订,五经富方言,印 500 册,同志社/天理/东洋/美经会。

《救主耶稣的新约圣经全书》,译作客家白话(《四福音》),1924 年,罗马字,Printed for the British and Foreign Bible Society at the English Presbyterian Mission Press,汕头,第二版,印 500 本,哈佛燕京/信望爱网站。

《救主耶稣的新约圣经全书》,译作客家白话(《使徒行传—启示录》),1924 年,Printed for the British and Foreign Bible Society at the English Presbyterian Mission Press,汕头,第二版,588 页,印 500 本,罗马字,哈佛燕京/信望爱网站。

《路加福音》,新约圣经卷三,上海大英圣经公会印发,

1925 年,105—173 页,巴色。

《马太福音》,新约圣经卷一,上海大英圣经公会印发,1925 年,64 页,巴色。

《马太福音》,上海大英圣书公会印发,1927 年,64 页,巴色。

《新约圣经》,圣书公会印发,上海,1929 年,正文前有客家话音表,536 页,巴色。

《马太福音》,新约圣经卷一,上海大英圣书公会印发,1930 年,68 页,巴色。

《新约圣经》,圣书公会印发,1930 年,正文前有客家话音表,536 页,巴色。

《新旧约全书》,英国圣经公会(British and Foreign Bible Society),1931 年,916 页,信望爱网站。

《新约圣经》,圣书公会印发,上海,1934 年,正文前有客家话音表,536 页,巴色。

《新约圣经》,圣书公会印发,1937 年,正文前有客家话音表,536 页,巴色。

《马太福音》,大英国圣经会,上海,1930 年,68 页,18.5 厘米,英经会。

《旧新约全书》,上海大英圣书公会,1931 年,1356 ＋ 412 页,22 厘米,卷首有客话音表,天理/哈佛燕京 TA 1977 CK1931/中山图书馆/北大/香港。

《马太福音》,大英国圣经会,上海,1933 年,70 页,18.5 厘米,1930 年版的修订。

《新约圣经》,上海大英圣书公会印发,536 页,1937 年,上基图藏。

2.5　广东话

2.5.1　羊城土白

《马太福音》,美国长老会,广州,1862 年,40 叶,译者为 Charles F. Preston。

案:这是粤语最早的汉字本《圣经》单篇。

《约翰福音》,美国长老会,广州,1862 年,38 叶,24.5 厘米,木版,英经会,译者为 Charles F. Preston。

《耶稣言行撮要俗话》,广东福音堂,1863 年,105 叶,斯坦福。

《述史浅译五卷》,东福音堂,1865 年,五册合订两本,本书撮译新旧约全书,东北/斯坦福,译者为美国人花波。

《路加福音》,大英国圣经会,香港,1867 年,112 页,20 厘米,Lepsius 标准拼音法,罗马字,美经会,译者为 Rhenish Mission 的 Wilhelm Lauis。

案:这是粤语最早的罗马字本《圣经》单篇。

《路加福音》,大英国圣经会,香港,1871 年,36 叶,20 厘米,英经会。

《四福音书》《使徒行传》《哥罗西书》,大英国圣经会,香港,1871—1873,英经会,这是联合译本,译者 G. Piercy、Wesleyan MS、Charles F. Preston、APM、A. Krolczyk 和 Rhenish MS。

《歌罗西书》,大英国圣经会,香港,1872 年,4 叶,

19.5 厘米,英经会。

《创世记》《迦拉太—腓列门》,私人印刷,广州,1872—1873,英经会,译者为 G. Piercy。

《马可福音传》,大英国圣经会,香港,1872 年,21 叶,20 厘米,线装一册,东北/英经会。

案:按希利亚原文翻译羊城土话。

《路加福音》,大英国圣经会,香港,1872 年,36 叶,20 厘米,英经会,据 1871 年本重译。

《路加福音》,上海美华书馆,1872 年,33 叶,英经会。

《使徒行传》,大英国圣经会,香港,1872 年,33 叶,20 厘米,和合本,线装一册,东北/英经会,按希利尼原文翻译羊城土话。

《加拉太书—腓立门书》,广州,1872 年,9＋8＋6＋6＋6＋3＋7＋5＋3＋2 叶,木刻,英经会。

《马可福音》,大美国圣经会托印,上海美华书馆铅印,1872 年,38 页,23.5 厘米,线装一册,东北/斯坦福,美经会藏 1879 年上海重印本。

《路加传福音书》,上海美华书馆,1872 年,66 页,斯坦福。

《保罗达会小书》,羊城惠师礼堂,55 叶,1872 年,分章标页码,线装两册,东北/斯坦福。

《使徒行传》,上海美华书馆铅印,1873 年,61 页,23.3 厘米,线装一册,东北/斯坦福。

《创世记》,香港,1873 年,48 叶,20 厘米,英经会。

《马太福音》,大英国圣经会,香港,1873 年,33 叶,20 厘米,活版印,和合本,英经会。

《马太福音》，美国长老会传教团，上海，1873 年，61 页，23.5 厘米，线装一册，东北/斯坦福/美经会，藏 1879 年上海重印本。

《约翰福音》，大英国圣经会，香港，1873 年，27 页，20 厘米，活版印，和合本，英经会。

《新约》，香港中华印务总局，1873 年，页数庞杂，斯坦福。

案：这是粤语最早的汉字本《新约》。

《约翰福音》，上海美华书局，1873 年，50 页，斯坦福。

《使徒行传》，上海美华书局，1873 年，61 页，斯坦福。

《路加传福音书》，上海美华书馆铅印，1873 年，66 页，23.5 厘米，线装一册，东北。

《旧约创世记》，香港中华印务总局，1873 年，48 页，20 厘米，一册，线装，东北。

《旧约诗篇》，香港，1875 年，159 页，24.5 厘米，线装一册，粤东俗语浅译，东北。

《路得氏记》，上海美华书馆铅印，1875 年，6 页，线装一册，东北。

《诗篇》，大英国圣经会，香港，1876 年，39 页，24.5 厘米，美经会或英经会，译者为教堂传教会的 A. B. Huchinson。

《使徒雅各书》《彼得前后书》，广州美国圣经会，1875 年和 1876 年，7＋7＋4 叶，24.5 厘米，木版线装一册，东北，英经会，译者为美国长老会的 Henry V. Noyes。

《罗马人书—启示录》，广州，1877 年，私人印刷，196 叶，22.5 厘米，英经会，译者为 G. Piercy（俾士），从公认经文译出，续完新约。

《使徒保罗达哥林多人书》,广州,1877 年,前后书合订,26+16 页,斯坦福。

《使徒保罗达》《希伯来人书》,广州,1877 年,18 页,24 厘米,木版线装一册,Rev. Piercy E. W 译,东北/斯坦福。

《马太福音》,"神"版,上海,大美国圣经会,1882 年,60叶,23.5 厘米,斯坦福/英经会。

《马太福音》,广州大英国圣经会(?),1882 年,58 页,24.5 厘米,斯坦福。

《马可福音》,"神"版,上海,大美国圣经会,1882 年,37叶,23.5 厘米,斯坦福/英经会。

《马太福音》,《马可福音》,上海,大美国圣经会,1882 年,58 叶,英经会。

《马可福音》,上海,大美国圣经会,1882 年,32 叶,英经会。

《马太福音传》《马可福音传》《路加福音传》《约翰福音传》,羊城土白(广州话)汉字本,1882—1883 年,光绪八年—光绪九年,哈佛燕京,信望爱网站。

《约翰福音》,大英国圣经会,广州,1883 年,48 叶,20.5 厘米,英经会/澳大利亚国家图书馆。

《路加福音》,大英国圣经会,广州,1883 年,63 叶,20.5 厘米,修订版,英经会。

《路得》《约翰》《使徒行传》,广州大英国圣经会,1883—1884 年,这是联合译本的修订本,译者为 H. V. Moyes,G. Piercy、Wesleyan MS。

《路加传福音书》,上海美华书馆,1884 年,65 页,斯坦福。

《约翰福音》,大美国圣经会托印,上海美华书局,1884年,50页,斯坦福。

《旧约诗篇》,大美国圣经会托印,上海美华书馆铅印,1884年,114页,24厘米,线装一册,东北/斯坦福。

《诗篇》,上海大美国圣经会,1884年,译者为 R. H. Grave,英经会/美经会。

《路加福音》,大美国圣经会,上海,1886年,231页,14厘米,英粤对照,英经会/美经会。

案:1883年初版,此为重印本。

《罗马人书—启示录》,大美国圣经会,上海,1886年,15+16+93页,18.5厘米,英粤对照,英经会/美经会,Piercy译本的修订本,修订者为 H. V. Moyes、A. P. Happer 和 B. C. Henry。

《创世记》《出埃及记》,1886年,26.5厘米,线装一册,东北。

《创世记》,1886年,31页,27厘米,线装一册,东北。

《创世记》,大美国圣经会,上海,1887年,美经会藏1895年修订本。

《旧约圣书问答》,广东长老公会,1888年,73页,24.5厘米,线装一册,东北。

《出埃及记》《利未记》《申命记》,大美国圣经会托印,上海美华书局铅印,1888年,85页,18.5厘米,线装一册,东北/美经会。

《路加传问答》,广东长老会,1888年,69页,25厘米,线装一册,东北。

《马太传问答》,广东长老会,1888 年,69 页,24.5 厘米,线装一册,东北。

《马可传问答》,广东长老会,1888 年,118 页,24.5 厘米,木版线装一册,东北。

《约翰传问答》,广东长老会,1888 年,63 页,24 厘米,线装一册,东北。

《新约圣书问答》,广东长老会,1888 年,44 页,24.5 厘米,线装一册,东北。

《利末记》,美国圣经会托印,上海美华书局铅印,1888 年,62 页,19 厘米,线装一册,东北/美经会。

《复传律例书》,上海美华书局铅印,1888 年,80 页,18.5 厘米,线装一册,东北。

《诗篇》,上海,1889 年。

《新约圣书》,1889 年,分篇标页码,23.5 厘米,线装两册,东北。

《士师并路得记》,大美国圣经会托印,上海美华书馆铅印,1892 年,55+8 页,18.5 厘米,线装一册,东北。

《约书亚书》,大美国圣经会托印,上海美华书馆铅印,1892 年,55 页,18.5 厘米,线装一册,东北。

《约书亚记—撒母耳记上》《但以理书》,大美国圣经会,上海,1892 年,58+74+36 页,19 厘米,英经会。

《撒母耳记—马拉基》(内容),1892—1894 年,上海大美国圣经会,英经会/美经会,由长老会一委员会译出,译者包括 H. V. Moyes 和 B. C. Henry。

《马可福音》,大英国圣经会,上海,1892 年,罗马字,仅印

500 册,修订本出版于 1894 年,由 R. H. Grave 指导的委员会译出。

《四福音合集》,美国浸信会威灵氏述,线装本,182 张,未见出版单位,上基图。

《以赛亚书》,大美国圣经会,上海,1893 年,126 页,18.5 厘米,英经会。

《撒母耳记下—约伯记》《箴言—雅歌》《耶利米书—以西结书》《何西阿书—玛拉基书》,大美国圣经会,上海,1894 年,52 页,19 厘米。

《马可福音》,伦敦大英国圣书公会,1894 年,75 页,22.5 厘米,罗马字,据 1892 年本改订,上海 1892 年初版500 本;伦敦 1894 年二版 1 000 本;又有上海英国圣书局1894 年铅印,哈佛燕京 TA 1977. 63 CF1894/英经会。

《圣经》(修订本),上海大美国圣经会,1894 年,英国圣经会或大美国圣经会,由长老会一委员会译出,译者包括 H. V. Moyes 和 B. C. Henry,至此完成广州土白圣经全译本。

《马可福音》,大美国圣经会,上海,1895 年,44 页。

《新约》,大美国圣经会,上海,1895 年,英经会。

《马可福音》,大英国圣经会,上海,1896 年,75 页,23.5 厘米,据 1894 年本改订,英经会。

《路加福音》,上海,1896 年,据 1894 年本改订。

《马可》《路加》,上海大英国圣经会,1896 年,罗马字,译者为 W. Birdie 夫人。

《路加福音》,大英国圣经会,上海,1897 年,罗马字。

《路加福音》《约翰福音》,教堂传教会,北海,1898 年。

《四福音书》《使徒行传》，教堂传教会，北海，1898—1899 年，英经会/美经会。

《新约》，大英国圣经会，广州，1899 年，23.5 厘米，英经会。

《歌罗西书》，广州，18?? 年，文语土话对照，10 页，斯坦福。

《马太福音》，英粤双语"神"版，大美国圣经会，上海，1899 年，127 页，15 厘米。

《马可福音》，中西字，美国圣经会，1899 年，82 页，加州大学伯克利分校。

《创世记》《历代纪略》，教堂传教会，北海，1900—1903 年，大美国圣经会。

《路加福音》，英粤双语"神"版，大美国圣经会，上海，1900 年，138 页，15.5 厘米，英经会/哈佛燕京 AT 1977.64 EC1900。

《新约》，上海大美国圣经会，1900 年，共 566 页，19.5 厘米，哈佛燕京 TA 1977.5 CC1900/香港。

《约翰福音》，中西字（英语和广东话对照本），上海大美国圣经会，1900 年，107 页，15 厘米，哈佛燕京 TA 1977.65 EC1900。

《马太福音》，大英国圣经会，上海，1901 年，118 页，23.5 厘米，罗马字，英经会/美经会。

《马可福音》，大英国圣经会，上海，1901 年，36 页，20.5 厘米，罗马字，英经会。

《约翰福音》，大英国圣经会，广州，1901 年，95 页，24 厘米，罗马字，英经会/美经会。

《新约圣书》，英国圣书公会，1903 年，分篇标页码，21 厘米，线装两册，东北。

《新约》，英粤对照，上海大美国圣经会，在横滨印刷，1903 年。

《旧约》，上海大美国圣经会，1904 年，美经会。

《新约全书》，上海大美国圣经会，1904 年，566 页，19 厘米，加州大学伯克利分校。

《马可福音》，大英国圣经会，广州，1905 年，97 页，18.5 厘米，罗马字，美经会。

《新约》，圣书公会（British and Foreign Bible Society），568 页，1906 年，美经会/信望爱网站。

《圣经》，美国圣经公会编，北海传教出版社印，1905—1907 年，两卷，罗马字，哈佛燕京。

案：这是粤语最早的罗马本《圣经》全书。

《新约》，大美国圣经会，美华圣经会/北海书馆印，北海，411 页，1906 年，22 厘米，罗马字，上基图/哈佛燕京/信望爱网站。

案：这是粤语最早的罗马字本《新约》。

《新约》，大英国圣经会，在横滨印刷，1906 年，568 页，19 厘米。

《新约全书》，广东话译本，圣书公会印发，大清光绪三十二年岁次丙午，1906 年，哈佛燕京/信望爱网站。

案：上帝版，这是粤语最早的罗马本《圣经》全书。

《旧新约全书》（旧约部分），广东话译本，上帝版，圣书公会印发，1907 年，大清光绪三十三年岁次丁未，汉字本。

案：这是粤语最早的汉本《旧约》全书。

《旧新约全书》（新约部分），广东话译本，上帝版，圣书公会印发，1907 年，大清光绪三十三年岁次丁未，汉字本。

《圣经》，大英国圣经会，在横滨印刷，1907 年，1308＋400 页，23 厘米，美经会藏 1909 年重印本。

《马太福音》，上海大英国圣经会，在横滨印刷，1908 年，91 页，19 厘米，罗马字，英经会/美经会。

《新约》，美国圣经会，The Fukuin Printing Press Co. Ltd，664 页，The United Presbyterian Mission Library。

《使徒行传》，上海大英国圣经会，在横滨印刷，1909 年，90 页，19 厘米，罗马字，英经会。

《新约》，1909 年，846 页。

《路加福音》，中西字（英语和广东话），上海大美国圣经会，1910 年，138 页，15 厘米，哈佛燕京/1977.64 EC1910，此为 1900 年版本的重印本。

《四福音书》《使徒行传》，上海大英国圣经会，在横滨印刷，1910 年，415 页，18.5 厘米，罗马字，美经会。

《马可福音》，中西字（英语和广东话），上海大美国圣经会，1910 年，82 页，15 厘米，哈佛燕京 TA 1977.63 EC1910/UCSB Library 藏本 127 页。

《马太福音》，中西字（英语和广东话），上海美国圣书会，1910 年，127 页，15 厘米，哈佛燕京 TA 1977.62 CF1910。

《新旧约全书》，1911 年，哈佛燕京。

《新约全书》，英粤双语，上海大英国圣经公会，在横滨印刷，1911 年，898 页，19 厘米，哈佛燕京/英经会。

《马太福音》,大英国圣经会,上海,1912 年,72 页,18.5 厘米,英经会。

《新约》,上海大英国圣书公会,在横滨印刷,1913 年,739 页,19 厘米,罗马字,天理/上基图/美经会。

《新约全书》,中西字(英语和广东话),大英国圣经会,1913 年,18 厘米,福建师大/美经会/哈佛燕京 TA1977 CC1913。

《旧新约全书》,"神"版,上海大美国圣经会,1913 年,1307+400 页,22 厘米,哈佛燕京 TA1977 CC1913。

《马太福音》,上海大英国圣经会,在横滨印刷,1914 年,116 页,19 厘米,罗马字,英经会。

《圣经》,上海大英国圣经会,在横滨印刷,1915 年,1046+312 页,19 厘米,罗马字,英经会/美经会。

《马可福音》,上海,民国圣书公会,1916 年,东洋/美经会。

《马可福音》,1918 年,哈佛燕京。

《新约全书》,大英和外国圣书公会,上海,1919 年,568 页,18.5 厘米,日圣图。

《旧新约全书》,上海大美国圣经会,1922 年,1308+400 页,天理/香港。

《马太福音》,大英国和外国圣经会,1924 年,74 页,18.5 厘米,英经会。

《马可福音》,上海美国圣经会,44 页,1924 年(?),哈佛燕京 TA 1977.5 CC(1912—1949)。

《马太福音》,上海美国圣经会印发,72 页,1924 年,哈佛燕京 TA 1977.5 CC1924。

《路加福音》,上帝版,上海美国圣经会,1924 年,78 页,19 厘米,哈佛燕京 TA 1977.64 CC1924。

《约翰福音》(中西字),英国圣经公会(British and Foreign Bible Society),90 页,1925 年,信望爱网站。

《约翰福音》(中西字),英国圣经公会,90 页,1927 年,信望爱网站。

《新旧约全书》(五旬节堂),上海大英国圣书公会,1925 年。

《新约全书》(中西字)(Contonese and English),上海大英国和外国圣经会,1926 年,614 页,18.5 厘米,加州大学伯克利分校/英经会。

《新约》(广东话新译,美国新译英文),上帝版,上海美国圣书公会,1927 年,哈佛燕/信望爱网站。

《新约全书》,广东话译本,1927 年,汉字圣经公会/美华圣经会印发。

《新约》,大美国圣经会和大英国圣经会,上海,1927 年,美经会,这是 1894 年委员会译本的修订本。

《新约》,上帝版,上海美华圣经会印发,570 页,1929 年,18.5 厘米,上基图/天理/中山/香港。

《新旧约全书》(广东话上帝),上海美国圣经会,1930 年,1076+348 页,19 厘米,同志社。

《新约全书》,大英和外国圣书公会,上海,1930 年,570 页,15.5 厘米,天理/日圣图/英经会。

《新约全书》(中西字),上海美国圣经会,672 页,信望爱网站。

《新旧约全书》,上海大英圣书公会,1931 年,4＋1076＋348 页,洋装,18.5 厘米,中山/北大/香港。

《新旧约全书》,上海英国圣经会,1933 年,1076＋412 页。

《新旧约全书 1》(创世记—撒母耳记上),广东话译本,1934 年,汉字圣书公会印发,哈佛燕京。

《新旧约全书 2》(撒母耳记下—诗篇),广东话译本,1934 年,汉字圣书公会印发,哈佛燕京。

《新旧约全书 3》(箴言—玛拉基书),广东话译本,1934 年,汉字圣书公会印发,哈佛燕京。

《新旧约全书 4》(新约全书),广东话译本,1934 年,汉字圣书公会印发,哈佛燕京。

《新旧约全书》,上海大英圣书公会,1934 年,? ＋352 页,20 厘米,天理。

《新旧约全书》,香港圣书公会美华圣经会铅印,1935 年,1720 页,北大。

《约翰福音》,广州圣经公会,1936 年,70 页,斯坦福。

《创世记》,美国圣经会和大英国圣经会,上海,1937 年,66 页,18.5 厘米,英经会。

《新旧约全书》,广州圣经公会铅印本,1939 年,1076 页＋348 页,19 厘米,哈佛燕京/香港。

《使徒雅各书》,广州,7 页,木版线装一册,东北,Rev. Piercy E. W. 译。

《新旧约全书》(广东土白神),上海美国圣经会印发,精装,1076＋330 页,出版年代未详,北大。

2.5.2 粤西北连州三江土白(粤语?)

《马太福音》,大美国圣经会,上海,1904 年,68 叶,20 厘米,英经会/美经会,译者为连州医疗传教士 Eleamor Chestnut。

《马可福音》,大美国圣经会,上海,1905 年,46 叶,20 厘米,英经会/美经会,译者为连州医疗传教士 Eleamor Chestnut。

《路加福音》,大美国圣经会,上海,1905 年,77 叶,20 厘米,英经会/美经会,译者为连州医疗传教士 Eleamor Chestnut。

《约翰福音》,大美国圣经会,上海,1905 年,62 叶,19.5 厘米,英经会/美经会,译者为连州医疗传教士 Eleamor Chestnut。

2.6 官话(附)

2.6.1 直隶话

《路加福音》,大英国圣书公会,上海,1925 年,王照拼音字母,美经会,译者为 A. G. Bryson。

2.6.2 汉口话

《马可福音》,London Missionary Society,Tsaosih,1921 年,王照拼音字母,美经会,译者为 London Missionary Society 的 L. H. Paterson。

2.6.3 胶东话

《马可福音》，华北浸信会，1918 年，美经会，译者为华北浸信会传教士。

案：王照拼音字母。

《马太福音》，大英国圣书公会，上海，1920 年。

案：注音字母，译者为美国长老会和浸信会传教士。

2.6.4 南京话

《马太福音》，大英国圣书公会，上海，1854 年，1869 年修订本，汉字本。

案：据深文理代表本翻译，译者为一中国人，曾得到麦都思和 J. Stronach 的指导。

《新约》，大英国圣书公会，上海，1857 年，汉字本，美经会/信望爱网站。

案：据深文理代表本翻译，译者为一中国人，曾得到麦都思和 J. Stronach 的指导。

《路加福音》，内地会，Chinkiang，1869 年，罗马字本。

案：译者为 L. Desgraz，曾得到戴德生的指导。

《约翰福音》，内地会，Chinkiang，1870 年，罗马字本。

2.6.5 山东话

《路加福音》，美国圣经会，上海，1892 年，罗马字本，译者为内地会的 C. H. Judd 和 E. Tomalin。

《约翰福音》，美国圣经会，上海，1892 年，罗马字本，译者为内地会的 C. H. Judd 和 E. Tomalin。

《马太福音》,美国圣经会,上海,1894 年,罗马字本,美经会,译者为内地会的 C. H. Judd 和 E. Tomalin。

附录 中英文对照《圣经》篇目

旧约全书

创世记	Genesis
出埃及记	Exodus
利未记	Leviticus
民数记	Numbers
申命记	Deuteronomy
约书亚记	Joshua
士师记	Judges
路得记	Ruth
撒母耳记上	1 Samuel
撒母耳记下	2 Samuel
列王记上	1 Kings
列王记下	2 Kings
历代志上	1 Chronicles
历代志下	2 Chronicles
以斯拉记	Ezra
尼希米记	Nehemiah
以斯帖记	Esther
约伯记	Job
诗篇	Psalms

箴言   Proverbs

传道书   Ecclesiastes

雅歌   Song of songs

以赛亚书   Isaiah

耶利米书   Jeremiah

耶利米哀歌   Lamentations

以西结书   Ezekiel

但以理书   Daniel

何西阿书   Hosea

约珥书   Joel

阿摩司书   Amos

俄巴底亚书   Obadiah

约拿书   Jonah

弥迦书   Micah

那鸿书   Nahum

哈巴谷书   Habakkuk

西番雅书   Zephaniah

哈该书   Haggai

撒迦利亚书   Zechariah

玛拉基书   Malachi

新约全书

马太福音   Matthew

马可福音   Mark

路加福音   Luke

约翰福音   John

使徒行传	Acts
罗马书	Romans
哥林多前书	1 Corinthians
哥林多后书	2 Corinthians
加拉太书	Galatians
以弗所书	Ephesians
腓立比书	Philippians
歌罗西书	Colossians
帖撒罗尼迦前书	1 Thessalonians
帖撒罗尼迦后书	2 Thessalonians
提摩太前书	1 Timothy
提摩太后书	2 Timothy
提多书	Titus
腓立门书	Philemon
希伯来书	Hebrews
雅各书	James
彼得前书	1 Peter
彼得后书	2 Peter
约翰一书	1 John
约翰二书	2 John
约翰三书	3 John
犹大书	Jude
启示录	Revelation

附注：此篇目据《圣经——中英对照》(和合本·新国际版)，国际圣经协会，1996 年。

第三章
方言《圣经》分地解说

3.1　吴语

3.1.1　上海土白译本

最初来到上海传教的是伦敦传教会的麦都思（Walter Henry Medhurst，1796—1857）。麦都思，是伦敦传教会传教士，东来前曾学官话，初到马来亚后才知道当地绝大多数华侨说的是闽语，而不懂官话，遂从头开始学闽语，后曾编写《福建方言字典》（1837）。到马来西亚前，他曾在巴达维亚（Batavia）传教。麦都思于 1835 年到广州接替马礼逊遗职，于 1843 年 11 月到上海传教。他曾担任英国第一任驻上海领事巴尔福（C. Balfour）与中国政府官员谈判的译员。译者曾于 1835 年与 K. F. G. Gutzlaff，裨治文和小马礼逊组成一个委员会，合作用"深文理"翻译《新约》。同属伦敦传教会的艾约瑟（Joseph Edkins，1823—1905）则于 1848 年来上海任教职，并研究中国宗教和语言。他不仅是传教士，也是东方学家。浸礼会的晏玛太（M. T. Yates）夫妇于 1847 年来上海传教。晏玛太于 1888 年在上海去世。晏玛太等人曾将传教范围从上海扩大到苏州、昆山、镇江和扬州。在 1865 年左右，在上海各

浸会教堂听福音的人有 1 500 多人，到 1935 年，教友发展到
2 000 人左右。

上海土白译本有罗马字和汉字两类译本。

最早的汉字译本是《约翰传福音书》，译者是伦敦传教会
的麦都思，于 1847 年在上海出版，共 90 叶。伦敦的 Bible
House Library 所藏抄本缺第 71—74 叶。这是最早的《圣经》
方言（汉字）译本。此书的主要译者即是麦都思，全书译文也
是他最后改定的。

小米怜（W. C. Milane）翻译的《马太福音》和 T. McClatchie
翻译的《路加福音》于 1848 年出版。文主教（G. Owen）与两位
同工者也曾翻译《马太福音》，于 1850 年在宁波出版，1856 年
重印。此后各种《新约》单篇陆续出版。

J. Summers 用罗马字翻译的《约翰传福音书》于 1853 年
在伦敦出版。在圣经的方言罗马字译本的历史上，仅次于
1852 年在宁波出版的《路加福音》和同年出版的广州土白《约
翰福音》。吉牧师于 1859 年翻译的《路加福音》曾由 A. B.
Cebaniss 用高第丕设计的语音符号转写，于 1872 年出版。完
整的《新约全书》是在 1870 年由许多译者合作译成、出版的。
主要译者有：文惠廉（中文又名布恩）、E. W. Syles、F. Spaulding、
T. McClatchie、吉牧师、R. Nelson 和 H. Blodget。其中文惠
廉（1811—1864）是美国圣公会在沪首任主教级传教士，
1837 年在巴达维亚传教，1842 年到厦门传教，1845 年到上海
传教。他和裨治文是最早到中国传教的美国传教士。裨治文
是公理教会（Congregational Church）的代表，于 1847 年由广
州抵达上海。

吉牧师又曾用罗马字将《新约全书》译出，于 1872 年出版。这是最早出版的上海土白《新约》。吉牧师曾于 1855 年出版《上海土白入门》。

1876 年为出版《新约》的新版本，美国圣经会成立一个由传教士组成的委员会修订旧译本，委员有 Dr. Farnham 和 Roberts 等人，新版于 1881 年印行。次年又有改订版印行。同时慕维廉（Dr. Muirhead）译成出版包括文理本注释的《新约》。

第一本和合本《新约》的上海土白译本是 1897 年出版的。译者是美国和英国的传教士。

第一本单篇《旧约》是 1854 年出版的《创世记》，译者是文惠廉和吉牧师。

第一本完整的《旧约》于 1908 年出版。

第一本新旧约合订本于 1913 年出版。

教徒一般都使用汉字本，使用罗马字本的教徒越来越少，至 1877 年几乎已停止使用。

上海土白拼音系统可参考下述文献：

J. Edkins，*A grammar of colloquial Chinese*，*as exhibited in the Shanghai dialect*，Shanghai：London Mission Press，248 页，1853；第 2 版，225 页，1868。艾约瑟著《上海口语语法》，伦敦布道团 1853 年初版，上海长老会 1868 年再版。

3.1.2　苏州土白译本

浸礼会的苏州布道区是晏玛太在 1883 年开辟的。苏州的传教士们又将布道的范围扩大到无锡城里及附近的大镇。至1936年苏州和无锡两地的浸礼会教友约有1 500人。

苏州土白译本几乎都是汉字本。笔者所见只有一种罗马字本，即1891年出版的《马可福音》。

《四福音书》和《使徒行传》于1879年由 J. W. Davis 译成。美国长老会传教团的 G. F. Fitch 和南方卫理圣公会(或称"美以美会"the Methodist Episcopal Mission)的 A. P. Parker(潘慎文)合作翻译的《四福音书》和《使徒行传》于1880年由美国圣经会出版。次年上述两位传教士译成《新约》，修订本于1892年由美国长老会的一个出版委员会出版。这个委员会的成员有 J. W. Davis、J. H. Hayes、D. N. Lyon 和 A. P. Parker。

《旧约》第一版是1908年出版的，译者除上述三位外，还有 Fitch，J. H. Hayes 和 T. C. Britton。《新约》的新版本是1931年由美国圣经会在上海出版的。

《旧约》的翻译工作由下述三个传教团派代表组成的一个委员会担任，即美国长老会、南方浸礼会和卫理圣公会。这个委员会与上海的委员会合作共事，不过实际上卫理公会未参与其事。执笔的译者是美国长老会的 J. W. Davis，J. H. Hayes 和 D. N. Lyon 及美国南方浸礼团的 J. C. Briton。1901年在上海出版《旧约》中的《创世记》到《路得记》各篇。

苏州土白拼音系统可参考下述文献：

A syllabary of the Soochow dialect, Soochow literary Society，1892，Shanghai.

3.1.3 宁波土白译本

宁波土白译本除少数几种外，大都是罗马字译本。

最初到宁波传教的是浸礼会的玛高温医生(Dr. D. J. Mac Gowan)，他 1843 年经香港、广东，只身来到宁波，最初几年只是开办传教医院(mission hospital)行医，并从当地学者周祖濂学习汉语。1847 年他与罗尔梯(E. D. Lord)牧师夫妇组织了一个教会，这也是华东最早的浸礼会。后来他曾编写上海和厦门方言词典。1849 年同属浸礼会的高德牧师从曼谷来到宁波传教。他来后宁波就升格为华东布道区，当时已增辟杭州为中心布道地点。绍兴和湖州也是中心布道地点。浸礼会在绍兴开教是 1869 年，在湖州开教是 1887 年。他翻译的文言文《新约》于 1853 年出版。此外浸礼会的诺尔登(Miles J. Knowlton)牧师在宁波传教长达 10 年(1854—1864)。

J. Hudson Taylor（中文名戴雅各，又名戴德生）于 1857 年到宁波传教，此前已有大英教会安立甘、美国浸礼会和美国长老会在宁波传教。1865 年(一说 1866 年)他在宁波创立内地会(China Inland Mission)，并在宁波建立第一个传教站(station)，后以宁波和杭州为基地，扩展到奉化、绍兴、台州、温州。奉化于 1866 年开教，宁海于 1868 年开教。1867 年内地会首次派 Messrs、Meadows 和 Jacksond 到台州访问，1870 年路惠理也到达宁波。1867 年黄岩成为台州的第一个分站(out station)。传教士记录的有一句黄岩话是：

Ts'ing-loe ky'üoh dzô.（请来吃茶。）

1874 年太平成为台州的另一个分站。绍兴于 1866 年开教，次年教堂建成，传教士也到嵊县和新昌传教。新昌 1888 年前是分站。

　　宁波土白《新约》的翻译工作是从 1851 年开始的。次年禄赐悦理（William Armstrong Russel）和麦嘉缔（Divie Bethune MacCatee）翻译的《路加》出版。此译本所用罗马字拼音系统是丁韪良，R. E. Cobbold 和高富设计的，这也是第一本用罗马字拼写的方言圣经译本。从 1853 年至 1861 年《新约》其他各篇由在宁波的传教士相继译成。除《启示录》外，《新约》各篇于 1861 年印行，译者主要是上述两位，此外，还有丁韪良和蓝亨利(1825—1863)。禄赐悦理是教堂传教会所属传教士，1848 年来华。麦嘉缔是美国长老会所属的医疗传教士，1844 年来华。蓝牧师 1825 年生于美国新泽西，曾就读普林斯顿大学，受抗议派教堂外国传教会（The Board of Foreign Mission of the Presbyterian）派遣，于 1849 年 2 月抵达香港，同年 8 月到宁波。此后一直在宁波传教，1856 年至 1858 年曾回美国。1863 年离开宁波到山东登州。他曾于 1857 年出版《宁波土话初学》。禄赐悦理、麦嘉缔、丁韪良和蓝牧师组成宁波传教士委员会，从事翻译和出版圣经。

　　1861 年戴德生和高富开始把《四福音书》和《使徒行传》翻译成罗马字本，并加注释，于 1865 年在伦敦出版。当年两位译者都在英国。戴德生每天为翻译工作花费六至八九个小时，他的妻子 Maria(玛丽亚)和王来君也来帮忙。次年戴雅各回中国。高富和慕稼谷主教继续翻译工作。1868 年《新约全书》罗马字本出版。这是最早出版的宁波土白《新约》。在这个版本中慕稼谷主教订正了《希伯来书》至《启示录》各章。这是一本有注释的《新约全书》。戴德生是内地会的创始人。高牧师是希腊文专家，也颇精通宁波话。这本宁波话《新约》是1811 年在新加坡出版的马殊曼等人的译本为基础的。

1870 年戴雅各在浙江印行《四福音书》和《使徒行传》。他又将上述 1868 年出版的《新约全书》稍加修订，并由 Dr. Lord 将其中一些词汇改为浸礼教派惯用的词汇，于 1874 年由美国圣经会出版，以应浸礼教派之需。

1884 年美英传教士派代表组成一个委员会，计划修订《新约》，后因对译文语体有分歧，只留下英国传教士 J. C. Hoare(霍里)，F. Calpin 和 J. Bates 参加修订。修订版由英国及外国圣经会于 1889 年印发。

1896 年在宁波召开的一次会议上议决由高德和 J. C. Hoare 修订《新约》。修订本为大家所接受，作为宁波土白的和合译本，于 1898 年出版。浸礼教派也用这个版本，只是改用一些浸礼教派惯用的词语。

《旧约》各篇于 1875 年以后陆续译成。最早的《旧约》单篇是丁韪良翻译的《诗篇选》，其他单篇的译者是 E. C. Lord、蓝亨利、秦贞和 Miss M. Laurence。1897 年宁波的传教团体责成高德推动《旧约》的翻译工作，并指定 W. S. Moule 和 Dr. Smith 组成注解委员会。1898 年底《圣经》全书译成，同时开始修订已出版的《旧约》各篇。1901 年附有注解的《旧约》出版。这本《旧约》和上述《新约》在当时是中国出版的注解最为完备的《圣经》。1923 年又出版修订本。

上述所有版本都是罗马字本。此外只有《约翰福音》《以弗所书》《提摩太前后书》等少数几种是汉字本。

宁波土白拼音系统可参考下述文献：

Nying-po T'u-wô Ts'u-'ôh（《宁波土话初学》），1868，
上海。

3.1.4　杭州土白译本

　　教堂传教会所属的传教士慕雅德（A. E. Moule，又译作慕
尔）和夫人（E. A. Moule）1861 年在杭州开教。慕雅德受过高
等教育，中文造诣很深，说写均流利自如。1877 年慕雅德夫
人将《新约》的一些单篇译出，自费出版。此前她曾翻译祷告
书（Player Book）和圣歌（hymn-book）。慕雅德夫妇于
1867 年 4 月返国休假，在休假期间他们又将《约翰福音》和《马
太福音》用罗马字译出。这两种福音书的汉字杭州土白底本
是一位北京做官的中国学者翻译的。上述译本由基督教知识
协进会分别于 1879 年和 1880 年出版。慕雅德的女儿还曾将
《路加福音》译出，但未出版。当地的基督徒一般只用汉字官
话译本。G. Morgenroth 和 Li 所译《诗篇》于 1890 年出版。
G. Morgenroth 所译《以赛亚书》则于 1897 年出版。

　　在慕雅德之后来的有浸礼会的克（Carl T. Kreyer）牧师，
他于 1866 年至 1869 年在杭州传教，在 1867 年成立一个教
会。1899 年甘惠德（W. S. Sweet）牧师来到杭州，他于
1893 年到宁波，后曾在绍兴住了几年。他受过师范教育，在
杭州开办的学校，即是后来的惠兰中学。

　　杭州土白拼音系统可参考下述文献：

A. E. Moule, *Hangchow premier. Translation and
notes*, Society for Promoting Christian Knowledge, sold at
the Depositories，34p.，1876, London.

3.1.5　金华土白译本

长驻宁波的秦贞于 1864 年到过金华的唐闸,先后共逗留 2 个多月,在当地成立了一个教会。此后曾几度去金华,但没有得到当地知事允准长住。一直到 1869 年秦贞才获准为教士住所永租地基。1881 年秦贞在金华城里成立一个新的教会。

只有《约翰福音》用罗马字译成金华土白。翻译者是美国浸礼传教联合会的秦贞,于 1866 年在上海出版,费用是美国圣经会资助的。当时的传教士认为继续翻译别的单篇是没有必要的。笔者按:可能传教士所知的金华土白是文读音系统,而不知当地人平时相互交际所用是白读音系统。所以当时的传教士如 P. G. von Mollendorf (1847—1901)认为金华话属中原官话(the Central Mandarin)。Mollendorf 曾撰文讨论汉语方言的分类,见所著 *Classification des dialects chinois*,34 页,Ningbo, Imprimerie de la mission catholique, 1899。

内地会在浙江西南部设立传教机构的历史如下:

衢州:1872 年开始为杭州下属的分站,1875 年成为独立的站。

常山:1878 年成为分站。

兰溪:1870—1880 年为分站,1894 年成为独立的站。

金华:1875—1880 年衢州的分站,1886 年成为独立的站。

永康:1882—1887 年为金华的分站。

金华话土白拼音系统没有相应的文献可供参考。

3.1.6 台州土白译本

台州土白译本皆罗马字本,无汉字本。

《新约》的译者是内地会的资深传教士路惠理。1880 年《马太传》用大罗马字体印刷出版。1881 年底整本《新约》由台州内地会印刷出版。

1894 年路惠理在他的同事内地会的 T. Urry 和 C. Thomson 的帮助下,开始修订《新约》。修订本经土白译本委员会的赞同,用大英和外国圣经公会的经费,由台州的内地会印刷出版。

同时路惠理开始翻译《旧约》。《约拿书》和《但以理书》分别于 1891 年和 1893 年由内地会出版。1905 年底《创世记》至《民数记》译毕。同年《创世记》和《诗篇》由大英和外国圣经公会出版。《旧约》的翻译工作以路惠理为主,他得到教堂传教会(Church Missionary Society)的 W. J. Wallace 和内地会的 Kanderer 及路惠理太太的协助。路惠理于 1912 年去世前译成《旧约》大部分,只剩下《箴言》《传道书》《雅歌》和《约伯记》未译出。未译部分由合作者补译。1914 年《旧约》全书告成出版。

内地会在台州于 1867 年开教。

台州土白拼音系统可参考下述文献:

W. D. Rudlang, *T'ai-chow romanization*, Chinese Recorder,1904,35,89 - 91.

3.1.7 温州土白译本

温州土白译本只有罗马字译本。

内地会于 1867 年在温州开教。1893 年平阳成为独立的站。温州和平阳在 19 世纪末有 6 个分站，8 个教堂。龙泉是 1894 年开教的。

卫理联合传教会（United Methodists Free Church Mission）的苏惠廉（1861—1935）1878 年在温州开教，1882 年至 1935 年留居温州。他在 1888 年到大英和外国圣经会，要求协助出版他正在翻译的《四福音书》和《使徒行传》。这个译本是作者用罗马字从希腊原文译出的，版式与宁波土白译本相似，苏牧师的草稿，经同事修改后，圣经会同意出版。出版工作于 1892 年开始，但因苏牧师回国休假等原因而耽搁。这个译本一直到 1894 年经最后修改，才在伦敦出版。

苏牧师于 1899 年开始翻译《新约》的其余部分。这一翻译工作及《四福音书》和《使徒行传》的修订工作于 1901 年完成。1902 年罗马字本《新约》在温州内地会印刷出版，由大英圣书公会发行。

据郑张尚芳调查，苏惠廉在翻译《圣经》前曾请当地学者（多为牧师）一起制订方言罗马字拼写方案。参与其事的当地学者之一汤联奎（1862—1940）是县廪生，曾任高等小学校长，教会中学教师，县劝学所劝学员。他的温州话罗马字字表手写本（《瓯音字汇》）今藏温州市图书馆。

当年孟国美（P. H. S. Montgomery）编写 *Introduction to the Wenchow Dialect*，苏惠廉牧师曾参议编写工作，并校正稿样。又对单字的声调有所说明。

温州土白拼音系统可参考下述文献：

Edward Harper Parker, *The Wenchow Dialect*, China

Review 1884，12，162 - 175：377 - 389，Hong Kong.

3.2　闽语

3.2.1　福州土白译本

福州土白译本有汉字译本、罗马字译本和注音符号译本三类。

最早的译本是温敦（William Welton）翻译的《马可》和怀特翻译的《马太》，出版于 1852 年。温敦是教堂传教会所属的医疗传教士，1850 年至 1856 年在福州传教。1852 年以后他以代表文理译本为底本翻译《新约》，所译《新约》于 1856 年由大英和外国圣经会出版。同年另有一本《新约》出版，译者是美国公理会（American Board）的弼牧师（弼兹）等人。

1864 年美国公理会和卫理圣公会（Methodist Episcopal Missions）联合修订《新约》。修订本于 1866 年分四册出版，1869 年合订成一册。后又经重新修订，于 1878 年出版。修订者主要是麦加利（另一中文名为麦利和，Robert Samuel Maclay，1624—1903），他是美国卫理圣公会所属的传教士，1848 年来华赴任，主要在福州传教，1883 年曾译《四福音书》和《使徒行传》。

1874 年教堂传教会，美国公理会和卫理圣公会合作由美国圣经会资助，开始翻译《旧约》，于 1884 年译成，1888 年出版。

1887 年大美国圣经会和大英国圣经会决定共同修订《圣经》全书。修订本于 1891 年由卫理圣公会出版社在福州出版。1895 年稍作改订，重新出版。1909 年又出版修订本。

第一本罗马字译本是 LI. LIoyd 翻译的《约翰福音》，出版于 1881 年，所用拼音系统是旧式的。R. W. Stewart 用厦门土白圣经的拼音系统改写这本《约翰福音》。1890 年 R. W. Stewart 译成整本《圣经》，并在伦敦出版。后于 1895 年和 1900 年先后出版《新约》的修订本，后者增加注释。1904 年又有铅印新版本问世。

凡识字的教徒绝大多数都使用汉字本。

1921 年至 1937 年曾出版用注音符号拼写的《马可》《路加》和《使徒行传》。

福州土白拼音系统可参考下述文献：

Moses Clark White, *The Chinese Language Spoken at Fuh Chau*, Concord, N. H., Missionary Society of the Methodist General Biblical Institute，44p.，1856.

3.2.2 厦门土白译本

厦门土白译本大多为罗马字译本。

最早译成的单篇是《约翰福音》，1852 年在 Wells William 出版社印行。译者是罗帝（Elihu Doty），系大美国归正教（Dutch Reformed Church）牧师，他从 1836 年至 1864 年一直是在中国的美国公理会（American Board of Commissioners for Foreign Missions）的活跃人物。1836 年开始在巴达维亚及东南亚各地传教。1884 年转到厦门。他的翻译工作得到 Dr. Young 的协助。Young 是苏格兰人，1850 年至 1854 年是大英长老会的医疗传教士。较早译成的单篇有胡理敏（Alvin Ostrom）翻译的《马可福音》，共 70 页，出版于 1860 年之前。上述两种都是罗马字本，其中《约翰福音》是中国最早的方言罗马字译本。

《新约》全书于 1856 年译成印行，也是罗马字译本。另一版本由 W. Macgreger，W. S. Swanson 和 H. Cowie 及马雅各译成，于 1873 年在格拉斯哥（Glasgow）印行。1873 年在厦门传教的三个差会：伦敦会（London Missionary Society）、大英长老会（British Presbyterian）和益德会（American Reformed Dutch Church）决定根据深文理代表本（High Wenli Delegate's Version）翻译《旧约》。《旧约》的各种单篇于 1880 年至 1884 年间陆续出版。1897 年《新约》在上海出版。已出版的《旧约》单篇有各种印刷错误和方言翻译错误。1885 年由 20 位传教士和 16 位中国助手组成一个修订委员会，专门订正错误。1920 年《旧约》订正本出版。《新约》中的类似错误也经订正重新印行。在当时这是中国仅有的完整的罗马字方言《圣经》译本。

新旧约合订本曾于 1921 年和 1927 年重新出版。后来又由巴多马（T. Parclay）将译文与希腊文及希伯来文逐节校对过一遍。《旧约》的改订本由上海大英圣经公会印行。

在 1877 年左右女教徒中很少有人识字，但很多人认识罗马拼音。

厦门土白拼音系统可参考下述文献：

E. Doty, *Anglo-Chinese Manual with Romanized Colloquial in the Amoy Dialect*（《翻译英华厦腔语汇》），

214p. ，1853，Canton.

3.2.3　兴化土白译本

担任翻译工作的是美国圣公会的蒲鲁士（D. N. Brewster）。一说秦贞也参与《新约》的翻译工作。他所依据的底本是福州土白罗马字译本。最早的译本是1892年在福州出版的《约翰福音》。《新约》各篇是在1892年至1900年出版的。《旧约》各篇是在1896年至1904年出版的。秦贞所译《新约》全书出版于1900年，次年出版打马基补编版本。新旧约全书出版于1912年。担任出版工作的是美国圣经会。以上全是罗马字本。

兴化土白拼音系统没有相应文献可供参考。"兴化"今名"莆田"。

3.2.4　建阳土白译本

教堂传教会于1891年在建阳开教，腓力（H. T. Phillips）依据官话译本和建宁译本，翻译《马可福音》，于1898年在福州自费出版。

在Conference Committee的赞同下，于1900年由大英和外国圣经会出版《马太福音》，印300本。

以上两种都是罗马字本。

建阳土白拼音系统没有相应文献可供参考。日本学者秋谷裕幸曾研究罗马字本《马太福音》（1900年），并据以列出当时建阳土白的声母、韵母和声调系统，整理出一份同音字表。

3.2.5 邵武土白译本

美国公理会 1874 年在邵武开教，该教会的 J. E. Walker 将《使徒行传》(Acts)译为罗马字邵武土白。1891 年由该教会在福州出版。

邵武土白拼音系统没有相应文献可供参考。

3.2.6 汕头土白译本

汕头土白译本有汉字译本和罗马字译两种。

巴牧师(S. B. Partridge)翻译的《路德福音》于 1875 年出版，这是最早的汕头土白译本。同一译者所译的《使徒行传》于 1877 年出版。同年大英长老会的 W. Duffus 所译的罗马字本《路加福音》在格拉斯哥印行。《四福音书》和《使徒行传》于 1883 年告成。1887 年大英圣书公会和汕头大英长老会的 W. Duffus、George Smith、J. G. Gibson、H. L. Mackenzie 组成一个委员会翻译《新约》。

1898 年汉字本《新约》出版。1905 年在汕头出版《新约》罗马字本。

这一版本是经 Maclangan 和 Gibson 据希腊文本校订的。美国浸礼教会专事汉字本的翻译，于 1902 年出版汉字本《圣经》，其主要译者是 W. Ashmore。

至于《旧约》单篇，《路德》出版于 1875 年，《创世记》出版于 1879 年，后者经 W. Ashmore 订正，于 1902 年重版。

最早的《圣经》全书是美英外国传教会(?)(A. B. F. M. S.)于 1922 年出版的。大美国浸信会于 1928 年印发汉字新旧约合订本。

汕头土白拼音系统可参考下述文献：

Josiah Goddard（高 德），*A Chinese and English Vocabulary in the Tie Chiw Dialect*，Bangkok，Mission Press，248p.，1848.

3.2.7　海南土白译本

1891 年抗议派传教士在海南岛传教。曾任海关关员的 Jeremiassen 用罗马字译成《马太》。此书于 1891 年在上海出版。在 1893 年至 1895 年之间译者在 F. P. Gilman 协助下译成《约翰》《路加》和《马可》三种福音书。

1889 年大英和外国圣经公会出版了《使徒行传》和从《加拉太》至《犹大书》的《新约》单篇（除《提多书》至《希伯来书》之外）。同年《四福音书合串》由私人出版。《旧约》中的《创世记》和从《哈该书》至《玛拉基》于 1901 年出版。同年 Jeremiassen 于海南岛南部去世。《马可福音》由 F. P. Gilman 修订，于 1902 年由大英和外国圣经会出版。

《马可福音》经 Miss K. L. Schaeffer 修订，于 1914 年出版，新版本是根据官话和合本修订的。《路加》和《使徒行传》于 1916 年出版。

以上所有译本都是罗马字本。

海南土白拼音系统可参考下述文献：

S. Dyer，*Remarks on the Hainanese Dialect*，China Repository，1835，4，172 - 176.

3.3 粤语

3.3.1 广州土白译本

广州土白译本有罗马字和汉字两种译本。

1868 年以前译成出版的有《马太》《路加》《约翰》等福音书。其中《马太》和《约翰》由 C. F. Preston 译出，于 1862 年出版。W. Lewis 译成《路加》。又由 E. Faber 转写成 Lepsius 系统，于 1867 年出版。

从 1869 年开始由许多教士合作翻译《圣经》。当时成立了三个地方性的委员会，大家分工合作，统一以公认经文（Texus Receptus）为底本，以广州城内土话为标准音进行翻译。1871 年由大英和外国圣经公会出版《路加》和《哥罗西书》，次年又出版《马可福音》和《使徒行传》，1873 年出版《马太》和《约翰》福音书。至此四福音书和《使徒行传》均已告成。因为大英和外国圣经公会采用"上帝"，而美国圣经公会采用"神"，因此上述译本只为美国和欧陆传教士所采用。大英和外国圣经公会决定不再继续参与翻译和出版。但翻译和出版工作并不因此而停止。俾士（George Piercy）译成《新约》其余各篇，并于 1877 年将《罗马人书》至《启示录》私人印行出来。至此《新约》已全部译成出版。俾士早年独立从事传教活动，因与美国遁道会（别名，即惠施理会 [Wesleyan Methodist Missionary Society]）的关系，于 1882 年到广州。此前，香港中华印务总局，于 1873 年曾印行《新约》。

大家对已译出的《新约》并不满意，遂于 1879 年至

1881 年之间成立一个委员会从事修订工作。修订版《新约》一部分于 1882 年至 1884 年出版,其余部分于 1886 年由美国圣经公会出版。至此《新约》修订本告成。

同年双语(英语和广东话)《路加福音》问世。

同时集体和私人也从事翻译《旧约》,1888 年译成摩西《五经》。美国长老会有几位教士从 1890 年开始翻译其余部分,全书于 1894 年由美国圣经会出版。《旧约》后来又经修改。同时还出版《四福音书》和《使徒行传》的双语本(广东话和英语)。

除 1867 年出版的《路加福音》外,所有译本都是汉字本。一个由英美传教士组成的委员会在 1889 年着手处理罗马字译本用什么罗马字系统的问题。广东传教士会议用于翻译部分《新约》的罗马字系统是一种较早设计的系统,曾为《马可》和《路加》译本所采用。这一系统当时已废弃不用;而教堂传教士协会(Church Missionary Society)对麻风病人传教时所用的《四福音书》《使徒行传》《旧约》和《诗篇》是用另一种系统在 1904 年译成的。据 1877 年的记录,一般人都认为,罗马字不适合用来拼写广东话。

日本东北大学共收藏三十种左右,绝大多数是 19 世纪出版的。这些圣经原是 J. Dyer Ball 的私人藏书。他的生卒年代未详,1886 年至 1904 年在世。1886 年任职于 Hong Kong Civil Service,1890 年任香港最高法院首席翻译。同时研究汉语方言,以粤语为主。最早的著作是发表在《中国评论》(1986)上的一篇短文 *A Father Called Uncle*。1890 年在《中国评论》上发表研究新会和东莞方言的论文。1891 年、

1897 年又先后发表研究顺德和澳门方言的论文。曾出版多种客家话和粤语方言学著作,其中最为著名的是广东话课本,*Cantonese Made Easy*,至少再版四次。

广州土白拼音系统可参考下述文献:

Robert Morrison, *English and Chinese Vocabulary*, *the Letter in the Canton Dialect*, 2nd ed., 138p., 1840.

3.3.2 三江土白译本

三江土白译本只有罗马字译本。

三江在广东西北部连州境内。当时当地的土话的系属待定。本书目暂列入粤语。

美国圣经公会于 1904 年出版《马太福音》,1905 年又出版《马可》《路加》《约翰》。译者都是 Miss Eleanor Chestant。

三江土白拼音系统没有相应的文献可供参考。

3.4 客家话译本

客家话译本大多为罗马字译本。大多不标明方言使用地点。表明地点的只有五经富、五华和汀州。早期的译本应是香港客家话。其余可能是嘉应州客家话。

1845 年以前欧洲人对客家话还一无所知,那一年巴色教会(Evangelische Missionsgesellschaft zu Basel)的牧师韩山文(Theodore Hamberg)和黎力基(Rudolph Lechler)首先调查研究客家话。韩山文,中文名又作"韩山明",瑞典人,1847 年与黎力基一起来到香港。此后一直在粤东客话区布吉、Fungfo 和李朗传教,他是第一位学习当地方言的传教士。1854 年因病到香港治疗,同年 5 月在香港去世。黎力基(1824—1908)于 1847 年与韩山文一起来华,时年 23 岁。开头在汕头传教,但不成功,遂于 1852 年返香港,决定在客家人中间传教。此后主要在香港和李朗传教,最后几年在兴宁。在客家话区传教几十年后,于 1899 年返国。所译《马太》于1860 年由柏林的巴色教会出版,这是最早的客家话圣经译本,也是最早采用 Lepsius 标音系统的译本。他曾编过一本客家话词典,未出版,稿本今藏瑞士巴色会。李黎基和韩山文是德国巴色教会最早派遣来华的传教士。

　　1866 年大开本的《马太》和《路加》合订本由大英和外国圣经会出版。这是罗马字译本,采用 Lepsius 系统、斜体,1866 年出版改订本。1883 年全部《新约》告成。

　　《新约》罗马字本后来又经修订和重版。主要译者是黎力基,Ph. Winnes, C. Piton(毕安,一名皮敦),G. A. Gussman 和两位中国助手:Kong Fat-lin(江法林?,1845—1928)和 Li Chin-en(李承恩)。毕安(1835—1905)1864 年来华,开头在源坑办男童学校,1874 年到李朗从事翻译圣经工作。毕安曾出版多种有关客家话的著作,如 *Remarks on the Syllabary of the Hakka Dialect by Mr. E. H. Parker*(载《中国评论》第 8 卷[1879—1880])。江某原名 Ayun, Fat-lin 是教名。13 岁受洗,入读巴色会学校。1865 年被派往瑞士巴色教会学校。他在巴色教会学校先后 6 年,曾学习英语、德语、拉丁语、希伯来语。1871 年回国在客家话区传教。1901 年到青岛,1903 年转济南,担任德语翻译,1911 年退休。李承恩(1845—

1908)1859 年在香港受洗,后在巴色会学校就读。1872 年至
1878 年被李黎基推荐到瑞士巴色会学习。后返客家话区传
教。曾被分派将《诗篇》译成客家话。其父李正高,清远人,与
洪秀全相识。

1881 年决定出版汉字本圣经。1883 年汉字本《新约》译
成,由大英和外国圣经会资助出版。1904 年修订本告成,译
者都是巴色教会的牧师。

1886 年《旧约》中的《创世记》和《出埃及记》由毕安牧师
(Charles Piton)译成,并得到大英和外国圣经会的资助出版。
《旧约》全书则由史鄂图(Otto Schultze)译成。

在广东客家地区传教的天主教教会是巴黎外方传教会
(Societe des Missions Etrangeres de Paris)。最早到来的神
父是 Charles Rey(1886—1943),他在广东客家地区生活五十
多年。曾撰两部名著,一是《中法词典(客家方言)》(*Dictionaire
Chinois-Francais*, *Dialecte Hac-ka*)出版于 1901 年,修订于
1926 年,篇幅比 MacIver 的词典长,并有简短的语法注释。二
是《客家方言会话,附语法注解》(*Conversations chinoises
prises sur le vif*, *avec notes grammaticales: langage hac-
ka*,1937 年)。

《圣经》全书于 1916 年由大英国圣经会译成出版。

客家土白拼音系统可参考下述文献:

Edward Harper Parker, *Syllabary of the Hakka
Language or Dialect*, China Review 1880,8,205 – 217,
Hong Kong.

长汀土白拼音系统没有相应文献可供参考。日本学者秋

谷裕幸曾研究罗马字本《马太福音》(1919 年),并据以列出当时长汀土白的声母、韵母和声调系统,整理出一份同音字表。

3.5 赣语建宁土白译本

建宁在闽西,按现代方言分类,属赣语。

1895 年 the Church of England Zenana Missionary Society 的 L. J. Bryer 完成《新约》译本手稿。1896 年《新约》在伦敦出版。1896 年并曾有《马太福音》由私人印行。1900 年《创世记》和《出埃及记》由大英和外国圣经公会在伦敦出版,译者是 L. J. Bryer 和 Rodd,所依据的底本是英文修订本。1905 年《诗篇》和《但以理书》由伦敦 Bible House 出版,译者是 L. J. Bryer,校订者是 H. T. Phillips。以上都是罗马字本。

建宁土白拼音系统可参考下述文献:

Hugh Stowell Phillips, *The Kien-Ning Romanised Dialects*, Chinese Recorder, 1904, 35, 517 – 519.

第四章
传教士汉语方言学著作考录

4.0 前言

本书目以研究领域为纲,以方言种类为目。每一类大方言内部则分地点方言,有关同一地点方言的书目则以年代先后为序。

每种书目的各项内容出条顺序如下:书名或篇名、出版单位或刊物名、印刷单位或地点、出版年份、页数或页码、版高、其他说明、收藏的图书馆名(简称见文末附录)。某项内容资料缺乏时,后面各项按顺序提前。解说部分则对书的有关内容有所说明,但因所见未全,只能就笔者所知略为考录。

有些研究官话的著作也涉及方言语料,本书目未收录。例如:Samuel Wells Williams, *An English and Chinese Vocabulary in the Court Dialect*(英华韵府),澳门香山书院1843 年出版。这是一本南京官话汉英字典。但此书《导言》排列官话、宁波话、广东话、厦门话和潮州话的 533 个字音。又如《英话文法小引》(William Lobscheid, *Chinese-English Grammar*, Hong Kong: Printed at Noronha's Office, 1864,

22 厘米)这是用罗马字广东话写的英语语法。作者是在华传教士。详见张坚《两种新发现的早期潮州方言文献音系性质》(刊《开篇》第 36 期 2018 年 7 月)。

　　本书目不包括 18 世纪以前天主教传教士编写的汉语方言学著作,例如下列闽南话词典。详见马西尼《罗马所藏手稿本闽南话—西班牙与词典》(游汝杰译,刊邹嘉彦、游汝杰主编《语言接触论集》,上海教育出版社,2004 年)。

　　(1) *Diccionario chino-español*,作者未详,今藏菲律宾马尼拉的 San Tomás 大学。

　　(2) *Diccionario español-chino*,作者未详,今藏菲律宾马尼拉的 San Tomás 大学。

　　(3) *Vocabulario de la lengua española-china*,作者未详,今藏菲律宾马尼拉的 San Tomás 大学。

　　(4) *Dicionario de la legua Chin-cheo*,作者未详。1609 年。见于巴黎国家书目。

　　(5) *Bocabulario de lengua sangleya por las letraz de el A.B.C.*,作者未详。1602 年。大英博物馆图书馆收藏(索书号 Add 25.317, ff. 2a—224b)。这是一本汉语闽南话—西班牙语 Castilian 话词典。

　　(6) *Dictionarium Sino-Hispanicum*,Pedro Chirino 著,作者是在菲律宾的西班牙耶稣会会士。见于罗马的 Angelica 书目。

4.1　方言语音研究

4.1.1　吴语
4.1.1.1　苏州

1892 年

Soochow literary association，*A Syllabary of the Soochow Dialect*，Shanghai American Presbyterian Mission Press，1892，25＋11 页，25 厘米，标音手写。国家图书馆。

（见于国图藏书卡片，但前往借阅时，管理员说"没有找到"。）

1920 年

《注音字母入门》（苏州口音），Frances Burkhead 著，22 页。澳大利亚。

此书教人如何用注音字母拼写苏州话。

1927 年

《新约检字》（苏沪注音字母），12 页，上海南门。澳大利亚。此书第 5 页书影见图 4.1。

4.1.1.2　上海

1855 年

《上海土音入门》，76 页，上海，1855 年。

此书教中国人如何用罗马字读和写上海方言，有一张完整的音节表。作者是 Keith。1860 年出版第二版，77 页，开本较小，序言换成英文文本。作者英文姓名：Cleveland

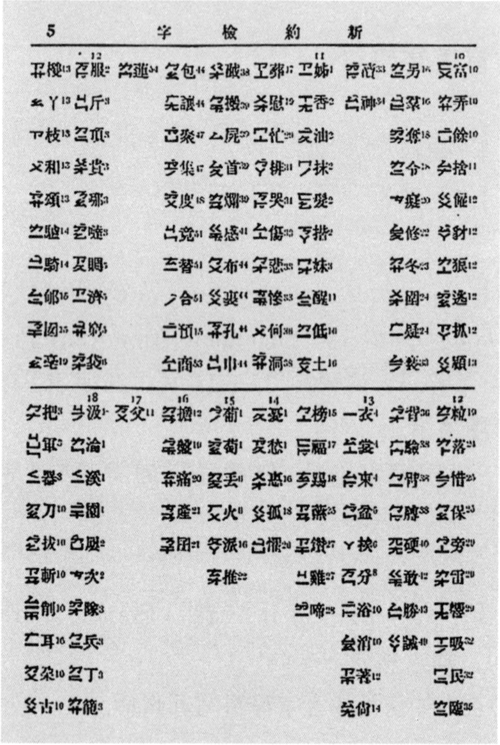

图 4.1

Keith,中文名：吉。生于 1827 年 4 月 16 日。他由抗议派主教教堂外国传教团派遣,于 1851 年 12 月 25 日,与 Nelson 夫妇、Points 先生一起到达上海。在文惠廉主教指导下,在上海从事传教活动,并掌管一个印刷方言罗马字书籍的出版社。

1888 年

Franz Kuhnert, *Uber einige Lautcomplexe des Shanghai*

Dialeketes, *Sitzungsberichte der Kais*. Sitzungs-berichte der philhist. Classe der Kais. Akademie der Wissenschaften Wien（Vienna）Bd. 66. Hft. 1. 1888，17p. ，23 cm. Extr. from SPAW 116，235‑249，东洋/纽图。

语音简介。

1897 年

John Alfred Silsby，*Shanghai Syllabary Arranged in Phonetic Order. 42p.* ，*1897*. Preface written by John Alfred Silsby on 23rd. ，1897. Preface to second edition written by John Alfred Silsby in January，1900. with 6263 characters.

1897 年

John Alfred Silsby，*Complete Shanghai syllabary with an index to Davis and Silsby's Shanghai vernacular dictionary with Mandarin pronunciation of each*，150p. ，Shanghai：American Presbyterian Mission Press，1907，18 cm.

本书共收 14 938 个字的字音。复旦/东洋/伯克利。北图、徐家汇藏 1900 年 2 版。42 页，23 厘米，所用罗马字系统是基督教上海话协会（Christian Shangh Vernacular Society）制订的。以前出版的音节表和 Yates 的 First Lesson 曾采用这一系统。第 2 版正文前有对这一罗马字系统的说明。

18?? 年

B. Jenkins，*Chinese，Roman and Phenetics for the*

Dialect of Shanghai（large sheet），上海。

B. Jenkins，*Dialect of Shanghai*，*Phonetic Characters and Roman Equivalencts*，上海。

1903 年

作者未详，Shanghai Romanization，*Chinese Recorder*，1903，34，401‒404。

4.1.1.3　宁波

185? 年

Spelling Book in the Ningbo Dialect，8 叶，宁波。

成书年份应是在 1857 年之前。Cobbold 起草，与其他传教士合作完成。《宁波土话初学》（1857 年）即用此拼音系统。

1884 年

Edward Harper Parker，The Ningbo Dialect，*China Review* 1884，12：1885，13，138‒160，Hong Kong。

18?? 年

《鄞邑土音》，12 页。无作者名、出版年月。哈佛燕京，TA5155/99。

此书系鄞县方言音节表。

1901 年

P. G. Von Möllendorf，*The Ningbo Syllabary*，Shanghai：American Presbyterian Mission Press，241 页，1901，22 厘米，哈佛燕京：PL1000. M65 1901。

书前序言说宁波音节表系参考苏州音节表，由夏清瑞制定。导言对声调、韵母、声母、一字多音有所说明。第一部分是为宁波话 762 个音节,按同音字表形式排列,包括 4 000 个汉字。第二部分为方言字,大多不见于别地方言,今亦不用。第三部分为宁波、绍兴、台州三地方音对照表。作者生卒年:1847—1901。东洋/伯克利/北图。

1903 年

作者未详,Ningbo Romanization,*Chinese Recorder*,1903,34,457 - 460。

4.1.1.4 温州

1884 年

Edward Harper Parker, The Wenchow Dialect,*The China Review*,Vol. XII, pp. 162 - 175, pp. 377 - 389, 1884。

作者中文名:庄延龄(1849—1926),英国领事官。1869 年来华,1883—1884 年署理温州领事。全文长达三十多页,用拉丁字母给温州方言注音。记录了城外音,并指出城内和城外的几点差别。如"刀、巴"声母城内作"t p",城外作"dʻ bʻ"。

1905 年

W. E. Soothill,*Wenchow Romanized Premier*。

4.1.1.5 杭州

1876 年

G. E. Moule, *Hangchow Premier*. Translation and notes, London, Society for promoting Christian Knowledge, sold at the Depositories,34 页,1876。浙江大学(西溪)图书馆。

1902 年

Henry W. Moule, *Sound-table of the Hangzhow*，25 页；第
2 版，26 页，1908。第 2 版作者序于杭州。全书是杭州方
言单字音表。浙江大学文学院图书馆收藏第 2 版。序言
主要谈学习杭州话应注意之处，提到声调分平上去入四
类，各类分高低两小类。此书第 1 页书影见图 4.2。剑桥
大学图书馆藏在绍兴出版的 1902 年初版本。

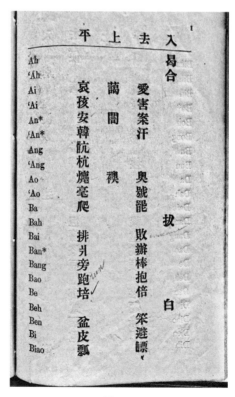

图 4.2

1903 年

G. E. Moule,《杭州土话初学》,绍兴,183 页,1903 年。

4.1.1.6 台州

1904 年

W. D. Rudlang, T'ai-chow Romanization, *Chinese Recorder*,1904,35,89 - 91。

4.1.2 闽语

4.1.2.1 福州

1856 年

Moses Clark White, *The Chinese Language Spoken at Fuh Chau*, Concord, N. H. , Missionary Society of the Methodist General Biblical Institute,44 页,1856。作者中文名:怀特。1847 年受美国基督教卫理公会派遣到福州传教,1853 年返美。

1880 年

Edward Harper Parker, Tonic and vocal Modification in the Foochow Dialect, *China Review*,1879 - 1880,8,182 - 187, Hong Kong。作者中文名:帕柯。

1881 年

Edward Harper Parker, Foochow Syllabary, *China Review* 1881, 9, 63 - 82, Hong Kong。

1902 年

Handbook of the Foochow Dialect. Vol. 1. 154 页,1902, Foochow,东洋。

1906 年

Hék-ciŭ Lò-mà cê huôi dù mùng hŏk，Hanmah Conklin Woodhull 著，字母声韵调系统，65 页，1906 年。哈佛燕京 AT 5137 95。

4.1.2.2　厦门

1852 年

Talmage，*Amoy Spelling Book*，厦门，15 页，1852，罗马字本。

1853 年

Hon. Charles W. Brandley，An Outline of the System Adopted for Romanizing the Dialect of Amoy，*Journal of the American Oriental Society*，Vol. 4 th. No. 11，pp. 327–340，New York，1854，23 cm，抽印本。东洋/纽图/http：//about. jsor. org。

此书介绍厦门音罗马字拼法，甚为重要。

1904 年

P. W. Pitcher，Amoy Romanization，Its History，Purpose and Results，*Chinese Recorder*，1904，35，567–573。

1906 年

Lo-ma ing chek ce loi（罗马音切字类?），Hanmah Conklin Woodhull 著，福州罗马字书局。罗马字母拼音小册子，声韵调表及单句，12 页，1906 年。哈佛燕京 TA 5137 95。

1920 年

W. B. Cole，Romanized Script in Fukien，*China Review*，1920，856–858。

4.1.2.3　邵武

1887 年

《邵武话字母表》，Joseph Elkava Walker（1844—?）著。福州：M. E. Mission Press，29 页，20 厘米，1887。邵武话单音节字母表。

1887 年

《邵武方言罗马字》（*Alphabet of Romanized Shaowu*），Ada E. Walker（1843—1896）著，M. E. Mission Press，1887，29 页。哈佛燕京 TA 5137 941，29 页，20 厘米。与上一条所列是否同一书存疑。

4.1.2.4　海南

1835 年

S. Dyer，Remarks on the Hainanese Dialect，*China Repository*，1835，4，172 - 176。

1891 年

Frank P. Gilman，Notes on Hainanese Dialect，*China Review* 1891，19，1 - 194，Hong Kong。

4.1.2.5　潮汕

1874 年

S. Wells Williams（威廉博士）。1874 年。汕头方言语音音节词典。

1886 年

Lim Hiong Seng，*Handbook of the Swatow Vernacular*，110p. Printed at Koh Yew Hean Press，Singapore。康奈尔大学图书馆。

1924 年

John Steele，*The Swatow Syllabary*，*with Mandarin Pronunciations*，(《潮正两音字集，粤省潮音类列，北方正韵编行》) Shanghai：The Presbyterian Mission Press，384 页，1924。

4.1.3　粤语

1880 年

Edward Harper Parker，Canton Syllabary，*China Review* 1880，8，363 - 382；1882，10，312 - 326，Hong Kong。

1883 年

A. Don，The Lin-nen Variation of Cantonese，*China Review*，1883，11，236 - B. 247；12，1884，474 - 481，Hong Kong。

James Dyer Ball，The San Wui（新会）Dialect，*China Review* 1890，18，178 - 195，Hong Kong。副题：A Comparative Syllabary of the San Wui and Cantonese Pronunciations，with Observations on the Variations in the Use of the Classifiers，Finals，and other Words，and a Description of the Tones，etc. 另有单行本，China Mail Office，18 页，1890，24.5 厘米，东洋。

介绍语音、新会内部的三种口音比较、新会和广州对照字音。有罗马字祷告文。

1890 年

James Dyer Ball，The Tung-Kwun（东莞）Dialect of

Cantonese，*China Review* 1890，18，284 - 299，Hong Kong。副题：A Comparative Syllabary of the Tung-Kwun and Cantonese Pronunciations， with Observations on the Variations in the Use of the Classifiers，Finals，and other Words，and a Description of the Tones，etc. 另有单行本，China Mail Office，18 页，1890，24.5 厘米，东洋。

介绍语音，述及内部差异、东莞和广州对照字音。

1897 年

C，J，Saunders，The Tungkwun Dialect of Cantonese，*China Review* 1897，22，465 - 476，Hong Kong。

1897 年

James Dyer Ball，*The Hong Shan or Macao Dialect*，China Review 1897，22，501 - 531，Hong Kong。另有单行本，China Mail Office，31 页，1897，24.5 厘米，东洋。

介绍地理、人口、各种语言和方言、与广州音比较、辅音、元音、声调、祷告文、与广州音对照的字表。此文述及此前有关澳门的书只有《俗话问答》一本小册子，仅 7 页，1840 年出版，为纪念抗议派传教士来华而作。包括三部分：基督教教义、地理（有一张亚洲地图）、《圣经》语录。

1900 年

D. J. Ball，The Shun Tak Dialect，*China Review*，Vol. 25，57 - 69，121 - 40。

广州话和顺德话字词对照 758 条。另有单行本，China

Mail Office，34 页，1901，24.5 厘米，东洋。先介绍顺德
地理、民情，次与广州话比较，介绍声调，有罗马字祷告
文，有与广州音对照的字表。

1900 年

Chan Chan-sin，Rules for the Use of the Variant Tones
in Cantonese，*China Review*，1900，v. 24，pp. 209 -
226，纽图。

1904 年

William Bridie，Cantonese Romanization，*Chinese Recorder*，
1904，35，309 - 311。

1912 年

Daniel Jones ℰ Woo，Kwing-tong，*A Cantonese
Phonetic Reader*. With an Introduction by Daniel Jones，
95 页，1912，London，东洋/中山图书馆。

此书《导言》长达 20 页，为 D. Jones 所写。《导言》介绍如
何用国际音标(时称 International Phonetic System)标记
广州音系。声调部分用五线谱作说明。脚注提到 O. Sears
有 *Cantonese Phonetics* 发表于 *Maitre Phonetique*，1908
(2)。全书分口语课文和文理课文两大部分。

4.1.4　客家话

1880 年

Edward Harper Parker，Syllabary of the Hakka
Language or Dialect，*China Review* 1880，8，205 - 217，
Hong Kong。

Faber，*Syllabary of the Hakka Dialect*（Italic character），
2 叶。香港。

1909 年

Donald MacIver，*A Hakka Syllabary*，上海美华书馆，
184 页，1909，14 厘米，东洋/大英/巴色。

作者为 Presbyterian 传教士，属汕头五经富 M. AE. P.
Mission。页码用商用数字标写。

1914 年

Johann Heinrich Vomel(生于 1878 年)，*Der hakka dialect
Lautlehre，Silbenlehre und Betonugslehre*，Leiden：E. J.
Brill，1914，24 厘米。这是一篇博士论文，原刊《通报》
1914 年 2 月号(合订本第 14 本)，pp. 597 - 696。文末有
同音字表。东洋/伯克利/巴色/莱登。

有客家话地理分布图，包括台湾、海南、闽西、赣南、湘南、
粤北、桂西。

4.1.5 赣语(建宁土白)

1904 年

Hugh Stowell Phillips，The Kien-Ning romanised
dialects，*Chinese Recorder*，1904，35，517 - 519。

4.1.6 湘语(长沙土白)

1937 年

J. R. Kirth and B. B. Rogers，The Structure of the
Chinese Monosyllable in a Hunanese Dialect（Changsha），

School of Oriental Studies，London. Bull. 1937. v. 8 pp. 1055 – 1074。

4.1.7 南京官话(附)

1894 年

Dr. Fr. Kuhnert，*Die Chinesische Sprche zu Nanking*，von Dr. Fr. Kuhnert，privatdocent an der k. k universitat in Wien，MIT ZWEI TAFELN，Wien 1894，in Commission Bei Tempsky。

这是一篇博士论文,研究南京官话语音,用德文写。全文分三部分：南京官话语音概说;南京官话声调和音节表;南京官话同音字表(包含 4 000 个不同的汉字)。有入声。

1902 年

Hemeling，K.，*The Nanjing Kuan Hua*，1902。1907 年版书名为 *Die Nanjing Kuanhuan*,徐家汇。

4.2 方言词汇、词典

4.2.1 吴语

4.2.1.1 上海

1855 年

《上海土音字写法》,22 叶,高第丕著。

此书介绍作者发明的一种中文笔画为基础的拼音文字拼写上海方言。后曾发行第二版。作者英文姓名：Tarleton Perry Crawford,是由美国南方浸礼教外国传教团派遣来

中国的传教士,他于 1852 年 3 月 28 日,偕夫人到达上
海。1858 年因健康原因回美国,1860 年再来上海,不久
就去了山东登州。此为入门书,教人如何用高第丕发明
的字写上海话。

1860 年

Premier of the Shanghai Dialect,吉牧师编,39 叶,罗马
字,上海,1860 年。

1869 年

J. Edkins, *A Vocabulary of the Shanghai Dialect*,上海
美华书馆,151 页,1869,21 厘米。京都/东洋/上基图/
复旦/伯克利/北图/大英/纽约/徐家汇。

这是最早的上海方言词典。作者是英国传教士艾约瑟。
作者为配合所著《上海口语语法》而撰此词典。作者对
当时上海话的语音有以下几点值得注意:1. 鼻音声母
分为带紧喉和带浊流两类,即 'm 　 m/'n n/'ng ng/
'l l/'v v;2. z、dz 许多人不能分辨;3. 塞音韵尾有-h
和-k 两套,-h 前的元音短,如-ih "必",-k 前元音长,如
ok "屋";4. 声调只分四类:平、上、去、入,入声用-h
和-k 表示,上声用左肩小圆圈表示,去声用右肩小圆圈
表示,平声无标志。词条以英文出条,用上海话对译,如
"Absorbent,会吃水个,有吸力个"。有的词条实际上是
短语,如"Equal in age,勿分老少";"as I walked along,我
拉走个辰光"。释义相当准确。书末附中英对照上海地
名。作者生卒年:1823—1905。此书首页书影见图
4.3。

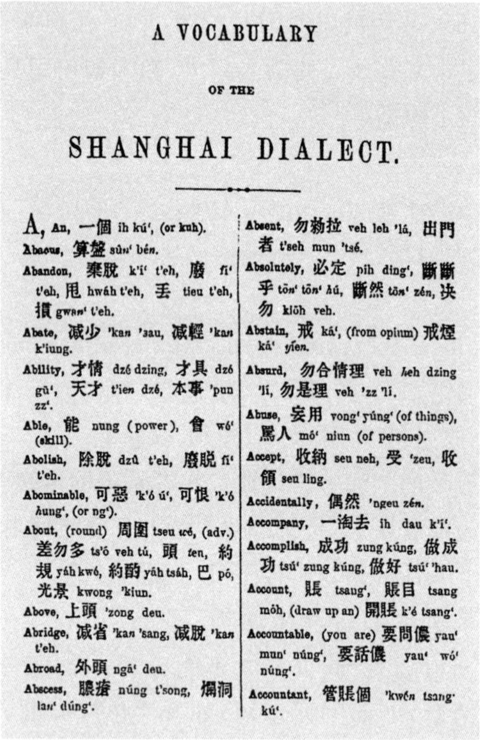

A VOCABULARY

OF THE

SHANGHAI DIALECT.

A, An, 一個 ih kú', (or kuh).
Abacus, 算盤 sûn' bén.
Abandon, 棄脱 k'í' t'eh, 廢 fí' t'eh, 甩 hwáh t'eh, 丢 tieu t'eh, 損 gwan' t'eh.
Abate, 減少 'kan 'sau, 減輕 'kan k'iung.
Ability, 才情 dzé dzing, 才具 dzé gü', 天才 t'ien dzé, 本事 'pun zz'.
Able, 能 nung (power), 會 wé' (skill).
Abolish, 除脱 dzû t'eh, 廢脱 fí' t'eh.
Abominable, 可惡 'k'ó ú', 可恨 'k'ó hung', (or ng').
About, (round) 周圍 tseu wé, (adv.) 差勿多 ts'ó veh tú, 頭 teu, 約規 yáh kwé, 約酌 yáh tsáh, 巴 pó, 光景 kwong 'kiun.
Above, 上頭 'zong deu.
Abridge, 減省 'kan 'sang, 減脱 'kan t'eh.
Abroad, 外頭 ngá' deu.
Abscess, 膿瘡 núng t'song, 爛洞 lan' dúng'.
Absent, 勿勒拉 veh leh 'lá, 出門者 t'seh mun 'tsé.
Absolutely, 必定 pih ding', 斷斷乎 tön' tön' hú, 斷然 tön' zén, 決勿 klöh veh.
Abstain, 戒 ká', (from opium) 戒煙 ká' yíen.
Absurd, 勿合情理 veh heh dzing 'lí, 勿是理 veh 'zz 'lí.
Abuse, 妄用 vong' yúng' (of things), 罵人 mó' niun (of persons).
Accept, 收納 seu neh, 受 'zeu, 收領 seu ling.
Accidentally, 偶然 'ngeu zén.
Accompany, 一淘去 ih dau k'í'.
Accomplish, 成功 zung kúng, 做成功 tsú' zung kúng, 做好 tsú' 'hau.
Account, 賬 tsang', 賬目 tsang möh, (draw up an) 開賬 k'é tsang'.
Accountable, (you are) 要問儂 yau' mun' núng', 要話儂 yau' wó' núng'.
Accountant, 管賬個 'kwén tsang' kú'.

图 4.3

1874 年

S. W. Williams, *A Syllabic Dictionary of the Chinese Languages*, 上海美华书馆, 1874。第 2 版, 1876。复旦/大英。

此词典用北京话、广州话、厦门话和上海话注音。按《五方元音》排序。

1875 年

The First Reader（花夜记），Farnham 编，32 叶，上海，1875 年。

1878 年

Poul Rabouin，*Dictionnaire Francais-chinois*，*Dialete de Song- kiang*，*Chang-hai*，*etc.*，1004 页，1878，T'ou-se-we，东洋。1894 年第 2 版，上海徐家汇藏书楼。全书用手写体，不用铅字排印。

1890 年

David Nelson（1842 - 1927），*Lessons for Beginners in the Shanghai Dialect*，*Shanghai*，1890，137 页，21 厘米。The lesson was adapted for the Soochow dialect from those prepared by Dr. Mateer in the Mandarin and subsequently modified for the Shanghai dialect with the assistance of Mr. Tsong Tze-nung. The two editions being issued simultaneously. 该字典收 7 779 字，先注上海音，后注在 Williams 和 Giles 词典中的编号。书前有序言及发音说明。入声韵尾分为-h、-k 两类，如：牧 mok、笛 dih、得 duh、足 tsok。

1891 年

Shanghai Christian Vernacular Society（ed.），*Syllabary of the Shanghai Vernacular*，上海美华书馆，1891，1894—1896 年。

1894 年

P. Rabouin，*Dictionaire Francais-chinois Dialecte de*

Changhai，Songkiang，etc. Shanghai：Tou-se-we，Vol. 1 680 页，Vol. 2. 634 页，1894－1896。徐家汇。

有简短的语法，有附录比较苏州和其他方言的差异，另有松江话和官话的语音比较表。复旦/法国国家科研中心东亚语言研究所。

1897 年

J. A. Silsby，*Shanghai Syllabary*，*Arranged in Phonetic Order*，42 页，上海美华书馆，1897。

此词典 1900 年再版，收字音 6 263 个。复旦/上基图/徐家汇。

1900 年

D. H. Davis and J. A. Silsby，*Shanghai Vernacular Chinese-English Dictionary*，188 页，上海美华书馆，1900，19.5 厘米，北图/东洋/纽图。

书前有联合系统罗马字(Shanghai syllables as represented by Union System of Romanization)发音介绍。独韵字母有 m（如"无"）、ng（如"鱼"）、ts（如"纸"）、dz（如"池"）、ts'（如"此"）、s（如"思"）、z（如"时"）、'r（如"耳"）、r（如"而"）。入声分为-h 和-k 两类，以下用例见于正文：zak 石、nyok 玉、kok 谷、ts'ah 插、nyik 热、lih 烈。基本上是注上海音的字典。方言字只见到"睏"字。

1901 年

Shanghai Christian Vernacular Society（ ed. ），*An English-Chinese Vocabulary of the Shanghai Dialect*，

上海美华书馆,563 页,1891,天理/东洋/北图/大英/徐家汇。

书前有前言及音节发音说明,并列出声母、韵母独韵字母和声调。声调只分平上去入四类。

1905 年

Le P. Corentin Petillon，*Petit Dictionaire Francais-Chinois（dialecte de Changhai）*，598 页，Changhai imprimerie de la Mission Catholique，A L'orphelin at de tou-se-we,1905,徐家汇/复旦/哈佛燕京。

此词典中文名为《法华字典》(上海土话),由土山湾印书馆印刷。

1907 年

John Alfred Silsby，*Complete Shanghai Syllabary，with an index to Davis and Sisby's Shanghai vernacular dictionary with Mandarin pronunciation of each character*，150 页,上海美华书馆,1907,复旦/东洋/纽图。

本书共收 14 938 个字的字音。

1911 年

D. H. Davis and J. A. Silsby，*Chinese-English Pocket Dictionary with Mandarin and Shanghai Pronunciation and Reference to the Dictionaries of Williams and Giles*，Shanghai Tu-se-we Press，236 页，1911，18 厘米,复旦/伯克利/东洋。

此词典共收 7 779 个字。有官话字音和上海字音的比较,有 Williams 和 Giles 词典的注音可供参考。此词典中文名《台薛沪英词典》，"台薛"应来自两位作者中文名台物史、薛思培英文名首音的中译。

1911 年

J. De. *Lapparent. S. T.，Petit Dictionaire Chinois-Francais dialecte de Changhai，Changhai imprimerie de la Mission Catholique*，A L'orphelinat de Tou-se-we（土山湾），160 页，1911；414 页，修订本，1915。复旦藏修订本。

此词典中文名《华法字汇（上海土话）》，作者中文名孔道明。

1913 年

An English-Chinese Vocabulary of the Shanghai Dialect，prepared by the Shanghai Vernacular Society，上海美华书馆，第二版，Ada Haven Mateer 编，A. P. Parker 修订，558 页，1913，序言写于 1901 年。同志社/东洋/徐家汇。

此词典 1901 年初版，复旦藏第二版。

1914 年

F. Clement Cooper，沪语便读，上海美华书馆摆印，108 页，1914 年，中开本。

由多段议事短文和小故事组成，如《论空气》《牧童放脱之牛咾亭相》。作者 1913 年 12 月自序于 St. John's Univ.，称前一年开设上海话课程，要求读者读此书前应掌握 Pott 的课文和 Davis 的方言练习。

1920 年

Jakashi Aoki，*Shanghai ni okeru Kenchiku hoogo*（《上海方言建筑用语》），Shina Kenkyuu，Shanghai Doobun Shoin，1920。

1920 年

Names and Nicknames of the Shanghai settlements，*Journal of the north China Branch of the Royal Asiatic Society*，pp. 81 - 98。

1929 年

J. De. Lapparent. S. T.，*Petit Dictionaire Chinois-Francais，mandrin et dialect de Changhai*，*Changhai imprimerie de La mission Catholique*，A L'orphelinat de tou-se-we，1929，p. 473。

此词典中文名《法华词典（官话上海土话）》。作者中文名孔道明。第二版，内容有修订和扩充。复旦。

1950 年

le P. A. Bourgeois S. J.（蒲君南），*Dictionaire Francais-Chinois，Dialecte de Shanghai*，Changhai Imprimerie de la Mission Catholique，Juillet，1950，p. 894，复旦/徐家汇。

此词典中文名《法华新词典（上海方言）》。在各种上海话词典里，以此词典篇幅最长，收词最多。

1??? 年

P. Scherer S. J.，*Vocabulaire Francais-Chinois，Dialecte de Changhai*，p. 891。

原书未见出版单位和出版年月。分两册，第一册按字母
顺序排列；第二册分词类排列。复旦。

1??? 年

le P. P. Rabouin S. J. , *Dictionaire Francais-Chinois*,
Dialect de Changhai, *Songkiang*, *etc.*, Changhai
imperimerie de La Mission Catholique, A L'orphelinat
de Tou-se-we。

共分四册，第一册 680 页，第二册 634 页。余两册未见。
出版年月未详。复旦。

1??? 年

Deuxieme Partie，392 页，年代未详。手稿本，藏于复旦。
系按词性分类的上海话词汇集。

4.2.1.2　宁波

1846 年

P. Streenevasa，*A Manual for Youth and Students. Or
Chinese Vocabulary and Dialogues.* Containing an easy
introduction to the Ningbo Dialect. Compiled and
translated into English by P. Streenvasa Pilly，1846，
Chusan，282 页，线装本，大英。

此书中文名《英华仙尼四杂字文》，是分类词汇集，分天
文、人事等 72 门，用梵文、汉字、宁波话（用汉字写）和英
文对照。每页分 6 小格，每格一词。例如卷一第 8 页：
（梵文略）

词义　水浒　井　　沟壑　泥城　田塍　边

英译	Buble	Well	Canal	Bund	Dam	The brink.	Edge
汉字 音译	白别而	物而	割乃而	彭夺而	淡呒	地浡令克	又,爱地其

作者是印度马德拉斯人。

1876 年

William T. Morrison, *An Anglo-Chinese Vocabulary of the Ningbo Dialect*(《字语汇解》),上海美华书馆,559 页,1876,20.5 厘米,东洋/中山大学/北图/纽图/徐家汇/多伦多大学。

先出英文,再写出罗马字和汉字。作者中文名:睦礼逊,1860 年由美国长老会派遣来到宁波传教,1865 年因身体不适返美。序言说编写时曾参考 Lobschied(罗存德)、麦都思、Williams(卫三畏)和艾约瑟的词典。曾请五位中文教师协助。指出同一字当地学者可以有不同写法,如 nahwun(infant 婴孩)的写法有"奶欢、奶唤、奶花",故弃而不用,改用文理词"婴孩"。有的方言词有字可写,但是意义不同,也弃而不用,而改用官话词。如"小孩"宁波话称为"小人",但"小人"的字面意义是"非君子",故改用"小孩"。指出声调很重要,可以辩词,如"水—书""冰—饼"。许多字声调不确定,所以不标声调,建议直接向老师学,不过应注意老师们的发音也有差别。《序》后有音节表,有的音节未写出汉字。如 dza、hwang。书后附录有地名译音,中文和罗马字互译。*Chinese Recorder* 第 7 卷(第 145—146 页)有书评。此书第 33 页书影见图 4.4。

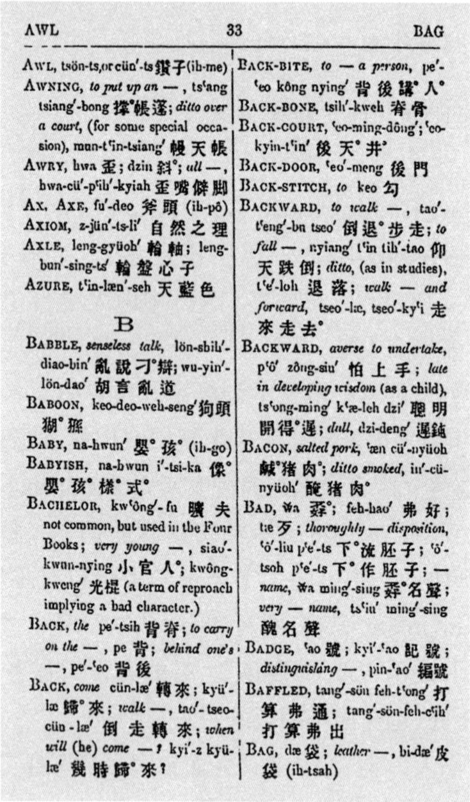

AWL 33 BAG

AWL, tsön-ts, or cün'-ts 鑽子 (ih-me)

AWNING, *to put up an* —, ts'ang tsiang'-bong 撐°帳篷; *ditto over a court*, (for some special occasion), mun-t'in-tsiang' 幔天帳

AWRY, hwa 歪; dzin 斜°; *all* —, hwa-cü'-p'ih'-kyiah 歪嘴僻脚

AX, AXE, fu'-deo 斧頭 (ih-pô)

AXIOM, z-jün'-ts-li' 自然之理

AXLE, leng-gyüoh' 輪軸; leng-bun'-sing-ts' 輪盤心子

AZURE, t'in-læn'-seh 天藍色

B

BABBLE, *senseless talk*, lön-shih'-diao-bin' 亂說刁°辯; wu-yin'-lön-dao' 胡言亂道

BABOON, keo-deo-weh-seng' 狗頭猢°猻

BABY, na-hwun' 嬰°孩° (ih-go)

BABYISH, na-hwun i'-tsi-ka 像°嬰°孩°樣°式°

BACHELOR, kw'ông'-fu 曠夫 not common, but used in the Four Books; *very young* —, siao'-kwun-nying 小官人°; kwông-kweng' 光棍 (a term of reproach implying a bad character.)

BACK, *the* pe'-tsih 背脊; *to carry on the* —, pe 背; *behind one's* —, pe'-'eo 背後

BACK, *come* cün-læ' 轉來; kyü'-læ 歸°來; *walk* —, tao'-tseo-cün-læ' 倒走轉來; *when will (he) come* —? kyi'-z kyü-læ' 幾時歸°來?

BACK-BITE, *to* — *a person*, pe'-'eo kông nying' 背後講°人°

BACK-BONE, tsih'-kweh 脊骨

BACK-COURT, 'eo-ming-dông'; 'eo-kyin-t'in' 後天°井°

BACK-DOOR, 'eo'-meng 後門

BACK-STITCH, *to* keo 勾

BACKWARD, *to walk* —, tao'-t'eng'-bu tseo' 倒退°步走; *to fall* —, nyiang' t'in tih'-tao 仰天跌倒; *ditto*, (as in studies), t'e'-loh 退落; *walk* — *and forward*, tseo'-læ, tseo'-ky'i 走來走去°

BACKWARD, *averse to undertake*, p'ô' zông-siu' 怕上手; *late in developing wisdom* (as a child), ts'ong-ming' k'æ-leh dzi' 聰明開得°遲; *dull*, dzi-deng' 遲鈍

BACON, *salted pork*, 'æn cü'-nyüoh 鹹°猪肉°; *ditto smoked*, in'-cü-nyüoh' 醃猪肉°

BAD, 'wa 孬°; feh-hao' 弗好; tæ 歹; *thoroughly* — *disposition*, 'ô'-liu p'e'-ts 下°流胚子; 'ô'-tsoh p'e'-ts 下°作胚子; — *name*, 'wa ming'-sing 孬°名聲; *very* — *name*, ts'iu' ming'-sing 醜名聲

BADGE, 'ao 號; kyi'-'ao 記號; *distinguishing* —, pin-'ao' 編號

BAFFLED, tang'-sön feh-t'ong' 打算弗通; tang'-sön-feh-c'ih' 打算弗出

BAG, dæ 袋; *leather* —, bi-dæ' 皮袋 (ih-tsah)

图 4.4

4.2.1.3 温州

1905 年前

E. W. Soothill, *The Student Pocket Dictionary*, 213 页。收 4 300 词。第 5 版。

4.2.2 闽语

4.2.2.1 福州

1832 年

Walter Henry Medhurst，*Dictionary of the Hok-keen Dialect of the Chinese Language*，according to the Reading and colloquial Idioms，860 页，East India Company's Press，Maccau，1832,东洋/伯克利/大英/徐家汇。

收 12 000 字。书前有前言、福建简史与统计资料、福建人口论、福建的府县、福建方言拼写法、福建方言声韵表、声母和韵母结合表、十五音与五十音结合法、论声调、五十字母与八音结合表、论文百异读等。书后有按部首排列的汉字索引。作者中文名：麦都思，生卒年：1796—1857。参见 *Chinese Repository* 第 6 卷（第 142 页）。

1838 年

Samuel Dyer，*Vocabulary of the Hok-kien Dialect*,新国大分馆。

1856 年

M. C. White，Language Spoken at Fuh-Chau，from *the Methodist Quarterly Review* for July，1856，60 页,康奈尔大学图书馆。

1866 年

J. A. Winn，*A Vocabulary of the Hok-kien Dialect*，Singapore，1866。

1870 年

Robert Samuel Maclay ＆ C. C. Baldwin，*An Alphabetic*

Dictionary of the Chinese Language in the Foochow Dialect（榕腔注音字典），Foochow：Methodist Episcopal Mission Press，1107 页，1870，22 厘米；754 页，rev. ed.，1898。复旦/上基图/北图加州大学洛杉矶分校图书馆藏初版。天理/内阁/东洋藏初版及修订版。福建省图书馆藏 1898 年版（据目录卡，原书未能检出。）伯克利藏 1929 年版，此版本由 S. H. Leger 修订、扩充，在上海由美华书馆出版，1874 页，23 厘米。大英藏 1879 年版，又藏 1898 年修订版。纽图藏 1898 年修订版。

作者生卒：1824—1907 年。

第一、第二、第三版皆有序言。书前有导言。三版序言全面介绍福州话，内容甚丰，包括全书安排、汉字分析、声母和韵母表、音节表、罗马字语音分析、关于声调、关于汉语学习方法。

1870 年

Robert Samuel Maclay & C. C. Baldwin，*Dictionary of the Foochow Dialect*，上海美华书馆，1874 页，1929，rev. & enl. by Samuel H. Leger。此书 1870 年初版。福建师范大学林金水藏初版和 1929 年第 3 版。北图和福建省图书馆第 3 版。中山大学/纽图藏 1929 年版。1929 年版由上海广学书局出版，21.5 厘米。

1871 年

Moses Clark White，*The Chinese Language Spoken at Fuh Chau*，Missionary Society of the Methodist General Biblical Institute，44，Corncord，N. H.。

1891 年

T. B. Adam，*An English-Chinese Dictionary of the Foochow Dialect*，Methodist Mission Press，Foochow，384 页，1891；第 2 版，上海，1905，344 页，17 厘米。

东洋藏一版和二版/大英（并已缩微）。纽图藏 1923 年修订增补本。增补者为弼牧师。《序》说此为 Baldwin 词典第七部分的扩充。拼写法参用 Baldwin，只有两处改动，一是 a、e 的上加符号删去，因为这两个音在元音后自然为短音；二是送气符号用 h 表示。词典由一英华学院（Anglo-Chinese College）学生助编，用于传教。今案：声调用发圈法，中文用罗马字拼写，无汉字。

1897 年

Edward Harper Parker，New Foochow Colloquial Words，*China Review* 1897，7，415 – 418，Hong Kong.

1906 年

Robert Samuel Maclay & C. C. Balbwin，*Index to Characters by Means of the Radicals and Romanized Forms in the Foochow Dialect of the Chinese Language*，175 页，1906，Foochow。

18?? 年

Manual of the Foochow Dialect（福州话手册），n. pl.，n. d.，2055 页，福建省图书馆藏 1898 年版（据目录卡，原书未能检出。初版年代未详）。

4.2.2.2　福安

1943 年

Diccinario Espanōl = chino Diaclecto de Fu-an 班华字典·福安方言，por el Exmo. y Rdmo. S. D. Fr. IGNACIO IBAÑEZ O. P. Vic. Ap. De Emuy. Refundido por el P. Fr. Blas Cornejo O. P. Imprimerie Commeriale — "Don Bosco" School，1941 - 1943，Shanghai，1041 页，19 × 12.5 厘米，日本学者平田昌司私人藏书。

此书曾承平田先生惠借过目。有序言，用西班牙文写，用西班牙文出条，罗马字释义。声调用数码写在右肩，用汉字逐字译出。

4.2.2.3　厦门

1841 年

A Lexilogues of the English，Malay，and Chinese Languages；Comprehending the Vernacular Idioms of the Last in the Hokkien and Canton dialects，Malacca：Anglo-Chinese Press，1841，111 页，28 厘米，The groundwork is a collection of English and Malay phrases published by Mr. North of the American Mission，Singapore，纽图。

参见 *Chinese Repository* 第 11 卷（第 389 页）。

1848 年

约翰·卢，《罗马化会话字典》（又名《厦门词汇》），厦门，1848。

1853 年

E. Doty, *Anglo-Chinese Manual with Romanized Colloquial in the Amoy Dialect*，214 页，1853，Canton，S. Wells Williams.（罗啻鉴定《翻译英华厦腔语汇》，鹭门梓行）京都人文研/东洋/大英（两本）。

据《导言》，此书原为 W. J. Pohlman 牧师所编所用，后经增补大部分内容，面貌一新。《导言》说明元音、双元音、辅音、声调和声调组合的读音。有关内容改用国际音标，略为转述如下。

单元音符号 6 个：

a 前接元音，后跟 m、n、p、t 时读 æ

e 在开音节中读 ei，在闭音节中读 e

i 在开音节和一般闭音节中读作 iː，在前接元音的闭音节中读 i

o 实际音值为 ou

oʻ 实际音值为 oː

u 实际音值为 uː

双元音符号 2 个：

ai 实际音值为 ai

au 实际音值为 au

声化韵符号 2 个：

m 实际音值为 m

ng 实际音值为 ŋ

辅音声母符号 11 个：

b，ch，g，j(实际音值为 ʥ)，l，n，s，h，k，p，t。

其中 ch，k，p，t 为送气辅音。

鼻音声母 3 个：

　　m　n　ng(实际音值为 ŋ)

声调有 8 类,各分阴阳：

　　阴调类：1 上平　调形为高平

　　　　　　2 上声　调形为高升

　　　　　　3 上去　调形为高降

　　　　　　4 上入　调形为高促

　　阳调类：5 下平　调形为低平

　　　　　　2 下上　调形为低升

　　　　　　6 下去　调形为中降

　　　　　　7 下入　调形为低促

实际语言中只有 7 个声调,上声和下上合而为一。

变调：

合成词的最后一个音节读本调,其他音节连读时皆要变调。

阴平和阳平在合成词中调形相同,都变成平调,但音高比阴平低,比阳去高。

阳平在合成词中调形与阴平相同。

上声变得与阳平相似。

阴去变得与阳入相似。

阳入变得与阳平相似。

阳去的变化最少,只是变得有点像上声。

全书分为宇宙、物质、食物、海事、官员等 26 个部分。有英文、汉字和罗马字对照。最后一部分是"词类",所列人称有：我 goa、我们 lan(包括式)、我们 goan(阮，排除式)、尔 li、您 lin、他 li(伊)、他们 in(伊等)。

1860 年

闽南话俗语词典手稿(无书名、作者名)。

皆俗语，约 295 条(其中有重复)，如"鸭听雷、双脚踏双船"，有罗马字注音，小开本，莱登。

1866 年

J. A. Winn, *A Vocabulary of the Hok-kien Dialect as Spoken at Amoy and Singapore*, Singapore, 1866.

1873 年

Carstairs Douglas, *Chinese-English Dictionary of the Vernacular or Spoken Language of Amoy with the Principle Variations of the Chang-chew and Chin-chew Dialects*, 605 页, Truber, London, 28 厘米,哥伦比亚/京都/东洋/伯克利。1899 年修订新版,London, Publishing Office of Presbyterian Church of England, 612 页, 27 厘米,北图/莱登。

索引见 W. S. Wells, *A Syllabic Dictionary of the Chinese Language*, *A Swatow Index to*, by C. Gibson. Thomas Barcelay, Supplement to Dictionary of the Vernacular or Spoken Language of Amoy, Shanghai, the Commercial Press Limited, 1923, 276 页, 27 厘米,北图/莱登。

作者中文名：杜嘉德(1830—1877)。他"具有语言学的家学渊源,他的父亲拥有丰富的语言学知识,而他本人自幼学习古典、现代语言,熟习希伯来语,具有坚实的语言学基础"（转引自洪惟仁《杜嘉德〈厦英大辞典〉简介》）。杜嘉德是英国长老会传教士，1855 年到厦门传教，1877 年在当地病逝。所撰辞典俗名称为《厦英大辞典》，英文原名可译作《厦门话汉英口语大辞典，附漳州话和泉州话读音》，其罗马拼音法的特点是采用马礼逊所编官话词典的英文式拼音法。台湾古亭书局 1970 年重印出版这本词典。

1882 年

J. J. C. Francken & C. F. M. de. Grijs, *Chineesch-Hollandsch woorden-boek van het Emoi dialekt*，774 页，Batavia，1882，26 厘米，东洋/伯克利/北图/徐家汇。作者为 J. J. C. Francken（1838‐1864），C. F. M. de. Grijs（1832‐1902）。Thomas Barclay（1830‐1877)编《补遗》，商务印书馆，1923 年。

两位作者在荷属东印度当"翻译官"。

1883 年

John MacGowan, *English and Chinese Dictionary of the Amoy Dialect*，Amoy：A. A. Marcal，611 页，1883；第 2 版，1885，London，Kegan Paul，Trubner & Co.，601 页，1905，东洋/大英/康奈尔大学图书馆藏 1883 年版。天理藏 1905 年版。《导言》写于 1883 年 8 月 11 日，有拼写法、发音、复合元音、鼻音、声调等内容。作者曾出版多种中国民俗学和历史学著作，如 *Chinese Folklore*，*Sidelights on Chinese Life*，*The Imperial History of China*。

1888 年

W. Cambell,《厦门音个字典》,*A Dictionary of the Amoy Vernacular*,罗马字加注汉字,上海美国慈善教会出版,1888 年;台南台湾教会公报社,1913 年再版,台大馆;台南新楼 1917 年再版;上海美华书馆 1923 年再版,哈佛燕京 TA 5156 4721;台南新楼 1924 年再版,厦图/厦大馆/新国大分馆;台南新楼 1933 年再版,华大馆/新国大分馆。

1894 年

John Van Nest Talmage,*New Dictionary in the Amoy Dialect*,464 页,24.5 厘米,罗马字,1894 年,纽图。作者出生年:1819 年。

1894 年

Talmage pastor,《厦门音词典》,469 页,大开本,厦门鼓浪屿 Chui Keng Tong,1894 年,莱顿。字头为汉字,余皆罗马字。作者英文名据藏书者红笔注明,原文为 Tan-ma-ji Bok-su,作者属 American reformed church。无汉字书名。与上一条所录是否同书,待考。

1894 年

Talmage John V. N.,*A Dictionary of the Amoy Dialect*,Lai5 牧师补编。汉字字条,罗马字注释,厦门大美国归正教会,萃经堂,1894 年,小传文库;补编,萃经堂,1902 年。与上两条所录是否同书,待考。

1899 年

Castairs Castairs,*Chinese-English Dictionary of the*

Vernacular or Spoken Language of Amoy，London：
The Presbyterian Church of England，612 页，1899；
Commercial Press，1923，Shanghai；Ku-Ting，Taipei，
repr.，1970。

1904 年

Triglot Vocabulary，*English*，*Malay*，*Chinese*（*Hok-kien*，*Hakka*，*Character*）. 上海美华书馆,第 4 版,1904,
143 页, 22 厘米。

初版年份未详。1901 年第 3 版。纽图藏第 3 版。

1906 年

John MacGowan，*A Translation of the Koan Hoa Chi Lam into Amoy Romanized Colloquil*,129 页,厦门鼓浪
屿 Chui Keng Tong,1906 年,莱顿。

用罗马字译。作者属 London Mission,Amoy。

1913 年

William Compbell，*A Dictionary of the Amoy Vernacular Spoken throughout the Prefectures of Chin-chiu*，*Chiang-chiu and Formosa*（《厦门音新字典》）,横滨市福音印刷
合资会社,1067 页,1913 年,东洋/上基图/莱顿。作者为
台南宣教师甘为霖。上海美华书馆,1924,1025 页,纽
图/北图藏 1924 年版;1933 年第 4 版,发行所为台南新楼
英国宣教师住所,印刷所为上海竞新书局,1025 页,伯克
利藏第 4 版;台湾教会公报社于 1978 年出版第 12 版。
作者生卒年:1841—1921 年。

1913 年

龙彼得(荷兰),《厦门音个字典》,1913 年。

1925 年

Pedro Prat, *diccionario espanol-chino del dialecto de Amoy y formosa*, Amoy：Imprenta de la Mision Catlica, 767 页, 1925。

1934 年

Ernest Tipson, *Pocket Dictionary of the Amoy Vernacular.* English Chinese, Singapore：Lithographers, 215 页, 1934；Shanghai Commercial Press, 2nd. ed., 446 页, 1940；Mimeogr. repr. by Maryknoll Fathers, 205 页, 1954。

1935 年

Ernest Tipson, *Pocket Dictionary of the Amoy Vernacular.* Chinese English, Singapore：Printers, 476 页, 1935,；Taichung：Maryknoll Language School, 366 页, 1953；Mimeogr。

附：

1840 年

Happart, G., *Dictionary of the Favorlang Dialect of the Formosan Language*,徐家汇。

这是台湾地区少数民族语的一种方言词典。

4.2.2.4　潮汕

1847 年

Josiah Goddard, *A Chinese and English Vocabulary in*

the Tie Chiu Dialect，Bangkok，Mission Press，248p.，1847，20 cm。1847 年曼谷初版。1883 年上海美华书局第 2 版。东洋/纽图藏 1883 年版/Widener1285. 16/Harvard College Library 藏 1888 年版本（上海美国长老会出版,237 页）。

书前引言有拼音说明,声调有八：下平、上平、上声、下去、去声、上去、下入、上入。内部差异如 io 常发成 iau：lio liau;mio miau。有对文白异读的说明。这是字典,只有单字,无词汇,后附字音检索。作者生卒年：1813—1854 年。

1877 年

Herbert Allen Giles，*Handbook of the Swatow Dialect with a Vocabulary*，[Published with the assistance of the straits' Government] 57 页，1877，上海，京都人文研/东洋。

1878 年

A. M. Fielde and Festina Lente，*First Lessons in the Swatow Dialect*，Swatow Printing office Company，1878,427 页,中开本,莱顿。

书前有声调说明,每课词汇用汉字出条,课文用罗马字和英文对译。

1878 年

Miss A. M. Fielde & Miss. A. S. A，*An Index to William Dictionary in the Swatow Dialect*，Swatow Printing office Company，1878。

1883 年

A. M. Fielde，*A Pronouncing and Defining Dictionary of the Swatow Dialect Arranged according to Syllables and Tones*，上海美华书馆，617 页，1883，28 厘米，京都/伯克利/北图/徐家汇/加州大学柏克利分校博兰雅藏书。作者生卒年：1839—1916 年。

1883 年

R. Lechler, ed. by William Ruffus，*English-Chinese Vocabulary of the Vernacular or Spoken Language of Swatow*，Swatow：English Presbyterian Mission Press，302 页，1883，23 厘米，伯克利/北图/大英/纽图/斯坦福。所记是潮州府内方言。用方言罗马字解释英文。无汉字。此书是巴色会的 R. Lechler 三十年前所写手稿，开头由 W. Ruffus 抄录供私人使用，后成书。R. Lechler 是到当地传教的第一位抗议派传教士。William Ruffus 卒于 1894 年。

1883 年

Miss A. M. Fielde，*Baptist Mission at Swatow：A Pronunciation and defining Dictionary of the Swatow Dialect arranged according to Syllables and Tones*，上海美华书馆，1883 年，台图。

1886 年

John Campbell Gibson，*A Swatow Index to the Syllabic Dictionary of Chinese by S. Wells Williams, LL. D. and to the Dictionary of the Vernacular of Amoy by Castairs Douglas, M. A. , LL. D.*，Swatow：

English Presbyterian Mission Press，第 2 版，171 页，1886 年,东洋/大英。

1897 年

E. T. Brill,《陆丰罗马字发音字典》,S. H. Loch Foeng Dialect，Leiden，1897 年。

1907 年

Cambell Gibson, *Manual of Swatow Vernacular*，Part 1,英汕罗马字,1907 年,台大馆。

1909 年

Steele, John, *The Swatow Syllabary Mandarin Pronunciation*（《潮正两音字集》）。上海英国长老教会，1909 年,厦大馆/汕图/台大；1924 年第 2 版,汕图/台图。

1912 年

Bechet Emile, *Essai de dictionnaire francais-chinois en caracteres romains*，Bangkok，1350 + 55 页，1912—1917 年,潮州方言。作者生卒年：1877—1929 年。

1923 年

John Campbell Gibson, *Manual of Swatow Vernacular*，Swatow：English Presbyterian Mission Press，*Swatow*，第 2 版,184 页，1923 年,天理。

4.2.2.5　漳州

1838 年

A Vocabulary of the Hok-keen Dialect as Spoken in the Country of Tsheang-tshew，Singapore：Anglo-Chinese College Press，1838，6+36+96+20 页，20 厘米,纽约。

1886—1890 年

G. Schlegel，*Nederlandsch-chineesch woordenboek met de transcriptie der chineesche karakters in het tsiangtsiu dialect. Hoofdzakelijk ten behoere der tolken Voor de Chineesch teal in Nederlandsch-Indie*，bewerkt door dr. G. Schlegel Leiden. E. J Brill，27 厘米，国图/莱顿。中文书名《荷华文语类参》。漳州方言。分订成四册，1470＋1132＋1212＋1403 页。作者生卒年：1840—1903 年。作者于 1875—1903 年任荷兰莱顿大学第一位汉学教授。

4.2.2.6 海南

1898 年

C. Madrolle，*Les Peuples et Les Langues de la Chine Meridianle*，l'lle d'Hai-Nan et presqu'le du Louitecheou. Paris，Augustin Challamel，13 页，1898。

主要载录海南岛福佬话方言词汇，并与厦门话、潮州话、广东福佬话相对照。有海南岛地图。

1903 年

Sousa，S. C. de，*A Manual of the Hailan Colloquial*，Bun sio Dialect(《海南口语手册》)，新加坡：the Government Printing House，1903。

4.2.3 粤语

1823 年

Sir John Francis Davis，*A Vocabulary*，*Containing Chinese Words and Peculiar to Canton and Macau and to the Trade of those Places*，Macau：printed at the Honorable Company's Press，1824，77 页，15 厘米，纽图。

1828 年

Robert Morrison，*A Vocabulary of the Canton Dialect*（《广东省土话字汇》），600 多页（未标页码），东印度公司出版，1928 年，澳门，东洋/伯克利/大英/纽图。

分三册，第一册英-汉，第二册汉-英，第三册中文词或短语。作者生卒年：1782—1834 年。

1840 年

Robert Morrison，*English and Chinese Vocabulary*，*the Latter in the Canton Dialect*，第 2 版，18 厘米，Calcutta，138 页，1840，东洋/大英。

书前有发音说明，用英语和法语比附。

1853 年

S. W. Bonney，*Phrases in the Canton Colloquial Dialect*，96 页，Canton，1853，斯坦福大学图书馆。

汉英词汇和短语集。

1854 年

Samuel W Bonney，*A Vocabulary with Colloquial Phrases in the Canton Dialect*，Office of the Chinese Repository，216 页，22 厘米，Canton，1854，东洋/大英/纽图。

书前有发音说明，如：aw as aw in awe draw，law，saw，hawk；kw as qu in quite，quire，quarter。以英文单词出

条,后接英中短语或句子,如 Magistrate 官府 koon foo The magistrates do not rule here 呢处官府唔理 nee chu koon foo'm lee。有较多方言字,如:乜野、细蚊仔、咁矮、佢、嘅、冇、我地(按:原文无"土"旁)。

1855 年

John Chalmers,*A Chinese Phonetic Vocabulary*(《初学粤音切要》),The London Missionary Society Press,香港,1855 年,33 叶,伯克利/东洋。

这是最常用字的广州话注音读本。按部首排列,用切音法注音,每页上端列出反切上下字,并用罗马字注音。有中英文序言。作者中文名:湛约翰,伦敦会传教士,1852 年 6 月 28 日到香港,1859 年下半年到广州。

1856 年

Samuel Wells Williams,*A Tonic Dictionary of the Chinese Language in the Canton Dialect*(《英华分韵撮要》,卫三畏编译,羊城中和行梓行),Canton:Office of the Chinese Repository,826 页,1856,19 厘米,伯克利/国图/徐家汇。作者生卒年:1812—1884 年。

1858 年

Thomas T. Devan,*The Beginner's Book*,*or Vocabulary of the Canton Dialect*.Rev.,corr.,enl.,and toned by William Lobscheid,123 页,1858,21 厘米,Hong Kong:China Mail Office,东洋/纽图。1861 年第 3 版,香港 Shortrede & Company,148 页,17 厘米,国图藏第 3 版。作者生卒年:1809—1890 年。

1859 年

John Chalmers，*An English and Cantonese Pocket-dictionary*，*for the Use of those Who Wish to Learn the Spoken Language of Canton Province*（《英粤字典》），159 页，1859，Hong Kong。东洋/大英藏 1859 年、1870 年(146 页)、1891 年、1907 年版。徐家汇藏 1859 年版。伯克利藏 1862 年第 2 版。纽图藏第 3 版。

1866 年

John Chalmers，List of Characters Used in Spelling in the Concise Dictionary of Dr. Chalmers with Their Pronunciations in Pekinese and Cantonese，*China Review*，1866–1867，15，158–163。

1867 年

Benoni Lanctot，《华英通语》Chinese-Eglish Phrase Book，88 页。旧金山：A. Roman & Company，1867 年，柏克利/康奈尔。

书名所谓"Chinese"是指广东话。此为经修订和增补的第 2 版，第 1 版的出版年代未详。

1870 年

作者未详，*An English and Chinese Pocket Dictionary*，Hong Kong：London Missionary Society Press，146 页，1870。

1877 年

Ernest John Eitel，*A Chinese Dictionary in Cantonese Dialect*. 1018 页，1877，London and Hong Kong.

24.5 cm. Rev. & enl. by Immanual Gottlieb Genahr，
Hong Kong Kelly & Walsh，1417 页，1910 - 1911。东
洋/纽图和国图藏初版本和修订本/伯克利藏第 2 版复印
本和修订本/中山大学藏初版/中山图书馆藏修订本
(1910—1911)/徐家汇藏 1877 年版和 1910 年版/大英藏
1877 年版。作者生卒年：1838—1908 年。

1878 年

John Chalmers，*An English and Cantonese Dictionary*，
*for the Use of Those Who Wish to Learn the Spoken
Language of Canton Province*（《英粤字典》），第 5 版，
258 页，1878，Hong Kong；第 6 版，with the changing of
tones marked. 296 页，1891，Hong Kong. 19 厘米；第
7 版 Rev. and enl. by T. Kirkma marked. Dearly，822 页，
1907，Hong Kong。东洋藏初版、第 5 版、第 6 版、第
7 版。国图藏第 6 版，296 页。加州大学藏第 6 版。

作者中文名湛约翰(1825—1899)，苏格兰新教传教士。
此书初版仅 159 页，收词 9 568 条。1907 年的第 7 版扩
充到 822 页，收词 11 926 条。

1880 年

Edward Harper Parker，New Cantonese Words，*China
Review* 1880，8，18 - 22，Hong Kong。

1883 年

J. Dyer. Ball，*Cantonese Made Easy Vocabulary*，第
3 版，294 页，Hong Kong，1908，24 厘米，东洋/伯克利/
北大藏第 3 版/大英藏 1883 年版、1904 年版/徐家汇藏

1908 年版/康奈尔藏 1907 年第 3 版 Kelly & Walsh, Limited。

有简单的广东话句子、英译及语法说明。对每一个词都说明与之搭配的量词。一版未署序刊年月。第 2 版序言撰于 1892 年。第 3 版序言说韵尾-k 有两类：只 chek；落 lok。作者生卒年：1847—1919 年。

1886 年

Edward Harper Parker, Canton Plants, *China Review* 1886 - 1887, 15, 104 - 119, Hong Kong。

1886 年

B. J. Dyer, *An English-Cantonese Pocket Vocabulary*; *Containing Common Words and Phrases*, Printed without Chinese characters, or tone marks, the sounds of Chinese words by an English spelling as far as practicable, Hong Kong China Mail Office, 1886, 23 页, 18 厘米, 国图藏 1886 年版/大英藏 1894 年版、1906 年版、1910 年版。纽图藏 1910 年版。

此书只收普通词汇和短语，无汉字，不标声调。仅供在港英国人与当地人交往时使用。作者曾任香港高等法院首席翻译官、香港基督教青年会管理委员会欧洲部主席。

1887 年

G. M. H. Playfair, Notes on Parker's Canton Plants, *China Review* 1886 - 1887, 15, 178 - 179, Hong Kong。

1888 年

Kerr, *Selected Phrases in the Canton Dialect*, 第 4 版,

Hong Kong Kell & Walsh，1888，66 页，21 厘米，国图。

1888 年

Thomas Lathrop Stedman & Li kuei-p'an（李桂攀），*A Chinese and English Phrase Book in the Canton Dialect，or Dialogues on Ordinary and Familiar Subjects，for the Use of the Chinese Resident in America，and Americans Desirous of Learning the Chinese Language，with the Pronunciation of Each Word Indicated in Chinese and Roman Characters*（《英语不求人》），177 页，1888，New York：Williams R. Jenkins，19 厘米，东洋/伯克利。

序言对罗马字拼音有说明。共 41 课，课文用英文写，有广东话汉字和罗马字对照。附录有月份、礼拜、号码、尺牍。作者生卒年：1853—1938 年。此书 1920 年再版，185 页，纽约/东洋。

1902 年

D. J. Stenens，*Cantonese Apothegms*（《粤语格言》），粤东羊城西兴街怡盛刊印，155 页，康奈尔大学图书馆，作者属伦敦传教会。

1902 年

Louis Aubazac，*Doctionaire Francais-Chnois Dialecte Cantonnais，Imprimerie de la Soxiete des Mission Etrangeres*，333 页，1902；Nouv. rev. & augm.，Hong Kong，1909，469 页，22 厘米，东洋藏一版和修订版。作者生卒年：1871—1919 年。

1903 年

Louis Aubazac，*Dictionnaire Francais-chinois Dialecte Cantonnais*（《法粤字典》），Hong Kong，Imprimerie de la Societe des Mission Etrangeres，333 页，1903；469 页，new ed. , rev. & enl. ,1909,纽图藏 1909 年版。

1903 年

S. Wells Williams，*A Syllabic Dictionary of the Chinese Language，according to the Wu Fang Yuen Yin with the Pronunciation of the Characters as Heard in Peking*，Canton，Amoy and Shanghai，美华书馆，1254 页，1903,复旦。

1909 年

Louis Aubazac，*Dictionnaire Francais-Cantonnais*，Hong Nazareth，469 页,修订本,1909。

1909 年

Louis Aubazac，*Liste des caracteres les plus usuels de la langue Cantonnaise*，Hong Kong，Imprimerie de la Societe des Mission Etrangeres，46 页，22×17 厘米，1909,国图/东洋。

1910 年

James Dyer Ball，*An English-Cantonese Pocket Vocabulary*，Hong Kong：Kelly & Walsh，1910，93 页,20 厘米,纽图。只包括简单词汇和短语,无汉字,用英文字母标音。

1910 年

Eitel，E. J. ，*A Chinese-English Dictionary in the*

Cantonese Dialect，1910，徐家汇。

1912 年

Louis Aubazac，*Dictionnaire Cantonnais-Francais*（《粤法字典》），Hong Kong，Imprimerie de la Societe des Mission Etrangeres，1116 页，26 厘米，1912。

1912 年

C. G. S. Baronsfeather，*The A B C of Cantonese*，9 页，Pakhoi，C. M. S. Hospital，1912，东洋。

1914 年

C. G. S. Baronsfeather，*English-Cantonese Medical Dispensary Vocabulary from Chalmer's English and Cantonese Dictionary and other Sources*，Pakhoi，C. M. S. Mission Press，37 页，1914。

1914 年

Roy T. Cowles，*A Pocket Dictionary of Cantonese，Cantonese-English with English-Cantonese Index*，296＋124 页，1914，Hong Kong，东洋藏 1914 年版/大英藏 1949 年第 2 版，South China Panel Press，Hong Kong。

第 2 版有所增补。

1918 年

Louis Aubazac，*Examen de conscience Cantonnais-Francais a l'usage des nouveaux missionnaires*，Hong Kong：Impr. Nazareth，42 页，21 厘米，1918，大英。

1918 年

Louis Aubazac，*Lexique Francais-cantonnais des terms de religion*，Hong Kong：Nazareth，207 页，17 厘米，1918。

1918 年

Proverbes de la langue canntonais recueillis ca et la．Hong Kong：Impr．Nazareth，176 页，17 厘米，1918。

1924 年

Francais-Marie Savina，*Dictionnaire etymologique Francais-Nung Chinois（Cantonese）*，528 页，1924，based on Aubazac's dictionary，大英。

1925 年

Werner Rüdenberg，*Anhang Zum Chineisch-Deuschen Wörterbuch von Werner Rüdenberg：enthaltend die 6400 schriftzei chen mit ihren aussprache und tonbezeichnungen in kantoner und Hakka- Mundart*，Hamburg．L．Frienderichsen ＆ co．，1925，58 厘米，75 页，巴色/纽图。收 214 部首和 6 400 字的广州音和客家音。

1931 年

H. R. Wells，*An English-Cantonese dictionary*，Hong Kong，Kelly and Walsh，227 页，20 厘米，1931，京都人文研。

1933 年(?)

W. E. Soothill，*Pocket Dictionary with a Cantonese Syllabary*。

此条据《中华基督教文字索引》(上海广协书局编发，1933 年)载录。此书出版年份当早于 1933 年。

1934 年

M. E. P. Servus，*Locutions modernes dialecte cantonnais*（《粤法新词句》)，Hong Kong：Hong Kong，Imprimerie de la Societe des Mission Etrangeres，20 页，1934。

1935 年

Bernard Fr. Meyer and Theodoore F. Wempe *the Student's Cantonese-English Dictionary*，H. K：ST. Louis Industrial School Printing Press，187 页，1935，18 厘米，巴色。

1937 年

Fabre Alfred，*Film de la vie Chinoise: proverbes et locutions*，Hong Kong，Imprimerie de la Societe des Mission Etrangeres，Nazareth，694 页，22 厘米，1937，香港/大英。作者属 M. E. P. 传教会。生卒年：1878—1967 年。

1941 年

L. G. Gomes（高美士），*Vocabulario Cantonese-Portugues*（《粤典》)，225 页，1941，Macau：imprensal，Nacional，23 厘米，东洋/大英。

1947 年

Bernard F Meyer 和 Theodore R. Wempe，*The Student's Cantonese-English Dictionary*，New York，Field afar Press，第 3 版，1947，19 厘米，纽图。

作者属美国天主教国外传教会(Catholic foreign mission society of America)，生于 1891 年。

4.2.4　客家话

1878 年

Syuk wà hyen mí，俗话显微手稿，首页用小字注明 1878(年)，599 页。汉字出条，罗马字注音，如《体形论》：大大麻麻、固固大等，荷文解释及举例(?)。另有罗马字出条、荷文释义的词典手稿合装一起。大开本。

1894 年

G. Fraser Melbourn，*The Planter's Manual*，*an English*，*Dutch*，*Malay and Keh Chinese Vocabulary*，ff. 57. Deli/Sumatra，大英。

四种语言对照词汇表。所记客话不知属何地。作者序于 Deli-Sumatra。

例：ankle(英)、enkle(荷)、mata kaki(马来)、kiok-moek (客)。又例：

英语	arise	ant	arrive	heat	her
客话	hong-tjong	net	taw	njet	ki

1901 年

Charles Rey，*Dictionaire chinois-francais*，*dialecte Hac-ka*，Precede de quelques notions et exercicies sur les tons，360＋79 页，Hong Kong，Imprimerie de la

Societe des Mission Etrangeres，1901；1444＋81 页，1926,21 厘米,东洋/中山大学/荷兰莱顿大学藏 1901 年版。国图/纽图/东京综合/东京大学中文系藏 1926 年版。所记为嘉应州客话。篇幅比 MacIver 的词典长,并有简短的语法注释。《引言》详述客家民系、客家话语音及标音法,并描写语法,共 11 页。《引言》说此地人民读字带有两音,一书音,一俗音。书上见其字则读之与官话之音相近。与同类交合则别其音,比如"我"字别读作"涯"或"雅"。有方言字,如"粗,neou,Epais gluant,你煲到粥十分粗"。作者曾在广东传教,属 Missionnaire Apostolique du Koung-Tong,生卒年：1866—1943 年。今案：所述"书音、俗音"与董同龢《华阳凉水井客家话》相同。

1904 年

Donald MacIver, *A Hakka Index to the Chinese-English Dictionary of Herbert A. Giles and to the Syllabic Dictionary of S. wells Williams*，上海美华书馆,150＋5 页，1904，Shanghai，23 厘米,伯克利/巴色/徐家汇/康奈尔。

相当于客话字音集。书前有一页说明,有六声调,平入分阴阳,再加上、去。入声收-k、-p、-t,与上平或上声有别。作者属汕头五经富 E. P. 传教会。

1905 年

Donald MacIver, *A Chinese-English Dictionary*, *Hakka Dialect as Spoken in Kwangtung Province*,上海美华书馆,1221 页，1905，Shanghai，京都/东洋/中山大

学/荷兰莱顿大学。Rev. & enl. by M. C. MacKenzie，Shanghai，1926，1142 页，24.5 厘米，徐家汇。纽图/东京中文系/荷兰莱顿大学/中山大学/威斯康星/国图/大英藏 1926 年版。Ku Ting Book Store, repr. , 1142 页，Taipei，巴色会藏初版和 1926 年版。

书前有导言，分客家人和客家话两部分，客家话部分包括声韵母、声调、与其他方言的关系、罗马字系统。作者为抗议派传教士，在五经富传教。修订版为五经富 E. P. 传教会的 M. C. Macken Zie 所增补。作者生于 1852 年。

1909 年

Donald MacIver, *A Hakka Syllabary*（《客音汇编》），上海美华书馆，184＋4 页，1909，Shanghai，14 厘米，东洋/伯克利/巴色。

此书为客话同音字表，用罗马字注音。作者属汕头五经富 E. P. 传教会。

1909 年

Kleins Deutsch-Hakka-Worterbuch fur Anfanger，Von Basler Missionaren bearbeitet. Basel. Evangelische Missions-Gesellschaft. In Kommission bei der Basler Missions-Buchhandlung, 54 页，1909，17.5 厘米，巴色。

按词义分类的词汇集，义类有宗教、宇宙、天气、时间等。第 21 章和第 22 章是日常会话。先出德文，后出客家话，用 Lepsius 系统拼写，无汉字。

1909 年

Kleins Deutsch-Hakka-Worterbuch fur Anfanger，Von

Basler Missionaren bearbeitet. Basel. Evangelische Missions-Gesellschaft. In Kommission bei der Basler Missions-Buchhandlung，79 页，1909,17.5 厘米,巴色。

第一部分与上一条相同,第 23—28 章,即实词、形容词、动词、副词、连词,系按词类安排。删去第 21—22 章。

1912 年

P. A. van de. Stadt, *Hakka-woorden-boek*, S-Gravenhage: Martinus Nijhoff，412 页，1912,23 厘米,东洋。

书前有发音说明和音节表,书后有字音和字义对照表。

作者生卒年: 1876—1940 年。曾任翻译官和华务司。

1925 年

Werner, Rudenburg. *Auhang zum chnesish-Deutshen Worterbun von werner Rudenburg*, enthatherd die 6400. Schriftzeichen miy Aussprache und Tonbe zeichnumgen in der kantoner und Hakka-Mundari bearbeitet von C. A. Kolleke Hamburg, L. Friederichchser，1925，75 页，28.5 厘米,国图/伯克利。

1926 年

Ch. Rey. *Dictionaire chinois-francais, dialecte hacka, precede de quelques notions sue la syntaxe chinois*. Hong Kong: Imperimerie de la Societe des missions — entrangeres，1926，1444＋81 页，26 厘米,国图/纽图/东京综合/东京中文系。

1??? 年

Ernest John Eitel, *Hakka Dictionary*,手稿本,1304 页,

大英图书馆。

据 MaIver 1905 年的词典序言,作者还曾研究客家话的 Sin-on 方言。

4.2.5　赣语(建宁)

1901 年

William Charles White,*A Chinese-English Dictionary of the Kienning Dialect*,*Arranged Alphabetically according to the Kienning*,Foochow Methedist Episcoped Anglo-Chinese book concern,1901,47 页,19 厘米,纽图。

4.3　方言课本

4.3.1　吴语

4.3.1.1　上海

1850 年

秦右(Benjamin Jenkins),*Lessons in the Shanghai Dialect*(《上海土白》),574 页,1850,22 厘米,伯克利。

1855 年

吉牧师(Cleveland Keith),《上海土白入门》,上海,1855 年,77 页。

有汉字介绍、拼写说明、数词。以下内容全用罗马字:单音节、双音节和三音节词汇;成语;政府机构名称;朝代名称;新旧约提要;关于祷告和教义对话。此书 1860 年再版,版面改小,共 77 页。初版的中文序言改为英文序言。

1862 年

J. Mac Gowan(麦嘉湖), *A Collection of Phrases in the Shanghai Dialect*,上海美华书馆,193 页,1862,24 厘米,天理/东洋/国图/大英/徐家汇。

1865 年

《上海土白》,毛笔手抄,未标页码,只有汉字,但开头五页以铅笔用罗马字逐字注音,22 厘米,伯克利。

第一页有"John Fryer, Shanghai。上海博兰雅"字样的印章。据第一页钢笔题字,此书英文名作 Lessons in the Shanghai Dialect,内容可能参照 Ahn 的法语课本,作者是 Dr. R. Jenkins 或 Rev. J. Wherry,约编于 1865 年。全书分三十一课。

1883 年

Lecons ou exercise de langue chinois. Dialecte de Song-kiang,1883,Zi-ka-wei(徐家汇)Imprimerie de la Mission catholique,A L'orphelinat de TOU-SE-VE(土山湾),24 厘米,320 页,东洋/徐家汇。

全书用法文写。书前有序。全书分为四十课,前十课按词的语法类别分,即代词、实词、量词、数词、比较、程度、连词(分两课)、介词、疑问和否定词;后三十课按话题分,如人体、建筑、家具、时间、金钱、宗教仪礼等。课文前有缩略语说明,而无标音说明。每课先出中文,后出罗马字,最后为法文译文。用发圈法标入声。入声不分阴阳,也不分-h、-k 两套。用传统的句逗符号。这是正式出版的唯一用西文写的松江话课本。作者为传教士。原书无中文书名,可译为《松江话课本》。

1890 年

C. Lyon, *Lessons for Beginners in the Shanghai Dialect*（《初学土白功课》）,上海,1890,137 页,美华书馆摆印,20 厘米,伯克利。

共分 66 课。

1899 年

M. T. Yates,D. D.（晏玛太）,《中西译语妙法》*First Lessons in Chinese*,上海美华书馆,1899,151 页,22 厘米;修订本,1904,同志社荒木英学文库/伯克利/徐家汇。1871 年版 224 页,加州伯克利。

作者属美国南方浸礼会,曾将《马太—犹大》译为上海土白(1876—1888)。

1906 年

Gilbert McIntosh（金多士）, *Useful Phrases in the Shanghai Dialect*, with Index, Vocabulary and other Helps,上海美华书馆,109 页,1906;2nd ed.,113 页,19 厘米,1908;3rd ed.,4th ed.,1921;5th ed.,121 页,1922;6th ed.,1926,上海广协书局总发行所。徐家汇藏第 3 版。荷兰莱顿大学藏第 4 版。复旦藏第 7 版,121 页,1927。东洋藏初版/国图和京都人文研藏 2 版/京都外大藏第 7 版。此书 1934 年又重版,附索引、词汇及其他。此书中文名:《应用沪语类编》。

全书分二十二课,每课有若干英、中、罗马字对照的句子。

书前有罗马字拼音说明。书末有英文和罗马字对照的词汇索引。从第 4 版(作者序于 1921 年)开始增加一课《新词语》(有轨电车和无轨电车)。增加的一课是 R. P. Montgomery 所写。不标声调。据第 2 版(1908)序言,罗马字系统是参用 J. A. Silsby 创制的系统。此系统最初用于上海市政委员会出版的警察守则,于 1899 年为沪语社所采用。初版时所写的罗马字拼音系统说明将入声分为-h 和-k 两套。-k 尾韵有三个:ak、ok、iak,比艾约瑟的记录少了两个,即 uak 和 uok。用例如下:邮政局 Yeu-tsung-jok(p. 43);英国 Iung-kok(p. 5);著之(外罩衣裳)tsak-ts(p. 51);脚 kyak(p. 28);iak 韵未见用例。第 7 版正文前有上海话罗马字系统,入声仍作上述分类。第 4 版(1921)序言说词汇有所发展,例如"东洋车"变为"黄包车"。但晚至第七版此词在课文中仍写作"东洋车"。反复问句只有一种格式:侬吃烟否? (p. 3)。但在《新词》课里已有三种格式:要换车否? (p. 113);拉火车里阿有得吃否? (p. 109);夜班车阿有困车个? (p. 108)。有"勿要拨伊水吃"(p. 66)之类词序。有量词用作指示代词的用例:伊只马有病(p. 66)。

1906 年

W. H. Jerfferys, *Hospital Dialogue in Shanghai Thoobak*,上海美华书馆,1906,63 页,18 厘米,国图/徐家汇。

塞音韵尾分为-k 和-h 两套,如药 yak、局 jok、末 meh、吃 chuh。作者生于 1871 年,是圣约翰大学外科教授、圣

Luke 医院主任外科医生、《中国医疗传教士》杂志编辑。

1907 年

F. L. Hawks Pott，D. D.（卜舫济），*Lessons in the Shanghai Dialect*，上海美华书馆，99 页，1907；151 页，修订本，1913；174 页，修订本，Mei Hua Press，Shanghai，1939（French Translation，Imprimerie de la Misson Catholique，Shanghai，1922；1939）。

关西藏 1920 年版。东洋/荷兰莱顿大学藏 1907 年版和 1913 年版。荷兰莱登大学藏 1913 年版。伯克利藏 1909 年版，145 页，25 厘米。纽图藏 1917 年版，151 页。国图藏 1924 年版，上海商务，174 页，19.5 厘米。上基藏 1934 年版。徐家汇。

全书编写精要，书前有《序言》和《上海罗马字系统说明》，列出八个声调，平上去入各分上下。1920 年版共分三十二课，每课有词汇、练习、课文（包括内容不相连贯的若干句子）。从语法的角度出发，每课有一话题，如第十九课是 Asking Questions, Expecting Negative and Affirmative Answers。书末有中英词汇对照表。拼音采用 J. A. Silsby 系统。初版序言称艾约瑟为 Doctor。作者生卒年：1864—1947 年。此书 1941 年出版修订本，全书名为 *How to Speak Shanghai Dialect*，正文前有各版序言，最后一版的序言写于 1924 年 11 月 18 日，并有上海话罗马字介绍，从正文开始称为 Lessons in the Shanghai Dialect，共有 32 课。莱登 1941 年版，小开本，无出版单位和作者姓名。

1907 年

J. A. Silsby, *Introduction to the Study of the Shanghai Vernacular*,上海美华书馆,32＋21 页,1907 年初版,1909 年、1911 年、1913 年、1924 年再版,1941 年修订版。1911 版本版高 18.5 厘米。东洋/上基图/伯克利/国图。1941 年修订 194 页,小开本,荷兰莱顿大学藏。

全书分两大部分。第一部分:上海话简介、拼法学习、上海罗马字、上海话声韵母表、部首表、部首——发音和定义、部首口诀。第二部分为课文,将全部音节分为 21 课学习。作者曾译《马太福音》(1895)和《四福音书》(1905)。

1908 年

Tou-wo Tse-ne (《土话指南》), *Boussole du langage mandrin, traduit et romanisee en dialecte de Changhai*,138 页,Shanghai,1908。

1910 年

D. H. Davis, D. D. , *Shanghai Dialect Exercises, in Romanized and Character, with Key to Pronunciation and English Index*, 278 页,上海徐家汇土山湾印书馆 1910 年印,共 278 页,复旦/东洋/徐家汇。

此书各篇本是为须学上海话的上海政府职员月考而编。读者须已掌握较多词汇,学过 Pott 的课本或别的入门书。

1914 年

J. W. Crofoot and F. Rawlinson, *Conversational*

Exercises in the Shanghai Dialect《沪语开路》，上海美华书馆摆印，21.5 厘米，北图/大英。

共 47 课。课文前的英文介绍写于 1914 年，说此书系据 Pott 课本中的词汇编写课文。用例："阿有啥新闻事体，可以讲点拨我听听否？"今案：这是混合型反复问句。作者是英国人。

1914 年

F. C. Cooper, *Short Readings in the Shanghai Vernacular*, 108 页，Shanghai, 1914。

1915 年

Crofoot, Jay Williams & F. Rawlinson, *Conversational Exercises in the Shanghai Dialect. A supplement to Dr. Pott's Lessons in the Shanghai Dialect*，上海美华书馆，24 页，1915, 23 厘米，伯克利。

1921 年

Gilbert McIntosh, *Conversations Usuelles*, Lithographie of Tou-se-we, Zi-ka-wei, 97 页, 1921。

1922 年

Pott, Francis Lister Hawks, *Lecon sur le dialecte de Changhai*, Imprimerie de la Misson Catholique, 1922; Translated & romanized by Cours Moyen and A. M. Bourgeois, 399 页, Tou-se-we, Shanghai, 1939。

1923 年

R. A. Parker, *Lessons in the Shanghai Dialect*, Shanghai: Shanghai Municipal Council, Kwang Hsueh Publishing

House（广学书局），1923，复旦/大英/徐家汇。

作者是上海市政府的官方译员。此书用作上海市政府雇员的教科书。编辑体例仿 Davis 所编课本，但无脚注。课文用罗马字拼音和汉字对译。正文前有拼写说明。入声韵塞音韵尾分-h 和-k 两套，即：ah, ak, eh, ih, auh, ok，oeh, uh, iak,并说明 h 和 k 实际上不发音。共有三十课。各课篇幅长短不等。书末有各课生字表。

1934 年

F. L. Pott and A. M. Boureois, *Lecon sur le dialete de Changhai*, Shang-hai Imprimerie de la Mission Catholique, Orphelinant de T'ou Se-we, 239 页，第 2 版，1934，天理。

书前有 1922 年 A. M. Bourgeois 写的序言及标音说明。

1939 年

F. L. Hawks Pott, *Lessons in the Shanghai Dialect*, 174 页，Mei Hua Press, F. L. Hawks Pott, Uchenik Shankhaiskago narechiia, translated by L. A. Slovodchikova,Tipografia Grafik, 240 页，Shanghai,天理藏英语版。

1939 年

F. L. Hawks Pott, *Lecons sur le dialecte de Changhai*, Traduction et romanisation francais par A. M. Bourgeois,Changhai, Impr. de la mission catholique, 1939, 399 页（ler ed. 1922），1934 年第 2 版，1939 年第 3 版。土山湾/伯克利藏第 3 版。

书末有一张亲属词汇关系表,尽详。

1939 年

P. Bourgeois. S. J., *Lecons sur le dialecte de Changhai*,
Cours Moyen imp. de T'u-se-we,399 页,1939,天理/
徐家汇。作者曾将卜舫济的上海话课本译为法语。书前
有前言及标音说明。共二十六课,按义类划分,如第二十
一课"炊事"。有附录:谚语、宗教、矿物和生物、地名、专
家类别、出版用语。书末有法文词语索引。

1940 年

Charles Ho and Geoge Foe, *Shanghai Dialect in 4 Weeks*,
Chi Ming Book Co. LTD.,1940,102+9 页,京都人文
研东方部。

案:书前有发音说明,用韦氏(Webster)音标。全书分
30 课。每课包括两部分:生字和会话。书末有词汇表、
日常基本词汇、上海地图。

4.3.1.2　杭州

1876 年

G. E. Moule, *Hangchow Premier*. Translation and notes,
London:Society for Promoting Christian Knowledge, sold
at the Depositories,34 页,1876,21.5 厘米,英/东洋。
据书前的 key and notes,声调有五个,平声分上下,加上
上声、去声、入声。字母表参用 *Ningbo Premier*。声母
排列据《康熙字典》,韵母据欧洲语言的元音顺序。全书
分九表。一、nouns,如 heaven man;二、nouns and
adjective,如 great;三、verbs,如 look;四、particle and

adverbial phrases,如 not still more；五、classifier,如 a thing；六、pronouns and polite address,如 I, thanks；七、phrases in common use,如 It can be seen；八、phrases in common use,如 Birds fly；九、discourse of time,如 sixty years called a kyah-ts.对每一表都有一个注解。如对表五的一个注说,杭州的"同"相当于官话的"和"意谓 and 或 with。拼音的杭州方言词不多,大多见于注解。此书是译本,只有英文,无中文。注解中偶见杭州方言词的罗马拼音。书末署 C. M. S. Mission, Hangchow, July, 1875。

4.3.1.3 宁波

1846 年

A Manual for Youth and Students or Chinese Vocabulary and Dialogue, Ningbo Dialect, Chusan (舟山), 8vo。

1857 年

Henry Van Vleck Rankin (蓝亨利), *Nying-po T'u-wo Ts'u'oh*(《宁波土话初学》),1857 年,宁波,92 页。1868 年上海美华书馆再版,上海。罗马字本。东洋/霍顿图书馆。多人相继完成。用 Cobbold 拼音系统。内容有罗马字拼写介绍、音节、词语、句子、中国历史和地理、圣经选读、亲属关系表。

1896 年

《宁波土话初学》,上海美华书馆印,18 页,24.5 厘米,国图。

18?? 年

丁韪良(1827—1916), *A Premier of the Ningbo (Chinese*

Language），线装，罗马字，54 叶，霍顿图书馆。

1910 年

P. G. Von Möllendorff, *The Ningbo Colloquial Handbook*
（《宁波方言便览》），上海美华书馆，282 页，1910，Ningbo，
天理/东洋/伯克利/荷兰莱登大学/神户外国语大学。

书前有编者 Sheppard 牧师所写的序言。作者 P. G. Von
Möllendoff(1847 年 10 月—1901 年 4 月)是宁波海关专
员和汉学家。曾著《宁波方言音节表》。生前曾计划写
《宁波话手册》，但未竟。此书只是手册的部分内容。死
后由 Sheppard 编成。作者所写导论极有价值，述及汉语
方言的分类，对吴语内部差异讨论尤细。温州话属吴语。
指出吴语的特点有：无-p、-t、-g、-m 尾；声母有 g、d、b、z。
共二十九课。每课分生词和短语两部分，先出中文，后出
英译，再出罗马字。附新约若干片段的中文、英文和罗马
字的对照文本。另有熟语、海关用语、宗教用语、正式用
语和礼仪。入声尾只有-h 一套。若干词汇用例：一直以
来等西国弗相来往（"等"为"与、和"义）(p. 178)；我有一
件事干托吾(p. 81)。礼仪一篇描写交际往来颇详，其中
有豁拳用语。此书实际写于 19 世纪末期。

4.3.1.4　温州

1893 年

孟 国 美, *Introduction to the Wenchow Dialect*,
Shanghai：Kelly & Walsh，294 页，1893，22 厘米，天
理/东京综合/东洋/北图/纽图/徐家汇。

据封面对作者身份的文字说明，作者是皇家海关工

作人员，中文官职名称当为水司。全书包括序言、注释（对声调的说明）、一字多音、单元音和双元音、声调符号、四十课课文、生字索引、量词、易习句（即短语）、房分亲眷称谓、词汇总表，共十三部分。调类用数码表示。

作者自序于 1892 年 12 月 29 日。据《序》，此书为居住在温州的外国人而编，目的在于帮助他们略知当地方言。书中的四十课课文译自《语言自迩集》，由作者的老师、当地学者陈梅生将官话译为温州话。在当地传教的苏惠廉（W. E. Soothill）牧师曾参议编写工作，并校正稿样。又对单字的声调有所说明。

"一字多音"包括文白异读和新老派差异，如"不"字有两音：paih 和 fu，为文白异读；"恭"有两音：chao 和 kung，为新老派差异。

对声调的注释部分分声调为八类，平上去入各分阴阳，并用曲线画出调形。阴上和阳上的调形画作拱形曲折调。其他各类调形与今温州话相仿（参见《温州方言词典》）。指出重浊声母音节配阳调类，重浊声母即 b，d，g，j，v，wh，y，z。次浊声母 l，m，n，ng，ny 分两套，各配阴调类和阳调类，但属阴调类的词较少，在字母上面用向下突出的弧线表示。

指出两字组合时声调有变化，与单字调不同。特别指出前后字都是阳平的两字组，变调形是前平后升，如"荣华"两字，单念时同调，即同为降调，连读时，前字为平调，如去声，后字为曲折的升调，如入声；前字阳平后字阳去的两字组，变调形是前升后降，如"荣耀"单念时，前字

为降调,后字为平调,连读时前字升调,后字降调。所述
与今温州话相仿。

"反切音",即是音节表。音节表共列出 451 个音节
(不计声调),每一音节又分平上去入四个声调列成四栏,
在声调和音节的交叉点写出汉字,共收 2 406 个汉字。其
中平声 960 字、上声 481 字、去声 593 字、入声 372 字。
在 2 406 个汉字中重出的有 93 字,其中声母和韵母不同
的有 54 字,声调不同的有 39 字。无字可写的但口语中
存在的音节用 * 表示。舌尖元音不标示,如私 sz、时 z、知
tsz,此 ts'、迟 dz。"反切音"开头十个如下。

1	a[a]	挨	矮	0	阿押鸭压
2	ha[ha]	哈	喊蟹	0	喝瞎
3	'a[ɦ]	闲骸鞋咸	0	限	陷|匣狭
4	cha[tɕia]	0	0	0	酌著脚爵
5	chha[tɕhia]	0	0	0	却鹊
6	dja[dʑia]	0	0	0	若着
7	fa[fa]	番蕃翻繙	歹	泛贩	0|
8	va[va]	凡烦藩矾	犯	饭万	0|
9	ia[ia]	0	0	0	约
10	ya[jia]	*	0	0	药

今据音节表整理当时的温州话声母和韵母系统如
下。原书用罗马拼音系统标写音节,今将各音节中的声
母和韵母析出,转写成国际音标,见于方括号内。音节右
上角记 * 者不见于今温州话。加方框者不见于此书,但
见于今温州话。

温州话声母和韵母系统(1892 年)

一　声母(40)

p 波本北　　ph 普品匹　　b 皮瓶别　　m 眉面密　　f 飞付福

　[p]　　　　　[pʰ]　　　　[b]　　　　　[m]　　　　　[f]

v 舞文罚物

　[v]

t 刀东答　　th 剃通踢　　d 地洞读　　n 奶农捺　　l 溜拢绿

　[t]　　　　　[tʰ]　　　　[d]　　　　　[n]　　　　　[l]

ts 子棕汁　　tsh 雌猜尺　　dz 池呈直　　s 四送式　　z 事晴席

　[ts]　　　　[tsʰ]　　　　[dz]　　　　　[s]　　　　　[z]

ch 肌追株　　chh 吹炊欺　　dj 其奇除　　sh 尿书输　　j 如谁儒

　[tʃ]　　　　[tʃʰ]　　　　[dʒ]　　　　　[ʃ]　　　　　[ʒ]

ch 张中接　　chʻ 牵冲切　　dj 丈虫杰　　ny 粘女玉　　香兄雪

　[tɕ]　　　　[tɕʰ]　　　　[dʑ]　　　　　[n̠]　　　　　[sh]

j 弱嚼

　[j]

k 街公角　　kh 开孔客　　g 厚轧　　ŋ 熬瓦岳　　h 好烘黑

　[k]　　　　　[kʰ]　　　　[g]　　　　　[ŋ]　　　　　[h]

ʻ 鞋红盒

　[ɦ]

*kw 规关　　*kwʻ 魁亏　　*gw 馂领掼

　[kw]　　　　[khw]　　　　[gw]

*w 弯煨瘘　　*hw 灰昏轰　　*wh 还湖回

　[w]　　　　　[hw]　　　　[ɦw]

y 翼药

[j]

　　表中有六个声母，即 *kw[kw]、*kw'[kwh]、*gw[gw]、*w[w]、*hw[wh]、*wh[ɦw]不见于今温州话。

二　韵母（26）

*ï 水鸡吹旗　　i 衣移比歇　　u 火布裤谷　　ü' 女贵干月
[ɿ]　　　　　　[i]　　　　　　[u]　　　　　　[y]

a 爸拿他脚
[a]　　　　　ia 晓鸟脚药　　ua 弯挽绾

œ 亨桁鹦耕　　iœ 表打叫腰
[œ]　　　　　[iœ]　　　　　uiɛ 喬

û 夫布度醋
[ɨ]

e 戴菜开贼　　*ie 央　　　　　　　　　　*üe 元船汗月
[e]　　　　　[ie]　　　　　　　　　　　[ye]

öe 报刀早告
[ə]

ö 半短算盒
[ø]

o 马沙家落
[o]　　　　　　　　　　　　　　　　　yo 捉束玉局

oa 忙汤炒床　　*iao 痛枉
[oa]　　　　　yɔ 钟双床勇

ai 杯对脆国　　　iai 一益

[ai] 并　　　　　[iai]　　　　uai 畏煨痕颈

ei 比低写石

ao 透走久游

[au]　　　　　　iau 久球游幼

iu 多做头六

[iu]　　　　　　iɤu 酒手肉熟

ang 门凳斤棍

[aŋ]　　　　　　iaŋ 斤近忍印　uaŋ 温揾

ing 饼亭井绳

[iŋ]

ung 捧洞送雄

[oŋ]　　　　　　yoŋ 中春雄永

m 姆　　　　n 唔　　　　　ng 儿吴我二

[m̩]　　　　　[n̩]　　　　　[ŋ̍]

　　表上有四个韵母不见于今温州话,即*ï *ie *üe *iao,有十二个韵母(加方框者)未见于此书,但见于今温州话。乖互的原因除古今音变外,大多是音系分析方法不同所致。例字未分文白读,如"温"字读 uaŋ 应是文读。

三　声调(8)

　　据《声调说明》,单字调共有八个,平上去入四声各分高低,调形用曲线表示。原书所载调类名称及调形照录如下。

调类	上平	下平	上上	下上	上去	下去	上入	下入
调形	ー	⌐	⌐	⌒	⌒	＼	／	∠

今按原书调形曲线，用五度制折合成调值，用数码表示，并与赵元任《现代吴语的研究》（1928 年）和《温州方言词典》（1998 年）的记载作一比较，见表 4.1。

表 4.1　声调调值比较表

	阴平	阳平	阴上	阳上	阴去	阳去	阴入	阳入
孟国美（1892 年）	44	331	53	342	51	11	214	213
赵元任（1928 年）	44	41	53	241	41	213	324	324
郑张尚芳（1964 年）	44	31	45	34	42	22	323	212
笔者	33	31	35	24	42	11	323	212

比较三人的记录，最大的差别在于上声，阴上调孟国美和赵元任所记为降调，笔者记为升调，阳上调前两人记为升降调，笔者记为升调。笔者所记与郑张尚芳在 20 世纪 60 年代所记相同。赵元任 1927 年调查吴语时，未到过温州进行实地调查，温州音是在绍兴记的，发音人一是周夫人（年龄未详，在温州城内住过，"近在绍兴"），另一人是王梅菴（40 多岁，在温州城内住过，"近在绍兴"）。笔者的发音人叶云帆生于 1908 年，当 1927 年赵元任调查吴语时，他也已 29 岁。孟国美和赵元任将阳上调记为升降调，可能是发音人念单字调时速度较慢，调尾趋降之故，与笔者记为升调并无实质差别。但将阴上调记为降

调,笔者实在不敢信从。

"一字多音"包括文白异读和新老派差异,如"不"字有两音：paih 和 fu,为文白异读;"恭"有两音：chao 和 kung,为新老派差异。房、亡、防三字拼作 voa;风字拼作 fung。音节表共列出 451 个音节,共收 2 406 个汉字。舌尖元音不标示,如：私 sz、时 z、知 tsz、此 ts、迟 dz。一些字的用例：衣裳换墙[goa](p. 71);吃耍、走耍(p. 153);|自[kʻa2z2](p. 91);行起著衣(p. 71);你到底行来不行来?(p. 238)凡无字可写的音节皆用短竖杠标出,基本不写方言字。

1901 年

Ue-tsiu Tʻu-ʼo Tsʻuʼoh(《温州土话初学》),1901,温州内地会印书馆印。共 18 课。又一种,温州内地会印,1909 年,共 14 课。称声母为"反字",韵母为"切字"。"反字"共 36 个。"切字"共 19 个。另有五个入声韵：ah、aih、oh、uh、ueh。声调只分平声、上声、去声、入声四类,用符号表示,未记调值。

4.3.1.5　金华

1898 年

American Baptist Missionary Union, *A First Reader of Kinhwa Dialect with the Mandarin in Parallel Columns*. American Baptist missionary union, Shaohing, printed at the barber Baptist Mission Press, 1898, 46 页, 20.5 厘米,国图。

全书将浅文理本《马可传福音书》逐字用金华音罗马字注

音。书末有一张 Barbers' baptist mission press，Shao-Hing 的图书广告，其中有《绍兴罗马字》和《金华罗马字》两种。

4.3.2　客家话

1869 年

First Lessons in the Reading and Writing the Hakka Colloquial，60 页，Basel，1869，printed for the Evangelical Missionary Society，C. Schultze，Printer，1899 第 2 版，56 页；1909 第 3 版，56 页。

大多篇幅为罗马字习字。

1879 年

First Book of Reading in the Romanized Colloquial of the Hakka-Chinese in the Province of Canton（中文版书名《启蒙浅学》），printed for the Evangelical Missionary Society，1879，20.5 厘米，198 页；1892 年第 2 版，205 页，238 章；1900 年第 3 版，198 页，238 章。香港巴色会印发。巴色。

案：238 课。无汉字，有声调符号。此书另有汉字本，出版年代未详。书中所载若干量词举例如下：一裸树、一条马、一枚针、一皮树叶、一只星。

1879 年

《启蒙浅学》，100 页，分上下两卷，上卷《讲论各样生物及死物》，下卷《讲论生物及死物个性情》。作者和出版年代未详。系罗马字版 *First Book of Reading* 的中文版。

巴色。

1881 年

James Dyer Ball, *Easy Sentences in the Hakka Dialect*, *with a Vocabulary*, Hong Kong：China Mail Office, 1881；1896, 第 2 版, Hong Kong：Kelly & Walsh, 第 3 版,57 页, 1912, Hong Kong, 大英藏初版/东洋藏第 2 版/巴色藏第 2 版。此书译自 *Giles' Handbook of the Swatow Dialect*。

1892 年

《三年熟读》,光绪十八年(1892 年),巴色传道会刷印。这是一本用文言写的教科书,对其中较深奥的词汇用客家口语注音及土白词注释。

1897 年

S. H. Schaank, Het Loehfoeng Dialect, 226 页, Boekhandelen Drukkerij voorheen, E. J. Brill, Leiden, 1897,中开本。荷兰莱顿大学藏三册。

所记为陆丰方言。全书分六章,主要内容为词汇和句子的荷兰语和客家话对译。第一章为语音,第五章为音节表,第六章为方言比较。作者生卒年：1861—1935 年。

1896 年

James Dyer Ball, *Hakka Made Easy*, Pt. 1, Hong Kong：Kelly & Walsh,63 页,22 厘米；repr. 1913,伯克利/大英藏初版。东洋藏 1913 年重印本。

初版 1896 年 5 月 1 日序刊。据《序》,作者 11 年前即以 *Giles' Handbook of the Swatow Dialect* 为基础,编写过

一本学习客家话的小册子。共分 35 课。导言介绍客家
人和客家话。另有发音、拼写法、声调说明。作者生卒
年：1847—1919 年。此书与作者所著 *Sentences in the
Hakka Dialect* 相配合。

1913 年

J. H. Vomel，Der Hakka dialekt Lautlehre，Silbenlehre
und Betonungslehre，*T'oung Pao* 14（1913），pp. 597 -
696，伯克利。

1917 年

C. G. Kilpper，*Schprachbuch fur Umgangsprache*（《白
话教科》），共五卷 45 课，159（前三卷页数）＋57＋62 页，
巴色。

未标出版年月，据课文内证，应写于 1917 年。用例：打早
晨争一刻七点唞床，争五分八点食朝。写表仔系方先
生个。

1926 年

Introduction to Hakka，Hong Kong：Nazareth Press，
1926，298 页，23.5 厘米，北图/大英。

1929 年

基督教巴色会编，*Hakka Lesebuch*（《客话读本》），共三
册，240 页，巴色。

C. G. Kilpper1929 年 3 月序于嘉应。

1930 年

B. A. M，Mercer，*Hakka-Chinese Lessons*，London，
1930，190 页，大英/纽图。

1930 年

基督教巴色会编,《客话读本》,共六册,1027 页,巴色。

1931 年

梅县德济医院编,《医界客话读本》,共三卷,188 页,巴色。

1932 年

Miss. Kilpper, *Hakka Lesebuch Ubertragung in romanisierte Schrift*, 34 页,1932 年序。罗马字本,无汉字。

1936 年

C. G. Kilpper, *Hakka Lesebuch*(《客话读本》), Verlagsort: Basler. Mission, Laolung, China,共八册,840 页,巴色。C. G. Kilpper 1936 年序于嘉应。

1937 年

Rey Charries, *Conversations chinoises prises sur le vif*, avec notes grammaticales: langage hac-ka, Hong Kong: Nazareth, 734 页,22 厘米,1937。

作者曾在汕头传教,生卒年：1866—1943 年。台北东方文化书局 1973 年重印,作为《亚洲民俗 社会生活专刊》第四十七本、四十八本,精装两册,734 页,20.5 厘米。有语法注解,皆用法文。不采用欧洲语法范畴是其特点。

1937 年

Rey Charries, *Supplement aux conversations chinoises: terms de religion: langage hacka*, Hong Kong: Nazareth, 174 页,22 厘米,1937。

作者曾在汕头传教,生卒年：1866—1943 年。

1948 年

Begining Hakka（《客话读本》），Hong Kong：Maryknoll House，270 页，25.5 厘米，巴色。分 60 课，另有声调练习。

4.3.3 粤语

1839 年

Elijah Coleman Bridgman，*A Chinese Chrestomathy in the Canton Dialect*，1839，274 页，东洋/纽图。伯克利/北图藏 1841 年序刊本，澳门，S. W. Williams，697 页，26 厘米。

作者生卒：1801—1861 年。中文名：裨治文。据作者 1841 年 6 月 10 日写于澳门的序言，此书的写作得到 Society for the Diffusion of Useful Knowledge in China 的会员的赞助。小马礼逊(J. R. Morrison)审读了书稿的大部分，并作了修改，卫三畏(S. W. Williams)写了"自然历史"这一部分及其他小段落，并编了索引。另请一些本地人协助编写。正文前的"导言"对拼写法作了说明，其中"汉语语法"一节说本书不少材料取自 Premare 所著 *Notia Linguae Sinicae*。又认为 Remusat 所著 *Elemens de la Grammire Chinoise* 在研究方法上更有用。正文分为 17 章：习唐话篇、身体篇、(亲属)篇、(人品)篇、日用篇、贸易篇、工艺篇、工匠务篇、耕农篇、六艺篇、数学篇、地理志篇、石论篇、草木篇、生物篇、医学篇、王制篇。每篇皆分成若干部分，每部分包含若干条目，以词、短语或

句子出条,每条用英文、汉字和广东话拼音罗马字相对
照,再用英文对较难条目作注释。

1842 年

Samuel Wells Williams，*Easy Lessons in Chinese*，*or
Progressive Exercises to Faciliate the Study of the
Language*，*Especially Adapted to the Canton Dialect*（《拾
级大成》），Macao：Office of the Chinese Repository，
287 页，1842,伯克利/大英。

1842 年

W. Samuel Bonney，*Phrases in the Canton Colloquial
Dialect*，*arranged according to the Number of Chinese
Characters in a Phrase*，*with an English Translation*，
98 页，Office of the Chinese Repository，238 页，
Canton,1842,22 厘米,国图。

1847 年

Thomas T. Devan，*The Beginner's of First Book in the
Chinese Language*（*Canton Vernacular*），*Prepared for
Use of the Housekeeper*，*Merchant*，*Physician and
Missionary*，161 页，1847,Hong Kong：China Mail，
22 厘米,东洋/大英。大英又藏 1856 年版。

书前有罗马字拼音说明。第一部分为分类词汇。第二部
分为短语,英文和广东话(包括汉字和罗马字)对照。

1858 年

Lobscheid Wilhelm，*Beginner's First Book or Vocabulary in
the Canton Dialect*，Hong Kong，1858，8vo。

1865 年

Lobscheid Wilhelm，*Selected Phrases and Reading Lessons in the Canton Dialect*，Hong Kong Noronha，1865，70 页，20.5 厘米，国图/徐家汇。

1874 年

Nicholas Belfield Dennys，of the Consular Service，*A Handbook of the Canton Vernacular of the Chinese Language*（《初学阶》），being a series of introductionary lessons for domestic and business purposes，London Trubner，1874，195＋331 页，25 厘米，京都人文研/东洋/大英/纽图/康奈尔大学。大英所藏出版地为 China Mail Office：Hong Kong printed。

书前有导言及汉语单音节的特点、广东话声调等。

1877 年

Easy phrases in the Cantonese Dialect of the Chinese Language，1866，徐家汇。第 2 版，San Francisco，Bruce's Printing House，1877，伯克利。

1879 年

O. Gibson，*Easy Questions for Beginners in English and Chinese*（《初学问答》），Foochow：ME. Mission Press，109 页，1879，课文为广东话，只有汉字。

1880 年

I. M. Condit，*English and Chinese Reader with a Dictionary*（《英华字典连通语英语入门英华字典》），Shanghai：Hua-mei shu-kuan，144 页，1880；*English and Chinese Dictionary*，134 页。

1883 年

J. Dyer Ball, *Cantonese Made Easy*, *A Book of Simple Sentences in the Canton Dialect*, *with Free and Literal Translations and Directions for the Rendering of English Grammatical Forms in Chinese*，2nd ed. rev. & enl.，122 ＋ 6 ＋ 5 页，Hong Kong，1888；4th. ed.，Kelly and Walsh Ltd. Printer, Hong Kong,东洋藏第 2 版；复旦藏第 4 版：459.17/B187；天理和关西藏初版；京都和东京综合藏第 3 版；中山图书馆藏书 1908 年第 3 版；中山大学藏书 1907 年版,168 页；大英藏 1883 年版,又藏 1904 年版。

有汉字,拼音用 W. Jones 系统。标声调,作者生于中国,父母是欧洲人。

1888 年

A. A. Fulton, *Progressive and Idiomatic Sentences in Cantonese Colloquial*,上海美华书馆,1888，61 页,21 厘米，5th. ed.，101 页，Hong Kong：Kelly & Walsh，1931,国图藏初版/东洋藏第 3 版,出版年代未详/上基图藏第 4 版/天理藏第 5 版。

作者属 Presbyterian Mission。以一些关键词出条组织句子。用例：中国共(kung)外国嘅规矩大不相同。

1889 年

J. G. Kerr, *Select Phrases in the Cantonese*，3rd. ed.，Kells & Walsh, Hong Kong, 1889,复旦藏 6 版/京都藏

7 版,66 页,21. 5 厘米/中山大学藏书 1888 年版,66 页/
中山藏 1889 年第 7 版/东洋藏第 6 版/伯克利藏第 7 版。
第 7 版正文前有写于 1889 年 10 月 3 日的英文序言。拼
音系统参用 Williams 的 Tonic Dictionary。用发圈法标
声调。作者生卒年：1824—1901 年。

1889 年

J. Dyer Ball, *How to Speak Cantonese*, *Fifty Conversations
in Cantonese Colloquial*, 1889, 24. 5 厘米；第 2 版,229 页,
Kelly & Walsh, Hong Kong, 1902, 26. 5 厘米,国图藏
第 1 版和第 2 版。复旦/关西藏第 3 版。天理/京都/东
京综合/中山图书馆/伯克利藏 1902 年第 2 版和 1912 年
第 4 版/大英藏 1989 年版、1902 年版、1904 年版/徐家汇
藏 1902 年版、1912 年版/纽图藏第 2 版。

第 4 版正文前有第 1、2、3 版序言。第 1 版序于 1889 年
2 月写于香港。25. 5 厘米。此书为配合 *Cantonese Made
Easy* 而作。课文中每一个句子都用英文、中文、罗马字、
英文字译对照。有声调符号。共五十课。

1891 年

Emil Hess, *Chinesische Phraeologie*, *Nebstaus Fuhrlicher
Grammtik*, *Dialekt von Canton*（*umgangssprache*）, Laipzig,
C. A. Koch, 1891, 185 页, 18. 5 厘米,国图/东洋。
中文书名：《你会讲唐话唔曾》。每课有汉字、罗马字、德
文对照。

1894 年

J. Dyer Ball, *Readings in Cantonese Colloquial*, *being*

Selections from Books in Cantonese Vernacular with Free and Literal Translations of the Chinese Character and Romanized Spelling，Kells & Walsh，Hong Kong，171 页，1894，东洋/伯克利/大英。

作者生卒年：1847—1919 年。作者另有 *How to Write Chinese* 一书，1905 年第 2 版。伯克利。

1895 年

《粤音指南》，四卷，香港文裕堂活字版承印，光绪二十一年，1+8+62+25+31 页，28 厘米，伯克利。

1900 年

Commandant Lagarrue，*Elements de langue Chinoise Dialecte Cantonais*，Paris：Ernest Leroux，270 页，1900，19 厘米，东洋。

引言对发音有说明，每课有按词类分类的词汇、课文、练习和注解。广东话(罗马字)、法文和越南文(拼音)对照，无汉字。

1900 年

Comdt Lagarrue，*Elements de langue chinoise*，*dialecte cantonais*，Notation Quoc Ngu，a L'usage des officiers，fonctionaires et colons，290 页，1900，19 厘米，Ernest Leroux，Editeur，Paris，东洋/纽图。

分语音、词汇和课文三大埠，后两部分有练习。语音部分较简。

1902 年

Harry Jabez Stevens，*Cantonese Apothegms*，*Classified*，

Translated & Commented upon by H. J. Stevens，London Missionary Society，155 页，1902，Canton：E-Sing，18 厘米，大英/东洋。

分 14 节，收广东话熟语，英文详解。

1904 年

Walter Brooks Brounner and Fung Yuet Mow，*Chinese Made Easy*（《你会讲唐话咩?》），351 页，New York Macmillan Company and London Macmillan & Co. Ltd.，1904，伯克利。

书名所谓 Chinese 实指广东话。共有 33 课。

1906 年

Oscar Francis Wisner，*Beginning Cantonese*（《教话指南》），Canton：Chinese Baptist Publication Society，138 页，1906，东洋。

重写本出版于 1927 年，25.5 厘米。重写者和出版者未详。伯克利藏。

1907 年

V. Jose Jorge，*San-tok-pun*（《新读本》），Novo methodo de leitura，161 页，1907 - 1908，Macau，东洋。

1907 年

Le Tallandier Isidore，*Manuel de conversation Franco-chinoise*（dialecte Cantonais）（《法汉谈论广东土话》），Hong Kong：Imprimeries de la Societe des Mission-Etrangeres，94 页，21 厘米，1907；第 2 版，92 页，21 厘米；Hong Kong：Catholic Truth Society，n，d，repr.

1927,东洋藏初版。作者生卒年：1857—1931 年。

1909 年

L. Aubazac, *Liste des caructers*, *les plus usuels de la langue cantonnaire canton*：Imprimerie de la Societe de Missions, Etrangeres, 47 页, 1904, 21 厘米, 东洋。

字音表。

1910 年

Leblanc, Joseph Alexis Marie, *Cours de langue Chinoise parlee*；*dialecte cantonnais*, Hanoi-Harphong, Impr. d'Extreme-Orient, 1910, 25 厘米, 中山大学。

1912 年

C. G. S Baronsfeather, *The A B C of Cantonese*, 9 页, C. M. S Press, Pokhoi, South China, 18.5 厘米, 纽图。

内容过简, 包括语音、量词、习语等。

1913 年

Eitel Methode,《罗马字初学》,China Baptist Publication Society,Canton and Montanus Und Ehrenstein Barmen, 1913 年, 小开本, 43 页, 分两部分。第一部分教书法, 有手写体课文。第二部分用印刷体课文对照。莱登。

1915 年

Roy T. Cowles, *Inductive Course in Cantonese*, 3v., Vol. 1, 2：183＋397＋39 页, Vol. 3：476 页, 1915 - 1918, Hong Kong, 中山大学。1920 年第 2 版, Kells & Walsh, Hong Kong, 225 页, 20.5 厘米, 伯克利。

第 2 版用英文写。课本性质。共分十课。导言部分介绍

声调颇详，用五线谱说明。东洋所藏 1915 年版仅 170
页，共十课。每课都有生字和课文。18.5 厘米。

1926 年

Georges Caysac, *des Introduction a l'etude du dialecte
canntonais*，Hong Kong：Nazareth，229 页，22 厘米，
1926。

作者属巴黎外方传教会，曾在广西传教，生卒年：1886—
1946 年。

1931 年

Wells, H. R. , *Cantonese for everyone*, International
Commercial Printing Press, Hong Kong, 1931；Rev. &
enl. , 301 页，1941，大英藏 1931 年版/中山图书馆藏
1941 年版。

1934 年

Gustave Deswazieres, *dialecte cantonnais*，Hong Kong：
Imprimeries de la Societe des Mission-Etrangeres，
826 页，20 厘米，1934。作者属 M. E. P 传教会，生卒年：
1882—1959 年。

1934 年

Sung Hok-p'ang, *Contonese Conversation*（*with English
notes*），宋学鹏《广州白话会话》，附英文注释，天理。
共分 194 课。

1936 年

何福嗣、Walter Belt（皮泰德）《增订粤语撮要》，广州蔚兴
印书局，96＋24 页，22 厘米，伯克利。

1938 年

O'Thomas A. Melia，*First Year Cantonese*， Vol. 1，306 页；Vol. 2，92 页；Vol. 3，263 页；Vol. 4，236 页，Catholic Truth Society，1938，Hong Kong，263 页，Vol. 4. 2nd ed.，1941，22 厘米,京都外大藏第 2 版/中山大学藏 1939 年版/巴色藏第 2 版/纽图藏 1941 年版。

1??? 年

Cantonese for Beginners,共 18 课,86 页。作者、出版年月、出版社未详。多伦多大学。

4.3.4　闽语

4.3.4.1　厦门

1852 年

Talmage，*Primer of the Amoy Dialect*,15 叶,罗马字,厦门,1852 年。

1853 年

E. Doty，*Anglo-Chinese Manual with Romanized Colloquial in the Amoy Dialect*，Canton，1853，8vo，214 页。

Talmage，*Small Primer of the Amoy Colloquial*,2 叶,罗马字,厦门,1853 年。

1869 年

John MacGowan，*A Manual of the Amoy Colloquial*（马约翰《英华口才集》），Hong Kong：De Sousa，200 页，1869,20 厘米；Amoy：Man shing，2nd ed.，206 页，

1880；3rd ed. Amoy：Chui Keng Tong，222 页，1892；4th ed.，216 页，1898,国图藏初版/天理藏第 2 版/纽图、东洋和伯克利藏第 3 版/伯克利又 1869 年版重印本/大英藏初版，又藏 1880 年版（Man Shing：Amoy）/莱顿藏 1898 年第 4 版。第 2 版序言有对声韵调的说明。作者属伦敦传教会。

1897 年

George Thompson Hare ［editor］，*The Hokkien Vernacular*，Singapore Government Printing Office，1897－1904，2v. Part 1，Chinese text；Part 2，English text,纽图。作者是汉学教授。

1898 年

《厦拉字汇》,厦门，修道院课本。这是闽南话教会罗马字课本。台湾方豪。

1911 年

Abbe Livingston Warnshuis & H. P. de Pree，*Lessons in the Amoy Vernacular*，137 页，1911，Amoy，printed at the Chui-Keng-Tong Press，24.5 厘米,东洋/荷兰莱顿大学。

共分三十课。内容参照 Pott 的 *Lessons in the Shanghai Dialect*,课文后有词汇索引。引言介绍罗马字发音和声调。课文按词类和语法分类。每课开头有语法说明。无汉字。

1930 年

A. L. Warnshuis and H. P. de Pree，*Lessons in the*

Amoy Vernacular, enlarged by Rev. H. P. de Pree and K. G. Chin M. A., Amoy Univ. Press,266 页,荷兰莱顿大学。

共分 40 课。英文和罗马字对照,无汉字。中开本。

1934 年

Ernest Tipson, *A Pocket Dictionary of the Amoy Vernacular*, *English-Chinese*, Lithographers Limited, Singapore,215 页,小开本,1911 年。

Abbe Livingston Warnshuis & H. P. de. Pree, *Lessons in the Amoy Vernacular*, 137 页, 1911, Amoy, printed at the Chui-Keng-Tong Press, 24.5 厘米,东洋/荷兰莱顿大学。

共分三十课。内容参照 Pott 的 *Lessons in the Shanghai Dialect*。课文后有词汇索引。引言介绍罗马字发音和声调。课文按词类和语法分类。每课开头有语法说明。无汉字。英文和罗马字对照,无汉字。

作者又是 *Handbook of the Cantonese New Testament* 的作者。

4.3.4.2　福州

1871 年

C. C. Baldwin, *Manual of the Foochow Dialect*, Foochow: Methodist Episcopal Mission Press, 1871, 256 页, 22 厘米,Maclay（摩嘉立）编译《榕腔初学撮要》,同治十年,福州美华书局印,256 页,东洋/上基图/伯克利/国图/荷兰莱顿大学。

作者属 the American Board Mission。除序言外分七部分：1. 语法，包括发音说明；2. 短语；3. 商业用语；4. 宗教、文字、政府用语；5. 杂语；6. 第二部分词汇；7. 英中词汇对照。

1904 年

C. S. & A. E. Champness 夫妇，*A Manual of the Foochow Dialect in Twenty Lessons*，体例仿照《英华合璧》(*The Premier of the Mandarin Dialect*)，1904 年。

1923 年

Southern Min Dialects Coi sing gi hok kuo，罗马字《序》1 页，教学指南 4 页，正文 25 课，每课有生词的声韵调及简单的句子，共 26 页，哈佛燕京 TA 5137 952。

4.3.4.3 汕头

1877 年

H. A. Giles, *Handbook of the Swatow Dialect*, with a vocabulary，1877，57 页，Shanghai, published with the assistance of the Strait's Government，22.5 厘米，国图/天理。

书前有作者写的《致读者》，说明此书是为到新加坡的移民学习汕头话而作，又说明汕头话中有三个音是英语字母不能记录的，即自成音节的 m、词首的 ng、字尾的 r，并对这三个音如何发音有所说明。这篇《致读者》于 1877 年写于驻汕头领事馆(H. M's Consulate, Swatow)。共 14 课，每课 32 句，英文和罗马字对照，无汉字。有一页介绍语法。书末有词汇表。

1878 年

Adele Marion Fielde，*First Lessons in the Swatow Dialect*，Swatow Printing Office Co.，427 页，21 厘米，1878，东京中文系/东洋/国图/哥伦比亚大学图书馆。

书前有声调和罗马字发音说明，声调有 8 个，平上去入一分为二。每课有十几个词汇和二十来个句子。

1883 年

William Duffus，*English-Chinese Vocabulary of the Vernacular or Spoken Language of Swatow*，302 页，1883，Swatow：Presbyterian Mission Press。

1886 年

Lim Hiong-seng，*A Handbook of the Swatow Vernacular*，169＋110 页，1886，20 厘米，Singapore，东洋。

作者中文名：林雄成。据《序》，作者母语为汕头话。本书采用潮州方言。《序》对语音有所介绍，但较简。第一部分包括 28 课课文，第二部分是词汇等。用例：风台是荒险（30 页）；日暗着去睡（34 页）；有走去或［a］未？（44 页）

4.3.4.4　漳州

1843 年

R. Chom Esor，S. Dyer and J. Stronach，*Esop's Fables；as Translated into Chinese colloquial of the dialects spoken in the Dept. Of Chiang-chiu，in the province of Hok-kien and in the Dept. Of Tie-chiu，in the province of Canton*，Singapore Mission Press，39 页，1843，21.5 厘米。

漳州音为第一作者所译,潮州音为第二和第三作者所译。

1??? 年

A. A. dezongh，*Hollandsch-Chineesch Handbookje van het Tsiang-tsiu Dialect*,347 页,中开本。此系手稿,无中文书名,内容应是荷华(漳州话)词汇对照手册。由罗马字拼音。年代不详。

4.3.4.5　潮州

1841 年

William Dean，*First Lessons in the Tie-chiw Dialect*，48 页，Bangkok，1841,荷兰莱登汉学院(Sinologisch Instituut,Leiden)。

正文前序言说,广东西部人听不懂潮州话,而福建邻县人多少可以听懂一些,不过两者的差别还是很大、很明显的。曼谷的中国移民估计有 25 万至 40 万,其中有三分之二说潮州话。潮州话和当地的泰语有互相借用的关系。正文前另有一张元音表,共列 18 个元音,实则 16 个,其中有三个符号相同,用于表示不同变体。各元音的实际读音皆用英语词加以说明。今将 16 个元音用国际音标转写并分类如下:

单元音：a: a ɔ: i ɪ: u ɪ u ə: ə

双元音：ai au ei ou ou:

声化韵：ŋ(只用作声母或韵尾,不单独用作韵母)　m

全书分数字、天文、地理、人体、鸟虫等 32 课。各课只收词汇或短语,先出英文,再出汉字,最后是罗马字拼音。罗马字拼音只标声母和韵母，不标声调。此书第3页书影见图4.5。左半第2行是苏州码子，就是中国记录数字的符号，旧时商界多用。

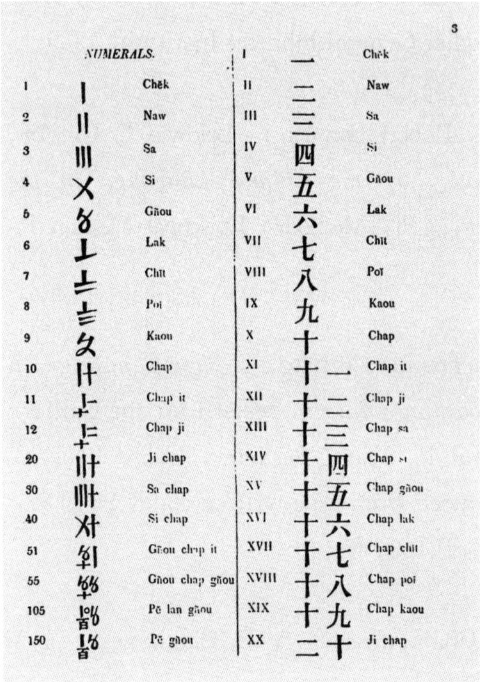

3

NUMERALS.

1	〡	Chĕk	I	一	Chĕk
2	〢	Naw	II	二	Naw
3	〣	Sa	III	三	Sa
4	〤	Si	IV	四	Si
5	〥	Gñou	V	五	Gñou
6	〦	Lak	VI	六	Lak
7	〧	Chĭt	VII	七	Chĭt
8	〨	Poĭ	VIII	八	Poĭ
9	〩	Kaou	IX	九	Kaou
10	〡十	Chap	X	十	Chap
11	〡〡十	Chap it	XI	十一	Chap it
12	〡〢十	Chap ji	XII	十二	Chap ji
20	〢十	Ji chap	XIII	十三	Chap sa
30	〣十	Sa chap	XIV	十四	Chap si
40	〤十	Si chap	XV	十五	Chap gñou
51	〥〡十	Gñou chap it	XVI	十六	Chap lak
55	〥〥十	Gñou chap gñou	XVII	十七	Chap chĭt
105	〡〇〥百	Pĕ lan gñou	XVIII	十八	Chap poĭ
150	〡〥百	Pĕ gñou	XIX	十九	Chap kaou
			XX	二十	Ji chap

图4.5

4.3.4.6　海南

1903年

De Souza. S. C.，*A Manual of the Hainan Colloquial* (*Bun-Sio dialect*)，Singapore，no pub.，84页，中山图书馆。

4.3.4.7　福州

1856 年

Moses Clark White, *The Chinese Language Spoken at Fuh-chau*, Concord N. H. : Missionsry Society of the Methodist General bibilical Institute，1856。

1870 年

Maclay Robert Samuel & Baldwin C. C, *An Alphabetic Dictionary of the Chinese Language in the Foochow Dialect*,福州：Methodist Episcopal Mission Press，1870，1898。

1945 年

Hermenegildo Corbato, *Chinese Language*; *Manual of the Foochow Dialect*, revised for the California College by Paul P. Wiant. Berkeley, Cal. , 1945, Loose-leaf; reproduced from type-written copy, 23 厘米。

作者生于 1894 年。

1??? 年

C. S. Champness & A. E. Champness, *A Manual of Foochow Dialect in twenty lessons*, 147 页,东洋。

此作出版年代未详。据序言,出版当在 Dr. Adam 的 *English-Chinese Dictionary*(1891)后。罗马字拼音采用 Maclay 和 Baldwin 的词典。引言论及福州话连读调,说两字组常是前字全变,如福州 Huk-ciu,实际发音是 Hu-ciu。多字组变调则是首字和第二个字变调。每课有生字、课文、注释和练习。

4.4　方言语法

4.4.1　吴语

1853 年

Joseph Edkins，*A Grammar of Colloquial Chinese*，as *Exhibited in the Shanghai Dialect*，Shanghai：London Mission Press，248 页，1853；第 2 版，225 页，1868。艾约瑟著《上海口语语法》，伦敦布道团 1853 年初版，上海长老会 1868 年再版，225 页。复旦藏初版。国图/复旦/京都/天理藏第 2 版/中山大学藏初版（原藏 Library of the Canton Christian Colledge）/大英藏第 2 版/徐家汇藏第 2 版。用英文写。在汉语方言学史上这是第一本研究语法的专著。全书分三部分，第一部分"语音"，只占全书四分之一。用拉丁字母标音，并通过与西方语言作比较，说明音值。除分声母、韵母和声调外，还讨论连读字组的重音。并附有上海话和官话韵母对照表。作者对上海方音的审音和分析相当细致，十分准确。第二部分是"词类"，第三部分是"句法"。这两部分是全书主干，分为三十课。课文按语法要点安排，例如第一课是"量词"，第二课是"指示代词"。用英语语法框架分析上海口语语法。例如第六章描写动词的语法变化，即以吃为例，先介绍陈述语气，包括一般现在时、现在进行时、一般过去时、过去进行时、过去时强调式（如"我是吃个。"）、完成时、过去完成时、将来时，再介绍命令语气（如"吃末哉。"），最后介绍词尾（如"吃仔。"）。又如"'个'或'拉个'用在动词后，使动词变为形容词：种拉个稻、话拉个物事"。

作者中文名艾约瑟（1823—1905），是英国人，传教士，东方学家，1848 年来上海任教职，并研究中国宗教和语言。语言学著作除本书外还有 *A Grammar of the Chinese Colloquial Language*，*Commonly Called the Mandarin Dialect*，Foreign Associate of the Ethnographical Society of France of the London Missionary Society，Presbytarian Mission Press，1857（《北京话语法》）、*China's place in phonology: an attempt to show that the languages of Europe and Asia have a common origin*（London：Trubuner & co.，1871，403 页，20 厘米，中山大学藏。作者在此书中首倡汉语与印欧语同源说）、*Progressive lessons in the Chinese spoken language*；with the list of common words and phrases，and appendix containing the laws of tones in the Peking dialect，Shanghai，London Mission Press，1862，102 页等。另有几本宗教学著作。

1908 年

P. Rabouin，*Petite grammaire*，*avec appendice et table comparative des sons*，Shanghai：Tou-se-we，20 页，reprinted from from his Dictionaire，1894 - 1896。

1941 年

A. Bourgeois S. J.（蒲君南），*Grammaire de Dialecte de*

Changhai，Imprimerie de Tou-se-we，1941，190 页，复旦/天理藏两本/纽图/徐家汇。正文前有《序言》，全书用法文写。

4.4.2　闽语(汕头话)

1884 年

William Ashmore，*Primary Lessons in Swatow Grammar*，English Presbyterian Mission Press，155 页，1884，24 厘米，国图/大英。

1884 年

S. B. Patridge，*Dr. Ashmore's Swatow Grammar Representing the Sound of the Tie-Chiu Dialect*，1884。

4.4.3　粤语

1864 年

W. Robscheid，*Grammar of the Chinese Language*，Printed at the Office of the "daily Press"，Hong Kong，加州大学洛杉矶分校图书馆。

有长篇导言介绍中国语言文字。题目所谓 Chinese 实指粤语。

1869 年

B. Castaneda，*Gramatica elemental de la lengua china，dialeto cantones*（《广东土音》）。Hong Kong：Typ de Souza & Co.，137 页，1869，嘉士打耶打创于香港，梳沙印字馆造，同治己巳岁末，23 厘米，东洋/纽图。

分两部分,第一部分是叙说,讲汉字来源、语音等,第二部分用拉丁语法框架描写语法。

1891 年

Emil Hess，ed. *Sprechen Sie Chinesisch? Chinesische Phraseologie nebst ausfurlicher Grammatik. Dialekt von Canton.* （Umgangssprache），185 页，Leipzig，1891,东洋/大英。

1910 年

Leblanc, *Cours de langue chinoise parlee，dialecte cantonnais. Pt.1. Grammaire*，178页，Hanoi & Haiphong，1910，25 cm,东洋。

先论声调(共 9 个)、发音,次论构词法,再以词类为序论语法。

4.4.4　客家话

1909 年

Kleine，*Hakka-Grammatic*，Von Basler Missionren bearbeitet，Basel，50 页，1909，17 厘米,巴色。

全书分三部分：语音介绍、词法和句法,以词法为主。对 Lepsius 系统的拼法有很好的介绍。用德文写。只有罗马字,无汉字。

第五章
传教士方言通俗读物书目辑录

　　这一部分书目因为是附带搜集,所以未调查收藏单位(部分除外),原书经笔者目验的很少。其中有几种原书书名是用罗马字母拼写的,同时有英文书名,相应的汉字笔者未及考索和翻译。

5.1　吴语

5.1.1　上海土白

《祷告式文》*Forms of Prayer*,麦都思编,31 叶,上海,1844
　　年。原本为文理。

《进教要理问答》,73 叶,上海,1846 年。原本为文理。

《早祷文》*Selections from the Book of Common Prayer*,
　　McClatchie 编,11 叶,上海,年代未详。

《讲头一个祖宗作恶》*Sin of Our First Parents*,麦都思著,
　　6 叶,上海,1847 年。

《怕死否》,6 叶,上海,1848 年,重版为 5 叶,译者:Mr.
　　Shuck。

《中外理辨》*Discussion of Chinese and Foreign Doctrines*,

McClatchie 著,16 叶,上海,1849 年。

《耶稣拉山上教众人》*Sermon on the Mount*,10 叶,宁波,
1849 年。

《油拉八国》,此书为手写本,笔者 2008 年复印自日本关西大
学亚洲文化交流研究中心。全书残缺不全,共 97 页,只
包括欧洲和亚洲两部分,即《油拉八国》和《爱息阿》。"油
拉八"是 Europe(欧洲)的英译。总书名无考,为称述方
便,暂名《油拉八国》。全书用上海话写,内容为欧亚两大
洲各国的地理和人文概况,涉及外国地名甚多。此书很
可能是一本世界地图集的文字注解,开头就写明"注"。
作者应是上海本地学者,书中常称"耶稣降下来"云云,故
很可能是基督徒,姓名事迹不可考。书中写道:"中国政
令末、妒忌外国人个、格末许伊通商、只得五个海口、广
东、福建厦门、宁波、福建、上海。"故写作年代应在 19 世
纪 40 年代初年五口通商之后,1858 年《天津条约》签订之
前。此书首页游一行铅笔字,用英文写"1849 年 7 月
10 日"。故此书的写作年代或可暂定为 1849 年。

《证据守安息日》*Evidence for Observing the Sabath*,Carpinter
著,13 叶,上海,1850 年。

《耶稣来历传》,C. Taylor 著,164 叶,宁波,1854 年。

《进教要理问答》*The Convert's Catechism*,文惠廉著,27 叶,
上海,1855 年。

《十诫问答》*Catechism of Decalogue*,文惠廉著,31 叶,上海,
1855 年。

《圣教幼学》,7 叶,上海,1855 年,吉牧师编。

《赞神诗》,上海,1855 年,高第丕编。

《圣教幼学》,7 页,上海,1855 年,文惠廉著。内容包括教义、
　　十诫等。

Vung Keen loh(*Scientific Manual*),15 叶,上海,1856 年,高
　　第丕编。采用高第丕拼音符号。内容为选自《旧约》的
　　8 个故事。

《福音真理问答》,26 叶,上海,1855 年,Cunnyngham 编。含
　　96 个问题。分为 10 个部分。

　　书末有一祷告文和赞美诗。三版 1861 年在上海出版,内
　　容包括 90 个问题,并有四种晨祷和晚祷的文式。

《亨利实录》,35 叶,上海,1856 年。从英文原本译出。译者:
　　Keith 太太。

Hang-le zaeh-lōk,65 页,1856 年。《亨利实录》的罗马字本。

I soo boo kuh bi fong(Selection from Aesop's and other
　　Fables),《伊娑菩喻言》(伊索寓言),78 叶,上海,1856
　　年。对每一个寓言都有一段编译者所写的寓意说明。
　　Cabaniss 编,采用高第丕拼音符号。Cabaniss 夫妇受美
　　国南浸礼会的派遣,于 1853 年到上海,1859 年回国。澳
　　大利亚。此书书名页书影见如 5.1。

Zen oh kung(Sources of Good and Evil),75 叶,1856 年,
　　Cabaniss 编。采用高第丕拼音符号。书前有对高第丕拼
　　音符号系统的说明,共 3 页,用方块汉字写。

《蒙童训》,26 叶,浦东问凤翔刊印,1857 年。从英文原本译
　　出。译者:Keith 太太。康奈尔大学图书馆收藏。此书
　　第 1 页见图 5.2。

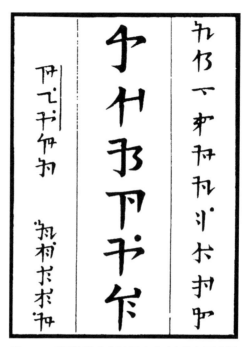

图 5.1　《伊娑菩喻言》(伊索寓言)书名页书影

《圣经节录》,93 叶,上海,1857 年,高第丕编。采用高第丕拼
　　音符号。

Line upon Line,176 叶,上海,1857 年。采用高第丕拼音
　　符号。

《佳客问道》,25 叶,上海,1858 年。

《赞主诗歌》,38 叶,上海,1858 年。

《耶稣赞歌》,55 叶,上海,1858 年。含 100 首赞歌。序言是
　　30 条基督教教义。

《赞美诗》,26 叶,上海,1859 年。含 26 首赞美诗。Cabaniss

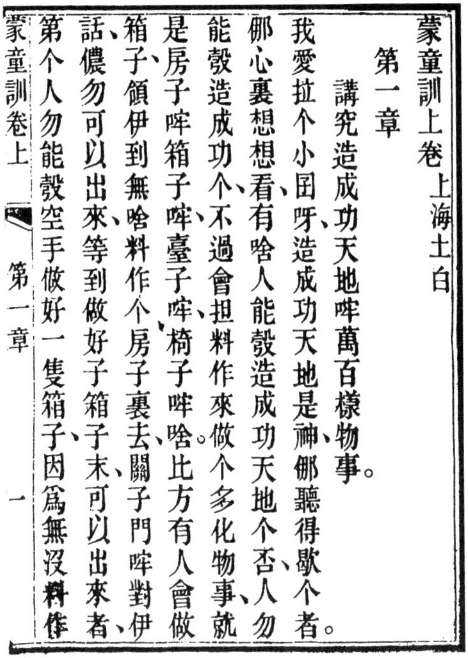

蒙童訓上卷上海土白

第一章

講究造成功天地咾萬百樣物事。

我愛拉个小囝呀、造成功天地是神、伽聽得歇个者。伽心裏想想看、有啥人能彀造成功天地个否、人勿能彀造成功个、不過會担料作來做个多化物事、就是房子咾箱子咾、臺子咾、椅子咾啥。比方有人會做箱子、領伊到無啥料作个房子裏去、關子門咾對伊話、儂勿可以出來、等到做好子箱子末、可以出來者、第个人勿能彀空手做好一隻箱子、因爲無沒料作

蒙童訓卷上　第一章　一

图 5.2　《蒙童训》第 1 页书影

编，采用高第丕拼音符号。

《赞神诗》，25 叶，上海，1860 年，Cabaniss 编。此书为上一条《赞美诗》的汉字译本。

《蒙养启明》，83 叶，上海，1860 年，Cunningham 太太编。

《赞美圣诗》，74 叶，上海，1861 年。汉字本，逐字用罗马字母注音。

《地理志问答》(Geographical Catchism)，114 页，上海，罗马字本。有 7 张折页地图。1861 年重印，135 页，页面较小，无图。

《论语》，上海，1861 年，罗马字本。标记所有声调，用文读音
　　（according to Shanghai reading sound）。

《大学》，上海，1861 年，罗马字本。标记所有声调，用文读音
　　（according to Shanghai reading sound）。

《中庸》，上海，1861 年，罗马字本。标记所有声调，用文读音
　　（according to Shanghai reading sound）。

《地理志略》，Caroline Phebe Keith（1821—1862）著，Keith 太
　　太译，213 页，有地图 7 张。罗马字。出版年代未详。哈
　　佛燕京 TA 2368.44。以问答形式普及地理知识。罗马
　　字书名作 *De-le-ts vung-toeh*（地理志问答）。

De-le-ts vung-toeh. *Catechism of Geography*，Keith 太太译，
　　61 叶，上海，罗马字。出版年代未详。

De-le-ts vung-toeh. *Catechism of Geography*，Keith 太太译，
　　68 叶，罗马字，上海，1861 年。

《圣会祷》，分篇出版，共分早祷文、晚祷文等 12 篇（11＋24＋
　　17＋8＋4＋27＋35＋13＋14＋6＋6＋11 页），上海，
　　1862 年，文惠廉著。

Kiaú ts lok（教子录）*Galandet's Child's Book of the Soul*，罗
　　马字，Keith 太太译，62 叶，上海，1863 年。

《公用祷文》，160 页，上海，1861 年。文惠廉原著，Keith 译。
　　罗马字本。

《进教要理问答》，61 页，1861 年。Keith 编。罗马字本。文惠
　　廉原著，Keith 译。

《赞美诗》，48 页，1862 年，罗马字本，Miles 编。

《赞美诗》，39 页，1864 年。

《赞美诗》*Hymn Book with Supplement*，Farnham 编，83 叶，
　　1868 年。

《马太传福音书注解》，102 叶，上海，1865 年。

《旧约问答》*Old Testament Catechism*，Fay 小姐著，61 叶，上
　　海，1867 年。

《出埃及问答》*Catechism of Exodus*，Fay 小姐著，29 叶，上
　　海，1867 年。

《创世记问答》*Catechism of Genesis*，Fay 小姐著，25 叶，上海，
　　1868 年。

《民数记，申命记，约书亚记，士师记问答》*Catechism of*
　　Numbers，Deuteronomy，Jushua and Judges，Fay 小姐
　　著，25 叶，上海，1868 年。

《喜读圣书小姐》*The Girl Who Loved to Read the Bible* 在，
　　Farnham 著，3 叶，上海，1868 年。

《审判日脚》*The Judgement Day*，Farnham 著，3 叶，上海，
　　1868 年。

《趁早预备》*Too Late*，Farnham 著，7 叶，上海，1868 年。

《日脚长拉里》*Life is Long*，Farnham 著，6 叶，上海，
　　1868 年。

《刚担丢士》*Constantine*，Farnham 著，7 叶，上海，1868 年。

《撒庇传》*Story of Sah-pet*，Farnham 著，24 叶，上海，1868 年。

《喜读圣书小姐》*The Girl Who Loved to Read the Bible*，
　　Farnham 著，3 叶，罗马字，上海，1868 年。

《审判日脚》*The Judgement Day*，Farnham 著，3 叶，罗马字，
　　上海，1868 年。

《趁早预备》*Too Late*，Farnham 著，7 叶，罗马字，上海，
　　1868 年。

《日脚长拉里》*Life is Long*，Farnham 著，6 叶，罗马字，上海，
　　1868 年。

《刚担丢士》*Constantine*，Farnham 著，7 叶，罗马字，上海，
　　1868 年。

《撒庇传》*Story of Sah-pet*，Farnham 著，24 叶，罗马字，上
　　海，1868 年。

《曲谱赞美诗》*Hymn and Tune Book*，Farnham 著，72 叶，上
　　海，1868 年。

《曲谱赞美诗》*Hymn and Tune Book*，Farnham 著，66 叶，罗
　　马字，上海，1868 年。

《信经问答》*The Creed Catechism*，文惠廉著，26 叶，上海，年
　　代未详。

《圣书新报》*The Bible News*，Farnham 编，9 叶，上海，1871 年。

《福音新报》*The Gospel News*，Fitch 太太编，2 叶，上海，
　　1871 年。

《旧约问答》*Old Testament Catechism*，Fay 小姐著，36 叶，上
　　海，1873 年。

《圣教问答》*Catechism of the Christian Religion*，Murihead
　　著，11 页，上海，年代未详。

《真道问答》*Catechism of the True Doctrines*，Farnharm 著，
　　12 叶，上海，年代未详。

《方言问答撮要》，江南主教姚准撰，共 160 页，中文和西文各
　　80 页，上海慈母堂活板，1883 年。上图藏四版，书名为

《方言问答撮要》(索书号：201222)，157 页，中文本，1926 年。采用上海松江方言。复旦大学图书馆藏抄本，皆中文部分，分十篇编排，共 60 页，但未标页码。(复旦图书馆古籍书库有：松江方言问答，稿本，索书号是：380327)北京大学图书馆藏 1909 年重印本。

此书所记为松江(今属上海)方言。全书为问答体，用汉字、罗马字及法文对照。字右加星号表示同音代替，字右加小加号表示应该读土音。第三人称单数"伊"在书中有时带词头"自"，标音作 ze，不带入声尾 h，用小圆圈句逗。入声尾只有收-h 的一套。以下是一则问答，用汉字和罗马字对照。

问：坏之别人个名声。该当补还否。

答：各人应该尽自己的力量。补还人家。因得失脱之名声咾。受着个害处。假使我预先料到拉个。也该当补还自伊。

wa-tse bieh-gnen-ke ming-sang, kai-taong pou-we va?

Koh-gnen yeng-kai zin-ze-ka-lih-learng, pou-we bieh-gnen. Ye-teh seh-t'eh ming-sang lao zeu-zah-ke hai-ts'u. za-se ngou yu-sie leao-tao-la-ke, a kai-taong pou-we ze-i.

《使徒言行传》，上海美华书馆摆印，38 叶，1890 年，信望爱网站。

《耶稣言行传》，上海美华书馆摆印，99 叶，1894 年，信望爱网站。书名页书影见图 5.3。第 1 页书影见图 5.4。

《地理志问答》，美国博利亚著，上海美华书馆摆印，1896 年，

耶穌降世一千八百九十四年　上海土白

耶穌言行傳

第一卷

大清光緒二十年歲次甲午　上海美華書館擺印

图 5.3　《耶稣言行传》书名页书影

道又叫話頭

耶穌基督就是神由是人做世界上眞个亮光

耶穌言行傳卷一

第一章論耶穌是神个兒子 約翰一章一到十四節

起初有道、道搭神一同拉、道就是神、第个道、起初搭神一同拉、萬物是伊造个、道勿造末、受造个勿有、拉道裏有活、并且活是人个亮光、亮光照拉暗裏、但是暗倒勿明白。○有一个人、叫約翰、是神差來个、伊來做干證、就是爲之亮光咾做干證、以致衆人、可以從伊咾相信、約翰勿是亮光、必過爲之亮光咾做干證、伊个眞个亮光、降到世界上咾、照亮攏總人个、伊拉世界上、世界上是伊造个、世界上倒勿認得伊、伊到自家个地方、自家个人、倒勿接待伊、凡係接待伊个末、就是相信伊名頭个、伊撥權柄拉伊拉做神个兒子、第等人勿從血氣勿從情慾、勿從人个意思、是從神咾養个、道成功之肉身、住拉伲當中、有恩典咾眞實充滿个、以致伲看見伊个榮耀、像聖父獨養兒子个榮耀。

問　第个道從那裏來个。道指點啥人。道做啥事體。拉道裏有啥。活是啥。亮光照拉那裏。啥明白否。神差啥人來。約翰來做啥。眞个亮光指點啥人。接待咾相信伊个末撥伊啥。道成功之啥物事。

第二章論救主降生 路加二章一到廿節

拉伊个時候、該撒亞古士督發旨意出來、吩咐天下百姓、上人丁册、各人歸到本城去、約瑟是大衛族裏个人、所以從加

耶穌言行傳　第一章　一

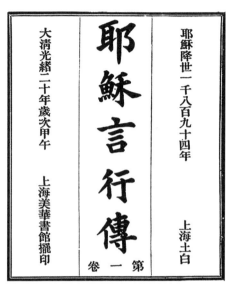

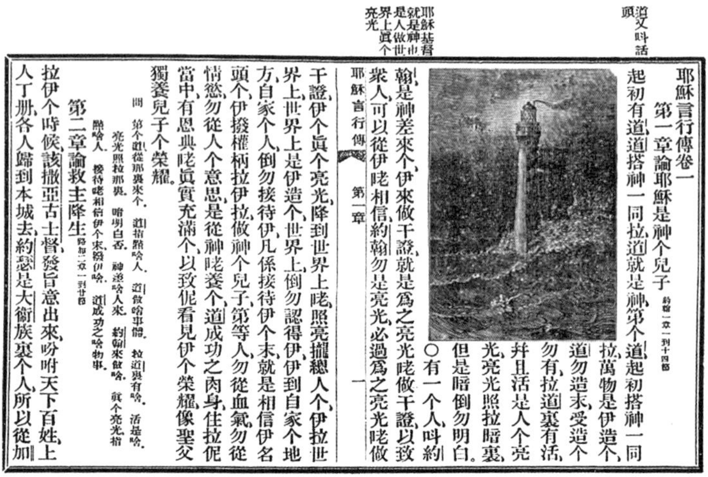

图 5.4　《耶稣言行传》第 1 页书影

64 叶。书前有长老会博马里亚写于 1895 年的《序》(文
言)。澳大利亚。

《阿里排排逢盗记》,1901 年,79 页,上海土山湾印书馆刊印,
东北人民大学收藏。案：1917 年重印。

《方言备终录》,1907 年,上海,二卷,656 页。苗仰山序于光绪
三十二年。此为上海话译本,原本作者为 De Liguori
(1696—1787)。复旦。分 36 日编排。328 页。

(复旦图书馆古籍书库,索书号是：810030)

《方言教理详解》,江南主教姚准撰,1912 年,土山湾印书馆印
发,分上、中、下三卷,共 32 章,外加《圣教要理总结》,
195 页,上图。

《旧约新约问答》,Lambuth 著,其余资料未详。

《独耶稣救灵魂》,9 叶,上海,出版年代未详。

《三字经》,10 叶,宁波,出版年代未详。又在上海重印为 7 叶,
按基督教真理分为六章。

Sung kiau' yu'-yak,《圣教预学》,7 页,上海,出版年代未详,
罗马字,文惠廉原著。

《常年早祷》,14 叶,出版年代未详。从《圣公会礼拜仪式》一
书精选译出,译者是文惠廉。

《要理问答》,包含 96 个问题,分十个部分,上海,出版年代未
详。Taylor 著。

5.1.2　宁波土白

《赞美真神诗》*Tsaen me tsing jing s*,第一部分 15 首,20 页；
第二部分 4 首,4 页,宁波,1851 年,罗马字本,哈佛燕京,

TA1979.5 CN1851。

《一杯酒》*Ih-Pe Tsiu*，12 页，宁波，1852 年；罗马字本；哈佛燕京，TA1980.2/341。

Se-lah teng Han-nah（Sarah and Hannh），12 页，宁波，1852 年；罗马字本。

《路孝子》*Lu hyiao ts（Frank Lucas）*，麦嘉缔（Divie Bethune McCartee 1820—1900）著，9 页，宁波，1852 年，罗马字本，哈佛燕京，TA1980.2 53。

《地理书》（Geography），185 页，宁波，分三篇，1852 年，罗马字本。宁波话地理教材。霍顿图书馆（缺第一篇）。第一篇1859 年在宁波重印，52 页，有两张大插页。丁韪良编。

《地球图、五大洲图、本国图、本省图、本府图、圣经地图、地理问答、地名找引》（Atlas and Geographical Catchism），10 页及 10 大幅折页地图，宁波，1853 年，丁韪良编，罗马字本。哈佛燕京 TA2380 53。

ts'ing tao yoe-su u-sen loe（Come to Jesus），126 页，宁波，1853 年，罗马字本，Russell 先生著。

Son-fah K'oe-tong（Arithmetic），63 页，宁波，1854 年，罗马字本，丁韪良编。

《旅人入胜》，254 页，1855 年，宁波，罗马字本，有序。

Hymn Book，32 页，宁波，1855 年，罗马字本。

《赞神乐章》（附曲谱）*Hymns and Tunes*，共 25 首歌，汉字、罗马字对照，1856 年，哈佛燕京。第 3 首歌词书影见图5.5。

Jih tsih yüih le（Line upon Line），两卷，272＋158 页，宁波

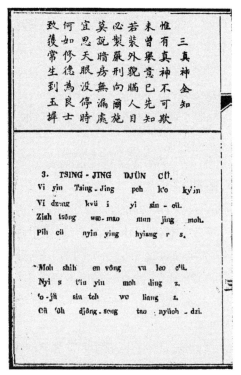

图 5.5 《赞神乐章》(附曲谱)第 3 首歌词书影

1856 年、1857 年,罗马字本。

《圣诗》*Sing S*,3 页,宁波,1857 年,罗马字本,共 25 首歌,汉
　　字、罗马字、五线谱对照,哈佛燕京 TA1977. 32/CN1857。

《训蒙圣经功课》*Hyüing-mong sing-ky'ing kong-ko* (*Scripture
　　Lessons for Children*),55 叶,宁波,1857 年,罗马字。

《天路指南》,共 17 章,73 叶,宁波,1857 年。有两篇本地学者
　　写的序,一篇导言。1861 年在上海重印,97 叶。

《圣山谐歌》*SING-SAEN-YIAE-KO*，应思理（filias B. Inslee，1822—1871）著，72 首，80 页，咸丰八年仲秋月宁波华花书房刊，1858 年，罗马字本，哈佛燕京 TA1979.5/1858。

《训幼韵文》*Hyüing iu yüing veng*（*Instruction Verses for Children*），126 页，宁波，1858 年，罗马字本，有许多木版画配合。

Jing-tsia lih djun（*The Young Cottager*），45 页，宁波，1858 年，Rankins 太太编，罗马字本。

Yin-meo hyüing-ts（*The mother at home*），103 页，宁波，1858 年，罗马字本，Gough 著，Nevius 先生协助。

Foh-ing dao-li ling-kying veng-teh（*The assembly's Shorter Catechism*），22 页，宁波，1859 年，罗马字本。

Iu-dong ts'u-hyiao（*Peep of day*），Nevius 太太著，92 叶，罗马字，1859 年。

《赞美诗》，155 页，宁波，1860 年，收 166 首赞美诗，Rankins 编。

《小问答》*Little Catechism*，36 页，宁波，1860 年，罗马字本，分 7 部分。*Cong tao-kao veng*（*Prayer Book*），163 页，宁波，1860 年，罗马字本。

Hyüing-mong sing-kying kong-ko（训蒙圣经功课）*Scripture Lessons for Children*，55 叶，1860 年，罗马字。

《众祷告文》，分为好几个部分，序言用文言写，5 叶；早晨祷告文，22 叶；下午祷告文，20 叶；总祷告文，13 叶；晚餐礼节祝文，32 叶；施壮年洗礼祝文，16 叶；施婴孩洗礼祝文，15 叶，宁波，1861 年，高富和慕稼谷著。

《赞美诗》,S. N. D Martin and Rankin 编,78 叶,罗马字,上
　　海,1863 年。

《众祷告文》,高富和慕稼谷著,97 叶,宁波,1864 年。可能是
　　1961 年版的再版本。

《旅人入胜》*The Pilgrim's Progress*,Cabbold 编,75 叶,罗马
　　字,上海,1864 年。

《公戒》*Kong-ka*(*Sermons*),第一本,89 页,1866 年,宁波,罗
　　马字本。有一短序。这是五篇布道文合订本。另有五篇
　　分开装订的单行本。

《要理问答》,15 页,宁波,1866 年,罗马字本。

《宁波土话赞美诗》,Lawrence 太太编,第三版,78 叶,罗马字,
　　上海,1868 年。

《宁波教会所用个赞美诗》,S. N. D. Martin and Rankin 著,第
　　四版,137 叶,上海,1874 年。

《赞美诗》,Lawrence and Butler 著,241 叶,上海,出版年代
　　未详。

《施壮年洗礼搭施婴儿洗礼祝文》,35 页,宁波,1866 年,罗马
　　字本,翻译者为慕稼谷。

《婚配礼节》,21 页,宁波,1866 年,罗马字本。

T'in lu ts nen(*Guide to Heaven*),J. L. Nevius 著,42 叶,上
　　海,1868 年,《天路指南》的罗马字文本。

Liang-t'ah-go siao-nying. & *c.*(*Lighthouse-keeper's daughtor.* &
　　c.),A. E. Moule 太太著,12 叶,罗马字,伦敦,1866 年。

Yü-be voen-ts'oen zi-dzo-ta'ah zi(*preparation for the holy
　　Communion*),A. E. Moule 太太著,19 叶,罗马字,宁波,

1866 年。

Kyin-sing li（*Order of Confirmation*），9 页，宁波，1866 年，
　　罗马字本。

Gyüong-nying iah-seh（*Poor Joseph*），Crombie 著，9 叶，罗
　　马字，杭州，1868 年。

Siao Hyin-li teng gyi-go ti-'o nying Bu-zi（*Henry and his
　　Bearer*），McCartee 太太著，罗马字，上海 1868 年。

Jih tsih yüih le（*Line upon Line*），Cobbold 著，268 叶，罗马
　　字，上海，1868 年。

*Lu Hyiao-ts. Vu-zi sön-tsiang. Ih-pe tsiu. Se-lah teng soe-
　　nah*（*Frank Lucas and others*），McCartee 著，24 叶，上
　　海，1869 年。

Fuh-ing dao-li ling-kying veng-teh（*The assembly's Short
　　Catechism*），丁韪良著，19 叶，上海，1870 年。

Yioe-su kyiao veng-teh（*Christian Catechism*），Lawrence 太
　　太著，13 叶，上海，1872 年。

Ts'u 'ô di-li veng-teh（*Catechism of the Elements of Geography*），
　　Leyenberger 著，65 叶，罗马字，上海，1873 年。

《赞美诗》（Hymn Book），Leyenberger and Butler 著，241 页，
　　上海，出版年代未详。

Di-li veng-teh（*Catechism of Geography*），Gough 著，56 叶，
　　上海，1875 年。

Jih tsih yüih le pu-tsoh（*Supplement to Line upon Line*），
　　Lawrence 太太著，100 叶，上海，1875 年。

Siao-yiang tseo ts'ô-lu（*Lost Lamb*），Gough 太太著，9 叶，上

海,1875 年。

Ah tia t'i ng-ts sön tsiang《阿爹替儿子算帐》(*A Father instructing his Son on Setting Accounts*),12 页,宁波,出版年代未详,罗马字本,Russell 太太著。

Iu-dong ts'u-hyiao《幼童初晓》,155 页,宁波,出版年代未详,罗马字本。

Foh-ing tsaen di, *Synopsis Gospel Harmony*,Robinson 译,6 页,宁波,出版年代未详。

《问答》*Catetchism*,从 J. Brown 原著译出,出版年代未详。

5.1.3　苏州土白

《福音真理问答》,Safford 夫人著,18 叶,上海,1974 年。

《小问答》,Safford 夫人著,35 叶,上海,1975 年。

《蒙童训》,Safford 夫人译,41 叶,上海,1975 年。

《天路历程》,苏州教士来恩赐译,上海美华书馆摆印,六卷,51 页,1896 年,澳大利亚。

耶教要理,Safford 夫人著,上海,年代未详,Sheet tracts。

祷告文,Safford 夫人著,上海,年代未详,Sheet tracts。

5.1.4　杭州土白

《祷文经诫》*Taòu wăn king keaé*, *Prayer*, *Creed and Commandments*,6 叶,杭州,1867 年,罗马字本,译者为 Valentine。

《赞美诗》,57 叶,1871 年,杭州,译者为圣公会的慕稼谷。

《赞美诗》,34 叶,1872 年,上海,罗马字,译者为圣公会的慕稼谷。

《公祷书》,57 叶,杭州,译者为圣公会的慕稼谷,年代未详。

5.1.5　崇明土白

《崇明方言问答》,87 页,1930 年第 5 版,上海,内容同《教理问答》。

5.2　闽语

5.2.1　福州土白

《劝戒鸦片论》,10 页,福州,1853 年。

《神十诫其注释》,10 叶,福州亚比丝喜美总会,1853 年,作者为 Dolittle,哈佛燕京 TA 1980.219。

《神论》,15 叶,福州亚比丝喜美总会,1853 年,作者是 Cale Cook Baldwin。

《灵魂论》,9 叶,福州,1853 年,作者是弼牧师。

《灵魂篇》,福州亚比丝喜美总会,Baldwin 原著,Dolittle 译。9 页。1853 年。新国大分馆/《乡训》,7 叶,福州,1853 年,译者为 Dolittle,从米怜原著修改译出,哈佛燕京 TA 1980.2 19。

《圣学问答》,63 叶,福州铺前顶辅音堂,1853 年,1864 年第 2 次印刷,作者是 Baldwin,新加坡国立大学图书馆中文分馆。

《天文问答》,23 叶,福州,1854 年,译者为 Dolittle,从 Happer 原著修改译出。

《悔罪信耶稣论》，10 叶，福州亚比丝喜美总会，1854 年，译者
  为 Dolittle，从麦都思原著修改译出，哈佛燕京 TA
  1980. 2 19。

《守礼拜日论》，福州亚比丝喜美总会，8 叶，1855 年，译者为
  Dolittle，从 Baldwin 原著修改译出，哈佛燕京 TA
  1980. 2 19。

《妈祖婆论》，6 叶，福州亚比丝喜美总会，1855 年，译者为
  Dolittle，从麦都思原著改译出，哈佛燕京 TA 1980. 2 19。

Sie uang ch'uang ung，Methodist Episcopal Communion
  Service，14 页，福州，1856 年，作者是 Maclay，罗马字本。

《劝戒鸦片论》，10 叶，福州，1853 年，译者为 Doolittle，从
  Tracy 原文修改译出。

《劝戒鸦片论》，10 叶，福州亚比丝喜美总会，1856 年，译者为
  Dolittle，从麦都思原著改译出，哈佛燕京 TA 1980. 2 19。

《劝善良言》，卢公民（Justus Doolittle）译，福州亚比丝喜美总
  会，汇集 9 种作品，10＋7＋9＋16＋9＋5＋10＋6＋8 页，
  1856 年，哈佛燕京 TA 1980. 2 19。

《上帝十戒注释》，6 叶，福州，1860 年，作者是弼牧师，罗
  马字。

《榕腔神诗》，25 叶，30 首诗，封面背面另有两首诗：《基督蒙
  难》和《谨守礼拜日》，1861 年，作者为 Burns，罗马字，新
  国大馆。

《上帝圣经篇》，5 叶，福州，1862 年，译者为弼牧师，从
  Premare 原著修改译出。

《祀先辨谬》，7 页，福州，1862 年，夏查理编。

《辨鬼神论》，3 页，福州，1862 年，夏查理编。

《辨性论》，6 页，福州，1862 年，夏查理编。

《祈祷式文》，6 页，福州，1862 年，夏查理编。

《上帝总论》，6 页，福州，1862 年，夏查理编。

《耶稣上山传道》，福州救主堂，1862 年，罗马字(?)，新国大分馆，哈佛燕京 TA 1977.66 CF1962。

《新旧约书为天示论》，10 页，福州，1862 年，夏查理编。

《耶稣教要旨》，13 页，福州，1863 年，夏查理编。

《圣学问答》，C. C. Baldwin 著，49 叶，福州，1863 年。

《真理易知》，福州，罗马字，1863 年，培端著、夏查理校订，新国大分馆；福州美华、福州霞浦街辅音堂，1881 年再版，新国大分馆。

《十驳五辩》，福州太平堂复印堂印，1864 年(同治三年)，哈佛燕京 TA 1739.81.99。

《榕腔神诗》，福州美华书馆，1865 年，作者是 Burns & Williams，罗马字，新国大中分馆。

《榕腔神诗》，1865 年，作者是俾士(George Piercy)，罗马字，新国大分馆。

《上帝圣诫翻译》，福州，1866 年，罗马字，新国大分馆。

《箴言全书》，保灵著，1868 年，罗马字。

《箴言》，大美国圣经会、福州美华书馆，1868 年，罗马字，哈佛燕京、英经会。

《耶稣上山教训》，夏查理著，福州美华书局印，1868 年，罗马字，新国大分馆/哈佛燕京 TA 1977.66 CF1868。

《祀先辨谬》，倪维思著，福州太平街福音堂，1869 年，罗马字，新国大分馆。

《圣教例言》，培端著，夏查理校，福州太平街福音堂，1869 年
　　初版，1882 年再版，罗马字，新国大分馆。

《基督徒日用神粮书》，吴思明著，福州太平街福音堂印，33
　　页，1869 年，哈佛燕京 TA 1979.6 95。

《榕腔神诗》，福州太平街福音堂藏版，1870 年，罗马字，新央
　　图、新国大分馆。

《教会信录》，夏查理编，福州城内太平街福音堂印，1871 年，
　　内 容 包 括：一 信、九 故 务、四 会 约，哈 佛 燕 京 TA
　　1978.8 36。

《童子拓胸歌》，福州太平街福音堂印，15 页，1871 年，新国大
　　分馆/哈佛燕京 TA 1979.55 36。

《宗主诗章》，夏查理著，59 叶，福州福音堂、救主堂，1871 年，
　　罗马字，新国大分馆。

《教会信录》，夏查理编，福州太平街福音堂，1871 年，罗马字，
　　新国大分馆。

《五字经注解》，夏查理著，福州太平街福音堂，18 页，1871 年，
　　新国大分馆/哈佛燕京 TA1980.536.3。

《正道启蒙》，夏查理著，福州太平街福音堂，42 页，1871 年，新
　　国大分馆/哈佛燕京 TA 1978 36。

《天文问答》，卢公义原本，夏查理更正，福州太平街福音堂，
　　21 回，24 页，1871 年，罗马字，新国大分馆/哈佛燕京 TA
　　7140.9 19.1。

《甲乙二友论述》，夏查理著，28 叶，福州，1871 年。

《上帝圣诫翻译榕腔》，夏查理著，福州，1872 年。

《教会准绳》,夏查理著,福州太平街福音堂,1872 年,罗马字,新国大分馆。

《圣经图说启蒙》,Sites 太太著,166 叶,福州,1873 年。

《天文问答》,Doolittle and 夏查理著,24 叶,福州,1873 年。

《童子拓胸歌》,夏查理著,14 叶,福州,1873 年。

《童子拓胸歌》,夏查理著,17 叶,福州,1873 年。

《十驳五辩歌》,夏查理著,8 叶,福州,1874 年。

《福音新报》,Misses Woolston and Payson 著,1874—1875 年。

《小学四字经》,夏查理著,34 页,福州美华书局,1875 年,哈佛燕京 TA 1980.5.36.2。

《谢年歌》,夏查理著,6 页,福州太平街福音堂印,1875 年,罗马字,新国大分馆/哈佛燕京 TA 1979.53 36,1880 年重刊。

《祈祷文式》,Osgood 著,14 叶,福州,1874 年。

《西算启蒙》,吴思明著,60 叶,福州,1874 年。

《祈祷式文》(附教会信录),福州霞浦街福音堂印,1875 年,罗马字,新国大分馆。

《榕腔神诗》,Burns,Maclay 和夏查理著,71 叶。福州,1875 年。

《真理三字经》,夏查理著,26 页,福州美华书局,1875 年,哈佛燕京 TA 1980.5.36,此书第 1 页书影见图 5.6。

《福音新报》,共 9 课,1875—1876 年,福州美华书局印,哈佛燕京 TA 1975.1.3604。

《上帝总论》,夏查理著,福州美华书局,罗马字,1878 年,新国大分馆。

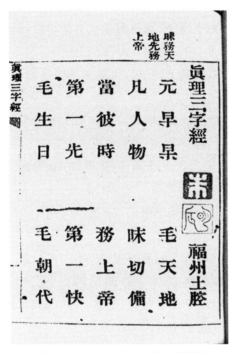

图 5.6 《真理三字经》第 1 页书影

《贫女勒诗嘉》,Adelia M. Payson 译,47 页,福州美华书局
　　印,1878 年,哈佛燕京 TA 1980.2 68。

《圣教三字经》,夏查理著,福州太平街福音堂印,1879 年,罗
　　马字,新国大分馆。

《十条圣诫》,福州霞浦街福音堂印,1879 年,罗马字,新国大
　　分馆。

《省身初学》,惠亨通(Henry Thomas Whitney,1849—
　　1924)著,福州美华书局,20 篇"问与应"的对话课文,

20 页,1891 年,哈佛燕京 TA 7850 93。

《省身浅说》,惠亨通译,福州闽北圣书会印发,福州美华书局活版,56 页,哈佛燕京 TA 7850 93.1。

《我救主耶稣基督其圣约书》,大英领外国圣书会印,罗马字,1900 年。

《牧长诗歌》(唐意雅译,榕腔),福州闽北圣书会印发,福州美华书局活板,38 页,哈佛燕京 TA 1977.32 57。

《福音书其随记》,E. S. Hartwell 译,microform,福州,罗马字,1902 年。

《小子必读》,福州罗马字书局,75 页,罗马字,1902 年,哈佛燕京 TA 1980.2 68.1。

Hok Xng Su Ge Su Di,夏查理(1859—1951)著,这是圣经故事简易罗马字读本。分两册,第一册 62 页,第二册 100 页,福州罗马字书局,A. B. C. F. M,1902 年,哈佛燕京 TA 1978.29 361。

Geu Cio Heng Diong Chauk Ieu,Hannah Conklin Woodhull 和吴思明著,分两单元,第一单元 32 题问与答,第二单元有 78 题,共 53 页,罗马字,福州罗马字书局,1903 年,哈佛燕京 TA 1978.29 951。

《至美之德》,Henry Drummond 著,Ling Iu-cu 译,罗马字,Foochow College Romanized Press,Foochow City,1903。这是教会学校教材。哈佛燕京 TA 1979 1 19.1。

Seng Sing Ci-Sa,Reuben Archer Torrey 著,Miss Chittenden 和 Kenneth C. Ding 译,共四章,20 页,罗马字,1904 年,哈佛燕京 TA 1978.15 87.1。

《赞主圣诗》（附美部会礼文），256 首，共 224 页，用土字，福州
　　罗马字书局，1906 年，新国大分馆/哈佛燕京 TA
　　1979.5.CF1906。

《赞主圣诗》（附美部会礼文），256 首，共 272 页，罗马字，福州
　　罗马字书局，1907 年，哈佛燕京 TA 1979.5.CF1906。上
　　书的罗马字本。

《福州奋兴会诗歌》，福州罗马字书局，113 首，71 页，1906 年，
　　罗马字，新国大分馆/哈佛燕京 TA 1979.5 CF1906.1b；
　　另有复本 TA 1979.5 CF1906.1。

《圣书乐谱》（含乐谱），256 首，354 页，福州罗马字书局，
　　1906 年，罗马字，新国大分馆。

《化学》，11 章，32 页。福州罗马字书局。1906 年。罗马字。
　　哈佛燕京 TA 7309 99。

《三字经》，夏查理著，福州闽北圣书会印发，启明印刷公司活
　　板，1913 年，罗马字，新国大分馆。

《救主行传》，年代未详，哈佛燕京 TA 1978.29 95。

5.2.2　厦门土白

《唐话番字初学》*Tng-oe hoan-ji chhu hak*（Amoy Spelling
　　Book），15 页，打马字（Talmage John Van Nest）著，厦门，
　　1852 年初版。1853 年、1867 年、1876 年再版。罗马字
　　本。台省图藏 1876 年版本。

《天路历程卷壹》，Talmage and J. Macgowen 译，77 叶，厦门，
　　1853 年，罗马字本，韵脚注汉字和文读音。

Child's Premier in the Amoy Dialect，17 页，1853 年，罗马

字本。

《天路历程》，1853 年，60＋58＋60＋55 页，罗马字本，纽图，译者为 J. V. N Talmage 和 J. MacGowen。

《路德个册》，打马字著，厦门，罗马字，1853 年。

《开团仔心花个册》*A Delightful Book for Child*，养为霖著，9 叶，厦门，1853 年，罗马字本。

《养心神诗新编》（厦腔圣诗册），叶韪良（William Young），10 页，收 13 首诗，厦门廖仔后花旗馆寓藏版，1854 年，新国大分馆。

《悔罪信耶稣论》，麦都思原著，J. Doolittle 改写，福州亚比丝喜美总会，1854 年，新国大分馆。

《神诗合编》，宾威廉（Berns William Chalmers）编印，收 20 首诗，1854 年，新国大分馆。

《入耶稣小引》，C. C. Baldwin 著，福州亚比丝喜美总会，1854 年初版，1856 年再版，新国大分馆。

《真道入门》，鹭门花旗馆寓，1855 年，罗马字，新国大分馆。

《洗礼个条款》，1856 年，罗马字。

《养心神诗新编》（厦腔圣诗册），施敦力亚历山大（Alexander Stronach），收 58 首诗，40 叶，1857 年，1871 年再版。

《养心神诗》（厦门音），打马字著，25 首诗，26 页，1859 年，罗马字。

《漳泉神诗》，杜嘉德著，39 页，厦门，1862 年。用厦门地区方言写。罗马字。

《厦腔神诗》，宾威廉（Burns）著，厦门，1862 年，共 20 首，其中 4，5 首为新增，其余曾在汕头和福州出版，罗马字本。

《圣册个问答》*Catechism of Old Testment History*，Cowie
　　著，48 叶，罗马字，厦门，1869 年。

《圣册个问答新约》*Catechism of New Testment History*，
　　Cowie 著，51 叶，罗马字，厦门，1869 年。

《养心神诗》，28 叶，1871 年。

《养心神诗》，Burns and Douglas 著，42 叶，福州，1872 年。

《养心神诗》，Burns and Douglas 著，24 叶，罗马字，Glasgow，
　　1872 年。

Sng siàu ê chho-hàk（Sequel to Small Arithmatic），Van
　　Duren 著，10 叶，厦门，1873 年。

《白话字养心神诗》，50 首，47 页，罗马字，1873 年，信望爱
　　网站。

《养心神诗》，Burns and Douglas 著，福州美华书局印，59 首
　　诗，34 页，1875 年，信望爱网站。

《地理 e5 头绪》，厦门，1888 年，罗马字。

《庙祝问答》，甘为霖著，闽南土白盲文，伦敦，1888 年。

《论精神 e5 工夫》，1892 年，罗马字。

《天文地理略解》，厦门，1892 年，罗马字。

《论圣神的工夫》，1892 年，罗马字。

《中国纲鉴撮要：太古一秦代》，厦门，1892 年出版，1896 年再
　　版，罗马字。

《圣会史记（一）》，1893 年，罗马字。

《亚非利加州志》，厦门，1894 年，罗马字。

The Trimentrical Classic in the Amoy Dialect，Shanghai，
　　1894，179 页，纽图。此书系厦门话《三字经》。

《三字经新撰白话注解》，余饶理（George Ede）著，台南新楼，
　　1894 年：台南府城，1904 年第二版，罗马字，台图。

《身体理的总论》，萃经阁，1896 年，罗马字，台图。

《地势略解》，厦门，1897 年，罗马字，台图。

《天路历程》（上下册），萃经堂、培文斋活板印刷，厦门，
　　1897 年出版，1906 年、1950 年、1954 年再版，罗马字。

《笔算个初学》（一、二），萃经堂，1897—1900 年，罗马字，
　　台图。

《咱个救主耶稣：基督新约》，圣公会编，1898 年，台图，
　　1902 年再版。

《亚伯拉罕的来历》，1898 年出版，1912 年再版，罗马字。

《代数个初学》，1899 年，罗马字，台图。

《笔算、数学》，18?? 年，台南聚珍堂，罗马字。

《见证守主日 e5 书》，18?? 年，台南聚珍堂，罗马字。

《天文书》，18?? 年，台南聚珍堂，罗马字。

《万国记录》（地理附地图），18?? 年，台南聚珍堂，罗马字。

《笔算》，1900 年，罗马字。

《圣诗歌》，甘为霖著，台南新楼书房印行，118 页，罗马字，
　　1900 年，信望爱网站。

《教会祈祷文附圣礼文》，W. H. Gomes 翻译，L. C. Giggs 协
　　助，英格兰教堂，1901 年，Widener1285. 10。

《大学、中庸字音解说》，鼓浪屿，1902 年，罗马字，台图。

《大学字音解说》，鼓浪屿，1902 年，罗马字，台图。

《地理志略》，William Alexander Parsons Maitin 著，共 24 讲，
　　10 页，附 10 幅地图，罗马字，哈佛燕京 TA 2380 68. 1。

《天文道理》,1903 年,罗马字,台图。

《论语字音解说》,1903 年,罗马字,台图。

《绘图字母》,1903 年初版,台图,厦门,1934 年再版。

《三字经新撰白话注解》,在台南府城印,罗马字,1904 年,信
　　望爱网站。

《圣诗歌》,台南教会公报社,1905 年,罗马字。

《治理教会》,台南新楼,1905 年,罗马字,台图。

《基督教十字架个道理》,高金声翻译,台南聚珍堂,1906 年,
　　罗马字。

《罗马批》,甘为霖(William Campbell)著,罗马书信之台湾白
　　话字译,台南新楼书房,1908 年,台图。

《论主耶稣的来历》,1908 年,罗马字。

《罗马白话》,甘为霖著,台南新楼书房,罗马字,1908 年,台图。

《弥撒祭礼》,台湾天主堂,1908 年,罗马字,1908 年,台图。

《圣训广谕》,甘为霖译,台南新楼书馆,1908 年,台图。

《养心神诗》,台湾北部,1909 年,罗马字,台图。

《圣教要理问答》,台湾罗厝庄天主堂,1909 年,罗马字,台图。

《养心神诗》,有琴谱,闽南圣教局,罗马字,1912 年。

《善生福终》,漳州天主教白话字,台中武西保罗厝天主堂活板
　　铅印字,罗马字,1912 年。

《以利亚的来历》,罗马字,1912 年。

《训蒙浅说》,罗马字,1912 年初版,1929 年再版。

《低智个钮仔》,1913 年,罗马字。

《辟邪归正》,甘为霖著,台南新楼书房和台南聚珍堂,罗马字,
　　1913 年,台图。

《古史录》,漳州天主教白话录,台中武西保罗厝天主堂活板铅印字,罗马字,1913 年初版。台图,台中员林罗厝庄天主教堂 1914 年再版。

《得救个阶级》,罗马字,1914 年。

《教法》,罗马字,1914 年。

《表祝问答》,甘为霖著,罗马字,1914 年,台北市图。

《新史录》,武西堡罗厝庄天主教堂编,罗马字,1914 年。

《布道论》,梅甘雾(Muikanbu)著,台南新楼书房和台南聚珍堂,罗马字,1914 年,台图。

《养心神诗琴谱》,199 页,罗马字,1914 年,信望爱网站。

《圣册个记录》,厦泉音系罗马字,打马字牧师娘翻译,闽南圣教局,1916 年。

《十个故事》,文姑娘、朱姑娘译,闽南圣教局,1917 年。

《主日学教员个课本》,宋忠坚(Duncan Ferguson)著,台南新楼书房,1918 年,台图。

《补添养心神诗》,168 首诗,1918 年,信望爱网站。

《台湾教会个主日神粮》,宋忠坚著,台南新楼书房,1918 年,台图。

《杂志摘录》,万真珠(Bernett Miss Mang)著,台南新楼书房,1919 年,台图。

《谈论道理》,梅鉴雾著,台南新楼书房,罗马字,1920 年,台图。

《初代教会历史》,梅鉴雾著,台南教会公报社,罗马字,1922 年。

《活路问答》,梅鉴雾著,罗马字,1922 年。

《六百字编罗马字注解》,廉德烈、沈毅敦（Nelson Rev.

Andrew）著，台南台湾教会公报社、台南新楼书房，
　　1925 年。

《平民的基督传》，司马斯著、高得章译，1933 年。

《闽南基督教会圣诗》，300 首，罗马字，1934 年，信望爱网站。

《圣诗》，台湾基督长老教会，罗马字，1936 年，信望爱网站。

《圣诗》，台湾基督长老会大会，342 首诗，381 页，罗马字，
　　1947 年。

Anthem Book，台南新楼台湾教会公报社，103 首诗，223 页，
　　罗马字，1950 年。

《嘉义中会圣诗》，台湾基督长老教会，罗马字，1950 年。

5.2.3　潮州土白

《祈祷神诗》，宾威廉编印，祈祷词及诗 32 首，罗马字，曼谷，
　　1840 年。

Esop's Fables: as translated into Chinese，*rendered into the
　　colloquial of the dialects spoken in the department of
　　Chiang-Chiu in the province of Hok-kien and in the
　　department of Tie-Chiu in the province of Canton*（意
　　拾喻言），漳州话译者为戴尔，潮州话译者为施敦力，罗马
　　字本，77 页，在新加坡出版，内容是 81 则伊索寓言。

《潮腔神诗》，宾威廉编印。21 叶，汕头，1861 年，有 29 首诗，
　　用汕头及周围地区方言写，罗马字。

《潮音神诗》，Burns 编，81 叶，香港，1873 年。

《潮音神诗》，Burns 编，65 叶，香港，1873 年。

5.3　粤语

《问答俗话》,7 叶,1840 年,澳门,用澳门方言写,分为三部分:
　　基督教真理问答,正文前有耶路撒冷地图;地理,正文前
　　有亚洲地图;圣经语录。作者署名 Heaóu(孝)。

《千字文》,1857 年,香港,香港公立学校用。

《四书俚语启蒙》,31 叶,香港,1860 年,有序言,后有四篇有关
　　四书的问答,还有一个有关孔子及其著作的注释。

《张远两友相论》,16 叶,广州,1862 年,译者为 Happer,从
　　Milne 同书前五章译出。

《晓初训道》,译者为 Piercy,95 叶,广州,1862 年,从英文原书
　　Peep of Day 译出,书前有序言和目录。

《耶稣正教问答》,译者为 Happer,从作者的官话(Chinese)本
　　译出,22 叶,1862 年。

《真神正论》,作者为 Happer,17 叶,1863 年,有两篇序言和两
　　个附录。

《启蒙诗歌》,作者为 Piercy,53 叶,广州,1863 年,有 116 首
　　诗歌。

《耶稣言行撮要俗话》,作者为 C. F. Preston,108 叶,广州,
　　1863 年。

《述史浅译》,译者为 French 太太,748 页,广东,出版年代
　　未详。

《吁主文式》,69 叶,香港,1866 年,无序言、引言。

《真道启蒙》,作者为 Whilden 小姐,26 叶,广州,1875 年。

《赞羡神诗》,47 页,广州,有 81 首诗、2 首颂歌,再版增加 6 首
　　诗,共 51 叶,开头有《孩童归耶稣》4 叶,出版年代未详。

《浪子悔改》,作者为 Legge,6 叶,香港,出版年代未详。内容
　　为浪子悔改的故事,后有有关此话题的篇章。

《落炉不烧》,作者为 Legge,6 叶,香港,出版年代未详。内容
　　为有关 Shadrach,Meshach,Abednego 的故事,后有有关
　　此话题的篇章。

《天路历程土话》,作者为 Piercy,134 叶,广州,1870 年。

《圣会祷文》,作者为 Piper,111 叶,香港,1872 年。

《续天路历程土话》,作者为 Piercy,114 叶,广州,出版年代未详。

《圣会录要》,编者为 Hutchinson,3 叶,香港,出版年代未详。

5.4　客话土白

Ka,*tshu*,*'sin*,*'fun*,*tsho*,*hok*(*The four first Rules of
　　Arithmetic*),43 + 11 页,Basel,1868,printed for the
　　Evangelical Missionary Society,C. Schultze,Printer,
　　17.5 厘米,罗马字本,巴色。

Šin[4] *Kin*[1] *Ts*[1] *Sz*[3] *Tshot*[6] *Wun*[2]. Ha[2]-Ka[1] Syuk[5]-Wa[4]
　　(Biblical Histories in the Hakka Colloquial),88 页,
　　1868 年,罗马字本,巴色。

Šin[4] *Fui*[4] *Khyong*[1] *Thyau*[4](Music and romanized Hakka
　　words),79 页,巴色,1868 年,20.5 厘米,罗马字本,有
　　59 首歌;增订本,215 页,18 厘米,140 首歌,1884 年;第
　　三版,227 页,巴色,1894 年,18.5 厘米,罗马字本,中文

书名改为 Šin⁴ Fui⁴ Yim¹ Thyau⁴，巴色。

Ka¹ Tšhu² Šin⁴ Fun¹ Tsho¹ Hok⁵. Šong⁴ Pun³ [The Four First Rules of Arithmetic（First Part）]，44 页，罗马字本，巴色，1868 年，20 厘米，巴色。

Ka¹ Tšhu² Šin⁴ Fun¹ Tsho¹ Hok⁵. Ha⁴ Pun³ [The Four First Rules of Arithmetic（Second Part）]，罗马字本，巴色，1868 年；1892 年，二版，44＋11 页；1899 年三版，仅第一部分，44 页，巴色。

《客家俗话破学》，60 页，巴色，1869 年，18.5 厘米，巴色。

Ya² Sz¹ Kau⁴ F Ui⁴ Hok⁵（Short Catechism of the Christian Religion），19 页，1871 年，罗马字本；1894 年三版，20 页，17 厘米，1904 年四版，巴色。

Šin⁴ Šu¹ Kin³-Yau⁴ Šu¹-Tset⁶ A Collection of Bible Passages in the Hakka Colloquial Language，115 页（第一部分），19 页（第二部分），巴色，1874/1875，罗马字本，巴色。

Pit⁶ son⁴ fap⁶（笔算法），309 页，1875 年前，罗马字本，算术和几何教科书稿本，巴色。作者：舒大辟。《巴色会 1875 年年报》提到过此书。

《结过洗礼约问答书》，19 页，1875 年，罗马字本，巴色。

Wan⁴ Kwer⁵ S³ Ki⁴（《万国史记》），289 页，巴色，1875 年以前，罗马字本，稿本，《巴色会 1875 年年报》提到过此书。

《圣经故事》，Evangelical 教会，巴色，1878 年，206 页，22.5 厘米，罗马字。

《巴色传道会在中国立倒嘅圣会所用嘅祈祷文抻仪礼》，

138 页,巴色,1878 年,罗马字本,巴色。

Šin⁴ Šu¹ Kai⁴ S⁴ Šit⁵ (Biblical Histories in the Romanized Colloquial of the Hakka Chinese in the Province of Canton),206 页,巴色,1878 年。22 厘米,罗马字本;1889 年第二版,212 页,22 厘米;1898 年三版,212 页,22 厘米,巴色,包括 52 个圣经故事。

Pho⁴ Hok⁵ Tsai³ Kai⁴ Šin⁴ Šu¹ S⁴ Šit⁵ (Biblische Geshichten fur Unmündige),广东省的客家话,Lepsius 拼音,74 页,1879 年,17 厘米,罗马字本,巴色。

《启蒙浅学》,198 页,巴色,1879 年,21 厘米,罗马字本;1892 年二版,205 页,238 章,21 厘米;1900 年三版,198 页,238 段,香港巴色会,22 厘米,巴色。

《家藏祷文》,30 叶,巴色传道会印刷,1880 年,18 厘米,罗马字本,巴色。

《进教初步》,11 叶,巴色,1880 年,《中国评论》1880 年 8 期有一篇书评,巴色。

Pho⁴ Hok⁵ Tsai³ Kai⁴ Šin⁴ Šu¹ S⁴ Šit⁵ (Biblische Geshichten überstzt in die Umgangssprache der Hakka-Chinesen),76 页,包括源自旧约的 32 个故事和源自新约的 40 个故事,巴色,1883 年,21. 5 厘米,罗马字本;1895 年二版,巴色。

《圣书要录》,9+12+13+61 叶,巴色传道会印藏版,1883 年,21 厘米,巴色。

《结过洗礼约问答书》,16 叶,巴色传道会印藏版,1883 年,巴色。

《圣经书节择要》《结过洗礼约问答书》，103＋17 叶，香港和盛印字馆活版，1884 年，汉字和罗马字相对照，巴色。

Sĭn⁴ Fui⁴ Phak⁵ Va⁴ Ko¹（Hyme book in the Romanized Colloquial of the Hakka Chinese in the Province of Canton），129 首歌＋96 页。巴色，1884 年，18 厘米。罗马字本。第二版 96 页，1894 年，19 厘米。第三版 96 页，1904 年。巴色。

《旧约圣史记》，巴色传道会印藏版，260 页，巴色。

《为主做证（卷一）》，174 叶，巴色，1890 年，巴色。

《为主做证（卷二）》，245 叶，巴色，1890 年，巴色。

Ha²-Ka¹ Syuk⁵-Wa⁴ Pho⁴ Hok⁵（First Lessons in Reading and Writing the Hakka Colloquial），56 页，巴色，1891 年，罗马字本，内容包括罗马字母的写法、Lepsius 罗马字拼音方案音节表、宗教故事、数词、乘法九九表，1899 年二版，18.5 厘米，1909 年三版，巴色。

《细字祈祷文》，23 叶，巴色传道会刊版，1892 年，巴色。

Ka¹ Tšhu² Sĭn⁴ Fun¹ Tsho¹ Hok⁵. Šong⁴ Pun³〔The Four First Rules of Arithmetic（Second Part）〕，44＋11 页，巴色，1892 年，20 厘米，罗马字本；1892 年二版，11 页；1898 年三版，44 页，巴色。

《旧约事实》，37 叶，香港巴色会藏版，1893 年，巴色。

《新约事实》，43 叶，香港巴色会藏版，1893 年，巴色。

《圣书摘要（卷一）》，141 叶，香港巴色会藏版，1895 年，巴色。

《圣书摘要（卷二）》，160 叶，香港巴色会藏版，1895 年，巴色。

《耶稣翻生升天嘅事实》，37 叶，香港巴色会刊印，1895 年，

　　巴色。

《祈祷礼仪》,139 叶,香港巴色会,1896 年,巴色。

《启蒙浅学》,99 叶,分上下两卷,上卷为《讲论各样生物挻死
　　物》;下卷为《讲论各样生物挻死物个性情》,共 238 段。
　　汉字本。巴色。《启蒙浅学》(1879—1900)的汉字译本。

《进教初步》,11 叶,1902 年,香港巴色传道会樟村教堂刊,
　　巴色。

《圣经事实　旧约》,41 页,1903 年,香港巴色会藏版,巴色。

《圣经事实　新约》,41 页,1903 年,香港巴色会藏版,巴色。

《明心图》,23 叶,另有 9 叶有客家话解说的基督教宗教图画,
　　1903 年,嘉应西门外奇珍阁刊印,黄塘德国教堂存版。

《教会幼学》,13 页+客话音表,1908 年,这是一本宣讲基督徒
　　道德的小册子,巴色。

《新约事实》,64 叶+客话音表 1 叶,1910 年,新约故事,巴色。

《旧约事实》,83 叶+客话音表 1 叶,1910 年,旧约故事,巴色。

《教会少女歌》,18 叶,1915 年,巴色传道会藏版,巴色。

《女徒镜》,客话教友之一,17 叶,1916 年,巴色会藏版,巴色。

《结过洗礼约问答》,13 叶,1916 年,另有新版,书名为《新结过
　　洗礼约问答》,16 叶,出版年份未详,巴色。

《圣经书节》,41 叶,巴色传教会藏版,1916 年,巴色。

《路德事实》,客话教友之三,20 页,1917 年,巴色会印行,
　　巴色。

《希望说》,16 页,1917 年,巴色会藏版,本色。

《学道识字课本》,无页码,正反面皆印刷,出版年份未详,
　　巴色。

《第三四学年圣经书节》，成书或出版年份未详，巴色。

《初入教门歌》，14 页，69 首歌。成书或出版年份未详，巴色。

《信教阶梯》，30 页，罗马字本，Lepsis 拼音。成书或出版年份
　　未详，巴色。

《家庭祷文》，30 页，成书或出版年份未详，巴色。

《进教初步略解》，成书或出版年份未详，巴色。

第六章
中国少数民族语言《圣经》
译本书目辑录

此书目体例同第二章。这一部分书目只是附带搜集,原书经笔者目验的也只有一部分。各语言或方言的排列次第,以类相从,以语族归类。

6.1 汉藏语系壮侗语族

6.1.1 仲家话

《马太福音》,大英圣经会,上海,1904 年,166 页,17.5 厘米,罗马字本,东洋/同志社/美经会,译者为内地会的 S. R. Clarke,信望爱网站。

6.1.2 拉咖话(Laka)

《马可福音》,大英圣书公会,上海,1912 年,96 页,21 厘米,Pollard 字体,类似框架式苗文,东洋/同志社/美经会,译者为内地会的 A. G. Nicholls 和 Gladstone Porteous。

《约翰福音》,大英圣书公会,上海,1936 年,译者为内地会的 T. A. Binks。

6.1.3　傣雅话

《马太福音》,大英圣经会,曼谷,1922 年,采用老挝(Yuan)字体,美经会,译者为长老会的 Belle E. Dodd。

6.1.4　Tai Lu(傣仂?)话

《路加福音和约翰福音》,美国圣经会,横滨,1921 年,采用傣仂文,美经会,译者为美国长老会的 L. J. Beebe。

《路加福音》,第 2 和第 3 版,1927 年,美经会,译者为美国长老会的 L. J. Beebe。

《创世记》,第 1—11 章,1928 年,美经会,译者为美国长老会的 L. J. Beebe。

《雅各书》,1829 年,美经会,译者为美国长老会的 L. J. Beebe。

《马可福音》,1932 年,美经会,译者为美国长老会的 L. J. Beebe。

《使徒行传—希伯来人书》,1932 年,分册装订,美经会,译者为美国长老会的 L. J. Beebe。

《新约》,美国圣经会,曼谷,1933 年,译者为美国长老会的 L. J. Beebe,他曾得到一个泰国传道人和三个当地助手的帮助,采用老挝文。

6.1.5　掸语

《马可福音》,大英圣书公会,伦敦,1931 年,采用 Yunnanese character,同志社/美经会,译者为云南掸民教师孔先生,他曾得到瑞典 Free Mission 的 Mary E. Johansson 的指导。

《马可福音》,Burma Agency,加尔各答,1943 年,美经会。

《使徒行传》,大英圣书公会,伦敦,1948 年,美经会,由 Bible
　　Churchmen's MS 的 Mary E. F. Stileman 根 据 Shan
　　Cushing 译本改编,仅对词汇方面稍有修改,以适合云南
　　掸族。

6.2　汉藏语系苗瑶语族

6.2.1　花苗话

《马可福音》,大英圣书公会,Chaotung,1907 年,Pollard 框架
　　式苗文,美经会。

《约翰福音》,大英圣书公会,1908 年,Pollard 框架式苗文,美
　　经会。

《马可福音》,大英圣书公会,上海,1910 年,修订本,84 页,
　　21.5 厘米,Pollard 框架式苗文,东洋/美经会。

《马可福音》,National BS of Scotland,安顺府,1910 年,罗马
　　字本,美经会,译者为内地会的 J. R. Adam。

《约翰福音(1—3 章)》,National BS of Scotland,安顺府,
　　1910 年,罗马字本,美经会,译者为内地会的 J. R. Adam。

《马太福音》,National BS of Scotland,安顺府,1911 年,罗马
　　字本,美经会,译者为内地会的 J. R. Adam。

《约翰福音》,National BS of Scotland,安顺府,1911 年,罗马
　　字本,美经会,译者为内地会的 J. R. Adam。

《罗马人书》,National BS of Scotland,安顺府,1911 年,罗马
　　字本,美经会,译者为内地会的 J. R. Adam。

《加拉太书》，National BS of Scotland，安顺府，1911 年，罗马
　　字本，美经会，译者为内地会的 J. R. Adam。

《马太福音》，大英圣书公会，1912 年，Pollard 框架式苗文，美
　　经会。

《使徒行传》，大英圣书公会，上海，1915 年，106 页，21. 5 厘
　　米，Pollard 框架式苗文，东洋/美经会。

《新约》，大英圣书公会，1917 年，Pollard 框架式苗文，1929 年
　　重印本，美经会。

《新约》，大英圣书公会，上海，1936 年，修订本，Pollard 框架式
　　苗文，1947 年重印，美经会。（以上花苗圣经所用的框架
　　式苗文由 Bible Christian 的 Samuel Pollard 创制，他曾得
　　到 W. H. Hudspeth，Gladstone Porteous 和 A. G.
　　Nicholls 的帮助。）

6.2.2　川苗话

《马可福音》，云南（未注出版单位），1922 年，98 页，19 厘米，
　　线装，Pollard 框架式苗文，东洋/同志社/美经会。

《马可福音》，译者为 United Methodist 的 H. Parson，曾得到
　　花苗族教师 Yang K'uan-I 的协助，China Bible House，上
　　海，框架式苗文（柏格理字母 Pollard script），1938 年，
　　59 页，东洋/同志社/美经会/天理/信望爱网站，译者为
　　花苗族教师。扉页书影见图 6.1。

6.2.3　黑苗语

《马太福音》，大英圣书公会，上海，1928 年，注音字母本，

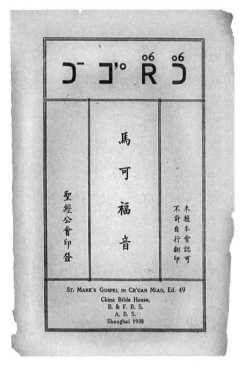

图 6.1 川苗话《马可福音》扉页书影

1932 年修订版,美经会,译者为内地会的 H. M. Hutton,
曾得到当地杨先生的帮助。

《马可福音》,大英圣书公会,上海,1928 年,注音字母本,美经
会,译者为内地会的 H. M. Hutton,曾得到当地杨先生的
帮助,1932 年修订版。

《路加福音》,大英圣书公会,上海,1932 年,注音字母本,美经
会,译者为内地会的 H. M. Hutton,曾得到当地杨先生的
帮助。

《约翰福音》,大英圣书公会,上海,1932 年,注音字母本,美经
　　会,译者为内地会的 H. M. Hutton,曾得到当地杨先生的
　　帮助。

《使徒行传》,大英圣书公会,上海,1932 年,注音字母本,美经
　　会,译者为内地会的 H. M. Hutton,曾得到当地杨先生的
　　帮助。

《新约》,大英圣书公会,上海,1934 年,1304 页,21.5 厘米,铅
　　印,洋装,注音字母本,北大/同志社/东洋/美经会。译者
　　为内地会的 H. M. Hutton,曾得到当地杨先生的帮助。

6.2.4　勉话

《马可福音》,美国圣经会,曼谷,1932 年,泰文,美经会,译者
　　为越南教师 Francois 和美国圣经会的 C. K. Trung。

6.3　汉藏语系藏缅语族

6.3.1　傈僳语(Lisu)

《马太福音》,大英圣书公会印发,上海,1912 年,128 页,
　　21.5 厘米,东洋/同志社/美经会,Pollard 字体,类似框架
　　式苗文,译者为内地会的 A. G. Nicholls 和 G. E.
　　Metcalf,信望爱网站。书名页书影见图 6.2。

《路加福音》,大英圣书公会,上海,1917 年,136 页,18.5 厘
　　米,线装,东洋/美经会,Pollard 字体,类似框架式苗文。

《使徒行传》,大英圣书公会,上海,1928 年,美经会,Pollard 字
　　体,类似框架式苗文。

图 6.2 傈僳语《马太福音》书名页书影

《约翰福音》,大英圣书公会,上海,1936 年,美经会,Pollard 字
　　体,类似框架式苗文。

6.3.2　西傈僳语(Western Lisu)

《马可福音》,大英圣书公会,上海,1921 年,西傈僳文,译者为
　　内地会的 J. O. Fraser,拼音的西傈僳文是浸礼会传教士
　　在 1915 年创制的。

《约翰福音》,1923 年,西傈僳文。

《路加福音》，大英圣书公会，仰光，1930 年，西傈僳文，译者为
　　C. G. Gowman。

《马太福音》，大英圣书公会，上海，1932 年，西傈僳文，译者为
　　A. B. Cooke 和 C. G. Gowman 夫人。

《四福音书和使徒行传》，1933 年。

6.3.3　花傈僳语(Hwa Lisu)

《使徒行传》，大英圣书公会，上海，由华北芝罘（Chefoo）
　　James McMullan & Co. 印刷，1932 年，101 页，18.5 厘
　　米，东洋/同志社，字体以拉丁字母为主，加倒字及附加
　　符号。

《马可福音》，大英圣书公会，上海，由华北芝罘（Chefoo）
　　James McMullan & Co. 印刷，1932 年，65 页，18.5 厘米，
　　东洋。

《约翰福音》，大英圣书公会，上海，1933 年，75 页，18.5 厘米，
　　东洋。

《路加福音》，大英圣书公会，上海，1933 年，112 页，18.5 厘
　　米，东洋。

6.3.4　诺苏语(Nosu)

《路加福音》，大英圣书公会，上海，1923 年，159 页，19 厘米，
　　东洋/同志社/美经会，字体类似框架式苗文，创制人为
　　Samuel Pollard，线装。

《使徒行传》，大英圣书公会，上海，1926 年，200 页，线装，东
　　洋，字体类似框架式苗文，创制人为 Samuel Pollard。

《新约》,China Bible House,上海,1948 年,美经会,字体类似
　　框架式苗文,创制人为 Samuel Pollard,译者为内地会的
　　Gladstone Porteous。

6.3.5　彝语
《约翰福音》,大英圣书公会,上海,1938 年,85 页,天理。

6.3.6　Kopu 话
《马可福音》,大英圣书公会,上海,1913 年,采用 Samuel
　　Pollard 创制的文字,美经会,译者为内地会的 A. G.
　　Nicholls 和 United Methodist Church Mission 的 A.
　　Evans,Kopu 话属彝语北部方言。

6.3.7　拉祜语
《马可福音》,美国浸信会,仰光,1924 年,1938 年修订本,罗马
　　字本,美经会,译者为 ABFMS 的 J. Haxton Telford,他
　　曾得到 Potun,David,Ai Pun 和 Chit Swe 的帮助。
《马可福音》,美国浸信会,仰光,1925 年,Yuan 字体,美经会,
　　译者为老挝传教士 Duang Dee。
《使徒行传》,美国浸信会,仰光,1926 年,Yuan 字体,译者为
　　老挝传教士 Duang Dee。
《马太福音》,美国浸信会,仰光,1928 年,Yuan 字体,译者为
　　老挝传教士 Duang Dee。
《路加福音》,美国浸信会,仰光,1928 年,Yuan 字体,译者为
　　老挝传教士 Duang Dee。

《新约》，美国浸信会，仰光，1932 年，美经会，译者为 ABFMS
　　的 J. Haxton Telford，他曾得到 Potun，David，Ai Pun
　　和 Chit Swe 的帮助。

《马可福音》，Scripture Gift Mission，伦敦，1938 年，罗马字
　　本，美经会，译者为 ABFMS 的 J. Haxton Telford，他曾
　　得到 Potun，David，Ai Pun 和 Chit Swe 的帮助。

《诗篇》，美国浸信会，仰光，1939 年，罗马字本，美经会，译者
　　为 ABFMS 的 J. Haxton Telford，他曾得到 Potun，
　　David，Ai Pun 和 Chit Swe 的帮助。

《新约》，仰光，1949 年，修订本，罗马字本，美经会，译者为
　　ABFMS 的 J. Haxton Telford，他曾得到 Potun，David，
　　Ai Pun 和 Chit Swe 的帮助。

6.3.8　纳西语

m-ko te-d(Na-Hsi Mark)（马可福音），大英圣书公会，上海，
　　1932 年，采用经修改的柏格理 Pollard 字体，同志社/
　　美经会，译者为荷兰长老会的 Elise Sharten，信望爱
　　网站。

6.3.9　哈尼语? (Kado)

《路加福音》，大英圣书公会和美国圣经会，China Bible
　　House，上海，1939 年，121 页，采用 Pollard 字体，天理/
　　美经会，译者为傈僳人 Ch'i 先生，他曾得到 6 位哈尼族教
　　师的帮助。

6.3.10　景颇语

《约翰福音》,美国浸信会,仰光,1895 年,美经会。

《路加福音》,美国浸信会,仰光,1896 年,美经会。

《创世记》,美国浸信,仰光,1897 年,美经会。

《出埃及记》,美国浸信会,仰光,1898 年,美经会。

《俄巴底亚书》,美国浸信会,仰光,1899 年,美经会。

《约拿书》,美国浸信会,仰光,1899 年,美经会。

《诗篇》,美国浸信会,仰光,1901 年,美经会。

《使徒行传》,美国浸信会,仰光,1902 年,美经会。

《马太福音》,美国浸信会,仰光,1903 年,1912 年修订本,
　　1943 年订正本,美经会。

《马可福音》,美国浸信会,仰光,1903 年,1912 年修订本,
　　1943 年订正本,美经会。

《雅各书至犹大书》,美国浸信会,仰光,1904 年,美经会。

《新约》,美国浸信会,仰光,1912 年,1945 年订正本,美经会。

6.3.11　Atsi 话

《马可福音》,私人印刷,山东芝罘,1939 年,译者为内地会的
　　F. J. Fitzwilliam,采用 Fraser 拼音文字,Atsi 话属藏缅语
　　族缅彝语支 Burmish 语北部方言,在中国境内使用于云南。

《圣经》,美国浸信会,仰光,1927 年,1937 年重新印刷,美
　　经会。

6.3.12　Akha 话

《马可福音》,Scripture Gift Mission,伦敦,1939 年,罗马字

本,美经会,译者为 Karen 族牧师 Tun Jaw,他曾得到
ABFMS 的 J. Haxton Telford 的帮助,Akha 话的拼音文
字即是后者创制的,Akha 话属藏缅语族缅彝语支南部
方言。

6.3.13 藏文

《使徒行传》,私人印刷,Kyelang,1862 年,译者为 H. A.
Jaeschke(Moravian)。

《罗马人书》,私人印刷,Kyelang,1865 年,美经会,译者为
H. A. Jaeschke(Moravian)。

《歌罗西书》,私人印刷,Kyelang,1865 年,美经会,译者为
H. A. Jaeschke(Moravian)。

《马太福音》,私人印刷,Kyelang,1866 年,美经会,译者为
H. A. Jaeschke(Moravian)。

《约翰福音》,私人印刷,Kyelang,1868 年,美经会,译者为
H. A. Jaeschke(Moravian)。

《哥林多前后书》,私人印刷,Kyelang,1868 年,美经会,译者
为 H. A. Jaeschke(Moravian)。

《加拉太书—腓立比书》,私人印刷,Kyelang,1868 年,美经
会,译者为 H. A. Jaeschke(Moravian)。

《帖撒罗尼迦前后书》,私人印刷,Kyelang,1868 年,美经会,
译者为 H. A. Jaeschke(Moravian)。

《马可福音》,私人印刷,Kyelang,1873 年,译者为 H. A.
Jaeschke(Moravian)。

《雅各书》,私人印刷,Kyelang,1873 年,译者为 H. A.

Jaeschke(Moravian)。

《犹大书》，私人印刷，Kyelang，1873 年，译者为 H. A. Jaeschke(Moravian)。

《提摹太前书—腓利门书》，私人印刷，Kyelang，1875 年，译者为 H. A. Jaeschke(Moravian)。

《彼得前书—约翰三书》，私人印刷，Kyelang，1873 年，译者为 H. A. Jaeschke(Moravian)。

《创世记》，私人印刷，Kyelang，1881 年，译者为 A. W. Heyde、H. A. Redslob 和 T. D. L. Schreve 等人。

《出埃及记(1—20 章)》，私人印刷，Kyelang，1881 年，译者为 A. W. Heyde、H. A. Redslob 和 T. D. L. Schreve 等人。

《马太福音》，私人印刷，Kyelang，1883 年，译者为 A. W. Heyde、H. A. Redslob 和 T. D. L. Schreve 等人，美经会。

《马可福音》，私人印刷，Kyelang，1883 年，译者为 A. W. Heyde、H. A. Redslob 和 T. D. L. Schreve 等人。

《路加福音》，私人印刷，Kyelang，1883 年，译者为 A. W. Heyde、H. A. Redslob 和 T. D. L. Schreve 等人。

《约翰福音》，私人印刷，Kyelang，1883 年，美经会，译者为 A. W. Heyde、H. A. Redslob 和 T. D. L. Schreve 等人。

《使徒行传—启示录》，大英圣书公会，柏林，1885 年，美经会，译者为 A. W. Heyde、H. A. Redslob 和 T. D. L. Schreve 等人。

《申命记》，私人印刷，Kyelang，1890 年，译者为 A. W. Heyde、H. A. Redslob 和 T. D. L. Schreve 等人。

《马太福音》，修订本，大英圣书公会，上海，1894 年，修订者为

Scandinavian Alliance MS 的传教士们。

《马可福音》,修订本,大英圣书公会,上海,1894 年,美经会,
　　修订者为 Scandinavian Alliance MS 的传教士们。

《路加福音》,修订本,大英圣书公会,上海,1894 年,修订者为
　　Scandinavian Alliance MS 的传教士们。

《约翰福音》,修订本,大英圣书公会,上海,1894 年,修订者为
　　Scandinavian Alliance MS 的传教士们,1899 年重印。

《约翰福音》,私人印刷,香港,1898 年,译者为 A. Giraudeau。

《马可福音》,修订本(稿本),大英圣书公会,Calcutta
　　Auxiliary, Ghom, 1899 年,译者为 A. W. Heyde、H.
　　A. Redslob 和 T. D. L. Schreve 等人。

《新约》,大英圣书公会,Calcutta Auxiliary, Ghom,1903 年,
　　译者为 A. W. Heyde、H. A. Redslob 和 T. D. L. Schreve
　　等人,1933 年重印。

《创世记》,大英圣书公会,柏林,1905 年,美经会,译者为
　　A. W. Heyde、H. A. Redslob 和 T. D. L. Schreve 等人。

《出埃及记》,大英圣书公会,柏林,1905 年,美经会,译者为
　　A. W. Heyde、H. A. Redslob 和 T. D. L. Schreve 等人。

《撒母耳记上》,稿本,Mission Press, Leh,1906 年。

《诗篇》,大英圣书公会,加尔加答,1906 年,美经会,译者为
　　A. W. Heyde、H. A. Redslob 和 T. D. L. Schreve 等人。

《利未记》,大英圣书公会,柏林,1907 年,美经会,译者为
　　A. W. Heyde、H. A. Redslob 和 T. D. L. Schreve 等人。

《约书亚书》,大英圣书公会,伦敦,1912 年。

《士师记—撒母耳下》,大英圣书公会,伦敦,1922 年。

《列王纪上—历代志下》，大英圣书公会，伦敦，1930 年，美
　　经会。

《以赛亚书》，大英圣书公会，伦敦，1933 年，美经会。

《耶利米书》，大英圣书公会，伦敦，1933 年，美经会。

Dam pa'i gsun rab ces bya ba bzugs so，*zal chad gsar ba'i*
　　mdo rnams ni，西藏文新约修订本，1933，Heinrich
　　August Jäschke 翻译，后由 Augustus William Heyde，
　　Friedrich Adolphus Redslob 与 Nathaniel 组成的委员会
　　修订，西藏文，British & Foreign Bible Society，Shanghai，
　　1933，Tibetan New Testament，R(evised). V(ersion).

《圣经》(含新约修订本)，Bible Society of Indian and Ceylon，
　　Lahore，1948 年，译者为 Moravian Mission 的 A. H.
　　Francke、Y. Gergan 等人，美经会。

《新旧约全书》，约瑟·索南(Yoseb Sonam)译，1948 年，信望
　　爱网站。

6.4　南亚语系孟高棉语族

6.4.1　佤语

《约翰福音》，美国浸信会，仰光，1934 年，美经会，译者为
　　M. S. Yang，他曾得到佤族教师 Sara Yaw Su，Sai Pluik
　　和 Sara Ngao Meung 的帮助。

《马太福音》，美国浸信会，仰光，1935 年，美经会，译者为
　　M. S. Yang，他曾得到佤族教师 Sara Yaw Su，Sai Pluik
　　和 Sara Ngao Meung 的帮助。

《马可福音》，美国浸信会，仰光，1935 年，美经会，译者为
　　M. S. Yang，他曾得到佤族教师 Sara Yaw Su，Sai Pluik
　　和 Sara Ngao Meung 的帮助。

《路加福音》，美国浸信会，仰光，1935 年，美经会，译者为
　　M. S. Yang，他曾得到佤族教师 Sara Yaw Su，Sai Pluik
　　和 Sara Ngao Meung 的帮助。

《新约》，美国浸信会，仰光，1935 年，美经会，译者为 M. S.
　　Yang，他曾得到佤族教师 Sara Yaw Su，Sai Pluik 和
　　Sara Ngao Meung 的帮助。

6.5　阿尔泰语系蒙古语族

6.5.1　蒙文

《马太福音》《约翰福音》，Russian Bible Society，彼得堡，
　　1819 年，译者为 I. J. Schmidt 和两位蒙古人，Badma 和
　　Normiu。

《新约》，1827 年，未发行。

《旧约首五卷》，大英圣书公会，Slengisky，1836 年，译者为
　　LMS 的 E. Stallybrass，W. Swan 和 R. Yuille。

《诗篇》，美国圣经会，彼得堡，1836 年。

《新约全书》，从希腊文翻译，英国和外国圣经公会，伦敦
　　1846 年，译者为施德华（Edwand Stallybrass）和史维廉
　　（William Swan），信望爱网站，扉页书影见附件。

《新约全书》，从希腊文翻译，英国和外国圣经公会，圣彼得堡，
　　25 厘米，658 页，1880 年，译者为施德华（Edwand

Stallybrass)和史维廉(William Swan),哈佛燕京 TMO
1977.5 1880。

《旧约》,大英圣书公会,伦敦,1846 年,1886 年在彼得堡重印,
采用满文字母。

《基督徒问答》(*Christian Catechism*),26 叶,Xylog,
Peking,1866。

《马太福音》,大英圣书公会,北京,1872 年,1894 年重印,美经
会,译者为一蒙古喇嘛,译文曾由 S. I. J. Schereschwsky
和艾约瑟修改。

《马太福音书》,英国和外国圣经公会,上海,15.5 厘米,141
页,1872 年,哈佛燕京 TMO 1977.62。

《路加福音书》,英国和外国圣经公会,上海,92 页,19.5 厘米,
1900 年,哈佛燕京 TMO 1977.64。

《约翰福音书》,英国和外国圣经公会,上海,87 页,19.5 厘米,
1900 年,哈佛燕京 TMO 1977.65。

《使徒行传》,英国和外国圣经公会,上海,87 页,19.5 厘米,
1902 年,哈佛燕京 TMO 1977.67 1902。

《四福音书和使徒行传》,大英圣书公会,上海(在日本横滨印
刷),1911 年。

《创世记》,上海,1913 年,美经会。

《约拿书》,英国和外国圣经公会,上海,15 厘米,1913 年,美经
会/哈佛燕京 TMO 1977.492 1913。

《四福音书和使徒行传》,上海,1913 年,1939 年重印,美经会。

《箴言》,英国和外国圣经公会,上海,23 厘米,1921 年,美经
会/哈佛燕京 TMO 1977.37 1921。

《创世记》，英国和外国圣经公会，上海，23 厘米，1911 年，哈佛
　　燕京 TMO 1977.21 1932。

《马太福音书》，英国和外国圣经公会，上海，78 页，19.5 厘米，
　　1929 年，哈佛燕京 TMO 1977.62 1929。

《马可福音书》，英国和外国圣经公会，上海，48 页，19.5 厘米，
　　1929 年，哈佛燕京 TMO 1977.63 1929。

《约翰福音书》，英国和外国圣经公会，上海，69 页，19.5 厘米，
　　1929 年，哈佛燕京 TMO 1977.65 1929。

《出埃及记》，英国和外国圣经公会，上海，23 厘米，1933 年，美
　　经会/哈佛燕京 TMO 1977.22 1933。

《马太福音书》，英国和外国圣经公会，上海，78 页，19.5 厘米，
　　1933 年，哈佛燕京 TMO 1977.62 1933。

《马可福音书》，英国和外国圣经公会，上海，48 页，19.5 厘米，
　　1933 年，哈佛燕京 TMO 1977.63 1933,1929 年版本的再
　　版本。

《路加福音书》，英国和外国圣经公会，上海，86 页，19.5 厘米，
　　1933 年，哈佛燕京 TMO 1977.64 1933。

《使徒行传》，英国和外国圣经公会，上海，88 页，19.5 厘米，
　　1933 年，哈佛燕京 TMO 1977.67 1933。

《但以理书》，上海，1934 年，SDA Mongolian MP，美经会。

《马太福音》，China Bible House，上海，1940 年，美经会。

《马可福音》，China Bible House，上海，1940 年，美经会。

《路加福音》，China Bible House，上海，1947 年，美经会。

《新约全书》，从希腊文翻译，英国和外国圣经公会，上海，
　　25 厘米，925 页，1846 年，译者为施德华（Edwand

Stallybrass)和史维廉(William Swan),哈佛燕京 TMO 1977.5 1846 Bible。书写蒙古语传统蒙古文字体。此译本采用蒙古语的"佛"翻译耶和华上帝,并采用众多源自佛教之蒙语词汇翻译圣经词汇。二位译者均隶属伦敦差会 LMS。

6.6　阿尔泰语系满·蒙古语族

6.6.1　满语

《马太福音》,大英圣书公会,圣彼得堡,1822 年,美经会,采用满文,译者是俄国外交官 S. V. Lipoftsoff。

《新约》,大英圣书公会,圣彼得堡,1835 年,1929 年重印,美经会/哈佛燕京 TMA 1977.65 1911c,译者是俄罗斯东正教修士 Липовцов Степан Васильевич〔Stepan Vaciliyevich Lipovtsov〕(1770—1841),他也是俄国外交官,信望爱网站,封面书影见附录。

《马太福音》(满语和汉语),Wylie 译,70 叶,上海,1859 年。

《马可译音》(满语和汉语),Wylie 译,43 叶,上海,1859 年。

Ice Hese(满文新约全书- Part 1),满洲话,1911,利波夫左夫译,满文,信望爱网站。

Ice Hese(满文新约全书- Part 2),满洲话,1911,利波夫左夫译,满文,信望爱网站。

《新约全书》,满洲话(1850—1869?),利波夫左夫译,满文满洲话由东正教教士斯捷凡·利波夫左夫(StepanVaciliyevich Lipovtsov)翻译的《新约全书》(1850—1869? 版),共 8 卷,

8 卷单独成册，汇总成一卷本，516 页。哈佛燕京
TMA1977.65 1911b。收藏于澳洲新南威尔士州立图书
馆的，装订成 2 本合订本。一位谙满文的朋友 Dalt 指
出，此满文二册新约八卷中，第一册包括卷一、卷二、卷
三、卷四，第二册包括卷四、卷五、卷六下、卷七。因此此
本新约为残本，卷四重复（约翰福音），并且缺卷六上（罗
马、林前、林后、加拉太）。

《约翰福音》，英国和外国圣经公会，上海，线装，53 叶，1911
年，哈佛燕京 TMA 1977.65 1911。

《马可福音》，满洲话，年代未详，利波夫左夫译，满洲话，满文。

《满汉合璧新约圣书》（马太福音），满洲话，1911，满文，中文为
委办译本译文。中央民族学院图书馆/信望爱网站。

《满汉合璧新约圣书》（马可福音），满洲话，1911，满文，中文为
委办译本译文。中央民族学院图书馆/信望爱网站。

6.7　阿尔泰语系突厥语族

6.7.1　哈萨克语

《新约》，俄国圣经会，Astrakhan，1820 年，美经会，采用阿拉
伯文，译者是苏格兰圣经会的 C. Fraser，其中《马太福音》
曾于 1818 年单独发行。

《新约》，大英圣书公会，喀山（Kazan），1888 年，1887 年、
1910 年重印，采用阿拉伯文，美经会。

《马可福音》，大英圣书公会，Tomsk，1894 年，采用西里尔
（Cyrillic)字母。

《马太福音、马可福音和使徒行传》，Tihwa，1917 年，采用阿拉
　　伯文，油印本。

《马可福音》，修订本，大英圣书公会，上海，1918 年，采用阿拉
　　伯文。

《使徒行传》，修订本，大英圣书公会，上海，1927 年，采用阿拉
　　伯文，美经会。

《马可福音》，大英圣书公会，上海，1927 年，采用阿拉伯文，美
　　经会。

《路加福音》，大英圣书公会，上海，1927 年，采用阿拉伯文，美
　　经会。

《约翰福音》，大英圣书公会，上海，1927 年，采用阿拉伯文，美
　　经会。

《创世记》，大英圣书公会，上海，1930（1931?）年，采用阿拉伯
　　文，美经会。

6.7.2　乌孜别克语

《四福音书》，大英圣书公会，莱比锡，1891 年，1913 年重印，阿
　　拉伯文，美经会，译者是 M. Ostroumoff，他是塔什干学校
　　督导。

6.7.3　维吾尔语

《维吾尔语马可福音》，年代未详，维吾尔语，斯拉夫字，版本
　　未详。

《圣经》（维吾尔文），现代维文译本，2005 年，维吾尔语，阿拉
　　伯文，《引支勒》全集，《讨拉特》节集（Ingil or New

Testament＋Paraphrased Torah or the Mosaic Law），人
们活书出版社（LBA）出版。版权 2005 维文圣经协会。
（ The work is currently protected by copyright.
Uncertain if the translation is published online with the
permission of the copyright holder. ）

6.8　语系及语族不详

6.8.1　摩梭话

《马可福音》，美国圣经会，Chiengmai（清迈?），1929 年，
采用老挝文，译者为老挝传教士 Duang Dee。

6.8.2　Keh-deo 话

《马可福音》，National BS of Scotland，上海，1937 年，美
经会，译者为内地会的 H. M. Hutton，他于 1933 年为 Keh-
deo 语创制文字。

《约翰福音》，National BS of Scotland，上海，1937 年，美
经会，译者为内地会的 H. M. Huttun。

6.9　南岛语系高山族诸语言

另有七种台湾高山族语言也有《圣经》译本，但出版的最
早年代未详。这七种语言是 Paiwan（排湾）、Bunun（布侬）、
Tayal（泰雅尔）、Taroko（泰鲁阁）、Amis（阿眉斯）、Yami（耶
美）、Formosan。最后一种 Formosan 未知中文译名，在现代

高山族语言分类中也无 Formosan 一名。可能是一通名，即"福摩萨"。

从以上资料可见，在 1950 年前出版的用中国少数民族语言或方言翻译的《圣经》，共有 178 种。兹将各种少数民族语言《圣经》出版的最早年代列表比较，见表 6.1。

表 6.1 少数民族语言《圣经》出版的最早年代

语种	单篇	《新约》	《圣经》全书	文　字	数量
仲家	1904 年			罗马字	1
拉珈	1912 年			字体类似框架式苗文	2
傣雅	1922 年			老挝(Yuan)字体	1
傣仂	1921 年	1933 年		傣仂文	7
掸	1931 年			Yunnanese character	3
花苗	1907 年			Pollard 框架式苗文	12
川苗	1922 年			Pollard 框架式苗文	2
黑苗	1912 年	1934 年		注音字母	7
勉话	1932 年			泰文	1
傈僳	1912 年			字体类似框架式苗文	4
西傈僳	1921 年			西傈僳文	5
花傈僳	1932 年			以拉丁字母为主	4
诺苏	1923 年			字体类似框架式苗文	3
彝	1938 年			?	1
Kopu	1913 年			Pollard 框架式苗文	1

续　表

语种	单篇	《新约》	《圣经》全书	文　字	数量
摩梭	1929 年			老挝文	1
拉祜	1924 年	1939 年		罗马字	9
纳西	1932 年			Pollard 框架式苗文	1
哈尼	1939 年			Pollard 框架式苗文	1
景颇	1895 年	1912 年		?	12
Atsi	1939 年		1927 年	Fraser 拼音文字	2
Akha	1937 年			罗马字	1
Keh-deo	1937 年			Hutton 拼音文字	2
藏	1862 年	1903 年	1948 年	藏文	39
佤	1934 年	1935 年		?	5
蒙	1819 年	1827 年		蒙文	30
满	1822 年	1835 年		满文	9
哈萨克	1894 年	1820 年		阿拉伯文	10
乌兹别克	1891 年			阿拉伯文	1
维吾尔	未详			斯拉夫文	1
总计					178

东傈僳语另有《新约》于 1951 年由 China Bible House 在香港出版,译者是内地会的 G. E. Metcalf。

表 6.1 未包括用台湾高山族语言翻译的《圣经》。在荷兰侵占台湾时期,荷兰人治台所用的高层语言是高山族的西拉

亚语(Siraiya)。这种语言曾使用于台湾西南部今台南一带，入侵的荷兰人当年正是聚居在这一带。荷兰人为西拉亚语设计罗马字，用作行政、传教和贸易的工具，称为"新港文字"。这种文字一直使用到清嘉庆年间始废(洪唯仁 1994 年)。1661 年曾出版以这种文字翻译的《圣经》单篇，这是用中国少数民族语言翻译的最古老的《圣经》单篇。今存用新港文字翻译的平埔话和荷兰语对照的《马太福音》(1888 年版本)，是由英国甘为霖传教士复印的，共 288 页，见于信望爱网站。此书书名页书影见图 6.3，正文第 1 页书影见图 6.4。

图 6.3　台湾西拉亚语《马太福音》书名页书影

图 6.4　台湾西拉亚语《马太福音》正文第 1 页书影

附录 1
日本学者的汉语方言学著作书目

　　旅沪日本学者的著作几乎都是有关上海方言的。他们的著作大多是课本(包括会话手册),编写的目的是便于通商及与上海人交往。20世纪三四十年代出版的较多。以下所列不分类型,以出版年份先后排序。

　　御幡雅文著《沪语便商总译》,日本堂发行,1878年(明治十一年一月二十五日)初版,1892年重印。此书曾于1908年、1913年、1917年、1924年多次在上海日本堂重版。1924年(大正十三年)6月增补订正印刷,同年7月发行。这个增补本包括散语12章72页,问答50章88页。

　　杉江房造著《改正增补上海语独案内》,1904年初版,日本堂发行。全书包括单语和问答各十七章,共93页。曾多次重版,第13版出版于1923年。

　　御幡雅文著《沪语津梁》,1907年上海出新(Tso-Hsin)社出版,1926年上海东亚同文书院订正版。全书包括商贾问答各50章175页,散语75页。

　　御幡雅文著《沪语便商(一名上海话)》,上海日本堂书店明治四十一年(1908)初版发行。大正十三年再版发行。

　　后藤朝太郎著《现代支那语学》,博文馆明治四十一年

(1908)二月一日发行。

　　林通世编《瀛沪双舌（日支双用）》，1914 年上海日本堂初版，此后一再重版，1936 年 17 版。中日文对照会话手册。共113 页。

　　稻叶鼎一郎著、王廷珏先生补《上海话指南》，东京求文堂印行。92 页。昭和十年（1935）序。分白话篇、作文例两大部分。书前有发音说明。

　　稻叶鼎一郎著《日沪小字典》，67 页。以日语五十音排序。昭和十一年（1936），文求堂书店。

　　影山巍著《详注现代上海话》，东京求文堂 1936 年（昭和十一年）印行，共 131 页。此书至 1940 年出至 11 版（共315 页）。作者写此书前已旅居上海并研究汉语方言 20 多年。本书的读者对象为对上海话已有一定基础的日本人。全书除总说和附录外，包括 3 篇。总说中有北京音和上海音的简单比较等。附录中有《赏俗语林》等。第二篇《要语用法和用例》是全书主干，涉及语法问题甚多。讨论若干代词、副词和虚词的用法，并有例句。解释时与北京话作比较。如"者"：（1）单纯表示过去（助动词）；（2）表完成"了"；（3）附肯定句尾，相当于北京话"了"。例：伊前年回国者。

　　王廷珏著《实用上海话》，上海日本人基督教青年会出版。全书包括散语 10 类 20 课，问答 20 课。共 119 页。1919 年（大正八年）。

　　王廷珏著《增补实用上海话》，上海小林荣居发行兼印刷。1919 年（大正八年）初版。全书包括散语 13 类 30 课，问答30 课。共 226 页。此书曾多次重版，1939 年（昭和十四年）

10 版。

藤正纯著《上海话独案内》，1922 年序刊。日商公大纱厂用书。全书包括单语及短句 800 条，以及一些纺织专业分类词汇。中日文对照。

大川与朔著《活用上海话》，1924 年（大正十三年）出版，218 页。1926 年（大正十五年）五版。用拉丁字母注音，日文解释。全书分通俗用语、通俗用语问答和商业用语三编。对助动词和动词搭配有所说明。共 218 页。

金堂文雄著《纺织工场技术用上海语》，上海日本堂书店1926 年（大正十五年）1 月 10 日发行。共 272 页。

金堂文雄著《白话体支那语手纸》，1926 年出版。全书包括 1 200 条语句和上海话白话文书信。

柏木节著《兵用上海话》，1932 年初版，1937 年第 3 版。共 130 页。日本海军陆战队用。

喜多青磁著《实用上海话》，1933 年东京春阳堂出版。共139 页。资料主要取自王廷珏著《实用上海话》。

金堂文雄、陈受益著《沪语规范》，1933 年上海东京堂出版。全书共 245 页，开头 61 页是有关语法的散语，包括解释最难懂的动词和助动词。其余为 50 课会话，每课附生词日译。

金堂文雄、陈受益著《译本沪语规范》，上海东京堂出版1934 年。

稻叶鼎一郎著《上海声音字汇》，上海日本堂昭和十年(1935)八月五日发行。

影山巍著《实用速成上海语》，1937 年初版，1944 年第

24 版。内容与作者所著《速成北京话》《速成广东话》一致，以便比较。

金堂文雄著《上海话名词集》，1938 年上海至诚堂书店出版。全书包括三部分，即普通名词 6 300 条、抽象名词 1 700 条和代名词 342 条（所收大多是指示代词）。共 487 页。作者认为指示代词应三分，即地头（近指）、格头（中指）和伊头（远指）。

崛朱雀门著《新编支那语读本》，1939 年东京自强馆出版。全书分散语部和问答部两大部分，共 110 页。

坂本一郎著《上海话会话》，刊《支那语杂志》1 卷 10 期至 3 卷 1 期。1941 年至 1943 年。入门书，采用城内新派语音。

坂本一郎著《标准上海话读本》，1942 年上海东亚同文书院大学出版。

附录 2
收藏单位略称和全称

澳大利亚：澳大利亚国家图书馆
巴色：瑞士巴色教会图书室
国图：国家图书馆
北大：北京大学图书馆
伯克利：美国加州大学伯克利分校图书馆
大英：大英图书馆
东北：日本东北大学图书馆
东京中文系：日本东京大学中文系图书室
东洋：日本东洋文库
东京综合：日本东京大学综合图书馆
复旦：复旦大学图书馆
福建师大：福建师范大学图书馆
哥伦比亚：加拿大英属哥伦比亚大学亚洲学系
哈佛燕京：美国哈佛大学哈佛燕京学社
霍顿：霍顿图书馆（Houghton Rare Book Library）
京都：日本京都大学图书馆
京都人文研：日本京都大学人文科学研究所图书馆
康奈尔：美国康奈尔大学图书馆

莱顿：荷兰莱顿大学汉学院图书馆

麦迪逊：美国威斯康星州州立大学麦迪逊校区图书馆

纽图：美国纽约公共图书馆

美经会：美国圣经会图书室

日圣图：日本基督教圣经图书馆

汕图：广东省汕头市图书馆

上基图：上海基督教三自爱国会图书室

上图：上海图书馆

斯坦福：美国斯坦福大学图书馆

天理：日本天理大学图书馆

台大馆：台湾大学图书馆

台省图：台湾省图书馆

台图：台湾省"国家"图书馆

同志社：日本同志社大学图书馆

外德纳：外德纳图书馆（Widener Library）

厦大馆：厦门大学图书馆

厦图：厦门市图书馆

新国大分馆：新加坡国立大学中文分馆

新央图：新加坡中央图书馆

香港：香港圣经公会

徐家汇：上海图书馆徐家汇藏书楼

英经会：大英国圣经会图书室（附设在剑桥大学图书馆）

中山：广东省立中山图书馆

中山大学：广州中山大学图书馆

参考文献

Eric M. North，*The Book of A Thousand Tongues*，Harper
&. Brothers，New York and London，1938.

Geraldine Guinness，*The History of the China Inland
Mission*，2nd edition. London：Morgan and Scott，
1893.

Hilary Chappell and Christine Lamarre，*A Grammar and
Lexicon of Hakka*，*Historical Materials from the Basel
Mission Library*，曹西蕾、柯里思《客家话的语法和词
汇——瑞士巴色会所藏晚晴文献》。Ecole des Hautes
Etyudes en Sciences Sociales Centre de Recherches
Linguistiques sur l' Asie Orientale，Paris－2005.

Hubert W. Spillett，*A Catalogue of Scriptures in the
Languages of China*，British and Foreign Society，
London，1975.

John Pollock，*Hudson Taylor and Maria*，Hodder and
stoughton Ltd.，England. 1962. 中译本严彩绣译，台湾
校园书房出版社，1977 年。

Marshall Broomhall，*The Chinese Empire*，*A General &.
Missionary Survey*，Morgan &. Scott，London，1907.

Memorials of Protestant Missionaries to Chinese：Giving a List of their Publications，and Obituary Notices of the Deceased with copious indexes. Shanghae：American Presbyterian Mission Press. 1867.

One Hundred Years Being the Short History of the Church Missionary Society. 3rd edition，London Church Missionary Society. 1899.

William Gammel. A. M Boston，*A History of American Baptist Missions*，1849.

陈泽平《19世纪以来的福州方言——传教士福州土白文献之语言学研究》，福建人民出版社，2010年。

古屋昭弘《宣教士著作所见明代官话》，载早稻田大学《文学研究科纪要》35辑，1989年。

柯理思《关于REY神父的客家话资料》，载《大阪女子大学国文科纪要》国文篇49号，1989年。

柯理思，*Early Hakka Corpora in the Basel Mission Library*。载《国际中国语言学评论》，第二期，1999年，荷兰。

罗常培《耶稣会士在音韵学上的贡献》，载《中央研究院历史语言研究所集刊》1本3分，1930年。

罗常培《西洋人研究中国方音的成绩和缺点》，载《国语周刊》72期，1933年。

密立根《新约圣经流传史》（附《汉文圣经译本小史》），广学会，上海，民国二十三年。

木津佑子《关于同志社大学藏汉语方言译等圣书》，载《同志社女子大学学术研究年报》第45卷第4期（1994年）。

马西尼《罗马所藏 1602 年手稿本闽南话—西班牙语词典——中国与西方早期语言接触一例》(游汝杰译),载邹嘉彦、游汝杰主编《语言接触论集》,上海教育出版社,2004 年。

钱乃荣《西方传教士上海方言学著作研究》,上海大学出版社,2014 年。

秋谷裕幸《The Gospel of Saint Matthew in Ting-chow 的音系》,载《爱媛大学教养部纪要》27 号,1994 年。

秋谷裕幸《Gospel of Matthew Kien-yang Colloquial 的音系》,载《爱媛大学教养部纪要》28 号,1995 年。

圣经公会目录,圣书公会、美华圣经会印发,上海,1935 年。

信望爱网站。

游汝杰《西洋传教士著作所见上海话的塞音韵尾》,载《中国语文》1998 年 2 期。

游汝杰《十九世纪后半期至二十世纪上半期吴语语法研究资料述略》,载《国际中国语言学评论》第二期,1999 年,荷兰。

袁进主编《新文学的先驱——欧化白话文在近代的发生、演变和影响》,复旦大学出版社,2014 年。

张嘉星《闽方言研究专题文献辑目索引(1403—2003)》,社会科学文献出版社,2004 年。

张美兰编《美国哈佛大学哈佛燕京图书馆藏晚清民国间新教传教士中文译著目录提要》,广西师范大学出版社,2013 年 5 月。

志贺正年《中文圣书的基础研究》,株式会社天理寺报社印刷,

　　　1973 年 3 月。

　　周同春《19 世纪的上海语音》,载《吴语论丛》上海教育出版
　　　社,1988 年。

研　究　篇

西洋传教士著作所见上海话的塞音韵尾

在《切韵》音系里,鼻音韵尾有三个,塞音韵尾有三个。在现代吴语里,鼻音韵尾一般只有 ŋ 一个,塞音韵尾一般也只有 ʔ 一个。本文要讨论的问题是,吴语里的三个韵尾是在什么时代并入韵尾 ʔ 的,三个韵尾是在什么时代合而为一的。由于笔者所知的古吴语文献材料是很不充分的,对这个问题的研究,还是很粗浅的。

讨论这个问题必须参考年代明确的有关吴语的历史文献。笔者所见此类文献大致有以下几种:一是陶宗仪《南村辍耕录》;二是王应电《同文备考·声韵会通》;三是成化本南戏《白兔记》;四是《南词叙录》等南曲曲韵;五是明清地方志所录吴语材料;六是冯梦龙所辑《山歌》;七是李汝珍《李氏音鉴》;八是西洋传教士的方言学著作。

本文从西洋传教士的方言学文献论证这个问题。

1 艾约瑟著作所见证据

西洋传教士艾约瑟(Joseph Edkins)(1823—1905)所著 *A Grammar of Colloquial Chinese as Exhibited in Shanghai Dialect*《上海话口语语法》,Presbyterian Misson Press,

1853 年初版，1868 年第二版，共 225 页）是第一部汉语方言语法学著作。初版本和第二版内容无异。此书第一章第四节末尾论及当时上海话的塞音韵尾，此段文字不长，但对吴语塞音韵尾的历史研究很重要。先译述如下：

从韵母表中看到的一个最奇妙的事实，即是带 k（在阳调的字前变为 g）韵尾的促声韵，它们的元音相类似。这个特点在上海西南方向稍远一点地方就消失了，在宁波话里也没有人提到过。

兹将官话里的促声字（元音）的主要形式，按几种通用的正字法列表如下：

Morrison 和 Medhurst	ă	ĕ	eĕ	eïh ih	uĕ	iu	ŭh	ŏ
Premare	ă	ĕ	ié	ǐ	ue	ĕ	uh	ŏ
Williams	áh	eh	ieh	ih	ueh	eh	uh	óh
本书	ah	eh	ieh	ih	iöh	uh	úh	óh

大多数以 k 收尾的促声字的元音是表中最后三个元音：u ú ó。别的促声字，例如包含 ih 的字，如果以 k 收尾，常常插入一个短的 u。例如"力"字听起来是 lik 或 liuk。情况相同的是：包含 uh 或 oh 的字，如果不以 k 收尾，那么 úh 或 óh 就变为 eh。所以"末"móh 就变为 meh。许多符合这一规律的字，韵尾皆如此变化，当避开 k 的时候就用 ah 和 e 配置；如果恢复以 k 结尾韵母则相应地变为 u ú ó。然而应该看到官话的 a 在促声调里变为 a，长的 a 只用作 u 的白读形式。例如"百"，白读为 pák；文读为 puk。因此在上海话里在促声调中 á u ó ó 配 k 尾，a e ö 不配辅音韵尾，i 则是普通的（即可配可不配

译注）。

　　相对于福建话和南方其他方言而言,这条规律还是比较简单的。在那些方言里,据韵书记载,有 p、t、k 三个韵尾,也能找出它们跟元音的关系。在福建话里三个韵尾除了都可以跟 a 相配外,各自只能跟某些元音相配。

　　促声调里的 k、t、p 跟(阳声调的)韵尾 ng、n、m 相配,这一条南方方言原有的规则不适用于上海以北的方言。就韵尾系统而言,确实有这种限制,但是也不是很严格的。有些以 t 收尾的字既列在以 ng 结尾的字之后,又列在以 n 结尾的字之后。另有些以 k 收尾的字列在以元音收尾的字之后。不过符合的字比例外字要多得多,所以这条规则还是不容置疑的。既然在上海话里只有韵尾 k 仍在使用,那么这条见于韵书的古老的语音规则在现代使用的中心地带一定是更远的南方。实际上使用范围包括从上海到广州的沿海省份以及江西和湖南。

　　兹从韵类的角度来分析见于该书的 k 尾和 h 尾字。从上述译文中可以看出:第一,艾约瑟对切韵音系的韵尾系统及其与当时方言的关系有相当的了解。第二,当时的上海话里仍有 k 韵尾。作者对它的描写和分析是十分仔细的。作者记录的入声字从韵尾来看分为两类,一类是以 h 收尾的,如"法"fah、"瞎"hah、"月"nioh、"热"nyih;另一类则是以 k 收尾的。k 韵尾的存在应该是可信的。第三,当时上海话的 k 韵尾与元音的关系密切,它只跟某些元音相配。

　　艾约瑟未将它跟韵类的关系作分析。

334 西洋传教士汉语方言学著作书目考述（增订本）

见于此书韵母表及其他部分以 k 收尾的字及读音和所属韵摄见表 1。

表 1

字	若	略	郭	削	乐	作	霍	脚	虐	格	逆
音	zak	liak	kwok	siak	lok	tsok	hok	kiak	ngok	kak	niuk
韵	药	药	铎	药	铎	铎	铎	铎	药	陌	陌
摄	宕	宕	宕	宕	宕	宕	宕	宕	宕	梗	梗

字	百	划	射	额	革	毒	筑	熟	狱	屋	直	刻
音	pak	vuak	zok	ngak	kak	dok	tsok	zok	niok	ok	dzuk	k'uk
韵	陌	麦	昔	陌	麦	沃	屋	屋	浊	屋	职	德
摄	梗	梗	梗	梗	梗	通	通	通	通	通	曾	曾

"木"字在韵母表里有两读：mok 和 moh；"石"字在韵母表里记为 zak，但是在第 20 页"宝石"一词中记为 zah。此类韵尾有 k 和 h 两读的字及其读音和所属韵摄见表 2。

表 2

字	角	落	国	目	木	吃	读	薄	各	脚	缩	约	独	学	石
音	kok	lok	kok	mok	mok	k'iuk	dok	bok	kok	kiak	sok	yak	dok	hok	zak
	koh	loh	koh/ kwoh	moh	moh	k'iuh	doh	boh	koh	kiah	soh	yah	doh	hoh	zah
韵	觉	铎	德	屋	屋	锡	屋	铎	铎	铎	铎	药	屋	觉	昔
摄	江	宕	曾	通	通	梗	通	宕	宕	宕	宕	宕	通	江	梗

从表 1 和表 2 来看，此书的 k 尾韵有 7 个：ak，ok，uk，iuk，iak，iok，uak。

见于全书的以 k 收尾的入声字一共有 37 个，包括 15 个收 k 和收 h 两可的入声字。其中"射"字较特殊,"射"字在《广韵》里属假摄祃韵或梗摄昔韵,在今吴语里也有入声一读。其余 36 个字在切韵音系里分别属江摄、宕摄、曾摄、通摄、梗摄。属这几个摄的入声字在中古汉语里都是收 k 尾的。艾约瑟所记的韵尾 h 的实际音值应该就是喉塞音 ʔ,也即今吴语入声韵尾的读音。从"词汇扩散理论"来考察,这 15 个韵尾两可的字,可以认为是正处于变化之中的字,而另 22 个字则是已经完成变化的字,收 h 尾的字则是未变化的字。收 h 尾的字元音是 i、ɿ、ɪ、ə、e、ø、æ;收 k 尾的元音是 ɔ 和 a。ɔ 和 a 是后低元音。后低元音发音时口腔和喉部展开较大,发音结束后接上一个舌根塞音较方便。从音理上来看,艾约瑟的记录是可信的。

差不多同时,英国传教士艾约瑟出版了《上海方言词汇》,即 *A Vocabulary of the Shanghai Dialect*(上海美华书馆,151 页,1869)。这是最早的上海方言词典。作者为配合所著《上海口语语法》而撰此词典。此书塞音韵尾也分为-h 和-k 两套。-h 前的元音短,如-ih"必";-k 前元音长,如 ok"屋"。

见于此书以 k 收尾的字(共 9 个)及读音和所属韵摄见表 3。

表 3

字	托	虐	若	宅	陌	学	录	熟	肉
音	tʻok	ngok	zak	dzak	mak	ok	lok	zok	niok
韵	铎	药	药	陌	陌	觉	烛	屋	屋
摄	宕	宕	宕	梗	梗	江	通	通	通

此书中韵尾有 k 和 h 两读的字（共 12 个）及其读音和所属韵摄见表 4。

表 4

字	恶	着	格	革	陌	隔	百	剥	读	独	毒	龌
音	ok	dzak	kak	kak	mok	kak	pak	pok	dok	dok	dok	ok
	oh	dzah	kah	kah	moh	kah	pah	poh	doh	doḥ	doh	oh
韵	铎	药	麦	陌	陌	陌	陌	觉	屋	屋	沃	烛
摄	宕	宕	梗	梗	梗	梗	梗	江	通	通	通	通

从艾约瑟的记录来看，在当时的上海话里塞音韵尾 k 和 ʔ 并存。在现代的某些汉语方言里也可以发现这两个塞音韵尾并存的现象。例如现代海南文昌方言有四种塞音韵尾："纳、力、六、腊"分别收-p/-t/-k/-ʔ；现代的福州话塞音韵尾大多数人只有一种-ʔ，但是也有一部分老年人和中年人是-ʔ 和 k 并存的，大致是 ɛ、æ 和 ɔ 韵读-ʔ 尾，其他韵母读-k 尾。不过-k 尾韵正在逐渐减少。所以从方言比较的角度来看，艾约瑟的记录也是可信的。

2　其他传教士著作所见证据

同时代的其他传教士有关上海话的著作也分塞音韵尾为 k 和 h 两类，就我所见，还有以下数种。

第一种：J. MacGowan, *A Collection of Phrases in the Shanghai Dialect*, Shanghai：Presbyterian Mission Press, 193p, 1862。

作者中文名为麦考文。此书是为初学者所写的上海话课本。也是最早的用西文写的上海话课本。全书按话题分为29课,如家长、数目、商业等。课文前有罗马字母标音说明,如 h 前的 a 很像 mat 中的 a,主要说明元音,对辅音只是简略交待很像英语,除 j 像法语外。每课先出中文,后出罗马字。不标声调。入声韵尾分为-h 和-k 两套。

见于此书的以 k 收尾的字(共 33 个)及读音和所属韵摄见表 5。

表 5

字	搁	落	恶	烙	络	作	霍	索	各	凿	酌
音	kok	zak	ok	lok	lok	tsok	hok	sok	kok	zok	tsak
韵	铎	铎	铎	铎	铎	铎	铎	铎	铎	铎	铎
摄	宕	宕	宕	宕	宕	宕	宕	宕	宕	宕	宕
字	略	着	约	觉	乐	戳	浊	角	龌	学	捉
音	leak	tsak	yak	kok	ngok	tsok	dzok	kok	ok	ok	tsok
韵	药	药	药	觉	觉	觉	觉	觉	觉	觉	觉
摄	宕	宕	宕	江	江	江	江	江	江	江	江
字	逆	射	石	麦	划	速	簏	读	屋	祝	烛
音	niuk	sok	sak	mak	vak	sok	lok	tok	wuk	tsok	tsok
韵	陌	昔	昔	麦	麦	屋	屋	屋	屋	屋	烛
摄	梗	梗	梗	梗	梗	通	通	通	通	通	通

韵尾有-k 和-h 两读的字(共 9 个)及其读音和所属韵摄见表 6。

表6

字	药	筑	剥	国	直	测	木	六	福	督	玉
音	yak	tsok	pok	kok	tsuk	t'sak	mok	lok	fok	tok	niok
	yah	tsoh	poh	koh	tsuh	t'sah	moh	loh	foh	toh	nioh
韵	药	屋	觉	德	职	职	屋	屋	屋	沃	烛
摄	宕	通	江	曾	曾	曾	通	通	通	通	通

从表 5 和表 6 可知,此书的 k 尾韵有 6 个:ok,ak,uk,iuk,eak,iok。从韵类来看,麦考文的 k 尾韵比艾约瑟少了一个 uak,而且在字音分布上也有所不同,例如"学、各"两字,麦考文只收-k 尾,艾约瑟则是 k 尾和 h 尾两可。

第二种:上海土白《马太福音》(罗马字本),1895 年。

此书收-k 尾入声字共 61 个,在各摄的分布如下:

宕摄 15 字:约着博药若脚却摸弱雀缚薄膊削酌

梗摄 15 字:伯百石麦役白拍掰吓客隔拆只责赤

通摄 25 字:督牧束秃独伏服福狱役蓄木屋读族卜哭嘱祝渎六覆复仆录

江摄 1 字:剥

曾摄 3 字:国或惑

臻摄 1 字:实

山摄 1 字:活

其余入声字一律收-h 尾。同一个入声字只用一种韵尾,没有有时收-k 尾,有时收-h 尾的两可现象。

第 三 种: Gilbert McIntosh, *Useful phrases in the Shanghaidialect*, *with index*, *vocabulary and other helps*, Shanghai: American Presbyterian Mission Press, 109p,

1906；2nd ed. 113p，19 cm. 1908；5th ed. 121p，1922；7th ed. 1927。全书分 22 课，每课有若干英、中、罗马字对照的句子。书前有罗马字拼音说明。书末有英文和罗马字对照的词汇索引。从第四版（作者序于 1921 年）开始增加一课《新词语》（有轨电车和无轨电车）。增加的一课是 R. P. Montgomery 所写。不标声调。据二版（1908 年）序言，罗马字系统是参用 J. A. Silsby 创制的系统。此系统最初用于上海市政委员会出版的警察守则，于 1899 年为沪语社（the Shanghai Vernacular Society）所采用。初版时所写的罗马字拼音系统说明将入声分为-h 和-k 两套。-k 尾韵有 3 个：ak、ok、iak，比艾约瑟的记录少了两个，即 uak 和 uok。用例如下：邮政局 Yeu-tsung-jok（p43）；英国 Iung-kok（p5）；著之（外罩衣裳）tsak-ts（p51）；脚 kyak（p28）；iak 韵未见用例。同一个入声字只用一种韵尾，没有有时收-k 尾，有时收-h 尾的两可现象。

第四种：Hawks Pott, D. D. , *Lessons in the Shanghai Dialect* , Shanghai Presbyterian Mission Press，pp99，1907；151p, rev. ed. , 1913；174p, rev. ed. , Mei Hua Press, Shanghai, 1939（French Translation, Imprimerie de la Misson Catholique, Shanghai, 1922；1939）。

此书入声韵分为收-k 和收-h 两套，即 ah, eh, ih, auh, oeh, uh 和 ak, ok, iak。同一个入声字只用一种韵尾，没有有时收-k 尾，有时收-h 尾的两可现象。从 1907 年序刊的《前言》可知，此书拼写法采用上海传教士所用的罗马字系统（Shanghai System of Romanization）。这个系统最初可能是

J. A. Silsby 牧师制定的。他曾于 1897 年出版上海话音节表，即 J. A. Silsby, *Shanghai Syllabary*, Arranged in phonetic order, 42p, Shanghai：American Presbyterian Mission Press，1897。

第 五 种：D. H. Davis, D. D., *Shanghai Dialect Exercises*, in romanized and character, with key to pronunciation and English index, 278p.，上海徐家汇土山湾印书馆 1910 年印，共 278 页。

此书将入声韵分为收-k 和收-h 两套，即 ah,eh,ih,auh,oeh,uh 和 ak,ok,iak。与上述 Pott（卜舫济）课本一样。同一个入声字只用一种韵尾，没有有时收-k 尾，有时收-h 尾的两可现象。此书《前言》指出："应该出现韵尾 k 的地方有时却用 h。"

第 六 种：R. A. Parker, *Lessons in the Shanghai Dialect*, Shanghai：Shanghai Municipal Council, Kwang Hsueh Publishing House(广学书局)，1923。

书前《标音说明》将入声韵分为收-k 和收-h 两套，即 ah,eh,ih,auh,oeh,uh 和 ak,ok,iak。与上述 Pott 课本一样。同一个入声字只用一种韵尾，没有有时收-k 尾，有时收-h 尾的两可现象。作者并指出 h 也用于指示它前面的元音。ah 的发音好像英语 at 中的 a；ak 发音好像英语 what 中的 a。

3　结论

从以上八种文献，可以发现下述基本事实：

第一，西洋传教士的著作将上海话的入声韵分为收-k 尾和收-h 尾两套。

第二,收-k 尾的入声韵属宕摄、江摄、通摄、梗摄、曾摄。属这几个摄的入声字在中古汉语里都是收＊-k 尾的。

第三,宕摄、江摄、通摄、梗摄、曾摄字的韵尾分为三类,第一类只收-k 尾;第二类只收-h 尾;第三类收-k 尾或收-h 尾两可。

第四,将上海话的入声韵分为收-k 尾和收-h 尾两套,最初见于艾约瑟的著作,也见于差不多同时代的麦考文的著作,但两者在韵类和字音分布上不甚相同。入声韵分为收-k 尾和收-h 尾两套的这一标音原则为后出的英美传教士所采用,并曾于 1899 年为沪语社所公认。

通过对上述八种文献的分析,可以得出几点结论。

第一,19 世纪上海话的塞音韵尾分为收-k 尾和收-h 尾两套。前者相当于今粤语的-k 韵尾,后者相当今吴语的喉塞音韵尾-ʔ。

第二,带-k 尾的入声韵主元音大多是低元音 a 或后元音 o。

第三,-k 尾正处于演变为-ʔ 尾的过程中。

第四,艾约瑟和麦考文的记录比较可靠,20 世纪初年的文献可能是因袭 J. A. Silsby 牧师制定拼音系统。艾约瑟和麦考文著作中收-k 尾的全部入声字及其读音见本文附录。

第五,上海话的塞音韵尾-k 并入喉塞音韵尾-ʔ 的年代下限是 19 世纪末至 20 世纪初。

（此文原刊《中国语文》1998 年 2 期,108—112 页）

19 世纪中期上海话的后置处所词

　　吴语里有一类不能独立使用,只能后置于代词或名词表示处所的词或语素,可以称为后置处所词或后置处所语素,例如温州话:"书是我拉(书在我那儿)";绍兴话:"小毛拉爷(小毛家父亲)"。这两个例句中加括号的即是后置处所语素。这一类处所词在现代上海话里已罕用,但在西洋传教士记录的 19 世纪中期的上海话里常见,它们是"场化""墙头""荡""拉"。

1　文献简介

　　本文主要根据下列三种西洋传教士著作,来讨论 19 世纪中期上海话的后置处所词。

　　第一种:秦右(Benjamin Jenkins)所撰的 *Lessons in the Shanghai Dialect*(1850 年)。书前扉页有用钢笔写的英文题签,内容如下:Lessons in the Shanghai Dialect from Ollendorff Systems. Romanized words on Keith's system. Supported & have been arranged by Dr. B. Jenkins,Shanghai,about 1850。题签应是装订者或收藏者所为。扉页上有一方印章,内容如下:"Private Library of John Fryer,University of

California，Berkeley，California。"由此可以推测，这一稿本可能最初是傅兰雅(John Fryer)的私人藏书，后捐赠给加州大学(伯克利)[注 1]。此书本无书名，笔者根据扉页题签和全书内容，将其命名为《上海话功课》。作者不详。此书是毛边纸毛笔手抄本，高 22 厘米，宽 27 厘米，纸张对折成一叶，两面用毛笔写字。全书分六卷合订成一本，共三十一课。第一册为第一日功课至第八日功课；第二册为第九日功课至第十五日功课；第三册为第十六日功课至第十九日功课；第四册为第二十日功课至第二十三日功课；第五册为第二十四日功课至第二十七日功课；第六册为第二十八日功课至第三十一日功课。书脊上有"上海土白"四字，可能是藏书者傅兰雅所题。每课每句都先出汉字，再用罗马字和另一种拼音符号逐字翻译。课文内容据 Ollendorff 系统，罗马字据 Keith 系统，拼音系统据高第丕系统，这种拼音系统是以方块汉字的笔画为基础创制的[注 2]。全书约有一半有用钢笔手写的英语译文，写在插页上，夹在一叶的中间。全书不标页码。据笔者点算结果，各册页数及六册总页数如下：89 页＋89 页＋89 页＋100 页＋99 页＋104 页＝570 页。无标点符号。方块汉字约有 27 500 个。除有一般通用的汉字外，有个别方言字，如"㑚"(你们)、"囝"(小孩)等。并有个别方言同音词，如"邱"(差、坏)、"一颜"(一点儿)。用发圈法标单字调，不标变调。声母分尖团，如枪 tsʰiang，心 sing。入声韵尾分-h 和-k 两套，如笔 pih，只 tsak。此书今藏赵元任美国加州大学(伯克利)东亚图书馆，1997 年秋天笔者到访时将其检出复印带回。书前扉页的复印件见图 1。为便于了解此书正文的格式，兹将第四课最后

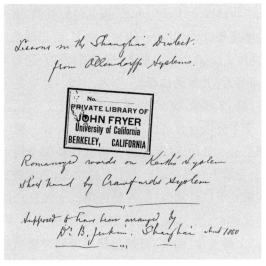

图 1　《上海话功课》扉页书影

一页复制,见图 2,此页的英文译文见图 3。

　　第二种:J. MacGowan,*A Collection of Phrases in the Shanghai Dialect*,Shanghai:Presbyterian Mission Press, 193p,1862,24 厘米。书前有序说明写作目的,即为初学者所写。全书按话题分为 29 课,如话务、数目、商业等。课文前有罗马字母标音说明,如 h 前的 a 很像 mat 中的 a,主要说明元音,对辅音只是简略交待很像英语,除 j 像法语外。每课先出中文,后出罗马字,不标声调,无标点符号。入声分-h-k 两套,如角 kok、一 ih、百 pak、国 koh(p98)。一些字的用例:"有巢氏教人担木头做仔窠巢劳住垃墙(hay)"(p175);"茶壶里倒点滚水墙(heh)"(p8);帽子要戴来端端正正(p9);鞋子要刷得亮(p8);镜子垃垃那里块买?(p8)。这是正式出版的最早的

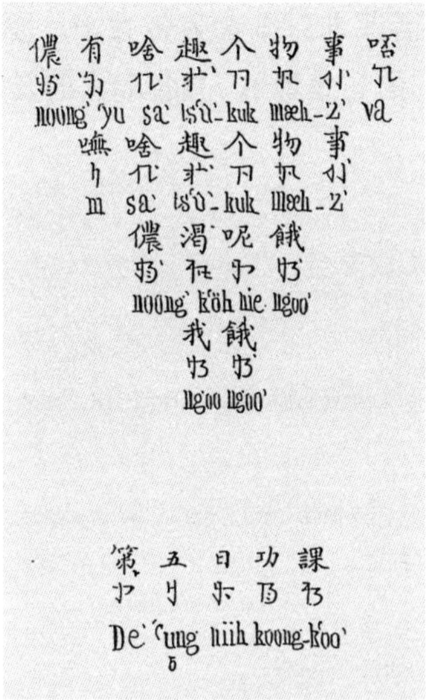
儂有啥趣个物事唔
noong' 'yu sa' ts'ü'-kuk mæh-'z' va
嘸啥趣个物事
m sa' ts'ü'-kuk mæh-'z'
儂渴呢餓
noong' k'öh nie ngoo'
我餓
ngoo ngoo'
第五日功課
De' 'ung niih koong-k'oo'

图 2　《上海话功课》第四课书影

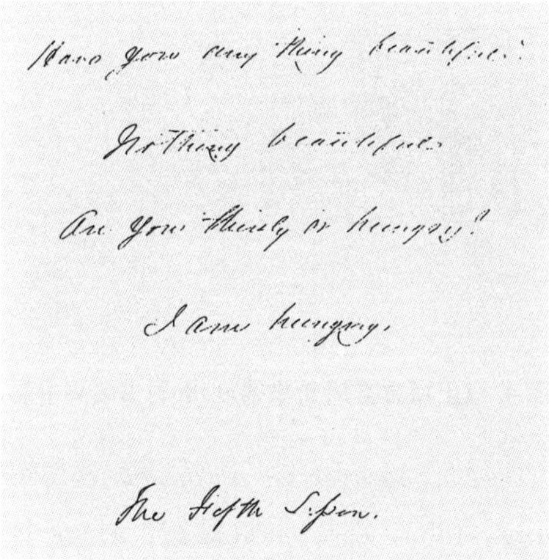

图 3　《上海话功课》第四课英译

用西文写的上海话课本。作者为传教士。原书无中文书名，可译为《上海方言语句集锦》。书名扉页的复印件见图 4。第 14—15 页见图 5。

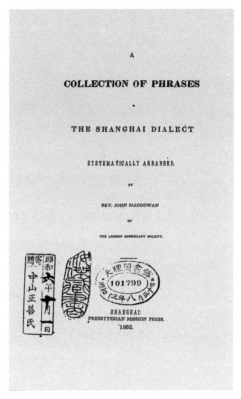

A

COLLECTION OF PHRASES

·

THE SHANGHAI DIALECT

SYSTEMATICALLY ARRANGED

BY

REV. JOHN MACGOWAN

OF

THE LONDON MISSIONARY SOCIETY.

SHANGHAI:
PRESBYTERIAN MISSION PRESS.
1862.

图 4　《上海方言语句集锦》(1862)书名页书影

第三种：*Lecons ou exercise de langue chinois. Dialecte de Song-kiang*，1883，Zi-ka-wei(徐家汇)。全书用法文写。书前有序。全书分为 40 课,前 10 课按词的语法类别分,即代

图5　《上海方言语句集锦》(1862)第14—15页书影

词、实词、量词、数词、比较、程度、连词(分两课)、介词、疑问和否定词,后三十课按话题分,如人体、建筑、家具、时间、金钱、宗教仪礼等。课文前有缩略语说明,而无标音说明。每课先出中文,后出罗马字,最后为法文译文。用发圈法标入声。入声不分阴阳,也不分-h、-k两套。用传统的句逗符号。这是正式出版的唯一用西文写的松江话课本。作者为传教士。原书无中文书名,可译为《松江话课本》。书名扉页的复印件见图6。

　　本文例句取自第二种文献的,在例句后加括注(sh1862);取自第三种文献的,在例句后加括注(sj1883);取自第一种文献的,例句后不加括注。所有例句的标点符号为笔者所加。

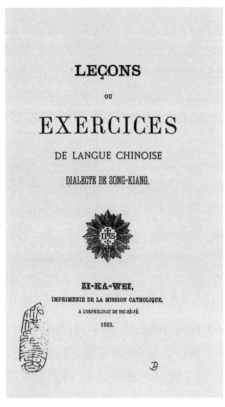

图6　《松江话课本》(1883)书名页书影

2　后置处所词分述

　　上述三种文献所见后置处所词有四个：场化、墙头、荡、拉。本节举例分述它们的用法，即在语法和语义结构上与哪些前接成分项搭配。"物主名词"和"非物主名词"是从语义的

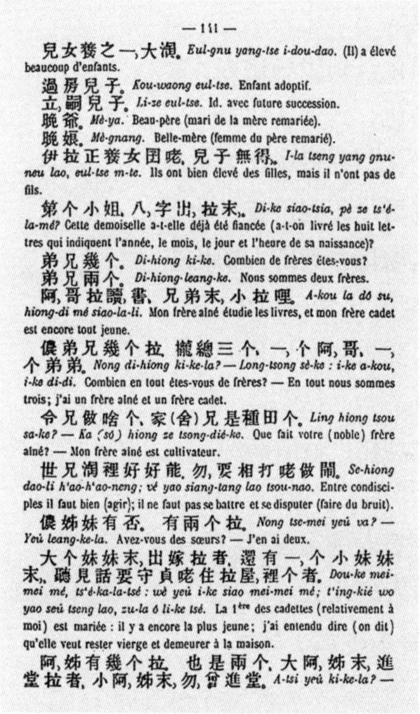
— 111 —

兒女養之一、大淘。*Eul-gnu yang-tse i-dou-dao.* (Il) a élevé beaucoup d'enfants.

過房兒子。*Kou-waong eul-tse.* Enfant adoptif.

立、嗣兒子。*Li-ze eul-tse.* Id. avec future succession.

晚爺。*Mè-ya.* Beau-père (mari de la mère remariée).

晚娘。*Mè-gnang.* Belle-mère (femme du père remarié).

伊拉正養女囝咾，兒子無得。*I-la tseng yang gnu-neu lao, eul-tse m-te.* Ils ont bien élevé des filles, mais il n'ont pas de fils.

第个小姐，八、字出、拉末、。*Di-ke siao-tsia, pè ze ts'é-la-mé?* Cette demoiselle a-t-elle déjà été fiancée (a-t-on livré les huit lettres qui indiquent l'année, le mois, le jour et l'heure de sa naissance)?

弟兄幾个。*Di-hiong ki-ke.* Combien de frères êtes-vous?

弟兄兩个。*Di-hiong-leang-ke.* Nous sommes deux frères.

阿、哥拉讀、書、兄弟末、小拉哩。*A-kou la dô su, hiong-di mé siao-la-li.* Mon frère aîné étudie les livres, et mon frère cadet est encore tout jeune.

儂弟兄幾个拉，攏總三个、一、个阿、哥、一、个弟弟。*Nong di-hiong ki-ke-la? — Long-tsong sè-ke : i-ke a-kou, i-ke di-di.* Combien en tout êtes-vous de frères? — En tout nous sommes trois; j'ai un frère aîné et un frère cadet.

令兄做啥个、家(舍)兄是種田个。*Ling hiong tsou sa-ke? — Ka (sô) hiong ze tsong-dié-ke.* Que fait votre (noble) frère aîné? — Mon frère aîné est cultivateur.

世兄淘裡好好能，勿、要相打咾做鬧。*Se-hiong dao-li h'ao-h'ao-neng; vé yao siang-tang lao tsou-nao.* Entre condisciples il faut bien (agir); il ne faut pas se battre et se disputer (faire du bruit).

儂姊妹有否。有兩个拉。*Nong tse-mei yeú va? — Yeú leang-ke-la.* Avez-vous des sœurs? — J'en ai deux.

大个妹妹末、出嫁拉者，還有一、个小妹妹末、，聽見話要守貞咾住拉屋、裡个者。*Dou-ke mei-mei mé, ts'é-ka-la-tsé : wè yeú i-ke siao mei-mei mé; t'ing-kié wo yao seú tseng lao, zu-la ô li-ke tsé.* La 1ère des cadettes (relativement à moi) est mariée : il y a encore la plus jeune; j'ai entendu dire (on dit) qu'elle veut rester vierge et demeurer à la maison.

阿、姊有幾个拉。也是兩个，大阿、姊末、進堂拉者，小阿、姊末、勿、曾進堂。*A-tsi yeú ki-ke-la? —*

图 7　《松江话课本》第 111 页书影

角度区分的名词类别。“物主名词”仿自“物主代词”(possessive pronoun)，意谓此类名词所指有可能拥有财物，例如：哥哥、医生、邻居、百货店、纺织厂等。“非物主名词”则不可能拥有财物，例如：桌子、窗户、衣服、树木等。

2.1　场化(dzang hau)

2.1.1　人称代词＋场化

垃拉我场化。到我场化来。

到侬场化。

垃拉伊场化。到伊场化去。

垃拉倽场化。到倽场化来。

垃拉俰场化。到俰场化去。

垃拉伊拉场化。到伊拉场化去。

垃拉别人场化。到别人场化去。

2.1.2　疑问代词＋场化

烘物事人要想到啥场化去

要到乡下去

船停拉啥场化。（sh1862）

垃拉啥人场化。到啥人场化去。

侬要想到啥人场化去。

我勿到啥人场化去。

2.1.3　物主名词＋场化

垃拉朋友场化。

侬想到我场化呢啥？勿是，到我阿哥场化去。

船主垃拉屋里否？勿垃拉，到伊兄弟场化去者。

一封信俰相帮人肯担到我爷场化去否？只怕肯个。

俰儿子有胆量到船主场化去否？胆量伊有个，独是呒工夫。

侬是要差人担物事到皮匠场化否？是要担鞋子去。

牵之俰儿子哞是到郎中先生场化去否？

俰邻舍日多到花旗国人场化去否？日多去个？

2.1.4　形容词＋场化

别场化。

勿拉别场化。

勿到别场化去。

2.2　墙头 (haⁿ du／han deu)

2.2.1　人称代词＋墙头

侬可以领我到伊墙头去否？可以个。

到明朝我又到伊墙头去。(sh1853)

侬要到伊墙头去打听打听看。(sh1862)

2.2.2　物主名词＋墙头

乡下人背之袋哤到啥人场化去？到伊爷墙头去。

郎中先生几时到俚阿哥墙头去？今朝。

侬肯差小团到郎中先生墙头去否？肯个

侬吃早饭前头是到我爷墙头去否？是到俚爷墙头去。

侬到俚爷墙头只怕忒晏者。勿晏个哩。

侬肯差伊到我爷墙头去否？

2.2.3　非物主名词＋墙头

放拉那里荡？放拉火炉墙头个角角里。

河墙上咾勿深杀个。(sj1883)(?)

2.3　荡 (dong／daong)

2.3.1　人称代词＋荡

我俚荡生意轧实个。(sh1862)

我俚荡老小无欺。(sh1862)

俚荡秤量准作个哂。(sh1862)

俚荡烙铁有勿有。(sh1862)

2.3.2　疑问代词＋荡

那里荡？那里头？啥场化？

做生意人拉拉那里荡？垃拉栈房里。

相帮人拉那里荡？垃拉栈房里。

放拉那里荡？放拉火炉墙头个角角里。

格末铜钱侬放拉那里荡？垃拉账房里。

2.3.3　指示代词＋荡

此地荡。

登拉屋里。登拉此地荡。登拉第头。

第荡生意呒得啥讨价还价个。（sh1862）

第荡过去有一个山头。（sh1862）

2.3.4　物主代词＋荡

判官垃垃净王荡掌管善恶簿个。（sh1862）

长毛荡肯通商嗳？（sh1862）[注3]

客人荡还要加两样点心,一样浇花鸡蛋糕,还有一样花篮糖。（sj1883）

2.3.5　非物主代词＋荡

第块一个窗荡要砌没伊。（sh1862）

炭茅荡。（sh1862）

2.4　拉(la)

物主名词＋拉

侬担拉个书是我个呢邻舍拉个？是邻舍拉个

侬担拉个书是啥人个？是邻舍拉个。

第个说话侬拉啥场化听着个？拉邻舍拉听着个

弥撒前,教友拉要念经。(sj1883)

菜油末勿但正是烧小菜里用拉,就是夜里上火唔女眷拉抹头,齐用得着个。(sj1883)

第个几样末,客人拉也好用个。(sj1883)

3　后置处所词综合比较

上述四个处所词在语法功能上的分布,即前接成分比较,见表 1。它们在语义上的分布见表 2。

表 1　后置处所词的分布比较

	人称代词	疑问代词	指示代词	物主名词	非物主名词
场化	+	+	—	+	
墙头	+	—	—	+	+
荡	+	+	+	+	+
拉	—	—	—	+	—

* ＋表示可以后置于此类词。－表示不可以后置于此类词。

表 2　后置处所词的语义比较

	场所	那儿	家
场化	+	+	—
墙头	—	+	—
荡	+	+	—
拉		+	+

* "＋"表示有此义。"－"表示无此义。

　　就前接成分来说,这四个处所词的共同特点是都可以后置于物主名词。在这四个处所词中以"荡"的分布最为广阔,可以后置于表1所列的所有五个词类。"拉"的分布是最为狭窄的,只能后置于物主名词。而"场化"不能后置于指示代词,"墙头"不能后置于疑问代词和指示代词。

　　"场化"有"场所"和"那儿"两义。后一义从前一义虚化而来。"墙头"只有"那儿"一义。当后置于人称代词和物主名词时,"场化"的"那儿"义及其用法跟"墙头"相同。例如:

　　　牵之俚儿子哗是到郎中先生场化去否

　　　勿是到郎中场化去到我朋友场化去

　　　郎中先生几时到俚阿哥墙头去? 今朝。

　　　依肯差小团到郎中先生墙头去否? 肯个。

　　"拉"有"那儿"和"家"两义。"拉"的"那儿"义和用法跟"荡"相同。例如:"我想要用第一样大英火腿批片头,客人荡末囵囵火腿,第二样末爊羊肋膀,第三样小炒鸽子,第四样油焰芋艿圆,第五样烘野鸡扦表粉,第个几样末,客人拉也好用个,客人拉再加五样,三样肉,两样素小菜,拜对,小炒兔子,烘羊腿,黄汤包心菜,炒葫萝卜,生菜末要用包心生菜,克来沫呢,用蛋沫克来沫,客人荡还要加两样点心,一样浇花鸡蛋糕,还有一样花篮糖。"(sj1883)［注 4］这段话中"客人拉"和"客人荡"用法相同。

　　"拉"有"家"义,所以可以后接表示"场所"的"场化"或"荡",例如:

　　　俚爷是要到依阿哥场化去否?

　　　勿是到邻舍拉场化去。

到亲眷拉荡去望病。（sj1883）

4　温州话和上海话后置处所词比较

温州话里的后置处所词有两个："拉"和"宕"。它们跟上海话里的"拉"和"荡"用法相同或相近，应该是同源的。

4.1　温州话后置处所语素"拉"[la⁰]

处所语素"拉"后置于人称代词或物主名词后，使前边的人称代词或物主名词带有表示处所的意思，即表示"……家里/那儿"的意思。"拉"在词或句子中读轻声。词源和本字未详。

4.1.1　人称代词＋拉

书是我拉。（书在我/那儿/家里。）

渠拉屋里养金鱼个。（他家养金鱼的。）

大家人沃走你拉吃饭。（大家都到你家里吃饭。）

秤自拉有个，勿用走别人拉借。（自己家里有秤，不必向人家借。）

4.1.2　物主名词＋拉

簿儿还是先生拉。（练习本还在老师那儿/家里。）

该日黄昏阿德宿舅舅拉困。（今晚阿德在舅舅家睡。）

我徕走先生拉拜年。（我们到老师家拜年。）

阿光是我拉屋里着棋。（阿光在我家里着棋。）

这些句子中的"拉"不是处所代词。处所代词另有"该里"或"该抵"（这儿）和"旁搭"（那儿）等。"拉"在句中读轻声，不能单用。处所代词在句中不可读轻声,可以单用。温州的后置处所语素"拉"跟上海话里的"拉"语法功能和读音相同,应该是同源语素,但词源和本字未详。其实别的吴语也有这个后置处所语素,例如宁波话:"葛把椅子是阿姨拉个。"其中"阿姨拉"即"阿姨家"(例见吴新贤《宁波方言研究》,复旦大学硕士学位论文,1996 年)。

4.2 温州话后置处所语素"宕"[duə⁴]:

处所语素"宕"后置于指示代词、疑问代词、非物主名词、动词,表示"……地方"的意思。

4.2.1 指示代词十宕

穀宕 kau⁷duə⁴这儿

犼宕 hau³duə⁴那儿

4.2.2 疑问代词十宕

若宕 ȵiau⁸duə⁴哪儿

4.2.3 名词十宕

乌烟宕 u¹i¹duə⁴旧时供吸食鸦片的烟馆

大毛宕 dɤu⁶mə²duə⁴妓院

后宕 ɦau⁴duə⁴旧式房屋中堂的后半部分,与前半部分有板壁隔开

4.2.4 动词十宕

吃饭宕 tsʰʅ⁷va⁶cuə⁴饭厅

赌宕 døy⁴duə⁴供赌博的场所

"宕"是不能独立使用的黏着语素,除了用作上述后置的处所语素外,还用于"屋宕"[u⁷duə⁴](房子),又用于意谓"处

所"的"宕地"[duɔ⁴dei⁶]或"地宕"[dei⁶duɔ⁴]二词,上海话的"荡"也是不能独立使用的黏着语素,除了用作后置的处所语素外,还用于意谓"处所"的"户荡"[ɦu⁶dã⁶]一词。研究温州方言的著作历来将这个处所语素用"宕"字记录,广韵去声宕韵定母徒浪切:"宕,洞屋。"《说文》:"宕,一曰洞屋。"段注:"四周无障避也。"与今温州话义略合而调不同,此字《广韵》收在去声,但在温州方言中从两字组变调规律来看,"宕"读阳上声,与上海话的"荡"音韵地位(宕开一上荡定徒朗切)完全相同。在明清时代的吴语文献里,义为"地方"或"池塘"的"荡"字间或也写作"宕"字。例如"谓何处曰喇里,谓所在曰宕子。"(重修《靖江县志》5 卷)"以大竹篰浸西瓜,四浸宕里。"(《陶庵梦忆》6 卷)今黄岩话称"附近"为"宕里"[dɔ²⁴li¹³⁻³¹]。

5　"墙头"的读音和词源问题

在同时代的苏州一带吴语文献里也可以找到"墙头"这个词,只是写法有些不同:

"四邻八舍阿哥兄弟朵,隆兴当檣汪先个入娘贼,无法无天欺我钱笃笪嘘。"(清弹词《描金凤》8 回)

"介末个冷德龙虽则官家公子,面皮擸老赤得及。"(清弹词《文武香球》24 回)

"我想吃子擸酒壮壮胆,杀只娼根。"(清弹词《文武香球》58 回)

以上三例引自石汝杰、宫田一郎主编《明清吴语词典》(上海辞书出版社 2005 年)。编者认为此词"发音尚难确定"。

　　"墢头"的"墢"的读音，《上海话功课》记为 ha^n，《上海话课本》记为 han，《松江话语句集锦》记为 ai（墢 Ai. Dedans.）。"墢"用作体助词时，《上海话课本》记为 hay，与"来"字同韵："茶壶里倒点滚水墢"。

　　《上海话功课》将咸摄和山摄字的韵尾一律用前鼻音记在音节的右上角，例如：

　　咸摄：担 ta^n　斩 tsa^n　三 sa^n　点 te^n
　　山摄：钱 de^n　剪 tse^n　颜 nga^n　盘 pa^n

可能作者认为这些字都读鼻化音，"墢"也读鼻化音。《上海话功课》则把这些字的韵尾一律记为前鼻音。但"墢"用作体助词时（"茶壶里倒点滚水墢"），《上海话课本》记为 hay，与"来"字同韵，不带韵尾。后出的上海方言著作将这个处所词记为"海"，显然韵尾已脱落。从这个处所词的字形、记音和今音来看，原来应有鼻尾，后来脱落。至今在有些北部吴语中此词仍然读鼻化音，如绍兴音：$ha\eta$，写作"亨"。

　　"墢"字见于《广韵》去声震韵徐刃切："石似玉。""檗"字见于《广韵》上声轸韵即刃切："《埤仓》云盂也。"擛字不见于《广韵》。字义与处所词"墢"无关。在后出的上海话著作里"墢头"通常写作"海头"。"墢"的词源或本字还有待进一步研究。

6　结语

　　6.1　在西洋传教士记录的 19 世纪中期的上海话里，常见的后置处所词有"场化""墢头""荡"和"拉"。它们的前接成分各不相同，语义成分也有所不同。

6.2   上海的"荡"跟温州的"宕"应是同源语素。

6.3   上海的"拉"跟温州的"拉"应是同源语素。

6.4   "壋"的词源或本字还有待进一步研究。

注 1：

傅兰雅(John Fryer)，英国人，1839 年 8 月 6 日生于英国肯特郡海德城贫穷的牧师之家。他从小向往中国。1861 年自伦敦海格伯里师范学院毕业后，他受英国圣公会的派遣，到该会所属的香港圣保罗书院任校长。两年后，北上京师任同文馆英文教习。又过了两年，转任上海英华学塾校长。在港、京、沪等地，他很快掌握了当地的方言。傅兰雅虽受教会派遣，但对传教兴趣不大，因而时与圣公会矛盾。1868 年 5 月，他辞去英华学塾之职，脱离教会，应上海制造局聘任，从事西方科技著作的翻译工作。在制造局，傅兰雅口译的译著达 113 种，其中 95 种已刊，18 种未刊。在已刊 95 种译著中，包括数学 9 种，物理 4 种，化学与化工 12 种，矿冶 10 种，机械工程 9 种，医学 4 种，农学 3 种，测绘地图 5 种，军事兵工 15 种，其他技术 10 种。这些大量的译著，有的是对有关学科的首次系统介绍，有的则为已翻译介绍过的学科提供了新的较好的译本。比如，《决疑数学》《声学》《电学》《化学鉴原》《西药大成》等。自 1875 年起，他积极参与了创建上海格致书院的事务。1876 年，他编辑创办了第一种中文科技期刊《格致汇编》(1876—1892)。傅兰雅在制造局译书 28 年，1896 年赴美任加利福尼亚大学首任东方语文教授。1928 年卒于美国加利福尼亚州奥克兰城。

注 2：

关于高第丕的拼写系统可参考高第丕著《上海土音字写法》，上海，1855 年，22 叶。此为上海话拼法入门书，教人如何用高第丕创制的字写上海话。吉牧师于 1859 年翻译的《路加福音》曾由 A. B. Cebaniss 用高第丕设计的语音符号转写,于1872年出版。

注3:

旧时民间称"太平天国"为"长毛"。

注4:

此例中的"拜对"是外来词,来自法语Pate,"馅心"的意思。原文是"Pa-tei. Paté, vou-au-vent"。此例中的"克来沫"也是外来词,来自法语crème,"奶油、乳酪"的意思。原文是"克来沫 Ke-lai- mo. ENTREMETS; CREMES. "。

(此文原刊复旦大学《语言研究集刊》第三辑,上海辞书出版社,2006年7月,1—12页)

早期西儒的汉语方言分类和分区研究

提要　19 世纪末至 20 世纪初有两种西儒研究汉语方言分类的著作,在汉语方言史上应占有重要的地位。一是穆麟德(P. G. Von Möllendorff)《现行中国之异族语及中国方言之分类》(1896),作者将汉语方言分为四大类：粤语、闽语、吴语、官话。每类皆有使用人口说明。二是《中华归主——中国基督教事业统计》(1901—1920),此书将汉语方言分为两大类：官话和沿海方言。各大类又分若干小类。此书有一幅中国语言区域分划图,这是最早的汉语方言区域图。本文还将中西学者的相关著作略作比较。

关键词　汉语方言分区　语言地理学　汉语方言学史

19 世纪末至 20 世纪初有两种西儒研究汉语方言分类的著作,在汉语方言学史上应占有重要地位,但是一直以来未被语言学界所论及。例如《中国语言地图集》A2 图的文字说明《汉语方言的分区》,其中第一节《二十世纪前半期全国汉语方言分区的著作》未提这两种著作。本文略为介绍、评论,并将其与相关的中国学者的著作进行比较。

中国传统语文学自汉扬雄以后历代对方言的差别和种类都有所观察,如南北朝颜之推《颜氏家训·音辞》："南方水土和柔,其音清举而切诣,失在浮浅,其辞多鄙俗;北方山川深厚,其音沉浊而钝,得其质直,其辞多古语。"隋陆法言《切韵序》:"吴楚则时伤清浅,燕赵则多伤重浊"。唐陆德明《经典释文·叙录》:"方言差别,固自不同,河北江南最为巨异,或失在清浅或滞于重浊。"北宋沈括《梦溪笔谈补》卷一:"《经典释文》,如熊安生辈,本河朔人,反切多用北人音;陆德明,吴人,多从吴音;郑康成齐人,多从东音。如'壁有肉好',肉音揉者,北人音也……。"但并没有严格意义的全国方言的分区研究和实践。

鸦片战争以后来华的西洋传教士为传教的需要,在各地调查、记录、研究、学习方言,对汉语方言地理不无了解,在他们的方言学著作中,可以看到有关方言地理的零星讨论。例如艾约瑟早在《上海口语语法》(1853)一书中就提到塞音韵尾的地理分布。他又在《北京口语语法》(1857)将官话分为中部、北部和西部三类,各以南京、北京和成都三地方言为代表。后来又有吴思明在 *Records of Missionary Conference* (1890)中略为详细地将方言进行分类,他将汉语方言分为10类:

一、官话
　　(1) 北方　(2) 南方　(3) 西方
二、苏州
三、上海
四、(1) 宁波　(2) 金华　(3) 温州　(4) 台州
五、福州
六、厦门

七、汕头

八、客家

九、广东

十、南海

他将官话分为北方官话、南方官话和西方官话，显然是参照艾约瑟的分法，他的"南方"相当于艾约瑟的"中部"。他将南方方言分为 9 类，显得毫无章法。第四类没有总称，其中的宁波话跟第三类的上海话更接近，不应与温州话合为一类。

在 19 世纪末和 20 世纪初，全面系统地研究汉语方言分类的是下述两种著作。

1　穆麟德的汉语方言分类和分区

在东西方方言学者中，德国人穆麟德（P. G. Von Möllendorff）首先以语言学的眼光将中国的汉语方言进行全面的系统的分类和分区。

穆麟德中文名又译作马伦笃夫、莫棱道夫。穆麟德是德国人，生于 1848 年，卒于 1901 年。1874 年来华在中国海关任职，后出任驻天津领事，1883 年被李鸿章荐为朝鲜国王顾问，返华后仍任职海关，1901 年卒于宁波税务司任上。所著 *The Ningbo syllabary* 1901 年由长老会出版社在上海出版。此书导言对声调、韵母、声母、一字多音有所说明。第一部分为宁波话 762 个音节，按同音字表形式排列，包括 4 000 个汉字。第二部分为方言字，大多不见于别地方言，今亦不用。第三部分为宁波、绍兴、台州三地方音对照表。从此书看，穆麟德研究方言，在当时属一流水平。

穆麟德所著《现行中国之异族语及中国方言之分类》（原文载 *China Mission Year Book*，1896 年。译文载《歌谣周刊》89 号，即 1925 年 5 月 3 号）将汉语方言分为四大类（括号中数字为人口数）：

一　粤语

1　广东（1 500 万）

2　客家（500 万）

二　闽语

3　漳州（厦门、福建话）（1 000 万）

4　潮州（汕头、福佬）（500 万）

5　福州（500 万）

三　吴语

6　温州（100 万）

7　宁波（2 500 万）（分绍兴、台州）

8　苏州及上海（1 800 万）（分徽州）

四　官话

9　北部、中部、西部（30 000 万）

对客家话、闽语和官话的地域分布有所说明。指出惠州 10 县有 7 县说客家话。潮州府 8 县及客家所住之大埔县说汕头话。福佬话的流行范围为东江南之陆丰、海丰、归善三县大部地区、东莞县、广州府内的龙门、增城、番禺、新安、香山、新宁，并指出"福佬与客家本地人难处"。

按穆麟的分项统计的资料，各种汉语方言使用人口合计应为 3.84 亿。

此文没有方言地图，只有文字说明。

穆麟德汉语方言分区的主要成绩有以下几项。

1.1　吴语的地理范围首次确立

在 20 世纪初期之前，无论是历史文献或一般人的认识，所谓"吴语"仅指苏州、无锡一带的方言，其地理范围大致不会超过太湖流域，最多还可以包括浙江的宁绍地区（其地方言一般称为"越语"）。现代方言学所谓吴语的地理范围就大得多了，大致包括苏南和浙江的大部分地区，北极是长江出海口北岸，南极是浙南的温州。现代的吴语区划的概念，方言学界历来认为肇始于赵元任的《现代吴语的研究》(1928)，实则最早提出这个概念的即是穆麟德(1896)。值得注意的是，公认的划分吴语和非吴语的主要标准——是否保留古浊音，即是穆麟德最早提出来的。他给吴语下的定义是，"这种话可以代表鞑靼势力入侵以前的官话。他们有五声；没有收声 k、t、p 和 m，间或有一种不明的 k；并存 b、d、g。为语言学上的研究，他们是特别的重要。尤其是他们作成日本所谓吴音之基础"。赵元任在 30 年后，仍以有无浊音来划定吴语的地理范围，其标准与穆麟德一致。

1.2　徽语独立

首先将徽语独立出来，作为吴语的一个小类。他指出："安徽徽州城的话亦属此类（案：苏州及上海吴语），对此类我们一无所知。惟普通承认其与周围方言不同。其地离浙境不远，又曾为吴国之一部。"

1.3　闽语分为漳州、潮州、福州三支

这三支相当于今闽南片、潮汕片和闽东片（曾称闽北方言）。这是闽语内部首次被分为三片，甚有见地。这种分法一直延续到 20 世纪 60 年代。历史上在闽南地区，漳州的地位高于厦门，所以闽南一支以"漳州"领衔。厦门的地位是在五口通商以后才渐渐超过漳州的。到了1920 年的《中国基督教事业统计》，就以"厦门"领衔闽南话了。

1.4　新湘语归官话西部方言

将赣语并入中部官话，新湘语也未独立，而是并入西部官话，不过已指出"湖南南部的话近乎南方的方言了"。实际上已经将湘语分成南北两片。新老湘语的划分可以说滥觞于穆麟德。所谓"湖南南部的话"，应即"老湘语"。中国学者晚至20 世纪 50 年代才有新老湘语之分。

1.5　首次报道浙南的畲话和广东的船话

穆麟德指出："……苗子仅扬子江以南有之，他们结成小殖民社会而分布颇广，浙江之西南山间……云南、广西亦多有之。广东之作船户者，虽多说汉语，然自人种学上视之，仍有属于苗种者。"所谓"浙江之西南山间"的苗子，即畲族，他们的语言今称"畲话"，接近客家话，个别词汇与瑶语相同。广东水上居民的方言今称"船话"，不属粤语，人种学上也不应是苗语之一种。穆麟德的解释欠正确了。

1.6　方言分类参考可懂度

穆麟德将方言之间的可懂度（mutual intelligibility）作为方言分类的重要依据，其重要性常与语言特征并列，例如："温州话说的人为温州围城一带约 100 万人。它只有浊母，没有收声 p、t、k 及 m 等，在其他方面酷如福建话，并有八声。他处的中国人完全不懂这种话。"又说："台州话极其驳杂，但与宁波人彼此都易懂。一个懂英文的宁波人读用台州话翻译的新约，与读用宁波话翻译的一样的努力。较难懂的是绍兴话，但也不过是听觉上的问题罢了。"

他对于各种方言的可懂度的说明都是精确无误的。后出的中国语言学家一般都是根据语言结构本身的特征，并不考虑可懂度的因素，所持是结构语言学的立场和观点。近年来中外语言学界才重新讨论用可懂度来研究方言之间的接近程度，并供方言分类参考。可懂度分类法不失为方言分类的方法之一，不过穆德麟并没有实行严格意义上的可懂度分类，而只是根据一般人的听觉印象而已。

1.7　有各方言使用人口资料

在汉语方言学史上，各种方言使用人口的统计资料最早见于穆麟德的文章。

中国的历代政府或民间从来没有调查统计过各种方言的使用人口，穆麟德也无亲自到全国各地调查方言的事迹可考。那么方言使用人口资料从何而来呢？

因为方言的种类及其使用人口的资料对于基督教的传教事业是至关重要的，所以传教士每到一地必定要调查了解方言和人口情况。而他们的足迹在东南沿海方言区，甚至遍及僻远的区县。就吴语区而言，到 19 世纪末，设有教堂的地点应有近百处。表 1 列出笔者所知基督教在吴语区开教或设站的地点和年代。

表 1　基督教在吴语区开教或设站的地点和年代

	上海	宁波	奉化	宁海	绍兴	新昌	台州	黄岩	太平
开教	1843 年	1847 年	1866 年	1868 年	1866 年		1867 年		
设站		1865 年							
设分站						1888 年前		1867 年	1874 年

	苏州	湖州	杭州	衢州	常山	兰溪	永康	温州	平阳	龙泉
开教		1889 年	1861 年					1867 年		1894 年
设站	1883 年			1875 年		1886 年			1893 年	
设分站				1872 年		1870 年	1882 年			

＊ 表中空白处暂无资料

所谓传教"站"（station），是传教士和教徒较多、传教历史较悠久、规模较大的城市，"站"下又设"分站"（out station），例如台州是"站"，黄岩和太平是它的"分站"。在不设分站的地方，也常常有传教士到访。传教士们常常互通信息，包括集中开会。例如上海的传教士曾组织"沪语社"（Shanghai Vernacular Society）研究上海话，制订上海话拼音方案。基督教传会实在是有系统的组织，通过它来调查方言、搜集资料，是有效的。实际上欧洲的方言学家也有通过各地的传教士通讯调查方言的。穆麟德的这篇论文应该得益于几十年来各地传教士调查研究方言的成果，包括当时已经发表的数百种圣经方言译本和方言学著作。各种方言使用人口想必是根据各地教会、传教会或分会的报告统计的。

　　穆麟德分类的主要缺点是将客家话看作是粤语的小类。他又以为浙江的金华话和宁波话相差无几。他说："金华话尚不能独立一支，其与宁波话之不同仅少话头之变化。"实际上金华话有文读和白读两种，文读较容易听懂。估计当时金华人与传教士交谈都用文读，所以传教士以为与宁波话差不多。

　　1899 年他又出版研究方言分类的专著：(*Classification des dialects chinois*（pp34，Ningbo：Imprimerie de la catholique，1899)此书笔者惜未阅及，内容应比 1896 年的论文更详细。

2　《基督教事业统计》的方言分类和分区

　　《中华归主——中国基督教事业统计》(1901—1920)一书有一节标题为《中国语言的区域和发展》。此节分为六个部分：一，分省简说（含《中国语言区域分划图》）；二，中国的语言与方言；三，语言与区域的总结；四，罗马拼音；五，国音字母；六，新思潮与文学革命。作者将汉语方言分为两大类，各大类又分若干小类，如下：

2.1　官话
（一）官话本身分为北部官话、南部官话、西部官话三种。

3 亿人。

（二）客家话：超过 700 万人。

（三）杭州话：100 万人。

（四）海南官话。

（五）其他变种。

2.2　沿海方言

（一）吴语

（1）苏州话：1 000 万人。

（2）上海话：不超过 1 000 万人。

（3）宁波话：为浙江主要方言,约 600 万人。

（4）台州话：宁波话的变种,约 50 万人。

（5）金华话：通行于浙江金华县城,约 3 万人。

（6）温州话：约 100 万人。

（7）其他。

（二）闽语

（1）建阳话：50 万人。

（2）建宁话：50 万人。

（3）邵武话：10 万人。

（4）福州话：800 万人。

（5）汀州话：100 万人。

（6）兴化话：200 万人。

（7）厦门话：1 000 万人。

（8）海南话：厦门话的分支。

（9）其他。

（三）粤语

（1）汕头话：300 万人。

（2）客家话：包括一部分古老的官话和一部分广东话，以官话为主体。

（3）三江（Samkong）话：30 万人。

（4）广州话：150 万人至 200 万人。

（5）其他。

从此书的分区图和相关的文字说明来看，其汉语方言分类特点有以下几项：

（1）将杭州话列为官话的小类。今案：杭州话在吴语区是一个方言岛，语音系统近吴语，词汇系统和语法系统近官话，可以说是半官话，将其视为"官话的小类"未始不可。

（2）对吴语的下位分类较穆麟德细致。今案：已具 20 世纪 80 年代《语言地图集》的雏形。

（3）增列海南官话为官话的小类。指出它是官话的变种，但对其特点不太了解。今案：应是"军话"，是一个官话方言岛。

（4）将徽语并入吴语区。在分省叙述安徽时说：全省通用北部官话，但是"极南部徽州一带例外，当地使用浙江吴语"。今案：穆麟德已将徽语独立为一小类，但此书却将其等同于浙江吴语，可以说是一种倒退。

（5）对闽语的下位分类比较细致，即建阳话（相当于今闽北片）、建宁话（今属赣语，当时是否属赣语，待考。）、福州话（闽东片）、兴化话（莆仙片）、厦门话（闽南片）、海南话（海南片）、邵武话（闽赣客过渡区）。

（6）浙南有一小片闽语。今案：浙南闽语应是明末清初从福建移入的。

（7）汀州话列为独立的一小类，指出："汀州人讲的是纯粹的客家话。"今案：所说甚是，但是在沿海方言项下却将其列为闽语的一小类，造成混乱。

（8）客家话独立成一类。今案：穆麟德早已将客家话独立，但是此书将其列为官话的小类，同时又在粤语项下出现，而汀州客家话又列在闽语项下。极其混乱。作者认为："客家话包括一部分官话和一部分广东话，以官话为主体。"这一论断完全错误。客家人向来说客家话，语言忠诚度一直很高。只有一个可能，即客家人在读书的时候用官话。学说普通话或广东话是近年来才有的事。看来作者对客家人的语言使用情况，不甚了解，也未咨询过巴色会。巴色会(Basel Mission)早在 1845 年就开始调查客家方言，最早的客家话《圣经》译本《马太福音》(罗马字本)是在 1860 年出版的。

（9）汕头话独立成一类，指出"汕头地区通用一种类似闽南话的土话"。

（10）湘语划归西部官话，赣语划归南部官话。

此书有各种方言使用人口的统计资料，跟穆麟德的统计结果不一样，显然是重新统计的，并且更详尽。

此书有一幅《中国语言区域分划图》，这是笔者所见最早的汉语方言区域图。图上除了划出官话、吴语、闽语、粤语、客家话五大汉语方言外，还有土番语(tribal—dialects)、藏语和蒙古语。所憾此图一直未为语言学界所论及。

3　中西学者早期汉语方言分类法比较

　　首先将全国汉语方言进行分类的中国学者是清末民初的章太炎,他将汉语方言分为十种,即:

　　(1) 自河朔自北塞包括直隶山东、山西及河南之漳德、卫辉、怀庆为一种。纽切不具。

　　(2) 陕西自为一种(甘肃略与不同,并附于此)。

　　(3) 河南自开封以西、汝宁、南防等处,及湖北沿江而下,至于镇江为一种。

　　(4) 湖南自为一种。

　　(5) 福建(浙江之温处台三州并属福建)。

　　(6) 广东。

　　(7) 开封而东,山东曹沂至江淮间为一种("具四声")。

　　(8) 江南苏州、松江、常州、太仓,及浙江湖州、嘉兴、杭州、宁波、绍兴为一种。

　　(9) 徽州、宁国为一种(浙江之衢州、金华、严州及江西之广信、饶州附此)。

　　(10) 四川、云南、贵州、广西合为一种(音类湖北,湖南之沅州并属此)。

　　以上章氏方言分区见《章太炎文钞》卷二,但《章氏丛书·检论·卷五方言》(作于1900年至1901年间)把3、4两类合为一类,共为9类。

　　章太炎没有逐类提出分类的理由,间或以传统语文学的观点,指出某一类的特点。如对上述第8类"江南",他只是指出"滨海下湿，而内多渠浍湖沼，故声濡弱"。他本人没有到实地调查记录，只是根据泛泛的观察，作一粗略的分区。

章氏的第 10 区相当于"西南官话区"，他指出，"湖南之沅州并属此"，所言甚是。湖南的西北部不属湘语区，当属官话区。

值得注意的是，章氏首先将徽语独立为第一层次的大类方言，并将浙江的严州并入此类，甚有见地（见 9）。但是将浙江的衢州、金华和江西的广信、饶州也并入此类就大谬不然了。他又将"浙江的温处台三州并属福建"（见 5）。在章太炎的心目中，吴语的地理范围只包括太湖流域和浙北的宁绍地区（见 8）。这也是与一般人的传统观念相一致的。这样一来他就不得不另行安排浙江其余地区，结果把"温处台三州并属福建"，衢州、金华附入徽语。

章氏分类法的最不合理之处是置客家方言于不顾。广东的嘉应州是客家人的大本营，但章氏只列"广东"（见 6），并未列出其中的嘉应州。看起来他是把客家话并入粤语了。客家人在明清时代是一个非常突出的民系，客家话则是客家人的重要特征，是不容忽视的。此前的穆麟德已将客家话孤立成一小类，不过误将其归并于粤语大类。

章氏没有方言人口统计的资料，不及穆麟德。

章氏分类在后，穆麟德分类在前。但是并无前后的继承关系。

赵元任的《中华民国新地图·语言区域图》（1934）将汉语方言分为以下几类：

北方官话区、下江官话区、上江官话区、吴方言、皖方言、闽方言、汕头方言、客家方言、粤方言。另有"古方言"(在青海省一带)。只有分区图,没有文字说明,也没有方言人口统计的资料。从分区图看,其特点有以下几项:

(1)今赣语区归下江官话区。与穆麟德、《中国基督教事业统计》分类略同。此后无人采用。

(2)今湘语区归上江官话区。与穆麟德、《中国基督教事业统计》分类略同。此后无人采用。

(3)今海南闽语区归汕头方言区。

(4)徽语独立。

(5)浙南无闽语。准确性不及《中国基督教事业统计》。

(6)客家话首次独立成一大类。

在20世纪上半期,继上述两家之后,还有黎锦熙、中央研究院历史语言研究所和李方桂等对方言分类也有所论述,这里就不讨论了。

赵元任在后来所著 *Cantonese Premier*(Greenwood Press, Publishers, New York, 1969)一书中将汉语方言重新分为9类,如下:

第一区六组:

(1)广州方言　(2)客赣方言　(3)厦门—汕头方言
(4)福州方言　(5)吴方言　(6)湘方言

第二区三组:

(7)北方官话——黄河流域、东北地区

(8)南方官话——汉口至南京之间

(9)西南官话——四川、云南、贵州、广西一部分、湖北一部分

　　20世纪五六十年代国内语言学界流行的方言七分法或八分法,与赵元任的分类法基本是一致的。

　　美国语言学家罗杰瑞将汉语方言分为三大类:(1)北方方言(官话);(2)中部方言(吴语、湘语、赣语);(3)南部方言(闽语、粤语、客家话),不提晋语、徽语和平话(Jerry Norman 1988)。这与中澳合作的《中国语言地图集》大不相同。后者把汉语方言在第一层次分为十类:官话、晋语、吴语、徽语、湘语、赣语、闽语、粤语、客家话、平话。各大类方言又分若干小类。对其中晋语和平话能否独立,还是有较大争议的。对于罗杰瑞的分类法笔者曾有评议,此处不赘。20世纪90年代英美出版的《世界语言地图集》则完全采用罗杰瑞的分类(C. Moseley and R. E. Asher,1994)。

4　结语

　　(1)在中国语言学史上,德国学者穆麟德首先将全国的汉语方言进行全面、系统的分类,并且提供使用人口数量的资料。

　　(2)在中国语言学史上,第一张全国汉语方言分区图是西洋传教士制作的,发表在《中华归主——中国基督教事业统计》(1901—1920)上。

　　(3)19世纪下半期至20世纪初期,中国现代方言学还没有诞生,当时来华的西洋传教士即用欧洲语言学的学术规范,来调查研究汉语方言,发表了数以百计的汉语方言学著作。这两种研究方言分类的著作也是在这样的学术背景下产生的。

（4）西儒的这两种著作对中国学者的影响，从赵元任的《中华民国新地图·语言区域图》(1934)可以看到一些痕迹，其中最明显的有两点：一是将赣语区划归下江官话区；二是将湘语区划归上江官话区。

（5）方言分类应以翔实的项目一致的各地方言调查材料为基础。就此而言，上述两种西儒的著作都还不是严格意义的研究方言分类的著作。汉语方言分类研究到了20世纪五六十年代才真正趋于成熟，其标志性的著作是袁家骅等著的《汉语方言概要》(文字改革出版社，1960)，而基础最扎实的是《中国语言地图集》(1987)。

（6）从穆麟德开始，方言分区已有百年历史，分区的结果五花八门，至今仍然争论不休。方言分区与音位归纳一样没有唯一正确的答案，选用不同的标准，会有不同的结果（游汝杰，2000）。

（此文原刊复旦大学《语言研究集刊》第五辑，上海辞书出版社，2008年9月，89—101页）

《圣经》和合本和上海土白本的比较研究

0　解题

　　本文所谓《圣经》和合本是指 1919 年出版的国语《圣经》全译本。其实国语《新约全书》和合本早在 1907 年就出版了。译者是狄考文（C. W. Mateer）、富善（C. Goodrich）、文牧师（G. Syndney）、鲍康宁（F. W. Baller）、鹿依士（S. Lewis）。他们是根据各种文言译本翻译的。据文献记载，《圣经》中文译本的译者都是西洋传教士，但实际上大多有佚名的中国学者参加助译，其事迹也难以查考，本文也只好略而不论。

1　和合本诞生前的《圣经》中文译本

　　在《圣经》和合本 1919 年初版发行之前，《圣经》的汉语译本从语种的角度可以分为四大类：一是文言译本，或称为"深文理译本"；二是浅文言译本，或称为"浅文理译本"；三是官话译本，或称为"白话文译本"，又因地点方言不同而有南京话译本、汉口官话译本等之分；四是土白译本，或称为"方言译本"，种类繁多。

　　近代第一本《圣经》汉语译本于 1822 年出版，译者是英国传教士马士文（J. Marshman）和拉撒（J. Lassas）。英国传教士马礼逊的译本于次年出版。这两种译本皆用文言，即"深文理译本"。后来在马礼逊译本的基础上，修订重译，定名为《新遗诏书》，于 1837 年在印尼出版。译者有四位传教士，即麦都思、Gutzlaff、Bridgeman 和马礼逊。有眉批。用句逗标点。

1842 年鸦片战争后，在香港的英美传教机构再组成 12 人委员会重译《圣经》，得到中国学者王韬的协助，于 1854 年译成出版，称为"代表译本"(delegation version)。以上译本都是"深文理译本"。

美国传教士高德将马殊曼译本加以订正，改用浅显文言，于 1853 年出版。此外杨格非牧师(Griffith John)也曾翻译、出版"浅文理译本"。

"深文理译本"和"浅文理译本"可统称为文言译本。

其实早在鸦片战争之后，就有西洋基督教传教士用各地的口语翻译出版方言《圣经》。这些方言《圣经》在种类和数量上大大超过白话文(官话土白)译本，历史也较后者略早。

第一本白话文(官话土白)译本是 1857 年在上海出版的。此后于 1872 年至 1916 年相继有多种官话圣经出版发行。

方言译本的历史比官话土白译本的历史稍早。第一本方言《圣经》(单篇)是上海土白《约翰福音书》，出版于 1847 年。

方言土白的《圣经》全译本有 10 种：上海、苏州、宁波、台州、福州、厦门、兴化、广东、汕头、嘉应。而建宁和温州方言只译出《新约》。

土白译本从文字种类的角度可以分为三大类：一是方块汉字本；二是罗马字本；三是其他拼音符号本。最早出版的土白方块汉字本是 1847 年在上海出版的上海土白《约翰福音书》;最早出版的土白罗马字本是1852年在宁波出版的宁波土白《路加福音书》和同年在广州出版的广州土白《约翰福音》;用其他拼音符号翻译出版的土白译本寥寥无几,有五种福州土白译本是用国语注音符号(1913年读书统一会制定时称为"注音字母")拼写的,另有一种早期的上海土白译本用的是传教士设计的拼音符号。也曾用这种符号撰写非方言学著作,如《三个小姐》。

就标点符号而言,方块汉字本可分为标点和句逗两种。有的句逗本只有逗号,而无句号。罗马字本分词连写,采用英文标点符号,有的还用发圈法表示字调。只有书名和版权页有英文和方块汉字。

土白译本从方言种类的角度可以分为吴语、闽语、粤语、客家话和赣语五大类。

有土白《圣经》译本的地点方言,属吴语的有七种,属闽语的有8种,属粤语的有2种,属赣语和客家话的各一种,共19种。客家话内部有香港客家话、五经富客家话、嘉应客家话等差异,不过差异不算大,这里合为一种处理。就译本的数量而言,广州最多,有136种;其次为福州、上海、汕头、宁波、客家话、厦门、台州、兴化、海南、苏州、建宁、温州、连州、杭州、潮州、建阳;金华和邵武最少,都只有一种。以上共计609种。

汉字本略多于罗马字本,占59%。各大方言译本的数量,则以闽语为最多,占38.6%,其次为吴语、粤语、客家话,最少的是赣语。湘语和徽语的译本还没有发现。其中罗马字本也以闽语最多,有116种,吴语其次,82种。

　　此外基督教传教士为了传教的需要，从 19 世纪中期就开始醉心于用他们所制订的汉语拼音方案把《圣经》翻译成各地汉语方言，并且正式出版销售。1890 年至 1920 年三十年间售出的罗马字拼音《圣经》和《旧约全书》有 18 055 册，《新约全书》有 57 693 册。但是这个《圣经》拼音翻译活动实际上在 20 世纪 20 年代就可以说失败了，这从《圣经》的罗马字拼音译本的销售量锐减可知。表 1 是各地方言拼音《圣经》（包括《圣经》和《旧约全书》《新约全书》《圣经》单卷本）1890 年至 1915 年间年平均销售量和 1916 年至 1920 年间年平均销售量的比较。由表 1 中的数字可知，除厦门话外，其余七种方言的拼音译本销售量在 1916 年至 1920 年间均已锐减，而呈强弩之末之势。随着拼音译本的衰颓，取而代之的是用方块汉字翻译的方言口语译本。这种方言口语的《圣经》译本一直到 20 世纪 70 年代还在出版，如香港圣书公会代印的《圣经》白话本。

表 1　《圣经》方言译本销售量比较

年份＼地区	厦门	广州	福州	海南	宁波	汕头	台州	温州
1890—1915	2 276	988	1 031	297	994	783	59	147
1916—1920	5 836	105	286	88	281	335	17	39

2　和合本诞生的社会文化背景

　　和合本诞生和流行的原因主要有三方面。

第一，文言译本在 19 世纪末 20 世纪初越来越难以推行，这是与中国语言、文字、语体演变的大背景密切相关的。

在 1919 年的五四运动之前，汉语的书面语是文言文。文言文是一种古典语言，是一种纯粹的书面语，是超方言的，类似于欧洲的拉丁文，并不用于口语。文言文和口头语言之间有十分大的距离，一般人要经过若干年的学习，才能用文言文写作。在旧时代只有少数人会读、会写。文言文不仅落后于时代，不便记录新事物和新思想，也不利普及教育和提高大众的文化水平，弊端甚为明显。改革文言文，而使"言文统一"，可以说势在必行。19 世纪末变法维新派人士也曾大力提倡"言文合一"，并且出版白话报，其中最早的一种是《无锡白话报》，创刊于 1898 年。这一时期还出版了大量白话小说。

文言译本显然不合时代的需要，故长老会于 1907 年的全国大会上议决停止使用文言翻译《圣经》。文言译本从此寿终正寝。

第二，现代汉语标准语即国语的地位日益巩固。

虽然在鸦片战争之后，早就有西洋传教士用各地的口语翻译出版方言《圣经》，或用方言口语写作、出版其他著作，但是这些作品基本上只用于基督教教徒，流传面很窄，并没有得到知识界的重视和社会的认可，当时的宗教界（基督教）和知识界还是相当隔阂的。它们对后来的白话文运动似乎没有直接的推动作用。

"五四"白话文运动肇始于 1917 年。这个运动并不是政府行为，而是几位知识精英发起的，其中最重要的几位是胡适、陈独秀、鲁迅、钱玄同、刘半农等。在白话文运动之初，反对者不乏其人,如林琴南将白话文斥为"引车卖浆之徒所操之语",争论十分激烈。20世纪20年代初,教育部规定在小学一、二年级教白话,白话从此有了法定地位。因为白话文符合时代和社会发展的要求,很快就以势不可挡之势,在20世纪30年代全面取代文言文,成为现代汉语标准语。

白话文运动及后来的国语推广工作反过来却对圣经翻译发生了决定性的影响。由于白话文运动和国语推广工作的不断开展和成功,20世纪30年代以后官话和合本(1919年初版)与国语译本就逐渐取代了方言译本。就笔者所知,目前只有香港的五旬节教会仍使用广东话《圣经》。台湾省和海外其他地方的情况不明。

第三,传教工作的需要。

当时各地流行的中文译本《圣经》版本纷繁歧出,不便传教和教义的统一,所以中国教会领袖和外国传教士联合修订译本,于1919年出版全译本,称为"国语和合译本"。和合译本以1885年出版的 Revised Version(即 R. V.)作为依据。当时制订的翻译原则有以下5项。

1. 译文需为白话,为凡识字的人所能了解。

2. 译文需为普通的语言,不用本地土话及方言。

3. 文体必须易解,但也必须清丽可诵。

4. 译文需与原文切合。

5. 难解之处,应竭尽所能,直接译出,不可仅译大意。

从上述1、2两项原则来看,他们是坚决否定文言译本和方言译本的。

3　和合本诞生后的《圣经》中文土白译本

　　《圣经》和合本诞生（1919 年）后各大方言的土白译本的出版数量就呈锐减态势。见表 2 至表 7、图 1 至图 4。

表 2　和合本出版前后闽语《圣经》出版种类数比较表

	厦门	福州	汕头	潮州	兴化	建阳	邵武	海南	建宁	总计
1919 年前	32	83	56	2	19	2	1	14	9	218
1919 年后	11	14	2	0	0	0	0	0	1	28

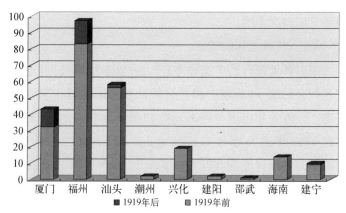

图 1　和合本出版前后闽语《圣经》出版种类数比较图

表 3　和合本出版前后吴方言分地《圣经》出版种类数比较表

	上海	苏州	宁波	杭州	金华	台州	温州	总计	百分比
1919 年前	56	12	49	4	1	24	5	151	93％
1919 年后	5	3	4	0	0	0	0	12	7％

表 4 和合本出版前后粤方言《圣经》分地出版种类数比较表

	广州	连州	总计	百分比
1919 年前	118	4	122	87%
1919 年后	18	0	18	13%

表 5 和合本出版前后客方言《圣经》出版种类数比较表

	客 家	百分比
1919 年前	48	92%
1919 年后	4	8%

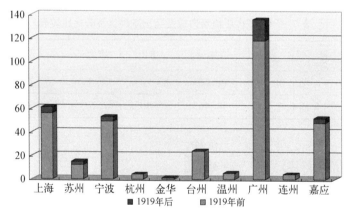

图 2 和合本出版前后分地方言《圣经》出版种类数比较图

表 6 和合本出版前后方言《圣经》出版种类数值比较表

	吴语	闽语	粤语	客家话	总计	百分比
1919 年前	151	218	122	48	539	89.70%
1919 年后	12	28	18	4	62	10.30%
总计	163	246	140	52	601	100%

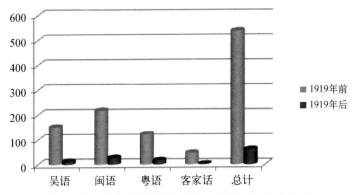

图 3   和合本出版前后方言圣经出版种类数值比较图

表 7   和合本出版前后方言圣经出版种类百分比比较表

	吴语	闽语	粤语	客家话	平均百分比
1919 年前	92.10%	88.60%	87.20%	92.30%	89.70%
1919 年后	7.90%	11.40%	12.80%	7.70%	10.30%

图 4   和合本出版前后方言圣经出版种类百分比比较图

4　《圣经》和合本和上海土白本语言比较

上海土白译本有罗马字和汉字两类译本。

最早的汉字译本是《约翰传福音书》,译者是伦敦会的麦都思于 1847 年江苏省松江府上海县墨海书馆藏版,共 90 叶。伦敦的 Bible House Library 所藏抄本缺第 71—74 叶。这是最早的《圣经》方言(汉字)译本。此书的主要译者即是麦都思,全书译文也是他最后改定的。此书的书名页书影见图 5。

图 5　上海土白《约翰传福音书》(1847)书名页书影

此书正文第 1 页见图 6。

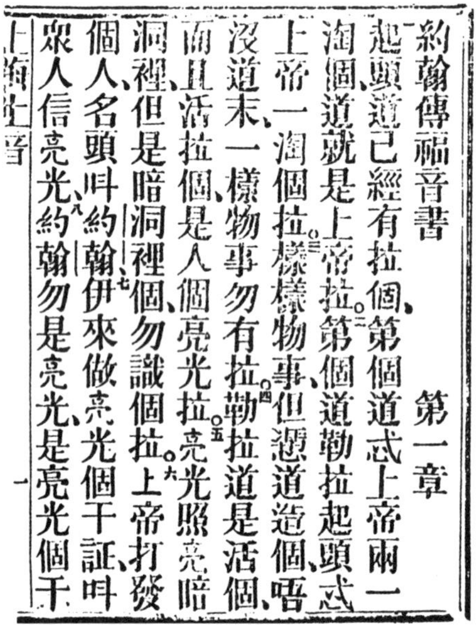

約翰傳福音書　第一章

起頭道已經有拉個、第個道忒上帝兩一
淘個道就是上帝拉、第個道勒拉起頭忒
上帝一淘個拉、樣樣物事但憑道造個、唔
沒道末一樣物事勿有拉勒拉道是活個、
而且活拉個是人個亮光拉、亮光照亮暗、
個裡但是暗洞裡個勿識個拉。上帝打發
個人名頭叫約翰伊來做亮光干証叫
眾人信亮光約翰勿是亮光是亮光個干

上海土字

图 6　上海土白《约翰传福音书》(1847)正文第 1 页书影

小米怜（W. C. Milane）翻译的《马太福音》和 T.
McClatchie 翻译的《路加福音》于 1848 年出版。文主教
（G. Owen）与两位同工者也曾翻译《马太福音》，于 1850 年在
宁波出版，1856 年重印。此后各种《新约》单篇陆续出版。

J. Summers 用罗马字翻译的《约翰福音》于 1853 年在伦
敦出版。在《圣经》的方言罗马字译本的历史上，仅次于
1852 年在宁波出版的《路加福音》和同年出版的广州土白《约
翰福音》。吉牧师（Cleveland Keith）于 1859 年翻译的《路加
福音》曾由 A. B. Cebaniss 用高第丕设计的语音符号转写，于

1872 年出版。完整的《新约全书》是在 1870 年由许多译者合作译成、出版的。主要译者有：文惠廉（中文又名布恩），E. W. Syles，F. Spaulding，T. McClatchie，吉牧师，R. Nelson 和 H. Blodget。其中文惠廉（1811—1864）是美国圣公会在沪首任主教级传教士，1837 年在巴达维亚传教，1842 年到厦门传教，1845 年到上海传教。他和裨治文是最早到中国传教的美国传教士。裨治文是公理教会（Congregational Church）的代表，于 1847 年由广州抵达上海。

吉牧师又曾用罗马字将《新约全书》译出，于 1872 年出版。他曾于 1855 年出版《上海土白入门》。

1876 年为出版《新约》的新版本，美国圣经会成立一个由传教士组成的委员会修订旧译本，委员有 Dr. Farnham 和 Roberts 等人，新版于 1881 年印行。次年又有改订版印行。同时慕维廉（Dr. Muirhead）译成出版包括文理本注释的《新约》。

第一本和合本《新约》的上海土白译本是 1897 年出版的。译者是美国和英国的传教士。

第一本单篇《旧约》是 1854 年出版的《创世记》，译者是 W. J. Boone 和吉牧师。第一本完整的《旧约》于 1908 年出版。

第一本新旧约合订本于 1913 年出版。

教徒一般都使用汉字本，使用罗马字本的教徒越来越少，至 1877 年几乎已停止使用。

现在比较约翰福音和合本、上海土白本 1847 年版本和 1923 年版本的语言文字。以第一章开头的 10 小节为例。见

表 8。第一行是英文译本，第二行是和合本，第三行是上海土白 1847 年版本，第四行是上海土白 1923 年版本。

表 8 约翰福音和合本、上海土白 1847 年版本和 1923 年版本对照

1：1　In the beginning was the Word，and the Word was with the God.

太 初 有 道 ，道 与 神 同 在 ，道 就 是 神。

起頭道已經有拉個、第個道忒上帝兩一淘個、道就是上帝拉。

起初有道、第個道忒上帝一淘拉、道就是上帝。

1：2　He was with the God in the beginning.

这 道 太 初 与 神 同 在。

第個道勒拉起頭忒上帝一淘個。

第個道起初是搭上帝一淘拉。

1：3　Through him all things were made；without him nothing was made that has been made.

万 物 是 藉 着 他 造 的。凡 被 造 的 ，没 有 一 样 不 是 藉 着 他 造 的。

樣樣物事、但憑道造個、唔沒道末、一樣物事勿有拉。

萬物是靠道咾造個、凡系受造的，無一樣勿靠伊咾造個。

1：4　In him was life，and that life was the light of men.

生 命 在 他 里 头。这 生 命 就 是 人 的 光。

勒拉道是活個、而且活拉個、是人個亮光拉。

在於伊、有生命、第個道就是人個光。

1：5　The light shines in the darkness，but the darkness has not understood it.

光 照 在 黑 暗 里 ，黑 暗 却 不 接 受 光。

亮光照亮 暗洞 裏、但是暗洞裏個、勿識個拉。

光照拉暗裏、暗倒勿受。

1：6　There came a man who was sent by God；His name was John.

有 一 个 人，是 从 神 那 里 差 来 的，名 叫 约 翰。

上帝打發個人、名頭叫約翰、

有一個人是上帝差來個，名頭叫約翰。

1：7　He came as a witness to testify concerning that light，so that through him all men might believe.

这 人 来，为 要 作 见 证，就 是 为 光 作 见 证，叫 众 人 因 他 可 以 信。

伊來做亮光個干證、叫衆人信亮光、

第個人來做幹證、就是為之光咾來做幹證、以致衆人從伊咾相信。

1：8　He himself was not the light；He came only as a witness to the light.

他 不 是 那 光，乃 是 要 为 光 作 见 证。

約翰勿是亮光、是亮光個 干證 拉。

約翰勿是第個光、不過為之光咾做幹證。

1：9　This was the true light that gives light to every man who comes into the world.

那 光 是 真 光，照 亮 一 切 生 在 世 上 的 人。

真亮光末、照亮世界上各樣個人拉。

伊個真個光、到世界上照亮攏總人。

1：10　He was in the world，and though the world was made through him，the world did not recoganize him.

他 在 世 界，世 界 也 是 藉 着 他 造 的，世 界 却 不 认 识 他。

第個亮光也造世界個、但是世界上勿認得伊拉。

伊垃拉世界上、世界上是從伊咾造個，世界倒勿認得伊。

从表8中的译文来看,和合本胜于上海土白本,有以下几方面。

第一,意义更准确。例如 In him was life,和合本译为"生命在他里头",土白本译为"勒拉道是活個"。土白本的翻译可以说是错误的。

第二,文字更简洁。例如第一句 In the beginning was the Word, and the Word was with the God. 和合本译为"太初有道,道与神同在,道就是神"。土白本译为"起头道已经有拉个、第个道忒上帝两一淘个、道就是上帝拉"。土白本显得很啰唆。

第三,标点更准确。第六句 There came a man who was sent by God; His name was John. 和合本译为"有一个人,是从神那里差来的,名叫约翰。"土白本译为"上帝打发个人、名头叫约翰",土白本用的是传统句逗标点法,与和合本新式标点法不同,但是此句的末尾应用句号是没有疑问的。

第四,用词更恰当。例如 witness,和合本译为"见证",土白本译为"干证"。darkness 和合本译为"黑暗",土白本译为"暗洞"。

从白话文运动的历史来看,和合本《圣经》可以说是白话文运动的先锋,是白话文取代文言文在文学上的楷模。但是它毕竟是近 100 年以前的出版物,近百年来汉语在词汇、句法和语体上发生了不少变化,从当代的眼光来看,和合本的译文还是有可以改善的余地的。例如"太初"可以改译为"世界","太初"当代汉语已罕用。"照亮一切生在世上的人"可以改译为"照亮世界上的每一个人"。"一切"用于修饰事物,修饰人用"所有"或"每一个"较妥。

香港天道书楼 1993 年出版《圣经新译本》,对和合本的译文有所修订,如将"神"改译为"上帝"。虽然其语体已较接近现代汉语,但仍有早期白话文的痕迹。

蔽见以为有必要由当代汉语的语体重新翻译《圣经》。

笔者试将和合本《约翰福音书》的头十句用当代的语体改译如下(见表 9)。表中第 1 行是和合本,第 2 行是英译本,第 3 行是笔者试译。

表 9 《约翰福音书》和合本和当代汉语试译比较

1:1 太初 有道,道和神同在,道就是神。

In the beginning was the Word, and the Word was with the God.

世界最初就有道,道和上帝同在,道就是上帝。

1:2 这道太初与神同在。

He was with the God in the beginning.

这道当初就和上帝同在。

1:3 万物是 藉着 他造的。凡被造的,没有一样不是 藉着 他造的。

Through him all things were made; without him nothing was made that has been made.

万物都是通过他造就的;凡是已经造出来的,没有一样不是通过他造的。

1:4 生命在他里头,这生命就是人的光。

In him was life, and that life was the light of men.

生命在他里头,这生命就是人的光。

1:5 光照在黑暗里,黑暗却不 接受 光。

续　表

The light shines in the darkness, but the darkness has not understood it.

光照在黑暗里,黑暗却不理会光。

1:6　有一个人 ,是 从神那里 来的,名叫约翰。

There came a man who was sent by God; His name was John.

有一个人,是上帝差来的,名叫约翰。

1:7　这人来,为要 作见证 ,就是为光作见证,叫众人因他可以信。

He came as a witness to testify concerning that light, so that through him all men might believe.

他来是为做证人,就是为光做见证,使大家通过他的见证都可以相信。

1:8　他不是那光,乃是要为光 作见证 。

He himself was not the light; He came only as a witness to the light.

他不是光本身,而只是光的证人。

1:9　那光是真光,照亮 一切 生在世上的人。

This was the true light that gives light to every man who comes into the world.

这光是真光,照亮世界上的每一个人。

1:10　他在世界,世界也是 藉着 他造的,世界却不认识他。

He was in the world, and though the world was made through him, the world did not recoganize him.

他在世界,虽然世界是通过他造就的,但是世界却不认识他。

参考文献

《约翰传福音书》，江苏省松江府上海县墨海书馆藏版，1847年，共90叶。

《新约全书》，上海美国圣经会印发，1923年，18厘米，614页。

志贺正年《中文圣书的基础研究》，株式会社天理寺报社印刷，1973年3月。

游汝杰《西洋传教士汉语方言学著作书目考述》，黑龙江教育出版社，2002年12月。

Holy Bible，New International Version，International Bible Society（H. K.）Ltd. ，1996.

附：出版年代最早的汉语方言《圣经》单篇第一章原文

约翰傳福音書

耶穌降世壹千捌百肆拾柒年

江蘇省松江府上海縣墨海書館藏板

約翰傳福音書

第一章

起頭道已經有拉個、第個道式上帝兩一淘個、道就是上帝拉。第個道勒拉起頭式上帝一淘個。樣樣物事、但憑道造個、

唔沒道末、一樣物事勿有拉。勒拉道是活個、而且活拉個、是
人個亮光拉。亮光照亮暗洞裏、但是暗洞裏個、勿識個拉。上
帝打發個人、名頭叫約翰、伊來做亮光個干證、叫眾人信亮光、
約翰勿是亮光、是亮光個干證拉。真亮光末、照亮世界上各樣
個人拉。第個亮光也造世界個、但是世界上勿認得伊拉。伊
到本地、本地人勿接伊、接受伊個人、就是信伊名頭個、賞撥伊
威勢能幹、做上帝個兒子、伊個生出來、不是打血脈、邪想、人
個意思來個、是上帝生來個拉。第個道成功之肉身、住拉倪當
中、可以看見伊個榮耀、就是天爺個獨養子、裝滿恩典真實拉。
故個約翰做干證、喊起來話、吾話拉個、第個人、雖然勒吾後頭
來、但是勒吾前頭有個、因爲本來勒我前頭拉、打伊個大德性、
倪全受恩典、加添恩典上拉。摩西是賞撥拉律法個、單單恩典
是耶穌基督立拉個。唔啥人看見過上帝、但是上帝獨養子、亥
勒拉上帝胸前個、話明白上帝拉。約翰做干證、是實蓋、猶太
國人打發祭祀老師、搭之利未支派上人、打耶路撒冷走來、問
約翰話、儂是啥人。約翰就話明白、勿敢推頭、擔自家話清爽
個、話、吾勿是基督。伊拉又問話、儂是啥人、是以亞否、話、
勿是、話、儂是聖人否。話、勿是。聖話、到底儂是啥人、請儂
自家話、我好去回覆打發我個人、儂自家話是啥人。約翰話、
古是間聖人以賽亞先話過、話、鄉下有聲音、喊起來話、修好之
上帝個路、第個聲音、就是我拉。是修行人、所以問話、倘若儂
勿是基督、勿是以利亞、也勿是聖人、爲啥行洗禮呢。約翰話、
吾擔水來行洗禮、單單那淘裏有一個人、那勿認得個、伊勒吾
後頭來、但是實在勒吾前頭、就是伊個鞋帶、吾勿敢忹伊解拉。
第個事體全成功、勒拉約耳但河外、伯大巴喇縣、就是約翰行

洗禮個戶堂、到明朝、約翰看見耶穌來、話、看看第個人、是上帝個小綿羊、能殼除脫世界上人個罪拉。吾話個第個人、勒吾後頭來、但是勒吾前頭有個、因爲伊本來吾前頭拉、吾原來勿認得伊個、但是吾來行洗禮、不過話明白第個人、叫以色列百姓曉得拉。約翰又話、吾看見聖神像鴿子、打天上下來、住勒伊身上拉、吾勿曾認得個歇、但是伊打發我行洗禮、已經告訴我、話、儂看見聖神降下來、住勒伊身上、伊將來担聖神行洗禮拉。吾看見之咾做干證、第個人是上帝個兒子拉。到明朝、約翰搭之兩個徒弟立拉、看見耶穌走過、就話、第個人是上帝個小綿羊拉。兩個徒弟聽見之、就跟之耶穌。耶穌捋轉頭來、睃睃伊跟個人、勒拉後頭、話、儂要啥、話、先生、住勒那裏。耶穌話、跑來看、就看之耶穌個住處、已經到之申時者、故日上一淘住拉。聽之約翰個說話、跟從耶穌個、一個是西門彼得羅個阿哥、名頭叫安得列。伊先去尋著之兄弟西門、對伊話、吾碰著彌賽亞、即是抹過油個、就領西門見先生、耶穌看見之西門話、儂是約拿個兒子名頭叫西門後來要改名頭、叫磯法、就是解說話磐石拉、到明朝耶穌到加利利碰着非立話、跟我去。非立本戶堂肋拉伯賽大、就是安得烈、搭之彼得羅兩家頭一個戶唐拉。非立碰著拿但以利話、摩西律法上記載、各聖人寫拉個、吾已經碰著拉就是拿撒勒戶堂人、約色弗個兒子耶穌拉。拿但以利話拿撒勒戶堂、有啥好人物出來麼。非立話跑來、看耶穌看見拿但以利走來話、真正是以色列人、一眼勿差、個拿但以利話那能曉得我、耶穌話、非立勿曾招來個辰光、儂肋拉無花果樹底下、吾已經看見儂個。拿但以利答應話、老師真正是上帝個兒子、以色列個王拉。耶穌話、吾話樹底下看見儂、儂

就信我麼、將來一定亥要看見更大個事體拉、又話吾老實告訴
儂、將來一定看見天開、天神肋拉人个兒子、喊頭上咾下拉。
（第一章）

（此文原刊谢品然、曾庆豹合编《自上帝说汉语以来——
和合本圣经九十年》，香港研道社出版，2010 年 12 月，37—
52 页）

《旅居上海手册》所见洋泾浜英语研究

提要 本文研究《旅居上海手册》所见洋泾浜英语的词源和语法特点,指出其词汇来自英语、上海方言、葡萄牙语、印度语言、日语等多种语言;在语法上,则是不顾英语语法,而尽可能迁就汉语语法。文前略说洋泾浜英语的含义和历史等,文末列出《旅居上海手册》所见洋泾浜英语的所有句子。

关键词 语言接触 洋泾浜语 洋泾浜英语 上海方言

1 洋泾浜英语说略

1.1 关于"洋泾浜语"一词的词源

洋泾浜(pidgin)语又译作"比京语""皮钦语"或"别琴语"。"洋泾浜"一词的来源可能与老上海苏州河的一条支流——洋泾浜有关。1845 年英租界在上海建立以后,洋泾浜成为租界和华界的分界线,沿岸也成了上海最繁华的地段,也是英语和汉语接触最频繁的地方。上海的洋泾浜英语就是在这里诞生的。"洋泾浜英语"英语称为 pidgin English。而英语 pidgin 与 pigeon 读音和拼法都相近,又被误为 pigeon English,译成中文,就变成"鸽子英语"。另有一说认为"洋泾浜"源自英语 business,例如《旅居上海手册》的作者就认为:"Pidgin is a corruption of business，so pidgin-English means business English."(Robert A. 1944)此词在上海最初译为"别琴"，见于 1873 年出版的《别琴竹枝词》。

1.2　"洋泾浜语"的含义

洋泾浜语是指两种或多种不同语言频繁接触的地区，由这些语言杂糅而成的语言。洋泾浜语在一个社会中通行的范围是有限的，大致只使用于操不同语言的人有必要相互交际的场合，而不用于同属一种语言的社团内部。

目前了解比较多的洋泾浜语，大多是哥伦布发现新大陆之后，欧洲人在世界各地通商和扩大势力的结果。欧洲人和当地居民交际时，为了互相听懂交谈的内容，谁也不讲究华丽的词藻或严密的语法，而都希望有一种简便的工具。这样，土著语言中逐渐混入欧洲语言的因素，形成一种语法结构和词汇用法都十分简便的语言。

洋泾浜语是殖民地和半殖民地文化的产物。它的形成过程是单向的，即在土著学习欧洲语言的过程中形成，其底层是土著语言，绝没有以欧洲语言为底层的洋泾浜语。例如上海的洋泾浜英语，将"三本书"说成 three piece book，其汉语底层表现是：有量词 piece；名词无复数，book 不用复数形式；没［piːs］这样的音节，所以 piece 读成［pisi］。

旧上海的洋泾浜英语虽然早已不用，但是其中的某些词汇仍然一直沿用至今，例如"瘪三"（"毕的生司"的缩减形式）、"那摩温""麦克麦克"。"刚白度"（即"江摆渡"，买办）也曾用于早期的现代汉语书面语。

　　洋泾浜语里的词语与普通的外来词有时不易分辨,两者至少有两点不同。

　　第一,洋泾浜语只用于口头的语言接触,最初并无文字形式,普通的外来词大多是通过书面翻译产生的。但是洋泾浜语里的外来词的使用范围一旦扩张到本地人之间日常交际的领域,或进入书面语,也就成了普通的外来词。例如"瘪三、那摩温"最初用于洋泾浜语,后来成为普通上海人常用的外来词。

　　第二,许多洋泾浜语里的词语对应于英语的词组,甚至句子,而不是单词。例如:纳浮埋因(勿介于心)←Never Mind,也司屋拉挨←Yes,all right。

　　洋泾浜语和混合语(Creole)至少有以下几点不同。

　　第一,混合语使用于整个社会,也使用于家庭内部。洋泾浜语不是全民的语言,仅使用于若干有必要使用的交际场合,在家庭内部只使用于母语不同的主仆之间。

　　第二,混合语可以是一个人的母语,洋泾浜语是在母语以外,在社会交际中学会的第二语言。中国的洋泾浜英语从来没有成为一个人的母语。

　　第三,洋泾浜语是殖民地和半殖民地文化的产物,而混合语则不一定,如五屯话是汉藏人民杂居和文化交流的结果。

　　第四,混合语内部有完整的语音、词汇和语法规范,洋泾浜语则不然。

　　第五,有的混合语是从洋泾浜语发展而来的,如海地语起初就只是一种洋泾浜语;但不是所有洋泾浜语都会发展成为混合语,洋泾浜语常因殖民地和半殖民地文化的中止或衰微而消亡，如中国的洋泾浜英语。

1.3　中国洋泾浜英语简史

中国的洋泾浜语言，比较引人注目的有洋泾浜英语和洋泾浜协和语两种，而又以洋泾浜英语较典型。

中国的洋泾浜英语是18世纪初期形成的，其使用的地点主要是澳门、广州、香港、上海，也使用于其他通商口岸，如宁波、海口、汉口、芜湖、北京、南京等地。使用者主要是英美人和他们在中国的雇员或用人，以及与他们接触的中国商人。开头用于业务上的联系和买卖交易，如用于供外国人购物的零售商店，后来也用于中外人士互相接触的别的场合，除了佣人和商人之外，较高阶层也有使用洋泾浜英语的。

中国的洋泾浜英语的历史可以分成四个时期：诞生期（1715—1748年），诞生于广州和澳门；早期（1748—1842年），使用于广州和澳门；扩展鼎盛期（1842—1890年），使用于香港和各地通商口岸；衰落期（1890年至今）。衰落的原因除了英语水平普遍提高，一般人宁可使用较纯正的英语外，还有别的社会文化方面的关系。

不过在20世纪前半期的上海，在与外国人接触的华人中间，洋泾浜英语还是相当活跃的。继1845年英租界建立后，1848年美租界建立，1849年法租界建立。1863年英法租界合并，称"公共租界"。全盛时期在上海常住的外国人多达5万人，曾是各大城市中外国居民最多的城市。试比较香港的情况，据1966年的统计，家庭语言为英语的人口仅为29 300人，占总人口0.8％。

当年上海的洋泾浜英语内部并没有严格的规范,往往因使用的场合不同而不同,因人而异,只是以满足最低限度的交际需要为目的。共同的特点是语音、词汇和语法的全面简化和杂糅。例如社会下层的车夫、小贩、搬运工等,甚至只能说个别必需的词汇,如"也司"(yes,是的)、"温大拉"(one dollar,一块钱)、铜生斯(一分钱的铜币。"生斯"是 cent 的译音)、哈夫哈夫(half half,利益均分)、森克油河(Thank you)、生发油抹来抹去(Thank you very much,非常感谢)、long time no see(长久不见)等。有一种以说洋泾浜英语为职业者,称为"露天通事",大致是由转业的西崽、马夫等组成,专在马路或游览场所,为初到上海的水手、游客等外国人,充任临时译员和向导。

在上海开埠后不久还流行一种"洋泾浜字"。华人和洋人接触交往初期尚无英文教育,华人对英文 26 个字母颇能学舌,但是因为拉丁字母字形与汉字迥异,难以描摹,所以选用 26 个汉字部首,如"、丨丿凵"等来代表 26 个字母,用于拼写。这种文字清道光末年盛行于下层社会。咸丰时刘丽川领导小刀会起义,为对清政府官吏保密,曾以此种洋泾浜字与洋人通信。

1.4　旧上海的洋泾浜英语举例

在《华英初阶》之类学习英语的教科书出版前,上海曾流行《洋泾浜英语实用手册》之类书,民间还流行便于记忆的歌诀和未正式出版的手抄本。下面一首著名的歌诀见于汪仲贤所著《上海俗话图说》(上海社会出版社,1935 年):

来是"康姆"（come），去是"谷"（go），

廿四铜钿"吞的福"（twenty four），

是叫"也司"（yes），勿叫"拿"（no），

如此如此"沙咸鱼沙"（so and so），

真崭实货"佛立谷"（very good），

靴叫"蒲脱"（boot），鞋叫"靴"（shoe），

洋行买办"江摆渡"（comprador），

小火轮叫"司汀巴"（steamer），"翘梯翘梯"（吃 tea 吃 tea)请吃茶，

打屁股叫"班蒲曲"（bamboo chop），混账王八"蛋风炉"（damned fool），

"那摩温"先生是阿大（number one），跑街先生"杀老夫"（shroff），

"麦克麦克"（very much）钞票多，"毕的生司"（petty cents)当票多，

红头阿三"开泼度"（keep door），自家兄弟"勃拉茶"（brother），

爷要"发茶"（father）娘"卖茶"（mother），

丈人阿伯"发音落"（father-in-law），

……

此类歌诀多是宁波人所作，所以最好用宁波话诵读。每词后边括号里的英语词是笔者所加。

《上海通俗语及洋泾浜》一书所见洋泾浜语举例如下。

［咸水妹］	美少女	Handsome maiden
［富而好施］	客满	Full house
［骚来］	对不起	Sorry
［森克油河］	谢谢你	Thank you
［生发油买来卖去］	多谢你	Thank you very much
［纳浮埋因］	勿介于心	Never mind
［也司屋拉挨］	好	Yes，all right
［买司干］	不要紧	Maskee
［哥特罢哀］	再会	Good bye
［麦卡］	富有	Very much
［毕的生司］	穷	Petty cents
［喔开］	如意，算数	O. K. all correct
［豁根油河］	不中用的家伙	What can you do?
［血汤］	短期（一度春风）	Short time
［门甘别士纳司］	猴戏（玩耍）	Monkey business

2　《旅居上海手册》所见洋泾浜英语初探

2.1　《旅居上海手册》简介

见于书面文献的成篇的洋泾浜资料不多见。笔者所见，列有 100 个以上洋泾浜英语句子的文献只有下述一种，即 Shanghai：A handbook for travelers and residents to the chief objects of interest in and around the foreign settlements and native city by REV. C. E. Darwent，M. A.，minister of Union Church，Shanghai. Kelly and Walsh，Limited，Shanghai，Hong Kong，Singapore，& Yokohama。全书用英文写,也无中文书名。附有一张 1902 年的上海市区地图和 64 幅插图。编撰时间应稍晚于 1902 年。作者是联合传教会的 C. E. Darwen 牧师,时任教堂传教会的 Minister。此教堂位于苏州路,日常活动即由作者主持。作者其他事迹未详。此书封面书影见附录。

书名或可译为《旅居上海手册——租界和华界要览》。全书分为五大部分,即Ⅰ Introductory(导言),Ⅱ Routes with Chief Objects of Interests(主要景点),Ⅲ Public Institutions (公共设施),Ⅳ Clubs and Associations (俱乐部及其他),Ⅴ Historical and Descriptive(历史和现状)。第一部分的第一节即是 Pidgin English (洋泾浜英语)。这一节开头是"导言",简单叙述洋泾浜英语的用处和特点,并简要讨论十几个洋泾浜词语的词源。接着是一张包含 105 个句子的洋泾浜英语表单,表单的标题是 Useful sentences(实用语句),又分五部分:General(日常用语)、Jinrickshaw (坐黄包车用语)、At a Hotel (宾馆用语)、Shopping(购物用语)、At a Photographer's (照相馆用语)。各类举例如下(左边是洋泾浜英语,右边是标准英语):

(1) General

That will do.	can do.
That will not do.	no can do. (These have a very wide application)

That is better	That b'long more better
Who is that(it)	What man?
What is that?	What thing?

（2）Jinrickshaw

Get me a rickshaw.	Catchee my one piece rickshaw.
Stop	Man-man.
Put the rickshaw down.	Faung au lay.
Go to the Bund.	Bund(if that fails，try Whang-poo).
Nanking Road	Maloo；Doo-maloo.

（3）At a hotel

Get me some hot water.	Pay my hot water.
I want a bath.	My wanchee bath.
Is there a barber in the hotel.	barber have got?
I want some tea at once.	Catch tea chop-chop.
A tip	Kumshaw

（4）Shopping

How much is that?	How muchee?
Which is better，this or that?	What piece more better?
I'll give you two dollars for it.	My can pay two dollars.

续　表

| Is that the genuine price? | That price b'long true? |
| I don't want that. | My no wanchee. |

（5）At a Photographer's

I want these twelve plates developed.	Twelve piece wanchee wallop.
How much a plate?	One piece how much?
Can you send this to my hotel?	Hotel side can sendee?

　　这些洋泾浜英语显然是外国人与不懂标准英语的本地华人交际时使用的，"导言"中告诫访问上海或其他开放港口的外国人，"应先试用标准英语跟本地人讲话，如果不行，再讲洋泾浜英语。对一个会标准英语的本地人讲洋泾浜英语，会损害他的尊严"。

　　2.2　洋泾浜英语在语言上有以下特点值得注意

　　（1）在词汇上，有明显的马赛克镶嵌现象，即其词库由多种语言的词汇凑合而成。除了大多是英语词外，还有上海方言词、官话方言词、粤语词、葡萄语词、印度语言词、日语词。例如（英文释义照抄原书，中文是笔者所加）：

　　上海方言词：Man Man 慢慢[mɛ mɛ]←Wait a bit; stop

　　　　　　　　Auso 豪燥[ɦɔ sɔ]← Be quick

　　　　　　　　Faung au lay[fã ɦɔ lɛ]Put the rickshaw down.

Dong sing［dā ɕiŋ]Be careful

Hongkew 虹口［ɦoŋ khɤ]←Broadway.

Feranghi 法兰西［faʔ lɛ ɕi］← French
Settlement

官话方言词：Chin-chin 请请←a greeting generally

Maloo 马路←Nanking Road

上海话和官话混合词：Doo-maloo←大马路（Nanking
Road）

Sz-maloo ← 四马路（Foochow
Road）

粤语词：Kumshaw 金沙←（a tip）

咸水妹 hàanhmséuimūi←handsome maiden。

康莲馨花←Cornation

未明方言：junk←沿海某方言"船"（chueng）的葡萄牙语
发音。

葡萄语词：Marskee←masque(Never mind)

Joss pidgin←dios(God)

Comprador←compra(to buy)

印度语言词：shroff←式老夫［səʔ lɔ fu]（跑街 money
dealer，money expert）

tiffin←(lunch)

godown←kadang(warehouse)

coolie (unskilled workers in India，China and other parts of Asian) chit (a short official note such as a receipt，an order or a memo) lac (lace 蕾丝，a very delicate cloth which is made with a lot of holes in it)

marskee (never mind)

日语词：Jinrickshaws/rickshaw←人力车

上述 Hongkew 一词，是上海市内一地名，即"虹口"，作者用"Broadway"来注释，颇费解，可能当时称"百老汇路"。

"康莲馨花"（←Cornation）一词，今译"康乃馨"，也见于《上海通俗语及洋泾浜》一书，但从英语词形来看，此词不大可能来自上海话翻译，因为在上海话里，n 声母和 l 声母是有分别的，英语的 na 音节不可能用声母读 l 的"莲"来翻译。本文暂将其列入粤语来源。

Lac(镂空饰边，多用于女式服装)一词，今译"蕾丝"，也见于《上海通俗语及洋泾浜》一书。该书作者认为此词来自英语 lace，译为"兰纱丝"。

"junk"一词指"一种中国帆船，船底平坦，风帆呈长方形"。据该书"导言"说明（"Introduction information"），junk 是葡萄牙商人在中国南方沿海做生意时使用的当地方言"船"（chueng）的葡萄牙语发音。但作者没有指出来自何地何种方言。"船"是平声字，不是入声字，在中国的任何方言里，都不可能以"k"收尾。因此"junk 来自沿海方言"的说法，值得怀疑。一说来自印尼语某方言，一时无从查考。

Jinrickshaws 来自日语"人力车"，即黄包车或三轮车。此词在洋泾浜语的实际使用中省去第一个音节，一般英语词典也将此词写作 rickshaw。这是英语中来自日语的外来词。

英语中的 coolie(或写作 cooly)则是来源于印度语言的外来词，在中国最初用于洋泾浜语，其书面形式"苦力"可以说是"音义兼译"(loan blends)的范例。

Marskee 一词也见于《上海通俗语及洋泾浜》一书，拼作maskee，作者自注来自印度语言。

在此书洋泾浜句子表单中出现的下述四个词：savvy，bime，bobbery，lolly，词源待考。

此书载录的洋泾浜英语句子表单见附录 2。

洋泾浜英语词汇可以分出几个历史层次，最早的是葡萄牙语，来自 400 年前葡萄牙商人到澳门一带经商时，因与当地人接触而产生的洋泾浜语言。开埠后日渐繁华，澳门也有人来沪工作或打工，他们带来原来用于澳门的洋泾浜语词汇。第二个层次是粤语，来自继澳门后，在广州形成的洋泾浜英语。第三个层次，上海开埠以后，更多的英语词汇进入洋泾浜英语。同时一些上海话、官话和印度语言词汇也进入洋泾浜英语。官话词"maloo"(马路)，来自操苏北或山东的黄包车夫，因为"马"字官话读"ma"，上海话是读"mo"的。印度语言词汇则来自在上海任职的印度巡捕和其他从业人员。

（2）在语音上，最显著的特点是在以塞音、擦音或塞擦音结尾的音节后边加长元音,使之符合汉语的音节结构。例如：
wanchee ← want、catchee ← catch、piecee ← piece、makee ←
make、largee ← large、talkee ← talk、walkee ← walk、sendee ←
send。

据该书《导言》,在这些词后边加 ee,始用于早期来华的葡
萄牙商人,而非一百年以后来华的英国人。

（3）在语法上,完全不顾英语语法,而尽可能迁就汉语语
法。细分之,有以下三个明显的特点：

第一,只用单音节词根构成句子,完全没有词形变化。

第二,第三人称代词只用主格,不用宾格,即在宾语的位
置上也只用主格。例如：

Talkee he.（Tell him.）

Talkee he come this side.（Tell him to come back.）

第一人称则只用所有格 my,即在主语和宾语的位置上也
只用所有格。例如：

My no savvy.（I don't understand.）

My too muchee trouble fear makee rain.（I am afraid it
is going to rain.）

Pay my look see.（Just let me look.）

Morning time talkee my 7 o'clock.（Call me at
7 o'clock.）

第三,将英语的 piece(a part or section of something)用
作汉语的泛用量词。例如：

Talkee cook three piecee man dinner.（Tell the cook to
prepare dinner for three.）

Catchee my one piece rickshaw. (Get me a rickshaw.)

Pay my two piecee. (I will take two of them.)

Catchee carriage one piece pony. (Get me a carriage with one pony.)

第四,几乎完全不用名词的复数形式。例如:

Three piece man(three men).

Two piecee (two pieces).

第五,动词的否定形式是"no+动词","no"的用法相当汉语的"不"。例如:

No do. (Don't do it)

My no wanchee. (I don't want that.)

You no can do. (You cannot do it.)

My no savvy. (I don't know.)

3 结论

上海开埠后的一百年间(1843—1949),洋泾浜和外来词曾经十分发达。洋泾浜英语的特点,在词汇上,有明显的马赛克镶嵌现象,即其词库由多种语言的词汇凑合而成;在语法上,完全不顾英语语法,而尽可能迁就汉语语法。

参考文献

游汝杰、邹嘉彦 2009 《社会语言学教程》,复旦大学出版社。

游汝杰 2009 《〈上海通俗语及洋泾浜〉所见外来词研究》,载《中国语文》2009 年第 3 期。

钱乃荣、许宝华、汤珍珠 2008 《上海方言大词典》,上海辞书出版社。

许晚成 1945 《上海通俗语及洋泾浜》,《上海通》编辑部编辑,上海龙
文书店,民国三十四年。

刘民钢 2005 《上海的洋泾浜英语》,载《吴语研究》(第三届国际吴方
言学术研讨会论文集),2005 年 4 月,上海教育出版社。

Robert A. Hall, JR. 1944, *Chinese pidgin English grammar and
texts*, Journal of the American Oriental Society, Vol. 64.

附录 1 《旅居上海手册》封面书影

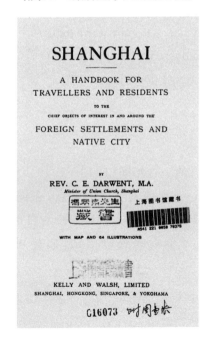

附录2 *Shanghai: A handbook for travelers and residents* 载录的洋泾浜英语句子表单

English	Pidgin English
1. General	
That will do.	Can do.
That will not do.	No can do.
	(These have a very wide application)
That is better	That b'long more better
Who is that（it）?	What man?
What is that?	What thing?
Tell him.	Talkee he.
Give me that.	Pay me.
I don't want it.	My no wanchee
There.	That side.
Here.	This side.
Please let me know.	Talkee my.
Just let me look.	Pay my look see.
Do you understand?	Savvy?
I don't understand.	My no savvy.
Can you tell me what this is?	What thing this b'long.
Go and see, and back and tell me.	You look see talkee my.
That won't do.	No b'long ploper (proper).

续　表

English	Pidgin English
Where is it?	What side?
Where is that from?	What side catchee?
What o'clock is it?	What time?
I don't know.	My no savvy.
Wait a bit.	Man man.
Be quick.	Auso.
Come at once.	Come chop chop.
This is mine.	This b'long my.
Stop that.	No can do.
Never mind.	Marskee.
That is a bad job.	That b'long bad pidgin.
Business (or any kind of affair).	Pidgin.
Religion	Joss pidgin.
Is Mr. — at home?	Mas's have got?
Is mrs. — at home?	Mississy have got?
He (she) is not at home.	No have got.
Can you do this for me?	Can do?
Why not?	What fashion no can?
Go upstairs.	Go topside.
Go downstairs.	Go bottomside.
I have left my hat downstairs, go and get it for me.	Go catch hat downstairs.

续　表

English	Pidgin English
Tell him to come back.	Tackee he come this side.
Tell him to come in the morning.	Tackee come morning time.
Do you mean it?	Tackee true?
What do you mean by that?	What fashion?
Afterwards (by and by).	Bime bye.
I will pay you late.	Bime bye makee pay. .
I am afraid it is going to rain.	My too muchee fear makee rain.
I don't want to do this.	Too muchee trouble pidgin.
I want it like that.	Wanchee all same.
This is very good.	This b'long number one.
How are you?	Chin-chin (a greeting generally).
Good-bye.	
Tell the cook to prepare dinner for three to-day.	Talkee cook three pieceman dinner.
If you cannot do it, I must get some one else.	S'pose you no can do, must catchee nother man.
Bother; to find fault with	bobbery.
If you don't do this, you will get trouble.	S'pose no do, my makee largee bobbery.
2　Jinrickshaw	
Get me a rickshaw.	Catchee my one piece rickshaw.

English	Pidgin English
Stop.	Man-man.
Put the rickshaw down.	Faung au lay.
Go to the Bund.	Bund（if that fails, try Whang-poo）.
Nanking Road.	Maloo；Doo-maloo.
Kiukiang Road.	Nee-maloo.
Hankow Road.	San maloo.
Foochow Road.	Sz-maloo.
French Settlement.	Feranhi；Fa-lan-zi.
Broadway.	Hongkew.
Go quicker.	Auso ti.
Be careful.	Doung sing.
3　At a hotel	
Get me some hot water.	Pay my hot water.
I want a bath.	My wanchee bath.
Is there a barber in the hotel?	Barber have got?
I want some tea at once.	Catch tea chop-chop.
A tip.	Kumshaw.
Show me my room.	What side my room?
Get me a washerman.	Catchee my one piece washerman.

English	Pidgin English
Call me at 7 o'clock.	Morning time talkee my 7 o'clock.
I want to go for a walk.	My wanchee walkee.
Will you be sure to do it?	Can secure?
Get me a carriage with one pony.	Catchee carriage one piece pony.
4 *Shopping*	
How much is that?	How muchee?
Which is better, this or that?	What piece more better?
I'll give you two dollars for it.	My can pay two dollars.
Is that the genuine price?	That price b'long true?
I don't want that.	My no wanchee.
This is what I want.	So fashion my wanchee.
That is too dear.	Too much dear.
Show me another kind.	Pay my look see 'nother fashion.
I will take two of them.	Pay my two piece.
Will it be cheaper to take two.	S'pose catchee two piece, can more cheap?
What is this used for?	What this b'long?
I don't like that.	No likee.
Is this the best quality?	This b'long more better.
Is that the lowest price?	No can cuttee?

English	Pidgin English
I can't take any lower price.	True b'long bottomside, last time talkee.
Can you make allowance on damaged goods?	You can lolly my?
Is the bargain settled?	Can putee book.
5 *At a Photographer's*	
I want these twelve plates developed.	Twelve piece wanchee wallop.
How much a plate?	One piece how much?
Can you send this to my hotel?	Hotel side can sendee?

　　(本文原载李向玉主编《澳门语言文化研究》(2009),澳门理工学院出版,2011 年 1 月,235—250 页)

西儒编撰的第一本汉语方言课本——《广东土话文选》

A Chinese Chrestomathy in the Canton Dialect《广东土话文选》是西儒编撰的第一本汉语方言课本,也是汉语方言学史上第一本方言课本。内容极其丰富,本文仅对此书做初步的介绍,只是就书中的外来词问题,略为深入地探讨。

1 各大方言最早的课本简介及比较

汉语各大方言最早的课本都是西洋传教士编写的,书名、作者和出版年代见表1。

表1 各大方言最早的课本

方言	年代	书　　名	作　　者
粤语	1841	*A Chinese Chrestomathy in the Canton Dialect*	裨治文
闽语	1841	*First Lessons in the Tie-chiw Dialect*	W. Dean
吴语	1850	*Lessons in the Shanghai Dialect*	秦右
客家话	1869	*First Lessons in the Reading and Writing the Hakka Colloquial*	未详

　　表1列出粤语、闽语、吴语和客家话课本各一种，其中粤语和闽语的课本都出版于1841年，成书的年代还应稍早，应该是在鸦片战争之前。大量的汉语方言课本是在"五口通商"稍晚之后出版的，此前出版的汉语方言课本可以说是凤毛麟角。

　　粤语课本《广东土话文选》是在澳门出版的，篇幅长达600多页。闽语课本《潮州土话初阶》则是在泰国曼谷出版的，当地有很多来自潮州的中国移民。全书内容较简，只有60多页。本文着重研究《广东土话文选》，入题之前，略为介绍同时代的《潮州土话初阶》和《上海土话功课》。

　　《潮州土话初阶》封面书影见图1。

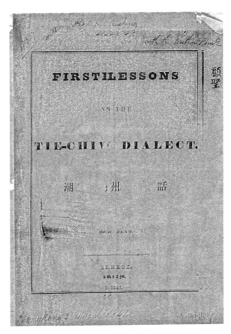

图1　《潮州土话初阶》封面书影

William Dean，*First lessons in the Tie-chiw dialect*，48p，Bangkok，1841。编者中文名：璘为仁。1841 年 12 月序刊。原书笔者见于荷兰莱顿汉学院（Sinologisch Instituut，Leiden）。此书封面有《潮州话》三个汉字，书名拟译为《潮州土话初阶》。

《序言》说，广东西部人听不懂潮州话，而福建邻县人多少可以听懂一些，不过两者的差别还是很大、很明显的。曼谷的中国移民估计有 25 万至 40 万，其中有三分之二说潮州话。潮州话和当地的泰语有互相借用的关系。泰语从潮州话借入许多词汇，包括数词、各种用具名称、各种蔬菜名称、一些动词和小品词。这些词完整借入，或仅稍有改动。

作者璘为仁是基督教美国浸信会传教士，先在曼谷潮州籍华人社区传教，1842 年鸦片战争后璘为仁决定把东南亚的浸信会总部从曼谷迁往香港，并于 1843 年 5 月在香港建立了第一个讲潮州话的浸信会教会。当时潮州人在中国和暹罗之间的贸易，大量潮州人都是经过香港来来往往的。

全书内容较简，只有几十页。

正文前有一张元音表，共列 18 个元音，实则 16 个，其中有三个符号相同，用于表示不同变体。各元音的实际读音皆用英语词加以说明。今将 16 个元音用国际音标转写并分类如下：

单元音：a: a o:o i: i u: u e:(ei) e
双元音：ai au ou ou:
鼻音（用于词尾或词首）：ŋ
声化韵（只用作声母或韵尾，不单独用作韵母）：m

元音分长短,但今潮州话元音不分长短,短音是指入声韵。

没有声母表和声调表。

全书分数字、单词与短语、天文、地理、方位、人体、心智、疾病、亲属、人品、建筑、家具、文房用具、农事用具、航行、印刷、文体、中文图书、野兽、鸟类、爬虫与昆虫、金属、树木与水果、蔬菜、厨艺、时间、服装、量词、每月日子、四季、一年的十二个月、一星期的每一天等 32 课。各课只收词汇、短语或短句,先出英文,再出汉字,最后是潮州话。《潮州土话初阶》正文第 5 页书影见图 2。

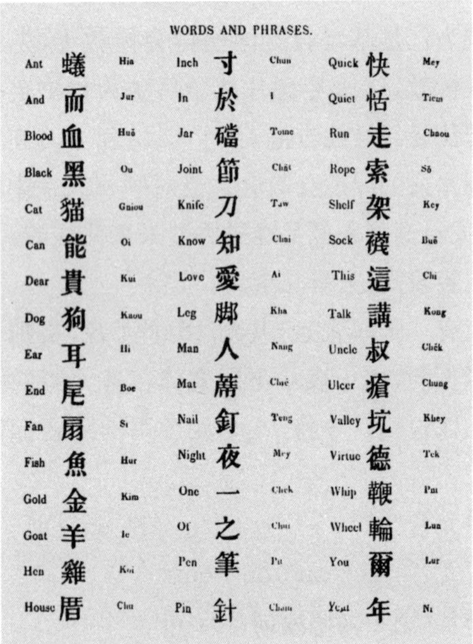
WORDS AND PHRASES.

Ant	蟻	Hia	Inch	寸	Chun	Quick	快	Mey
And	而	Jur	In	於	I	Quiet	恬	Tiem
Blood	血	Huĕ	Jar	礶	Tome	Run	走	Chaou
Black	黑	Ou	Joint	節	Chăt	Rope	索	Sŏ
Cat	貓	Gniou	Knife	刀	Taw	Shelf	架	Key
Can	能	Oi	Know	知	Chai	Sock	襪	Buĕ
Dear	貴	Kui	Love	愛	Ai	This	這	Chi
Dog	狗	Kaou	Leg	脚	Kha	Talk	講	Kong
Ear	耳	Hi	Man	人	Nang	Uncle	叔	Chĕk
End	尾	Boe	Mat	薦	Chuĕ	Ulcer	瘡	Chung
Fan	扇	Si	Nail	釘	Teng	Valley	坑	Khey
Fish	魚	Hur	Night	夜	Mey	Virtue	德	Tek
Gold	金	Kim	One	一	Chek	Whip	鞭	Pni
Goat	羊	Ie	Of	之	Chu	Wheel	輪	Lun
Hen	雞	Koi	Pen	筆	Pu	You	爾	Lur
House	厝	Chu	Pin	針	Cham	Year	年	Ni

图 2 《潮州土话初阶》正文第 5 页书影

《上海土话功课》英文书名为 *Lessons in the Shanghai Dialect*（1850 年），秦右撰。此书概况详见本书《研究篇》所收《19 世纪中期上海话的后置处所词》一文。

《客家土话读写初阶》英文书名为 *First Lessons in the Reading and Writing the Hakka Colloquial*（60p，Basel，1869，Printed for the Evangelical Missionary Society，C. Schultze，Printer）。大多篇幅为罗马字习字。

2 《广东土话文选》的主要内容和学术价值

《广东土话文选》(*A Chinese Chrestomathy in the Canton Dialect*)是第一部汉语方言教材，在汉语方言学史上，具有里程碑式的学术价值。原书无中文书名，日本学者曾译为《广东语模范文章注释》《广东语句选》等，曾有中国学者译为《广东方言读本》(顾钧 2013)。笔者认为译为《广东土话文选》较妥。

此书编者是裨治文，他是美国第一位来华传教士，于 1830 年初抵达广州。此书于 1938 年编成，并于 1841 年在澳门出版，大 8 开本，698 页。

据作者 1841 年 6 月 10 日写于澳门的序言，此书的写作得到 "Society for the Diffusion of Useful Knowledge in China"会员的赞助。小马礼逊(J. R. Morrison)审读了书稿的大部分，并作了修改，Robert Thom 写了"日用品"和"贸易"部分，卫三畏(S. W. Williams)写了"自然历史"部分及其他小

段落，并编了索引。另请一些本地学者协助编写。正文前的
"导言"对拼写法作了说明。其中"汉语语法"一节说本书不少
材料取自 Premare 所著 *Notia Linguae Sinicae*。又认为
Remusat 所著 *Elemens de la Grammire Chinoise* 在研究方
法上更有用。正文分为 17 章：习唐话篇、人体篇、亲属篇、人
品篇、日用篇、贸易篇、工艺篇、工匠务篇、耕农篇、六艺篇、数
学篇、地理志篇、石论篇、草木篇、生物篇、医学篇、王制篇。每
篇皆分成若干部分，每部分包含若干条目，以词、短语或句子
出条，每条用英文、汉字和广东话拼音罗马字相对照。再用英
文对较难条目作注释。

此书《导言》内容甚为丰富，分为十节。第一节讲到写作
本书的目标有三：一是帮助外国人学汉语；二是帮助本地人
掌握英语；三是试探能不能用罗马字拼写、表达广东话。指出
官话和闽语都出版词典，帮助学习。但中外人士在广州互相
交际、交流已有长达两个多世纪之久，但有关广州话的读物除
了马礼逊的篇幅短小的《广东土话字汇》（1829 年）外，没有别
的出版物提供给学习广东话的学生。希望本书的出版能够得
到大家的认可，并且对学习者有用。第二节论述广东方言字，
指出方言字只是用来记录语音，多加"口"字偏旁，如"喊嗹
呤"（意谓"所有"），记录常用词可不带"口"字偏旁，如
"美士"（Mr.）、"先士"（cents）。第三节是正字法，列出标
写单元音、双元音和辅音的 33 个字母或字母组合。第四节
"附加符号"，元音有长短的区别，长音用在字母上面加一
撇表示。在字母有上角加逗号表示省略一个不完全的元
音。在字母有上角加一个倒写的逗号表示送气，相当于 h。

用中国传统音韵学的发圈法表示平上去入各分阴阳的八个声调。 第五节"声调说明"，根据《康熙字典》对四声的解说，逐一详解。 并以四声为纲，分133组，列出广州话的所有音节，每一音节以一个字为代表，字后注广东话读音。 并详细解说每一组的字音。 最后一段还指出广州话和澳门话的语音差异。 第六节"通用语言"，即书面语或官话。 作者指出书面语的跨方言性质，及其悠久的历史。 并列出官话的所有音节，每一音节以一个字为代表，字后先注官话读音，后注广东话读音。 第七节"汉语语法"，提出几条语法规律，如语序是：主语—动词—直接补语—间接补语；修饰语前置于被修饰语等。 又解释了传统文法中的几个概念：实字、虚字、死字、活字、起语词、接语词、叹语词、歇语词等。 第八节"中国文献"，将"四书""五经"与《圣经》和希腊、罗马的古文献作了比较。 介绍了两种文献目录，一种只列书名和作者，另一种还有内容简介。 私人和官方都有图书馆。 第九节"学生图书馆"，以"四库全书"的"经史子集"四部为纲，分类介绍中文图书。 第十节"学习方法"，作者强调学习汉语需要经常"说、说、说；读、读、读；写、写、写"，像小孩学语言一样。 在学了本书第一章后，将学会1 500—1 800个字，应将这些字按《康熙字典》的214个部首进行归类和分析。 在汉语教师、马礼逊的《华英字典》或《康熙字典》的帮助下，很容易做到这一点。 熟读本书的若干章后，可以去读《三国演义》和"四书"。 在掌握本书和这两本书后，可以根据个人的兴趣选读其他书籍。

全书的词语和语句，皆采用广东土话，仅有个别章节《农

耕篇九·农本第三章》是雍正对康熙《圣谕》之一"重农桑以
足衣食"的详解，共661字。《六艺篇十·礼仪类第一章》引
《曲礼》第一段。 皆用文言文原文，加广东话注音。 故此书
对于研究19世纪中期的广东话的语音、词汇和语法是非常珍
贵的资料。 同时，此书内容涉及社会生活的许多方面，所以
对研究19世纪中期的广东社会和文化也是宝贵的资料。

书名页书影见图3。

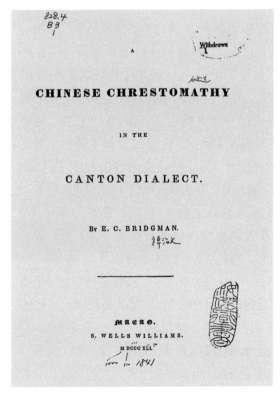

图3　《广东土话文选》书名页书影

《广东土话文选》正文第 1 页书影见图 4。

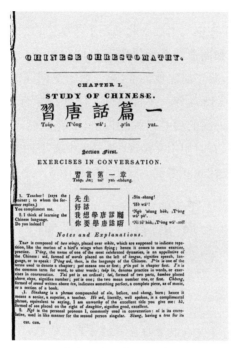

图 4 《广东土话文选》正文第 1 页书影

在本书出版之前,已出版两种词典性质的著作,可供学习广东话之用。

较早的一本是:Sir John Francis Davis, *A vocabulary, containing Chinese words and peculiar to Canton and Macau and to the trade of those places*(《港澳商用词汇集》),Macau:printed at the Honorable Company's Press,1824,77p,15 cm。篇幅较短。

第二种是：Robert Morrison, *A Vocabulary of the Canton Dialect*（《广东省土话字汇》），600 多页（未标页码），东印度公司于 1828 年在澳门出版。此书是东印度公司发起出版的，目的是为贸易和商业活动提供中文单词和短语。分三册，第一册英汉词汇，第二册汉英词汇，第三册中文词或短语。作者生卒年：1782—1834 年。不标声调。作者在导言里指出，船员和生意人对外国的商品名称的说法，五花八门，很不规则，有时全用外语，有时用中文翻译，偶尔半中文半外文。全书内容丰富，篇幅长达 600 多页。封面书影见图 5。此书为马礼逊所

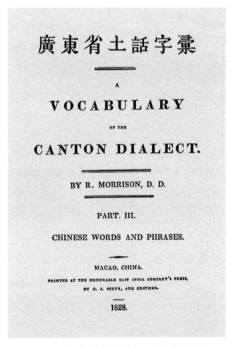

图 5 《广东省土话字汇》书名页书影

编,裨治文编写《广东土话文选》时有所参考。我们在研究《广东土话文选》时,可以拿《广东土话字汇》用于比较。

3 《广东土话文选》所见外来词

3.1 《广东省土话字汇》(1828)与《广东土话文选》外来词比较

表2 《广东土话文选》所见外来词

广州话读音	汉 字	英文翻译	原书页码
Mí sz'	美士	Mr.	导言2/236
Sín sz'	先士	cents	导言2/171
tát	噠	tart	160/130段
Pe tsau	啤酒	beer	161
Ch'á kú lut	揸古聿(案:应作律)	chocolate	161
Kí lím	案:见于脚注,无字	cream	161
Ká fí	喫啡	coffee	162
Kat lít kai	吉烈鸡	Fowl cutlet	162
Ch'é lí	车厘	jelly	164
Pò tín	布颠	pudding	166/167
Tó shí	多时	toast	167
Pó lo héung	波罗香	borneo	203(樟脑)
Pat kí	哗叽	long-ells (biege)	238

广州话读音	汉　字	英文翻译	原书页码
Tá shan	打臣	dozen	253
ín chí	烟治	inch	254
Pong	磅	pound	255
Ho lán	荷嘣	Holland	203/243
Ying kat líkwǒk	嘆咭唎国	England	203
Mak sz kókwǒk	覔士哥国	Mexico	262
Mí lí kákwǒk	咪唎加国	America	262
Fat lán sai kwǒk	佛嘣西国	France	262
Au lò pá	欧逻巴	Europe	400
Á sai á	亚细亚	Asia	402
Á fí lí ká	亚非利加	Africa	402
Mí lí ká	美利哥	America	402
San Hò lan	新荷嘣	New Holland	402
Hí líp	希猎	Greece	410
Á lá pák	亚喇伯	Arabia	406
Á lán tik hoi	压兰的海	Atlantic	409
Lá tʻai náp	拉体纳	Latin	411
Nó wá	那华国	Norway	411
Á lí mán	阿里曼国	Germany	411
Mak sik kó	墨息哥国	Mexico	415
Piúi lú	飘而鲁国	Peru	415
Cón ná dá	干拿大国	Canadas	414

续　表

广州话读音	汉　字	英文翻译	原书页码
Fat lóng kí	佛郎机	Franks	417/418
San sai lán	新西兰	New Zealand	

表3　《广东省土话字汇》所见外来词

广州话读音	汉　字	英文翻译
Pay tsăw	卑酒	beer liquor
Pa lan ty tsăw	罢嚹地酒	brandy
Li ko tsăw	利哥酒	liquoer
Cho-co-lat	知古辣	chocolate
Ka fe	架啡	coffee
Ning mung	柠檬	lemon
Mung-suy	檬水	lemon juice
Mong kwo	蟒菓	mango
Mong kwo fa	芒果花	mango flower
Kăt leet chu yŏk	吉烈猪肉	pork cutlet
Kăt leet kei	吉烈鸡	cutlet fowl
Poo teen	布颠	pudding
Ho lan tăw	荷嚹荳	Holland peas; green peas
Ho lan shu	荷嚹薯、番薯	Holland potatoes
Fa lan yun	佛嚹仁	flannel
He chun cha	熙春茶	Hyson tea
Man ta la sze	嗌叮喇哆	mandras

广州话读音	汉　字	英　文　翻　译
Ying-kǎ-le-kwǒk-tai-pan	嘆咭唎大班	the English chief
Po kāw	波球	ball
Ta po	打波	to play at ball, or billiards
Fǎt-lan-sai-kwǒk	佛嘣哂国	France
Mei-le-keen-kwǒk	米利坚国	American
Ying-kǎ-le-kwǒk	嘆咭唎国	English nation
Ho lan kwǒk	荷嘣国	Dutch
Gǎw nai yǎu	牛奶油	butter

注：161页脚注16："中国人用牛奶油兼指 cream 和 butter，这两样东西他们都用得不多，他们常常把 butter 简单地称为牛奶油，有时候模仿英语 cream 的读音，说成 Kí lim。"今案：Kí lim 后来写作"忌廉"，一直沿用至今。今案：《松江话》（1883）将此词译作：

克来沫 Ke-lai- mo. ENTREMETS；CREMES.

血告拉克来沫 Hieu-kao-la ke-lai- mo. Crème au chocolat.

后一词中的"血告拉"是法语 chocolat 的译音。这两个词后来在上海都没有流行开来。

3.2　《广东省土话字汇》和《广东土话文选》所见外来词的特点

这些外来词是用广东话翻译的。所采用的广东话音节与英文原文接近，例如用"吉"（Kat）字对译 cutlet 的 cut 或 England 的 g；用"烟"（ín）字对译 inch 的 in；用"亚"（Á）对译 Asia 的 A。用 -p，-t，-k 结尾的入声音节对译相应的英文音节，例如用"吉烈"（Kat lít）对译 cutlet；用"噠"（tát）对译 tart；用"的"（tik）对译 Atlantic 的 tic；用读音尚未颚化的"叽（kí）、机(kí)、咭(kǎ)"对译 ge,k,g;因为广东话来母和泥母不分,所以可以用"波罗"(Pó lo)对译 borneo;而《澳门纪略》(1751年)所录"lemon"的葡语发音的汉字直音则是"利盲",这也说明"泥来不分"。

广东方言字常在通用汉字左边加"口",也用这类字来翻译英文,例如"噽、啤酒、㗎啡、嗻菓、哗叽、佛囒仁、罢嘲地酒、荷囒、咪唎加国、嘆咭唎国、佛囒哂国"。上海来源的外来词没有"口"字偏旁的特点。《上海话功课》(1850)将 coffee 写作"加非"(ka-fe),没有"口"字偏旁,但将法国人、英国人写作唎囒西人、英咭利人,有"口"字偏旁,显然是参考广东的写法。

3.3 《广东省土话字汇》和《广东土话文选》所见英语里的汉语来源外来词

这些茶叶中有四种是绿茶,有 8 种是红茶。绿茶来自安徽,红茶来自福建。红茶的英文名称译自闽语。见表 4。例如"武彝",今厦门音读 bu³ ji²,英文译为"Bohea",两者相近。广东人用广东话读"武彝"两字,读音是"Mow e",显然与英文不合。马礼逊的注解是错误的:"Bohea-tea, the name is derived from the Chinese word mow-ee"。

表 4　中国茶叶名称的英译

广东话	中文	英　文	原书页码	备　注
Mow e cha	武彝茶	Bohea-tea	马,无页码	红茶,出福建
Bak hò	白毫	Pecco	225	红茶,出福建

续　表

广东话	中文	英　文	原书页码	备　注
Hung múi	红梅	hungmuey	225	红茶,出福建
Kong fú	工夫	Congo	裨,225、229	红茶,出福建
Síu chung	小种	Souchong	裨,225	红茶,出福建
Páu chung	包种	Powchong	裨,225	红茶,出福建
Chü lán	珠兰	Chulan	裨,225	红茶,出福建
Kán puí	拣焙	Campoi	裨,225	红茶,出福建
Hí chʻun	熙春	Hyson	裨,225	绿茶,出安徽
Tʻün kʻai	屯溪	Twankay	裨,225	绿茶,出安徽
Tsung ló	松萝	Sunglow	裨,225	绿茶,出安徽
He-chun-cha	熙春茶	Hysun tea	马,无页码	绿茶,出安徽

表5　各种红茶名称的广东音、厦门音和英语比较

红茶名	广东音	今厦门音(/前为文读,后为白读)	英　文
武彝茶	Mow e cha	$bu^3\ ji^2$	Bohea-tea
白毫	Bak hò	$peʔ^7\ ho^3$	Pecco
红梅	Hung múi	$hɔŋ^2\ m\tilde{u}\,\tilde{i}^{\,2}$	hungmuey
工夫	Kong fú	$kɔŋ^1\ pə^1/hu^1$	Congo
小种	Síu chung	$sio^3/siau^3\ tsiɔŋ^3/tsɪŋ^3$	Souchong
包种	Páu chung	$pau^1\ tsiɔŋ^3/tsɪŋ^3$	Powchong
珠兰	Chü lán	$tsu^1/tsiu^1\ lan^2/n\tilde{u}\bar{a}^2$	Chulan
拣焙	Kán puí	$kan^3/kɪŋ^3\ pue^2$	Campoi

三种绿茶：熙春、屯溪和松萝来自皖南的徽语区。但这三种茶叶的英语读音却与徽语相差甚远，而与广州话相近。屯溪是古徽州一带茶叶的制造和集散中心，表 6 比较这三种茶名的广州音、屯溪音和英语。可知英语是根据广州方言音系翻译的，例如臻摄字（"屯"）广州音韵尾保留-n，徽语音韵尾脱落，而英语有-n 尾；见系三四等字（"溪"）广州音保留舌根音，读 kʰ-，徽语颚化或舌尖化，读 tɕʰ-或 tsʰ-，而英语读 kay；通摄（"松"）广州音仍读 uŋ，徽语已将主元音变读前低元音 a，而英语读-ung。可见当时的广州人是用广州音来读这些绿茶的中文字眼，而英国人再从广东音，将其译为英语。

表 6　各种绿茶名称的广东音、屯溪音和英语比较

绿茶名	广东音	今屯溪音	英　文
熙春	Hi chʻun	ɕi tɕyan	Hyson
屯溪	Tʻün kʻai	tu: ə tɕʰie	Twankay
松萝	Tsung ló	san lo	Sunglow

黄皮，一种中国水果，果皮黄色，故称。葡萄牙人译为"vompit"，《广东土话字汇》译为"Wong pe"，《广东土话文选》（446 页）译为"Wong pʻi"。

3.4　外国地名翻译问题

本节通过同时代的《油拉八国》《广东土话文选》和《海国图志》三书的比较，讨论外国地名的翻译问题。

首先介绍《油拉八国》一书。

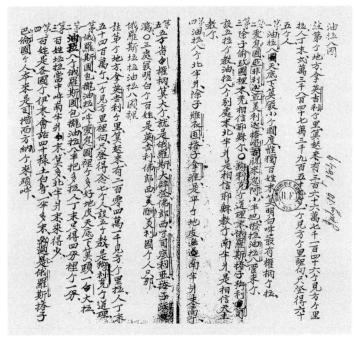

图6　《油拉八国》书影之一

　　此书可能是一本世界地图集的文字注解，为手写本，笔者2008年复印自日本关西大学亚洲文化交流研究中心。全书残缺不全，共97页，只包括欧洲和亚洲两部分，即《油拉八国》和《爱息阿》。总书名无考，为称述方便，暂名《油拉八国》。全书用上海土话写，内容为欧亚两大洲各国的地理和人文概况，涉及外国地名甚多。作者应是上海本地学者，书中常称"耶稣降下来"云云，故很可能是基督徒，姓名事迹不可考。书中写道："中国政令末、妒忌外国人个、格末许伊通商、只得五个海口、广东、福建厦门、宁波、福建、上海"。故写作年代应在

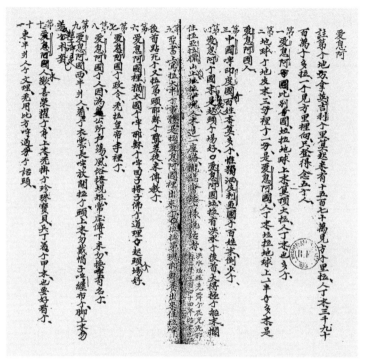

图 7 《油拉八国》书影之二

19 世纪 40 年代五口通商之后。

《海国图志》60 卷，湖南邵阳人魏源著，道光丁未（1847）序刊。

《海国闻见录》，福建同安人陈伦炯著，清雍正八年（1730）刊行。《海国闻见录》所见国名有：英圭黎/英机黎、荷兰、佛兰西、多尔其、俄罗斯、葡萄牙、是班呀（西班牙）、普鲁社（德国）、吝因（丹麦）、黄旗（德国）等。

　　兹将《油拉八国》《广东土话文选》和《海国图志》三书所见外国地名列成比较表，见表7。

表7　《油拉八国》《广东土话文选》和《海国图志》外国地名比较

今　译	《广东土话文选》	《油拉八国》	《海国图志》
欧洲	欧逻巴	油拉八/油罗巴	欧罗巴洲
美洲	美理哥	亚美利迦	墨利加洲
亚洲	亚细亚	爱息阿/爱西阿/爱西亚	亚细亚洲
非洲	亚非利加	亚非利迦	利未亚洲
澳洲		了司最利亚/了司脱来西亚	奥地利亚
悉尼		息纳	
新西兰	新西兰	奴齐伦特	
玻利尼西亚		鲍衣尼西亚	
美国	咪唎加国	亚美利迦	弥利坚
加拿大	干拿大		
墨西哥	覔士哥国	墨息哥国	墨西可/墨是科
英国	嘆咭唎国	英吉利	英吉利
法国	佛嘛西国	佛郎西	佛兰西/佛朗西
德国	阿理曼国	酬美利	普鲁社
荷兰	荷嘛	好儿伦/合伦	荷兰
意大利	以（衣）大利国		意大里/意大里亚
瑞士	瑞西国		

续　表

今　译	《广东土话文选》	《油拉八国》	《海国图志》
西班牙	西班牙国	司陪嗯	大吕宋/斯扁
瑞典	瑞典国	虽衣囤/虽遁	瑞丁/瑞典
葡萄牙			葡萄亚/布路亚
芬兰		分伦	
挪威	那华国		那威
伦敦	伦敦	伦遁	
利物浦		立浮布而	
苏格兰		四角伦	
阿拉伯	亚喇伯		
希腊	希猎	猪利克	

注1：美理哥，最初有一个名为"Amerigo"的欧洲人到今美洲久住，故美洲或美国得名"America"。神治文介绍美国历史的中文著作《美理哥合省国志略》(1936)，书名即用"美理哥合省国"称美国。

注2：Canada，《广东土话文选》译为"干拿大"，上海话译为"加拿大"。这似乎是唯一由上海话译法取胜的外国国名。

从表9可知外国地名的翻译在初始阶段有多元化的倾向，同一个地名在不同的地域、不同的出版物往往有不同的译法，甚至同一个地名在同一本书中也有不同译法。例如《海国图志》所见地名异译：

意大利：意大里/意大里亚/以他里/以他里/伊达里/罗汶/罗问/罗马

西班牙：大吕宋/斯扁/西班亚/是班牙

葡萄牙：葡萄亚/布路亚/博多尔葛

法兰西：佛兰西/佛朗西/佛郎机/拂兰祭

瑞典：瑞丁/瑞典/"粤人谓之蓝旗"

瑞士：琏国/雪际亚/苏厄祭/否因(来粤互市)

丹麦：大尼国/丁抹/盈里马禄加/"来粤用黄旗"

这些不同的译名经受地域和语言结构本身的竞争,最后会有某一个形式取胜。

就语言结构本身的竞争而言,大致有音节简化的规律：如果是多音节,大都最后变成双音节。例如：欧逻巴→欧洲；亚细亚→亚洲；亚非利加→非洲；咪唎加国→美国；英吉利→英国；佛嘛西国→法国等。

就地域竞争而言,广东的译法以绝对的优势取胜于上海的译法。上海的译法很快就退隐。例如 Asia,广州话译为"亚细亚"[Á sai á],上海话译为"爱息阿"[ɛ ɕi a]。各自的翻译都符合英文的原音。但最后流行开来的是"亚细亚"。《油拉八国》里的外国地名译名几乎全部废弃不用。

4　现代汉语外来词的两大方言来源

现代汉语中的音译外来词,包括地名,就来源来说,大都是通过广州方言和上海方言输入的。大致说来,"五口通商"之前产生的外来词,来自广东话,例如见于本文的"啤酒、架啡、柠檬、芒果、波球、哗叽、亚细亚"等。"五口通商"之后产生的外来词,广东话和上海话有不同的译法,最终进入汉语书面语的往往是上海的译法(见表8)。

表 8　现代汉语外来词粤语和上海话写法比较

上海写法	广州或香港写法	英　文
色拉	沙律	salad
巧克力	朱古力	chocolate
三明治	三文治	sandwich
白兰地	拔兰地	brandy
车胎	车呔	tire
迪斯科	迪士高	disco
开司米	茄士咩	cashmere
盎司	安司	ounce
马达	摩打	motor
卡片	咭片	car
冰淇淋	忌廉	cream
沙发	梳发	sofa
高尔夫球	哥尔夫球	golf

结语

　　作为最早的汉语方言课本,《广东土话文选》内容丰富、注释详瞻、鸿篇巨制,远胜同时代稍晚的其他方言课本。此书对于研究 19 世纪中期的广东话的语音、词汇和语法是非常珍贵的资料,对研究 19 世纪中期的广东社会和文化也是宝贵的资料。

外国地名的翻译在始生阶段有多元化的倾向，不同形式的译名经受地域和语言结构本身的竞争，最后会有某一个形式取胜。

近代汉语中出现的外国地名大都通过官话和广东话译为中文，并流行至今，通过上海话翻译的外国地名存留至今的极少。

参考文献

顾钧　2013　《美国人出版的第一部汉语教材》，载《中华读书报》2013 年 1 月 30 日。

游汝杰　2009　《〈上海通俗语及洋泾浜〉所见外来词研究》，载《中国语文》2009 年第 3 期，261—269 页。

欧阳楠　2012　《中西文化调适中前近代只是系统——美国国会图书馆藏三才一贯图研究》，载《中国历史地理论丛》27 卷第 3 辑。

［本文初稿系提交"闽南语与西班牙语接触研究及其他"会议论文（复旦大学中华文明国际研究中心深度研究 workshop，2013 年 9 月 28 日）］

高本汉对汉语方言学的贡献及相关问题探讨

提要 文章认为高本汉的《中国音韵学研究》对汉语方言学的贡献主要有六方面：首创用现代方言语音拟测古音；首创舌尖元音音标 ɿ, ʅ, u, ʮ；始用 ɦ 音标；首倡用 ʔ 表示影母，或者音节的喉塞尾；确立宽式标音和严式标音的概念；确认穆德麟首倡的吴语的地理范围。文章还探讨与之相关的方言学问题。

关键词 高本汉 《中国音韵学研究》 汉语方言学 舌尖元音 浊喉擦音

瑞典语言学家高本汉(Karlgren, Klas Bernhard Johannes)的划时代巨著《中国音韵学研究》(*Etudes sur la phonologie chinoise*, Leyde, Stockholm, and Gotembourg, 1915—1926)对中国语言学的贡献是多方面的，本文仅讨论此书对汉语方言学的贡献，并且探讨相关问题。

1 首创用现代方言语音拟测古音

首创用现代方言语音拟测古音，大大提高了方言研究的学术价值。高本汉按中古音的系统排列3 125个方言字音表,每字都注他拟测的中古音,以方便查阅某字在某方言里的读音,及其与中古音的关系,便于方音异同的比较和古今语音演变研究,创立了"方音字汇"的范式。内容包括"方言点、字目、中古音、方音"四部分,但方音不标调类或调值,如图1所示。

当代的"方音字汇"如北大的《汉语方音字汇》,内容也是包括"方言点、字目、中古音、方音"四部分,与高著有所不同的只是中古音仅列出音韵地位和反切,并不标中古音的构拟音值,但每一字音都标出调类,如表1所示。

高本汉之前的中国学者基本上只是利用古文献和古文字研究古音,很少有人利用方言语音材料。不过他们确实编制过用汉字填写的方言声韵调配合表,即韵图,相当于后来的单音字表。例如闽南音《拍掌知音》,如图2所示。

图2中右版口外是十五个声母,上版口外是八个声调,韵目见于中缝,版心中每字代表一个音节。

此前西洋传教士的有关著作普遍编制用英文字母拼写音节的各方言同音字表,如孟国美的 *Introduction to the Wenchow Dialect*(《温州方言入门》,1893,见图3),但是方言与古音的结合研究很少见,也不成系统。

图3中表的左端是音节,上端是声调,表心列出读这个音节的汉字。

要言之,高本汉之前还没有人做过"方音字汇"。后出的《方言调查表格》(1930年)和各种"方言字汇"即是参照高本汉的韵表和古代等韵图制定的。

	果攝 平·上 去							547
	歌							
	1	4	5	10	14	16	20	21	23
例字	歌	可	蛾	何	挪	羅	多	扡	駝
古音	ka	k'a	ŋa	ɣa	na	la	ta	t'a	d'a
高麗	ka	ka	a	ha	na	na	ta	ta	t'a
漢晉	ka	ka	ga	ka	da	ra	ta	ta	tɿ
吳晉	ka	ka	ka	ga	na	ra	ta	ta	da
安南	ka	k'a	ŋa	ha	ŋa	la	ɖa	t'n?	ɖa
廣州	ko	ho	ŋo	ho	no	lo	to	t'o	t'o
客家	ko	k'o	ŋo	ho	no	lo	to	t'o	t'o
汕頭	ko	k'o	ŋo	ho	no	lo	to	t'o	t'o
福州	ko	k'o	ŋo	ho	ɔl	ɔl	to	t'o	tɔ
溫州	ku		ŋu	ɦiu		lu		t'u	du
上海	ku	k'u	ŋu	ɦiu		lu	lu	t'o	du
北京	kə	k'ə	ɵ	xə	no	lo	to	t'o	t'o
開封	kɯ	k'ɯ	ɣɯ	xɯ	no	lo	to	t'o	t'o
懷慶	kɯ	k'ɯ	ɣɯ	xɯ	no	lo	to	t'o	t'o
歸化	ko	k'o	ŋgo	xo	no	lo	to	t'o	t'o
大同	ko	k'o	no	xo	no	lo	to	t'o	t'o
太原	kə	k'ə	ŋə	xə	no	lə	tə	t'ə	t'ə
興縣	kə	k'ə	ŋgə	xə		lə	tə	t'ə	t'ə
太谷	kə	k'ə	ŋgə	xə	no	lo	to	t'ə	t'ə
文水	kɯ	k'ɯ	ŋdɯ	xɯ	ndɯ	lɯ	tɯ	t'ɯ	t'ɯ
鳳台	kɯm	k'ɯm	ɣɯm	xɯm	no	lo	tɯ	t'ɯ	t'ɯ
蘭州	ko	k'o	no	xo	no	lo	to	t'o	t'o
平涼	ko	k'o	ŋo	xo	no	lo	to	t'o	t'o
西安	ko	k'o	ŋo	xo	no	lo	to	t'o	t'o
三水	ko	k'ə	ŋo	xo	no	lo	to	t'o	t'o
四川	ko	k'o	o	xo	no	lo	to	t'o	t'o
南京	ko	k'o	no	xo	no	lo	to	t'o	t'o

歌。[ka]: 2哥, 3箇; '歌'文 kɯ*; '哥'同 kɯ, 文 kɯ; '箇'客*汕*溫* kai, 麗 kɛ(拼作 käi)。——[k'a]: '可'溫漚* k'o。——[ŋa]6俄, 7鵝, 8我, 9餓, '鵝'汕 go, 福 ŋie*, '我'福 ŋuai*, 北* 封懷鳳 uo, 川 ŋo; '餓'汕 go。——[ɣa]: 11河, 12荷, 13賀, '何荷'汕 o*; '河'福 o; '賀'客 fo。——[na]: 15那, '挪'溫 no, 漚 nɔ, 懷歸同鳳漚溫 na, 興 nda; '那'字到處讀 -a(官話專讀 -a, 餘爲又讀)。——[la]: 17籮, 18蘿, 19鑼, '蘿'漚 lɔ*[相當於國音 lau]。——[ta]: '多'漚 ta*。——[t'a]: 22他; 安南 '他'; '扡'福 t'ua*, 安未詳; '他'全國大都讀 t'a, 北 t'o* 限於文言。——[d'a]: 24舵; '舵'廣 t'ai*, 汕 tua, tai, 福 tuai*, 文 tɯɯ, 谷 tyɛ(參考合口), 北川京 to(其餘官話讀送氣)。

图1　《方言字汇》第1页

表1

字目 中古音 方言点	巴 伯加 假开二 平麻帮	*疤 *邦加 假开二 平麻帮	八 博拔 山开二 入黠帮	拔 蒲八 山开二 入黠並	把把握 博下 假开二 上马帮	爸② 捕可 果合一 上果並	*坝境坝 *必驾 假开二 去祃帮	把刀把 必驾 假开二 去祃帮
北　京	⊂pa	⊂pa	⊂pa	⊂pa ⊂pa	⊂pa ⊂pai 口	pa⊃	pa⊃	pa⊃
济　南	⊂pa	⊂pa	⊂pa	⊂pa	⊂pa pa⊃	pa⊃	pa⊃	⊂pa pa⊃
西　安	⊂pa	⊂pa	⊂pa	⊂pa	⊂pa pa⊃	pa⊃	pa⊃	pa⊃
太　原	⊂pa	⊂pa	paʔ⊃	paʔ⊂	⊂pɛ	⊂pa	pa⊃	pa⊃
武　汉	⊂pa ⊂p'a俗	⊂pa	⊂pa	⊂p'a	⊂pa	⊂pa	pa⊃	pa⊃
成　都	⊂pa	⊂pa	pɐʔ⊃	pɐʔ⊃	⊂pa	⊂pa	pa⊃	pa⊃
合　肥	⊂pa ⊂p'a俗	⊂pa	pæʔ⊃	pæʔ⊃	⊂pa	pa⊃	pa⊃	pa⊃
扬　州	⊂p'a俗	⊂pa	pæʔ⊃	pæʔ⊃	⊂pa	pa⊃	pa⊃	pa⊃

续　表

字目 中古音 方言点	巴 伯加 假开二 平麻帮	*疤 *邦加 假开二 平麻帮	八 博拔 山开二 入黠帮	拔 蒲八 山开二 入黠並	把把握 博下 假开二 上马帮	爸① 捕可 果合一 上马並	*坝堤坝 *必驾 假开二 去祃帮	把刀把 必驾 假开二 去祃帮
苏　州	⊂po ⊂bo 俗	⊂po	poʔ⊃	baʔ⊃	⊂pɒ 文 ⊂po 白	⊂pɒ	po⌐	⊂po
温　州	⊂po ⊂bo 俗	⊂po	po⊃ puo⊃	bo⊃	⊂po	⊂pa	po⌐	⊂po
长　沙	⊂pa	⊂pa	pa⊃	p'a⊃ pa⊃	⊂pa	pa⊃	pa⌐	pa⌐
双　峰	⊂po po⌐	⊂po	⊂pa ⊂po	p'a⊃	⊂po	⊂po	po⌐	po⌐
南　昌	⊂pa	⊂pa	pat⊃	p'at⊃	⊂pa	pak⊃①	pa⌐	pa⌐
梅　县	⊂pa	⊂pa	pat⊃	p'at⊃	⊂pa	⊂pa	pa⌐	⊂pa
广　州	⊂pa ⊂p'a 俗	⊂pa	pat⊃	pɐt⊃	⊂pa	⊂pa	pa⌐	⊂pa

450　西洋传教士汉语方言学著作书目考述(增订本)

续　表

字目 中古音 方言点	巴 伯加 假开二 平麻帮	*疤 *邦加 假开二 平麻帮	八 博拔 山开二 入黠帮	拔 蒲八 山开二 入黠並	把把摵 博下 假开二 上马帮	爸③ 捕可 果合一 上果並	*坝堤坝 *必驾 假开二 去祃帮	把刀把 必驾 假开二 去祃帮
阳江	⊂pa ⊂p'a俗	⊂pa	pat⊃	pat⊃文 pa⊃白	⊂pa	pa⊃	pa⊃	⊂pa
厦门	⊂pa	⊂pa	pat⊃文 pue?⊃白	puat⊃文① pui?⊃白	⊂pa文 ⊂pe白	pe⊃	pa⊃文 pe⊃白	pa⊃
潮州	⊂pa	⊂pa	poi?⊃	puek⊃文 poi?⊃白	⊂pa文 ⊂pe白	⊂pe	pa⊃	pa⊃
福州	⊂pa ⊂pa俗	⊂pa	pai?⊃	pa?⊃文 pei?⊃白	⊂pa	pa⊃ ⊂pa	pa⊃	⊂pa
建瓯	⊂pa ⊂pa俗	⊂pa	pai⊃	pa⊃文② ⊂pai白	⊂pa	pa⊃	pa⊃文 pue⊂白	pa⊃

①pua?⊃白。②⊂pi俗。③又 *必驾切,假开二去祃帮。④"伯"训读,博陌切。

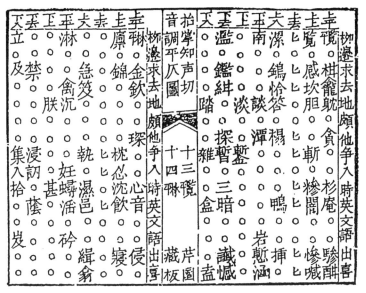

图 2 《拍掌知音》之一页

2 首创舌尖元音音标 ɿ, ʅ, ʮ, ʯ

　　高本汉说:"有几个代表中国特别音的新字母,也是同 Lundell 商量之后才加上去的,这种方言字母是用斜体字写的。"(中译本 142—143 页,下文中引此书略去"中译本")。第 143 页译者有一条脚注:"高氏为中国音特别增加的 ɿ, ʅ, ʮ, ʯ 四个字母,译文还照用,但不用斜体。又以后凡书中提到'方言字母',译文即改称'严式音标'。"

　　高本汉指出:"舌尖元音在欧洲语言里很少见,而在中国语言里却很发达。有一种舌尖跟齿龈前部的元音(apico-

SOUND TABLE.

反切音

[* *Means that the Sound in that Tone is in use but has no Character.*]

平聲 Bin̥ɪ-sin̥ɪ.	上聲 Ziĕ²-sin̥ɪ.	去聲 Ch'ü²-sin̥ɪ.	入聲 Zuih-sin̥ɪ.
1. *a* 挨	矮	…	阿押鴉壓
2. *ha* 哈	喊蟹	…	喝瞎
3. *'a* 閒骸鞋鹹	限	陷	匣狹
4. *cha* …	…	…	酌著腳爵
5. *ch'a* …	…	…	卻鵲
6. *dja* …	…	…	著着
7. *ja* 番番翻繙	反	泛販	…
8. *ra* 凡煩藩攀	犯	飯萬	…
9. *ia* …	…	…	約
10. *ya* *	…	…	藥
11. *ka* 奸街間姦 塅艱	減揀解	芥戒界解 監鹼	甲夾革隔嘎 神膈
12. *k'a* 慳	卡楷檻	嵌	恰客
13. *ga* 啊	*	*	…
14. *kwa* 關	拐	怪慣	…
15. *kw'a* 寬	…	快	…
16. *gwa* 懷	*	凥	…
17. *la* 拉藍攔蘭 籃欄	攬攬欖	賴濫爛癩 纜	辣蠟

图3 《温州方言入门》音节表第1页

gingivales)最容易的读法就是在发辅音 z 的时候,把舌和齿龈中间的通路稍微放宽,到可以减去口部的摩擦为度。还有一种是舌尖和齿龈后部的元音(apico-alveolaires),读法是在读辅音 z̧ 的时候,把它的通路作同样的放宽。"(197 页)这段话的意思似乎是说,舌尖元音的发音部位和发音方法与前面的辅音的发音姿势相关。

因为舌尖元音在欧洲语言里很少见,故当时西洋传教士对如何记录这类语音莫衷一是,不得要领。各家分歧可见表 2。

表 2 舌尖声母音标比较表(199 页)

传 教 士	ɿ	ʅ
Vissiere(跟 BEFEO)	eu	e
Couvreur	eu	eu
四川传教士	e	e
俄文拼法	ы	ы
Mateer	ï	ï
Parker	z	ï
Kühnert	y	i
Wade	ü	ih

Davis 和 Silsby 等人则把 sɿ,tsɿ 写成 s,ts,即舌尖元音是零标记,换言之,认为舌尖元音是前面辅音自然延长的结果。

高本汉说:"ɿ 是舌尖跟齿龈前部的元音,高而紧,唇开(0 号)或宽(1 号),在官话、扬州、吴语、粤语都有,汕头、日本也许有。见例限于纯口元音并只见于开音节 s，z 的后面，例如：死，北京 sʅ。"（197 页）对这段话译者有一个脚注："芜湖无此限制，例如米 mʅ，李 lʅ。"译者认为："还有一个语音学上的理由使得这舌尖元音的设立更有承认的理由。在绩溪仁里，一般方言所用 i 韵成为 ʅ，低、梯读成 tsʅ，tshʅ，与兹、雌同音，跟皖北好些方言一样。但在同县的城内，低、梯虽与 ʅ 韵拼而仍保存 t，th 声母，成为 tʅ，thʅ，不跟兹、雌同音，可见 ʅ 之为韵并不就是辅音。"（33—34 页）

译者还指出："ᴡ，是介乎 ɥ 和 ɻ 之间而唇向外噘圆唇元音，就像英德法文的 tʃ，tʃ'，ʃ 唇往外噘作用似的。我们在苏州跟咸阳曾经发现过这个元音，例如知苏州 tʂᴡ"（199—200 页）。

这里讨论一下这四个舌尖元音的性质，看它们是否声母发音延长的结果。

赵元任在后出的著作《音位标音的多能性》（Chao 1934）中说："汉语音节［tʂʅ］［tʂʻʅ］［ʂʅ］［zʅ］［tsʅ］［ts'ʅ］［sʅ］中的元音是前面的辅音发音延长的结果，当这些音节用注音符号ㄓㄔㄕㄖㄗㄘㄙ写下来的时候，这些符号是表示辅音的，但是人们也能意识到元音的存在。所以这也是一种用零符号表示实际语音的方法。"

如果这四个舌尖元音只是前面辅音延长的结果，那么如何解释芜湖的"米 mʅ，李 lʅ"和绩溪仁里的"低 tʅ，梯 thʅ"这类音在皖北、苏北和苏南都有，兰银官话的金城片更有成系列的此类音，例如永登方言有"弊 pʅ⁵、皮 phʅ²、历 lʅ⁵、米 mʅ³、泥 nʅ¹、帝 tʅ⁵、体 thʅ³"（钱曾怡 2010）。各家标写不同，以"低"为例,有 ti,tɿ,tij,tiᶻ 等。t 是爆破音,不可能延长。笔者调查过的苏南溧水话和高淳话,单元音 i 和 y 后面都有此类音,如连 li¹¹、举 tɕy³³。如果说 li¹¹ 还可以勉强写成 lɿ,那么 tɕy 无论如何也不能写成 tɕɿ 或 tɕʮ,因为这样一来会抹杀 y 的音色。笔者的标法是"liːᶻ"和"tɕyːᶻ"。ː 表示长音,z 表示摩擦。其他同类音也可如法炮制,如 miːᶻ,tiːᶻ 等。Parker 也曾用 z 表示 ɿ,赵元任在《常州方言》一文中也曾认为 ɿ 即成音节的 z(赵元任 1970)。zɿ 也可以用 j 表示语音的延长,美国的 L. Bloomfield 就是用 ij 来表示英语长音的 i。

　　如果认为舌尖元音是独立的元音,那么应如何描写它们的发音方法和发音部位呢?

3　始用 ɦ 音标

　　这个音标法文版原作右侧为直线的圆圈,标在音节的左上角。中译本改为现在通用的歪头 h。高本汉说:"ɦ,是喉部浊音。这个音同元音的分别只在呼气时较强而显。因为它只见于元音前头,所以有人写中国方言的时候就把它写作一种用元音起头的'重音'(stress)而用'号来表明,例如:'a。不认 ɦ 为元音的一个成素而当作另外一个音,换言之,就是当作一个喉头浊擦音,那也是又方便又完全合乎逻辑的办法。这同 h 预作后面元音音彩的口势而不把它当作耳语时的元音是一样的。所以对于 ɦ 的第一个成素,我认为它的要点只在呼吸的片刻的力量,这一点力量可以使这个成素有了辅音的性质,我们可以把起头儿所有的元音音彩不算,而认为这个音彩是后面元音 a 的音彩预先作势。"(195 页)从这一段话来看,高本汉究竟认为 ɦ 是浊辅音呢,还是元音的成素? 似乎不很明确。

后来赵元任这样论述 ɦ 的性质,他说:"吴语里的[ɦ]音位其特征是气流比通常的发音更强,至于在口腔和鼻腔方面,它并无发音特征,发音人可以自由地在发任何音的同时带上[ɦ],所以就有 ɑ 型的[ɦ],e 型的[ɦ]等。甚至还有[m]型的[ɦ],如[ɦm](呒)和[m-ma](妈妈)中的[m]对立。然而所有这一切都不妨碍我们在理论上把[ɦɑ]中的[ɦ]和[ɑ]看作两个不同的音位。"(Chao 1934)他还说:"上海匣母字的读音,照平常的写法是先写一个辅音,再写一个元音,如[ɦæ],但是倒过来听还是像[ɦæ],并不是一个普通元音[æ]加一个中性的[ɦ]。可见这个[ɦ]是元音的一种相容性而不是一个元音前的声母。"(赵元任 1930)他似乎认为[ɦ]是一个超音段音位。李荣后来做了一个简单的听辨实验进一步证实赵元任的上述观点。(李荣 1986)

ɦ 的性质和用法可以讨论一下。

自高本汉以来,对吴语零声母的标法相当混乱。高本汉《中国音韵学研究》的《方音字汇》对开合的零声母用 ɦ 标写。但对齐撮,有时候用 ɦ 标写,如"贤",温州音和上海音都是 ɦie,"县"温州音是 ɦye,上海音是 ɦioe(604 页);有时候为零标志,如"夜",温州音标为 i,上海音标为 ia^5,零声母都是零标记(550 页),而"移",温州音和上海音都是 i,为零标记。赵元任《现代吴语的研究》对匣喻(齐撮)两母有五地(靖江、江阴、常

熟、昆山、宝山霜草墩）用 j 标写，其余地点用 ɦ 标写。同是
宝山，霜草墩用 j 标写，罗店却用 ɦ。自《江苏省与上海市方
言概况》（1960 年）以后，在研究北部吴语的著作里，零声母
不管开齐合撮一律都用 ɦ 标写。《浙江吴语分区》（傅国通等
1985 年）也如此。但《汉语方音字汇》（2003 年）开合用 ɦ-，
齐撮用 j，例如苏州音"鞋 ɦa²、移 ji²、湖 ɦəu²、余 jy²"。郑张尚
芳的《温州音系》（1964 年）以来的温州话著作开口用 ɦ-，齐
撮用 j（温州无合口零声母）。对吴语零声母的描写内部不
一致。

　　ɦ 在语音学上的性质及用法还有必要进一步研究。

　　ɦ 在国际音标表的辅音表上列为浊喉擦音，与清喉擦音 h
相配，是作为音段音位处理的。汉语方言带浊流的零声母严
式标音，在"开齐合撮"前，通常可以分别标为 ɦ-（开口）、j-（齐
齿）、w-（合口）、ɥ-（撮口）。后三个都是半元音，第一个 ɦ 却是
一个浊擦音或超音段音位，两者性质不同。如果认为用 ɦ 可
以替换其他三个半元音，这在逻辑上是说不通的。

　　赵元任和李荣用语音实验证明，ɦ 不是元音前的声母，但
是他们所用的实验材料都是开口呼韵母，不能说明 ɦ 和合口
呼、齐齿呼和撮口呼结合时情况也相同。英语里的 weed、
yield 这两个词的词首辅音明显不同，互相不能替换，也不能
用 ɦ 代替。广州话里 w 和 j 是两个不同的声母，影 jiŋ³ ≠ 永
wiŋ³；吴语里的 wu²（河）和 ji²（移）情况也一样。

　　在温州方言里 ɦ 和 j 是两个独立的声母音位，互相不能
替换，如：猴 ɦau³¹ ≠ 游 jau³¹；狭 ɦia²¹² ≠ 药 jia²¹²。温州方言的 i
介音很短，归纳音位的时候，可以忽略 i 介音。如果采用这一

音位归纳法，这两个字不同音明显是声母不同所致。

笔者认为，不管开齐合撮，零声母一律用 ɦ- 是不对的，较合理的处理办法是将 ɦ-（开口）、j-（齐齿）、w-（合口）、ɥ-（撮口）看作四个不同的声母。如果采用宽式标音，ɦ- 可以用于开口呼和合口呼，j- 可以用于齐齿呼和撮口呼。

4 首倡用ʔ表示影母和喉塞尾

首倡用 ʔ（无下横线）表示影母，或者音节的喉塞尾。不过在此书的"方言字汇"中不管是前置或后置，实际上并没有使用这个音标。

对于 aʔ 这样的音节，当时的传教士，或者认为是开音节，用 ǎ 来表示；或者认为是闭音节，但是只是用 ah 来表示，或者用 ap, at, ak 来代替，例如艾约瑟等人的上海话著作。

关于 ʔ 的性质和用法，高本汉的论述可以说已经十分到位，他说："ʔ，喉塞音。在发音的（爆音）声母的地位，像在德文的 eeke，这个音当然会常见于汉语'用元音起头儿'的字里，说得更精确一点，就是在元音前头不另有口部辅音的那些字里。这个爆发音在汉语里绝对不重要，因为它的存在与否完全由于个人的，所以我们总不记它。但是收音的塞音就是跟上面那个音相当的闭音，在汉语里却占一个重要地位。ʔ 就像韵尾的闭音 p, t, k 似的实际上是一个发音的停顿，这个非得接在一个元音后才听得见。声带是忽然合拢的，使空气的通路完全成阻塞的状态，然后再轻轻地放开并不生爆发作用。英国

的语音学家曾经管这个喉部塞音叫做'glottal stop'。"（195页）

　　后来的方言学著作沿用了高本汉关于这个喉塞音的观念、写法和用法。音节前头的ʔ一般可以不标写，也就是方言中的零声母可以是零符号而不写，或写作ø。但是也会有例外，例如译注提到的"但台山的ʔ很明显，例如，厌iem，店ʔiem"。再如说明吴语两套次浊声母时，带紧喉的一套常常写成ʔm,ʔn,ʔŋ,ʔȵ,ʔl。音节末尾的ʔ，却是一定要写出的，因为它是表示不同于以-p,-t,-k结尾的入声。再者，在同一种方言里，-ʔ是有音位价值的，如不写出，会造成音位混乱。例如上海话的"李"[li⁶]和"立"[liʔ⁸]是不同音也不同义的，两者不能都写成li。《中国音韵学研究》的《方音字汇》并没有写出韵尾ʔ，例如上海话"杰"dʑi。同时粤语和闽语的韵尾-p,-t,-k却是一律标写，这显然是不合理的。这可能是因为当时方言界和音韵学界对吴语入声带喉塞尾的问题认识未能深入所致。赵元任《现代吴语的研究》（1928）一书也没有用ʔ这个音标，在韵母表上，入声韵尾无标记。这样就不能区别有-ʔ的吴语和无-ʔ的吴语的某些入声字（例如"甲"，昆山话读kɑ⁷，温州话读kɑ⁷）。这显然是不合理的。不过在"吴音单字表"一节中，他用英文字母-q表示入声，不管是不是带喉塞尾。后出的方言学著作一律用-ʔ表示喉塞尾，而且形体与高本汉所写一致，即不加下横线的ʔ。例如袁家骅《汉语方言概要》（1960）和《江苏省和上海市方言概况》（1960）。从1951年的版本开始，这个音标在《国际音标表》上的形体是下加横线的ʔ。目前方言学著作通用的即是下加横线的ʔ，而不带下加横线的ʔ可以用于喉塞较轻的ʔ。

5　确立宽式标音和严式标音的概念

　　高本汉之前的传教士描写汉语方言所用的都是宽式音标，他所用的是瑞典方言学的创始人 Lundell 所创造的"瑞典方言字母"，即严式音标。他说："我曾经从本地人的口音里研究过二十四种（中国方言），所以我能够用这严式音标来代表它们的音。""所以这种宽式的符号（用粗体字母写的）是非科学的，是无确定性的。其中每一个字都代表好些种实在很容易分别的音。例如一个 a 包含很多不同的元音 aA 跟 ɑ，法文的开 a 中的 a 跟关 a。"（143 页）

　　此前的传教士的汉语方言学著作不分宽式和严式，基本上是用宽式标音。

　　《现代吴语的研究》是采用严式标音法的，例如靖江和江阴都有 æ 和 ɒ 韵母，但靖江的这两个韵母开口度略高，与江阴有所不同，作者用严式音标描写两者的差异。如果只用宽式的音位标音，两者的差异就会被掩盖。笔者所见，当代方言学著作，不包括单篇论文，只有《当代吴语的研究》和《江淮官话和吴语边界的方言地理学研究》较好地继承了赵元任的严式标音传统。

　　对音标的宽严问题也可讨论一下。

　　宽式标音（broad transcription）只标出各种方言的音位，可以用较少的音标和附加符号。严式标音（narrow transcription）不仅要求标出一种方言的音位，而且要求仔细地标出它的音位变体,需要使用较多的音标和附加符号。记录和分析语音最好是用严式标音,只有严密、周详地标记和描写每一个音位变体,随后才能据此整理音位系统。区别差别较小的邻近方言语音尤其需要用严式标音。

声韵调表上的音标符号应代表音位,而不是音位变体。所谓声韵调表就是方言的音位系统。同一个音位可能有不同的音位变体,同韵字有的演变较快,有的演变较慢。字音是根据实际发音记的,音系是经音位归纳的。

例如上海金山方言:

声母 ɸ,β 各有两个变体,即 ɸ(ɸ,f),β(β,v)。与 e 韵、əŋ韵和 əʔ 韵相拼时,读双唇音 ɸ、β,如:父 βu、灰 ɸe、昏 ɸəŋ、忽 ɸəʔ;与其他韵相拼时读唇齿音 f、v,如:飞 fi、房 vã。写在声韵调表上的只有音位 ɸ、β。

声母 c,cʰ,ɟ,ç,ɲ 各有两个变体,即 c(tɕ,c),cʰ(tɕʰ,cʰ),ɟ(dʑ,ɟ),ç(ɕ,ç),ɲ(ȵ,ɲ)。与撮口呼和齐齿呼中的 iɛ̃ 韵、i 韵、iʔ 韵相拼时,读舌面前音 tɕ、tɕʰ、dʑ、ɕ、nʰ,如:鸡 tɕi、区 tɕʰ、权 dʑø、戏 ɕi、桔 tɕyøʔ;与其他韵相拼时读舌面中音 c、cʰ、ɟ、ç、ɲ,如:斤 ciəŋ、吃 cʰiʌʔ、桥 ɟiɔ、宪 çe。写在声韵调表上的只有音位 c、cʰ、ɟ、ç、ɲ。

音位变体可以保留在同音字表里。

用严式标音的方法记录下来的每一个字的实际读音(音位变体),可以保留在同音字表里。例如上海莘庄方言的 e 韵有多种变体,可以保留在同音字表里。如表 3(游汝杰 2014:313—314)所示。

表3　上海莘庄方言同音字表中的 e 韵（节选）

e/ɪ/ɪ^i/e^i/ei

pe^53	杯悲/搬 ʔb 边鞭编 pɪ^53
pe^55	扁匾蔽 pɪ^55
pe^35	变贝_{新派}背_{~诵}/半 ʔb
pʰe^53	潘坯_{土~、毛~房}偏
pʰe^35	配判片骗 pʰɪ^35
be^23	陪培赔裴倍备伴拌叛绊
be^31	盘
ʋe	（匣母字）
ʋe^31	完
me^31	瞒馒棉绵 mɪ^31
me^23	梅枚媒每煤妹满面_{~条}
te^53	堆（/ʔd/）
te^35	对店（/ʔd/）典点抵 tɪ^35（/ʔd/）
tʰe^53	推贪天
tʰe^55	舔
de^31	甜田填
de^23	贷代袋队电
ne^23	内
le^23	雷累_{积~、连~}类廉镰敛恋（这组听感上有非常明显的 ɪ^i、e^i 感觉）

　　当前许多研究者在实地调查时即用宽式标音法（或可称为"音位标音法"）记音。这样一来，归纳声韵调表和同音字表

当然简便许多,但描写是不准确的,做法是不严谨的。有的研究者虽然用严式记音,但声韵调表和同音字表统统用音位标音。这样做会掩盖了许多字音的实际差别,虽然可以用文字说明来补救,但效果还是明显不及直接写在同音字表上。

6　确认穆麟德首倡的吴语的地理范围

《中国音韵学研究》并没有专论方言的分类问题,不过在作者列举他所研究的方言时,可以看出他对方言分类的见解,即官话方言为"北京、山西、甘肃、陕西、河南、四川、汉口、南京等处的总名;吴语:上海(松江府)、温州(温州府)、宁波(宁波府);闽语:福州(福州府)、厦门(泉州府)、汕头(潮州府);粤语:广州(广州府)、客家(特别嘉应州)"(149页)。他继承了穆麟德(P. G. Von Möllendorff)的汉语方言系属观,确认温州话属吴语的观点。

在东西方言学者中,德国人穆麟德首先以语言学的眼光将中国的汉语方言进行全面的、系统的分类和分区。

穆麟德所著《现行中国之异族语及中国方言之分类》(穆麟德 1896)将汉语方言分为四大类(括号中数字为使用人口数):A 粤语——广东(1 500 万),客家(500 万);B 闽语——漳州(厦门、福建话①)(1 000 万),潮州(汕头、福佬)(500 万),福州(500 万);C 吴语——温州(100 万),宁波(2 500 万)(分绍兴、台州),苏州及上海(1 800 万)(分徽州);D 官话——北部、中部、西部(30 000 万)。

高本汉虽然不同意穆麟德用"难懂易懂的标准"来区分方

言,但是实际的方言分类上,他还是继承了穆麟德的分类法,即上海话、温州话和宁波话归属吴语;客家话和广州话归属粤语。

　　值得注意的是,公认的划分吴语和非吴语的主要标准——是否保留古浊音,即是穆麟德最早提出来的。他给吴语下的定义是"这种话可以代表鞑靼势力入侵以前的官话。他们有五声,没有收声 k,t,p 和 m,间或有一种不明的 k,并存 b,d,g。为语言学上的研究,他们是特别的重要。尤其是他们作成日本所谓吴音之基础。"赵元任在 30 年后,"以帮滂并、端透定、见溪群三级分法为吴语的特征",来划定吴语的地理范围,其标准与穆麟德一致。今天所谓吴语的地理范围最初是由穆麟德划定,后经高本汉等西儒继承,赵元任最后确认的。赵元任之后,吴语的地理范围仅对局部地带有所修正(游汝杰 2008)。

　　如果说赵元任是现代意义的汉语方言学的祖师爷,那么,我们可以说高本汉是先行者。

参考文献

北京大学中文系语言学教研室(2003)《汉语方音字汇》,北京：语文出版社。

傅国通等(1985)《浙江吴语分区》,《杭州大学学报》增刊。

江苏省方言调查指导组(1960)《江苏省与上海市方言概况》,南京：江苏人民出版社。

李　荣(1986)《温岭话"咸淡"倒过来听还是"咸淡"》,《方言》第 2 期：106。

穆麟德(1896)《现行中国之异族语及中国方言之分类》,原文载 *China Mission Year Book*,译文载《歌谣周刊》89 号,1925 年 5 月 3 日。

钱乃荣(1992)《当代吴语的研究》,上海:上海教育出版社。

钱曾怡(2010)《汉语官话方言研究》,济南:齐鲁书社。

游汝杰(主编)(2014)《上海地区方言调查研究》,上海:复旦大学出版社。

游汝杰(2008)《早期西儒的汉语方言分类和分区研究》,载复旦大学汉语言文字学科《语言研究集刊》编委会编,《语言研究集刊》(第五辑),上海:上海辞书出版社,89—101。

袁家骅(1960)《汉语方言概要》,北京:文字改革出版社。

赵元任(1928)《现代吴语的研究》,清华学校研究院丛书第四种。

——(1930)《听写倒英文》,载《史语所集刊》第二本第二分:205—223。

郑张尚芳(1964)《温州音系》,《中国语文》第 1 期。

P. H. S. Montgomery (1893) *Introduction to the Wenchow Dialect*, Shanghai: Kelly & Walsh, 294.

R. V. Simmons、石汝杰、顾黔(2006)《江淮官话与吴语边界的方言地理学研究》,上海:上海教育出版社。

Yuen-ren Chao (1934) The Non-uniqueness of Phonemic Solutions of Phonetic Systems. In *Bulletin of the Institute of History and Philology Academia Sinica*. Vol. 4. Part 4:363-397.

——(1970) The Changchow Dialect, *Journal of American Oriental Society*. 90. 1.

(本文原刊复旦大学《语言研究集刊》第十七辑,上海辞书出版社,2017 年 1 月,33—46 页)

《温州话入门》所见选择问句

1　前言

　　本文据下述一百多年前西儒的一本方言学著作，讨论温州话的一般疑问句。此书即是 *Introduction to the Wenchow Dialect*，为 P. H. S. Montgomery 所作，Kelly & Walsh 有限公司 1893 年出版于上海，全书共 294 页，洋装，版高 22 厘米。（P. H. S. Montgomery, *Introduction to the Wenchow dialect*, Shanghai：Kelly & Walsh, Limited, 294p, 1893, 22 cm）就笔者所知，此书今藏下述图书馆：日本天理大学图书馆、日本东京大学综合图书馆、日本东洋文库、中国国家图书馆、纽约公共图书馆图、中国社会科学院语言所资料室。此书原无中文译名，今译作《温州话入门》。在书上也不见作者中文名，据郑张尚芳查考温州海关名录，P. H. S. Montgomery 中文名为孟国美。

　　据封面对作者身份的文字说明，作者是皇家海关工作人员，中文官职名称当为水务司。全书包括序言、注释（对声调的说明）、一字多音、单元音和双元音、声调符号、四十课课文、生字索引、量词、易习句（即短语）、房分亲眷称谓、词汇总表，共十三部分。调类用数码表示。

　　作者自序于 1892 年 12 月 29 日。据《序》,此书为居住在温州的外国人而编,目的在于帮助他们略知当地方言。书中的四十课课文译自《语言自迩集》,由作者的老师、当地学者陈梅生将官话译为温州话。可能是因为是逐句翻译的缘故,不少句子显得生硬,不合温州口语习惯。在当地传教的 W. E. Soothill(苏惠廉)牧师曾参议编写工作,并校正稿样。又对单字的声调有所说明。此书书名页书影见图 1,第 147 页书影见图 2。

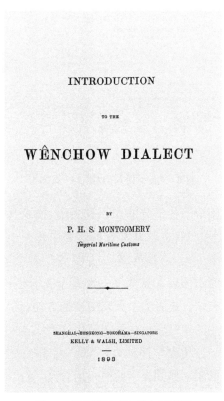

图 1　《温州话入门》书名页书影

图 2　《温州话入门》第 147 页书影

　　笔者检阅全书各部分的句子和短语，摘录其中全部一般疑问句，作为本文研究的基本资料。书中每一个句子或短语都用三种文字书写，一是英文，二是拼音的教会罗马字，三是方块汉字。原书作者如认为某一个音节无合适的汉字可写，就用短竖杠表示。笔者为了大家阅读的方便，仍用汉字写出，并用原书所用的罗马字放在方括弧里注音。本文的每一例句只录出英文和方块汉字两种写法，罗马字拼写的句子略去不列。对作者所用一些同音字的温州话含义，首出时加注解（即"案"）。例句末尾括号里的数字是该例句在原书中的页码。

2　类别

见于全书的选择问句共 51 句,可分两大类,即未然体选择问句和已然体选择问句,每类又分若干小类,如下。

2.1　未然体选择问句

2.1.1　动词＋否

（1）Tell me is that man's pronunciation as good as yours? My pronunciation is not very good.

你伉[kha]我讲许[he]个人个[ge]口音有你该能[kih-nang]好否[fu]? 我个[ge]口音唔冇[n-nao]何也[ga-nyie]好显[shie].（47）

（2）Do you understand the whole of it? There are portions of it that I do not understand. There are also some characters that I do not know.

你恶[oh]懂着否? 有徕[le]不懂个[ge],阿有徕[le]字眼我不识。（52）

（案:恶,都;徕,些。"不"是训读字,可写作"否"。）

（3）Do you remember all the characters in the book? I do not remember them all.

许[he]本书底[de]个[ge]字眼恶[oh]记着否? 不恶 oh 记着。（52）

（案:底,里。）

（4）Is the honored grandfather well? Is the honored

respected one well?

令祖爷好否？令尊翁好否？（127）

(5) Does that man Li write better than you or not? How should I know whether he is good or not，we have not heretofore had a trial?

许[he]个姓李个[ge]会写字眼比你好徕[le]否？我訾难[tsz-nah]好晓的其好不好？向来我恶[oh]未伉[k'ou]其赌过。（131）

（案：其，他。可写作"渠"；伉，跟、和。）

(6) What do you say to my accompanying you?

我陪你去用着否？（137）

(7) Is what is said right or not?

说[shwoh]是否？（225）

（案："说"是文读词，白读词是"讲"。）

(8) Do you hear or not? Can you make out（what is said）?

你听出否？（229）

(9) Is it done this way?

是该能[kih-nang(h)]妆[chao]否？（237）

（案：妆，做。）

(10) Is it still there? Is he still alive?

其还是搭[da]否？（248）

(11) Can you remember or not?

你会记牢否？（229）

(12) Is he at home or not?

其是屋底[de]否？（323）

2.1.2　动词＋也＋否

(1) Did he go in a chair? He went in a chair.

其坐轿去阿否？其是坐轿去。(43)

（案：阿,也。）

(2) Has he buying horses? Yes, he bought two horses

其买马阿否？(43)噢[ao]，买两头马。(43)

(3) Have you anything matter with you? No, I am week, but not ill.

你身底[de]有病阿否？病是唔冇[n-nao]个[ge]。但是我身体虚弱个[ge]。(95)

(4) Do you move so slowly because you have something the matter with you? No, it is that when a man is old he is week both in the back and limbs.

你该能[kih-nang]慢慢走,是身底[de]有病阿否？不是,是人老爻[goa],腰腿软爻[goa]。(95)

（案："不"是训读字,可写作"否"。"阿"的本字是"也",读音同"阿"。）

2.1.3　动词＋也＋动词

(1) Is the house you live in large? I live in three small rooms.

你住个[ge]屋宕大阿小？我住个[ge]三小间。(37)

（案：屋宕：房子。"小"是训读字,本字是"琐"。）

(2) If I tell him to copy will he be able to do so? There is no reason why he should not.

我叫其抄写,其会妆[chao]来阿妆[chao]不来。(53)

(3) Tell me, do you understand him when he speaks?

我问你晗[tshz],其个[ge]说[shwoh]话你听得[de]出阿听不出。(53)

(4) Has he got on boots or shoes? He has got on boots.

其着靴阿着鞋呢[ne]? 着靴。(72)

(5) Are you in the habits of wearing boots or shoes? When at home I wear shoes, when I go to the yamen I wear boots.

你要着靴阿着鞋呢[ne]? 我宿[shoh]屋底[de]着鞋,走衙门[de]着靴。(72)

(6) Which do you prefer using when you wash your hands, cold water or boiling water?

Both are bad; cold water is too cold, boiling water is too hot; warm water is the best.

你洗手爱用冷水阿爱用涌汤呢[ne]? 两样恶 oh 不好,冷水太冷,涌汤太热,煴个[ge]水最好。(72)

2.1.4 动词＋不(否)＋动词

(1) Did you like that man? I do not like any of those men.

许[he]个人你喜欢不喜欢? 许徕[he-le]人我恶[oh]不喜欢。(43)

(2) Does he understand the local dialect? I have heard people say that he does not.

其土话懂不懂? 我听见讲其不懂。(52)

(3) Does he understand the written characters? That he does. He knows four or five thousand characters.

其字眼识不识？识显个[shie-ge]。识到四五千字。（53）

(4) What sort of temper has he? His temper is quick but he is not a bad fellow.

其脾气好不好？其个[ge]性是紧显[shie]，人是还好。（185）

(5) Is that affair true or not?

许[he]起事干实在不实在？（238）

(6) Are you certain to come?

你到底行来不行来？（238）

(7) Is it this fashion or not?

是能[nang]不是能[nang]？（225）

(8) Do you understand what he says? Stammering as he does，I can not make out one word.

其个[ge]说[Shwoh]你懂着懂不着？其该能[gi-nang]大舌讲，我一句恶[oh]听不出。（118）

(9) Can you swim? I can swim but I can't swim very far.

你会泅不会？泅是会泅，远显个[shie-ge]泅不去。（147）

(10) Could you swim across the river? It is too wide for me to swim across.

该[kih]条江你泅得[de]过泅不过？江阔显[shie]，我泅不过去。（147）

(11) Do you know how to sew? I do not.

你会做针子不会？我不会个[ge]。(76)

案：否定词"否"，作者用训读字"不"转写。

2.1.5 是＋动词＋(停顿)＋是＋动词＋(呢)

(1) Did you come on foot, or on horseback? I came on horseback.

你是走来个[ge]，是骑马来个[ge]呢[ne]？我是骑马来个[ge]。(46)

Did the man with the gun make his appearance designedly or by accident? Probably by accident, but I am not sure.

(2) 带排枪个[ge]许[he]个人是特特能[nang]走来个[ge]，还是凑巧走来个[ge]呢[ne]？不晓的，只[ts'z]怕是凑巧走来个[ge]。(110)

2.1.6 动词＋么

(1) Don't you yet know the ways of these yamen people? Even if the father of one of them were to go to law, they would want money just the same.

你还不晓得许徕[he-le]衙门人个[ge]脾气么[moa]？就是其大家自个[ge]阿伯走去打官司，阿是一色要其铜钱个[ge]。(181)

(2) Is that clock correct?

许[he]个时辰钟准个[ge]么？(189)

2.2　已然体选择问句

2.2.1　有＋唔＋冇

（1）Are there any mules or donkeys here? There are some donkeys but no mules.

该里[kih-li]骡啊['a[h]]驴儿有唔冇[n-nao]？驴儿有是有，驴唔冇[n-nao]。(43)

（2）Are there any more?

还有唔冇[n-nao]？(225)

2.2.2　动词＋罢＋未

（1）Have you lit the lamp? I lit it but he blew it out.

你灯点起罢未？我点起罢，其吹爻[goa]。(62)

（2）Have you found a teacher? I have.

你寻着先生罢未？寻着罢。(46)

（3）Have you done reading that book yet? I have read four-fifths of it.

许[he]本书你眙[ts'z]完罢未？十分我眙[ts'z]过八分罢。(51)

（4）Have you eaten your meal? I have not yet eaten.

你饭喫罢未？我还未喫。(229)

（5）Is it completed?

妆[choa]起罢未？(233)

（6）Is the food ready? It is being prepared.

（7）肴配[koa-phai]妆[choa]起罢未？是搭[da]妆[choa]。(238)

3 讨论

（一）与现代温州话比较，最大的不同有二：一是"动词＋么"在市区已不用，郊区仍保留。末尾的"么"很可能是"否定词＋语气词"的合音；二是新增"动词＋阿（也）"。这种格式是原有的"动词＋也（阿）＋否"的缩减格式，即将末尾的"否"省去。

（二）温州话及其他吴语没有相当于普通话"吗、吧"收尾的典型的是非问句。

"动词＋不（否、勿、么）"是选择问。

"阿＋动词"是是非问。

（三）温州话选择疑问句"动词＋也＋动词"句式的来源。

"动词＋也＋动词"来源于"动词＋也＋否＋动词"。

（四）关于疑问句的历史层次问题。

同义异构。层次叠合。年代分层。

附录：罗马字本《马太福音》（1902）（前八章）所见一般疑问句
 （已用汉字字译）

谁人指点你大家躲避将来个发怒？（第 3 章 8 第 8 行）

你反到我该里么（moa）？（第 3 章第 14 行）

盐若失爻味道，还用何也把渠咸提起呢？（第 5 章第 13 行）

若是你大家爱死爱死你个人，有何也报应赇你呢？（第五章第
 46 行）

收田粮个人也否是该能做么？（第五章第 46 行）

若是单门请字兄弟个安，有何也好似别人呢？（第五章第

47 行）

收田粮个人也否是该能做么？（第五章第 47 行）

生命岂否是比口粮贵重厘？（第六章第 25 行）

身体岂否是比衣裳贵重厘么？（第六章第 25 行）

你大家人岂否是比渠更贵重？（第六章第 26 行）

你大家当中谁人担心挂能够把自个长短加凑一尺呢？（第六
　　章第 27 行）

你大家甚难也为衣裳担心挂呢？（第六章第 28 行）

所以勿用担心挂，讲，我大家用何乜噢？何乜喝？何乜着？
　　（第六章第 31 行）

还觉否着自个眼有栋梁是底？

你大家当中谁人若是渠儿子求饼，反赒一粒石头渠呢？（第七
　　章第 9 行）

还是求鱼反赒一条蛇渠呢？（第七章第 10 行）

何况你大家在天上个父会把好物事赐赒求渠个人？（第七章
　　第 11 行）

刺蓬底好摘葡萄否？（第七章第 16 行）

□刺底好摘无花果否？（第七章第 16 行）

我大家岂唔冇奉你个名头传教么？（第七章第 22 行）

奉你个名头把鬼赶出么？（第七章第 22 行）

奉你个名头做许多奇事么？（第七章第 22 行）

罗马字本《马可福音》(1892)（前六章）所见一般疑问句（已用
　　汉字字译）

我大家伉你有何乜相干？你来□灭我大家么？（第一章第 24 节）

其人会赦罪呢？（第二章第 7 节）

你个门徒否禁食是为何乜呢？（第二章第 18 节）

陪伴个人能够禁食么？（第二章第 19 节）

你大家沃冇读过么？（第二章第 25 节）

渠大家安息日訾难会做否可以做个事干呢？（第二章第 25 节）

撒旦訾难能够赶出撒旦呢？（第三章第 23 节）

谁人是我个兄弟呢？（第三章第 33 节）

你大家否明白该能比方么？（第四章第 3 节）

訾难能够晓得统统个比方呢？（第四章第 3 节）

又讲，神个国，我大家訾难能比方呢？好用何乜表出来呢？
　　（第四章第 30 节）

先生，我大家命就失爻，你也勿顾着么？（第四章第 39 节）

訾难会但琐呢？（第四章第 40 节）

你大家还唔冇信心么？（第四章第 40 节）

该个到底是谁人连风搭海也听从渠？（第四章第 41 节）

勿用劳动先生呢？（第五章第 35 节）

訾难会吵闹啼哭呢？（第五章第 39 节）

该个人从若宕得着该个事干呢？（第六章第 2 节）

该个所赐赒渠个是何乜聪明呢？（第六章第 2 节）

渠手里所做该能个奇事是何乜意思呢？（第六章第 2 节）

该个否是做木老师么？（第六章第 3 节）

否是马利亚个儿、雅各、约西、犹大、西门个兄弟么？（第六章
　　第 3 节）

我求何乜好呢？（第六章第 24 节）

（本文未刊）

从合逊《广东对话》看 19 世纪中叶
广东的语言、文化和社会

邹嘉彦著　游汝杰译

前言

　　作为语言学和人类学的初学者，笔者曾于 1973 年在巴黎参加东方学会议，此后笔者对搜寻可供研究的原始资料发生浓厚兴趣。在巴黎笔者颇有所获，后来有幸再次访问莱登（Leiden），在莱登的一家旧书店里，看到一本装订松散的笔记，第一页上所印的题目是《广东对话》。内容是粤语口语的书面记录，配有英文翻译，并有合逊（Benjamin Hobson）于1850 年所写的"导言"。这是笔者搜寻原始资料的收获之一，当即带着这些资料回到圣地亚哥，笔者当时在加州大学（La Jolla）讲授语言学。研究结果令人十分兴奋，因为这些资料不仅包含中国那个意义重大时期的有趣信息，并且证实了笔者两年前所写有关汉语历史句法的论文的结论，也使笔者能有合适的时机开始随后的研究计划。笔者在研究生时代就致力于把汉语文本输入电脑，到了 20 世纪 80 年代中期很想把《广东对话》也输入电脑。当时实行起来有些困难，非常规的方言汉字需要造字，更重要的是要证实这些资料的可靠性。造字是技术问题，只要有时间就能解决，为了证实资料的可靠性，笔者开始阅读华南地区的传教士著作。几经努力，笔者对合逊的背景了解增加了，但对他所著《广东对话》仍然没有找到确凿的证据，一直到有机会研究伦敦传教士协会的档案，在缩微胶卷阅读器的屏幕上突然发现有一页合逊的著作，与笔者在荷兰所得完全一致，至此才证实《广东对话》的可靠性。

1　《广东对话》及其在 19 世纪中叶的中国的地位

19 世纪中期对于中国历史和世界历史都是引人注目的时期，因为在这一时期，人口最多的中国有历史最悠久的绵延不断的文明，面对世界，突然从由来已久的自高自大中觉醒；又因为这一时期也是中国从封建国家发展成为现代国家的缓慢过程的转捩点，这个发展过程在 150 年之后的今天形成了新的高峰。与日本明治时代的经历一样，在不自愿的情况下与西方的接触大为增强，这些接触对于划时代变化的发生起到很大的作用。这些重大的转变也反映在语言上，因为新奇观念的产生和成熟常常在语言上留下应有的痕迹，虽然本地人对外来文化会有所改造，例如在日本就是如此。在北京宫廷制订对外政策的时候，直接涉外的南方就已经占尽了有利的地理位置，特别是珠江三角洲，与国外的接触最多，随之而来的是社会的演变。珠江三角洲为来自阿拉伯、印度、波斯、马来亚、蒙古、葡萄牙、越南等国的外贸商人所熟知，已有几百年的历史，与历代的商人一样，他们的原动力是赚快钱，顾眼前的利益远远大于对当地社会与文化的兴趣。

在 18 世纪末期东印度公司在广东立足之后,过了好久,才有另一类外国人在珠江三角洲出现,他们就是新教传教士。西方商人和官吏为社会变迁创造机会,而传教士们则扮演执行者的角色。前者致力于强行打开中国的门户,引诱中国人沉溺于鸦片,以牟取利润。后者透过开放的门户,试图拯救中国人的灵魂,使之永生。为了达到这个目的,他们千方百计要以前所未有的深入程度了解和熟悉中国。与以前天主教传教士一直以上层阶级为目标不同,新教传教士从基层做起,因而获得成功。他们最大的成功之处,在于通过医疗服务,达到初步的“人身关怀”,又通过学习中国语言特别是方言,开始与老百姓接触。同时他们也向西方报告他们所了解的中国,这些信息反过来又有助于洋人在中国继续获利。虽然开头 50 年教堂传教会在南方的皈依者为数很少,但是用 John Fairbank 的话来说,新教传教士起到了双重作用,一是扩大西方的势力范围,二是他们热心鼓吹的促使“振兴中国”。毫无疑问,他们对中国社会的转变起到了催化的作用,但是对“振兴中国”[①]的长期进程的贡献,并非只此一家,也非到处可见。王赓武曾注意到[②],居住在海外的中国人在这两方面也有重要的贡献,并且可能继续充任“扩大在中国的势力范围”和“振兴中国”的代理人,同时也是“新政治文化”的传播者。然而,Suzanne Barnett 认为,传教士作为文化“掮客”,几十年来一直发挥轴心作用。担任这样的中介角色并不是轻而易举的[③]。清廷顽固地拒绝与洋人和洋务接触,实行闭关自守的政策。马礼逊[④]曾举例说,随机应变的传教士较早接触不受清廷法律管辖的移居海外的中国人,他们利用这一机会,切入不受中国政府控制的东南亚华人社会,从侧面"入侵"中国⑤。传教士也为此付出沉重的代价⑥,许多人与贩运鸦片的商人在道义上发生争执⑦,贩运鸦片的结果导致英国向中国宣战。当时许多中国人被当作契约劳工,或被绑架为"卖猪仔",到海外遥远的角落做苦工,那时候地方高官有可能遭到杀害⑧或被拘捕⑨,广州曾有三年多为英法所占领⑩,当时还发生与传教士有关的鼓吹改革的太平天国运动⑪。

　　传教士们所写的文字材料包含许多第一手的信息,涉及一个正在发生重大变化并急速变革的社会,它的性质和状况,也包含许多从中文文献中不能获知的细节和观察角度。这些材料可以让我们看到纯粹的南方方言口语的实际用例,还使我们了解到南方文化、社会和政治状况的细节,当时的中国南方与东南亚以及北美已经发生可观的接触。本文集中讨论的是其中的一个典型人物。

2　编写者及其时代

　　从初选的一小批人中,笔者再精选出合逊(Benjamin Hobson)医生。他 1816 年 1 月 2 日生于英格兰 Northampton 郡的 Welford,卒于 1873 年,享年 57 岁。其父是一位独立牧师。他本人在 1835 年进入伦敦大学学习医学,1838 年毕业,并获得医学学士学位。1839 年 23 岁,获得第二个学士学位,即外科学士学位。他成为医师学会会员,并被按立为牧师,不久就被伦敦会派往中国。1839 年 12 月 30 日他与年轻的妻子 Jane Abbay 到达澳门,当时中国和英国正处在敌对状态的第一波高潮中,即第一次鸦片战争(1840—1842)正在进行中。从 1839 年至 1859 年,合逊基本上是在中国做医疗传教士。这 20 年对于仇外的中国和西方的相互关系来说,正是多事之秋,那时候西方正热衷于殖民扩张。就在不列颠王国和中国处于严重敌对的高潮中,他花费好几年时间,致力于在广州创办一所兴隆的医院,用中文出版好几本有关西方所谓"生理学"和"外科学"的重要著作,首次把西方的医药知识介绍到中国。他所写的第一本医学书是有关生理学的。此书为读者所喜爱,销路很好,重印了好几次。这本书的出版曾得到两广总督叶名琛的赞助[12]。叶名琛追随清廷别的大臣,包括林则徐总督,抵制西方对中国的影响。这种抵制运动和后来发生鸦片战争有一定的关系,而鸦片战争的结果使香港成为英国殖民统治的对象。

　　人们大大地低估了合逊博士对中国的多方面贡献[13],这大多是因为别的大人物掩盖了他的名声,例如著名的马礼逊,他不仅在中国近代史上有一定地位,而且近代汉语研究史上也颇有名声。事实上合逊在第一任妻子过世以后,与马礼逊的女儿 Rebecca 结婚,而成为马礼逊的女婿。马礼逊是在 1834 年去世的,他们的婚事是在马礼逊去世 10 多年以后举行的,如果马礼逊还活着的话,他会为之骄傲的。马礼逊的儿子 John Robert Morrison 1842 年开始担任香港秘书,并且为 Jardine Matheson 工作,作为他们的书面和口语翻译,一直到 1843 年 29 岁患上疟疾为止。

　　在抵达中国海岸以后,合逊一开始就对语言学习很敏锐,并且勤奋学习中国事务。一天之中除了两个小时"用于门诊病人外,我把全部时间和精力投入语言学习,除了晚饭后有一段时间用于运动,利用晚饭后的一段时间活动身体是很合适的。合逊太太则每天用几个小时学习方言,进步很快"。这是他抵达差不多一年后的 1840 年 11 月 9 日向伦敦传教协会所作的有关他学习语言的报告。他显然没有足够的时间照顾他在广州创办的医院,在 1848 年他不得不每天从上午 9 点半至下午 3 点半,换句话说用 4 个小时时间,看至少 200 个门诊病人。

同时代的一位中国名人梁发对他的成就非常钦佩,梁发对他有如下评论⑭:

"你的同胞来学习汉语的有许多已是中年人,他们的舌头已变硬,因此很难学会说汉语。而当他们学写书的时候,又学得太快,以致中国人很难看懂他们所写的内容。"

梁发是中国著名的福音传播者,这一段话摘自他给伦敦传教士协会的报告,报告传教士学习汉语的情况,写于 1841 年 11 月 1 日。然而,应该指出,合逊当年只有 25 岁,比更为年长的同事在学习语言上有明显的优势。马礼逊的情况也相似,他甚至更为幸运,在他 1807 年去中国之前,就能有两年时间在伦敦大学学习汉语。

还有别的事迹可以看出合逊医生热衷于汉语。别的传教士写给伦敦传教士协会的报告,罕见中文字样,而合逊医生在 1848 年 6 月 22 日所写的报告,就有"金利埠"和"观音"这些汉字。"金利埠"是广州西郊一个市场的地名,他的医院就在那儿,而"观音"是一个女性菩萨的名字。在随后有关广州医院的报告中,提到 1856 年初版的他所著的《生理学论集》,他特别指出:"在中国写一篇论文有时可以找到新的术语。汉语中偶尔没有的名词,必须尽快音译。在交付出版前应注意所译名词是否明晰和准确。科学和艺术名词词典是必备的,不仅可以查阅参考,也是为了使新词统一。"

他一定是作过不少研究,因为他曾指出在中国人们只认识 20 种西方药物的名称[15]。他还提供一份双语的名词对照表,附在所著《生理学》后面,那本书印了 500 本。毫无疑问,这些努力为随后在中国出版第一本《英汉医药词典》打下基础,他于 1856 年在上海出版这本词典。

虽然合逊的主要工作是医疗传教士[16],但他对中国的语言特别是粤语研究,也有不少有意义的贡献。1850 年他颇为得意地利用他的医院所属的石印印刷厂,出版了一系列语言研究笔记,他称之为《广东对话》。出版社的目标是用中文出版和传播基督教文献,这样出版社的存在就有了正当的理由,而他就抓住这个机会发行一系列"特别优秀"[17]的粤语学习资料,尤其是那些对传教士有用的资料。他在《导言》中指出,这些资料在 1841 年就准备好了。显然他自己和其他读者对这些资料都很赞赏[18]。

在编写方式方面,这些带有指导性质的资料所遵循的是自然教学法,在中国,别的语言早在几百年前就采用这种方法了[19],它与以词形变化和语法为基础的方法不同,后者为别的传教团体如天主教所偏爱。这些资料还包含反映中国文化和文明结构的信息,详见下文导言注。从这些教学资料的字里行间可以明显地看出,合逊医生对他不采用的方法心中也很明白。在他个人的档案中有一套手工装订的资料,题目是《口语短语》，包括 700 个短语⑳。

　　两种语料中的语言有大致的一致性㉑，尽管可能因为太匆忙，短语条目有些失误。

　　《口语短语》有利于复习和帮助记忆，因此也是实用的，而《广东对话》则更像语言与文化入门的教科书。不管怎么说，这两种不同的教学方法对于早期传教士来说，都是不无意义的。

　　《广东对话》的策划者是逸名的，通常都是如此，不过据合逊医生说，他是一位"中国的饱学之士"，"曾经作为抄写员或编写者协助过马礼逊博士"，在他 1860 年所写的文章的注脚中，提到《中庸》（Eclectic）的标题为《与一位中国饱学之士的对话——有关中国人的宗教与精灵、鬼怪和轮回等信仰的种种观点》。在他自己所藏的重印本上，手写一段话："合逊曾聘他为汉语教师，他也为合逊提供信息，翻译供一般人读的文章。"

　　刊登在杂志上的文章基本上是用《广东对话》第一章至第七章的材料写成的，有合逊医生写的有关中国文化的注解，其结论认为，对于基督教信仰来说，中国已经成熟。从《广东对话》中的资料，可以大致看到西方人对当时中国的感觉，因为有他所写的意味深长、真实可靠的附注。

　　《广东对话》所见大量例子，是我们所能得到的最早的高调现代粤语的资料㉒，对于研究汉语方言特别是南方方言是无价之宝，下文还要详说。同样有价值的是《广东对话》所见在中西敌对接触之下的有关广州的政府、文化和社会结构的详尽信息。其中有令人惊奇的有趣资料，有关穆斯林葬礼的习俗，如何决定死者是进天堂或地狱（可能只是道听途说，并不准确），当代香港和大清国官服的式样。并且，显然还有些更加重要的内部资料，如有关支付给总督和巡抚的数目庞大的养廉津贴，有关科举考试的制度、过程和结果，文官考核的基本要求，这些方面后来对英国也产生影响。

上述非常有意思的观察引起《广东对话》的原始资料提供者是谁的问题。他（极大可能不是"她"）不仅可能受过很好的教育，而且可能与广东最高级官员很亲近，因为只有这样他才可能得到各种类型的内部资料，并且熟知北京清廷的情况，也可能精通英文。因为没有人会把这样的资料托付给一般教师，而使自己被控告叛乱，进而可能遭受惩罚。这样的人在当时的广州是很少的。上文已经提到梁发这个名字，他显然已与英国传教士打成一片，因而受中国当局的监视，结果为防备有人告发而遭逮捕，他回到马六甲。如果是他或他的儿子参与其事，这也不足为怪。他的儿子毕竟跟 Bridgeman 学过英语，能写标准英语，曾担任两广总督的翻译。不过要确认这个人，与对合逊的贡献做出全面评估一样，需要进一步研究。

毫无疑问，私人之间的关系可能比较亲切，国家之间的关系就很难说了。这可以从很少有人注意到的《英中天津条约》㉓的两个条款中看出，《英中天津条约》1858 年 6 月 26 日在天津签订，1860 年 10 月 24 日在北京批准换文，共有55 条㉔。

Article 50:

All official communications，addressed by the Diplomat and Consular Agents of Her Majesty the Queen to the

Chinese authorities，shall，henceforth，be written in English. They will for the present be accompanied by a Chinese version，but it is understood that，in the event of there being any difference of meaning between the English and Chinese text，the English Government will hold the sense as expressed in the English text to be the correct sense. This provision is to apply to the Treaty now negotiated，the Chinese text of which has been carefully corrected by the English original.

Article 51:

It is agreed，henceforward the character 夷 *" I "（barbarian）shall not be applied to the Government or subjects of Her Britannic Majesty，in any Chinese official document issued by the Chinese authorities，either in the capital or in the provinces.*

第五十款

一、嗣后英国文书俱用英字书写，暂时仍以汉文配送，俟中国选派学生学习英文、英语熟习，即不用配送汉文。自今以后，凡有文词辩论之处，总以英文作为正义。此次定约，汉、英文字详细较对无讹，亦照此例。

第五十一款

一、嗣后各式公文，无论京外，内叙大英国官民，自不得提书"夷"字。

第 50 条中英两种文字的不相称,不见于与别的三个交战国,即法国、美国和俄罗斯分别签订的《天津条约》,签订这些《天津条约》是"太平天国叛乱"的后果。中英文本的重大差异㉕是很有讽刺意味的,特别是第 50 条所说:"此次定约,汉、英文字详细较对无讹,亦照此例。"更具讽刺意味的是,150 年以后,在中国政府恢复对香港行使主权的 1997 年 7 月 1 日公布的香港特别行政区基本法,只以中文文本为准㉖。同时,香港近年来在司法领域据此认同中文和 95％以上居民的家庭语言——粤语口语,在法律上的地位,即在香港法庭上是与英文"同等"的语言㉗。

上述第 51 条在外交史上是不寻常的,它没有参照别的《天津条约》,又以审查官的口气说"不得"。这明显地反映出欧洲人已发觉中文称他们为"夷"是对他们的鄙视,而英国政府和在华的英国官员则将此事看得很重,甚至等同重大的租界问题和向中国要求的赔款问题,这些赔款的数额超过广东全省一年的税收㉘。洋人所感觉到的中国人的精神状态,可以从 John Thomson 的作品中略见一斑,Thomson 是苏格兰摄影家,在 19 世纪最后 25 年从事有关中国的摄影和写作。他写道:

那些熟悉中国人及其根深蒂固的迷信思想的人,很容易明白笔者要完成的任务是既困难又危险的。在有些地方从来没有见到过脸色白皙的白种人,而文人或知识阶层在他们中间养成这样的观念,当心避开各种魔鬼,而不必认真避开"番鬼","番鬼"具人形,为己利独来独往,常靠目力发现隐藏在天地间的宝藏。所以笔者常常享有诡秘的风水先生的名声,笔者的摄影机被当作黑色的神奇机关,它与超自然的强大的目力结合在一起,给笔者力量,使笔者能看穿岩石和山脉,看透本地人的灵魂,用黑色的艺术拍出神奇的照片,而这些照片摄取了一个人太多的元气,以致他会在短短的几年里死去㉙。

　　其中还有更具讽刺意味的事:首先,中国官员在没有别的选择的情况下签了条约,但是在后出的文件中从未停止用表示特征的形容词"夷"㉚指欧洲人。看起来操作这个条约的英国官员也知道这一点㉛。其次,尽管 Thomson 早有上述观察,在一个多世纪后的香港,欧洲人和中国人仍然半开玩笑地(在大多数情况下)用口头用的表示特征的形容词"鬼"来指称欧洲人㉜。

3　19 世纪广州的社会和文化

　　《广东对话》出色地透视了 19 世纪中国最重要的贸易港口,其中有些方面因与现代社会相关,或者可以视为文化特征得以保留或延续的根据,值得特别提出来。

　　香港官职的中文名称参考广东省级官职谨慎地加以制订。在殖民统治时代,当局弄辞取巧,对最高长官,不以中国省级的最高长官"巡抚"来称呼,而以"巡抚"的上级、管辖两省的"总督"(如两广总督)来称呼。他的副手最早称为"殖民秘书",后来改称"主任秘书",在当时小小的香港,并无大事可干,但是他的中文名称"布政司"却与级别高得多的广东官职同级。有趣的是,1997年以后,香港的中文官职名称在中国文官系统中,比相应的官员级别要低得多。

　　养廉银,或者说反腐败措施,因为关系到官员的薪俸,今天人们对它在许多方面仍有兴趣。表1所列是清廷高官的年薪和每年补贴的养廉银。总督和巡抚的养廉银分别是他们的基本薪水的139倍和100倍。这两位最高级官员的养廉银合计为5 000两银子,相当于全省全年税收的2.5%,相当于法国所要求的赔款,或英国所要求的赔款的一半,第一次鸦片战争17年后,在1860年第二次雅片战争结束时,法、英两国提出上述赔款③。更加有意思的是官方全省全年的税收与官员的俸禄,相比之下显得很少。布政司的养廉银是巡抚的差不多一半,而按察司略少些。值得注意的是表中并没有列出海关监督和武官的养廉银。

表1　养廉银和薪俸

	官　　阶	薪俸(每年银两)	养廉银(每年银两)
1.	总督	180	25 000
2.	巡抚	150	15 000
3.	布政司④	150	8 000
4.	按察司	130	6 000
5.	盐运司	130	5 000
6.	道台	105	3 800
其他			
7.	学院	150—180⑤	4 500

续　表

	官　　阶	薪俸(每年银两)	养廉银(每年银两)
8.	海关监督	150—180㊱	?㊲
9.	兵备道	105	3 000
10.	知府	105	2 400 or 2 000
11.	州	80	1 600 or 1 000
12.	知县㊳	45	1 500，1 000，800 or 600

许多在《广东对话》中详述的礼节已经消失。就婚礼而言，“归宁”或“回门”㊴和“过大礼”㊵在今天的婚礼中仍然会提到，但是“醮酌”㊶“拜鴈”㊷“送房”㊸和“暖房饭”㊹已经淡忘。葬礼中的“捍狗棍”㊺和“过(生死)河”㊻可能还会有，但是“掟口”㊼“紧棺”㊽和“喊饭”㊾不再普通。在教育方面，“大科”㊿和“解元”(51)的分别已不再明显，而“大总裁”(52)(10. 9A)在现代社会已变为指CEO。在现代很吃香的医药行业，在古时候地位并不高:“假如笔者有子侄读书，不能上进，又唔愿学贸易，但想学医道，咁就要选择一位明白书理，晓畅脉诀，谨慎用药，临症亦多，咁嘅医生，拜佢为师。”(53)

当时在广州出现的穆斯林及其习俗，以其详细记载的科举考试、教育制度和医药实践都是很值得探索的。总之，可以认为《广东对话》几乎是一个时间锦囊。

4　19世纪中期广州的语言

合逊《广东对话》所载150年前广州所使用的粤语，今天的广州人还能看得懂。不过在词汇和语法结构方面也还是有些不同。此书的字数共有 15 194 个,包括 1 341 个个别的汉字。其中有 15 个今天已不常用(见附录或表 3),可以看作是此书特有的,或者可能是那个时代使用的。

随意浏览《广东对话》都会即时发现 150 年来语言在下述三个主要方面的变化:1) 用字变化,2) 词汇演变,3) 新的语法现象产生,特别是疑问句的形式趋于成熟。(译注:下文引例后面括弧中的数字表示原书章节和问答顺序,Q 代表 question,即问题,A 代表 answer,即回答。)

新的词汇:

乜谁(1.15Q)　　　≅ 边个(谁)

乜讲究(1.14Q)　= 点意思(什么意思)

为乜事(2.9Q)　　= 点解(为什么)

一总(2.8Q)　　　= 通通,所有

通省　　　　　　= 全省(今已罕用。但这种用法的
　　　　　　　　　　“通”仍见于半粘着的词“通
　　　　　　　　　　街、通巷”(整条街、整条巷))。

但凡(3B)　　　　= 凡系(无论何时)

晓(1.4A)　　　　= 识(知道)

晓得(3.12A)　　= 知道(知道)

闻(1.5Q)　　　　= 听闻(听见)

共(4.5Q)　　　　= 同(动词)(一共,合计)

自后(16.8)　　　= 后来

起首(2.4A)　　　= 开始

其始(14.6Q)　　= 开始

有名色(14. 14A)　＝ 有名气

去归(15. 10C)　　＝ 归去(家里)(回家)

去远(15. 24A)　　＝ 远去

代词与四邑方言有很大的一致性,从"一总"可以看到闽南方言的成分③。有些用法的使用范围缩小了,如上文提到的"通"。还有些词与官话口语相同,如：但凡、其后、及后和共(动词)。句法上有些逆序现象很有意思,与动词"去"相关的结构有"去远"(今粤语：远去),去归(家)(回家)。

《广东对话》所采用的体裁是调查者和被调查者之间的求教问答形式,所以为探索问答的语法和语用结构提供了非常好的材料。

这些材料包括分布在 15 章中的 285 对问题和回答。这些问题可以分为两大类型：第一类,可以用表示肯定的 yes,或可以用表示否定的 no 来回答[例 1. 23Q 有食物祭冇呢?(有没有供祭祀的食物?)]。第二类,不可以用"是、有",或"不是、没有"来回答,而要求在回答中提供问题中没有出现的语义信息,例如某人的职业[例 3. 14Q 佢做啲乜工夫呢?(他们是做什么工作的?)]。第一类"是非问句"有 43 句,第二类"语义信息"问句有 215 。另有些希望听话者提供有关信息但没有明显标志的问句,这是由《广东对话》的性质造成的。

43 个"是非问句"可以分为两小类：32 个 Ia 类"中性是非问句"和 11 个 Ib 类"非中性是非问句"。例如上文所引例1. 23Q 是中性的,即问话者对回答的要求是中性的。而例14. 2Q"唔系自己拣择嘅咩?"(不是可以自己选择的吗?)是一个非中性问句,因为问话人希望可以自己选择。

在《广东对话》中出现的所有句末疑问语气词,今天的广东话基本上都还在用,但是它们的用法和分布发生了不可忽视的变化。表 2 列出所有不同类型疑问语气词的分布。

表 2　疑问语气词的分布和问句的类型

疑问句类型	句尾疑问语气词	标　记	百分比(%)
有冇	"le" 呢	22	8.4
有冇	"aa" 呀	3	1.1
(别的)V-neg-V	"le" 呢	8	3.1
(别的)V-neg-V	"aa" 呀	3	1.1
系唔系	"le" 呢	7	2.7
系唔系	"aa" 呀	0	0
吗	"ma" 吗	5	1.9
特殊疑问句	"le" 呢	176	67.4
特殊问句	"aa" 呀	37	14.2
总共		261	100

应该指出,是非问句发生了实质性的变化。其中最有代表性的是,发生非常重要的通过"后缩减"来简化冗余的信息,而使问句形式更加语法化。"后缩减"现象在中国境内的语言中以前没有发现,但对世界上绝大多数语言来说是普遍存在的。

原文有许多用字错误,这可能是刻版工人文化水平较低造成的。研究别字也是饶有兴趣的。表 3A 和 3B 列出这些错别字。

表 3A　别字表

序	原　文	正　字	原　文　出　处
1.	嗊	咩	2.8Q，4.8Q，4.9Q，4.17Q，5.14Q，5.17Q，10.6Q，11.18Q，13.2Q，13.8Q，14.2Q
2.	野	哋	全部
3.	個的、個宗	嗰哋、嗰宗	全部、嗰宗
4.	你、笔者地	你、笔者哋	全部
5.	黎	嚟	全部
6.	颫銀	赚銀	2.18A
7.	寔首、實	實首	3.15A，5.19Q，5.21A；5.15A，4A，11.12A
8.	噲	會	5.20A，9.21
9.	首餙	首飾	14.10A，14.13A
10.	粧	妆	14.12A，14.13Q，14.13A
11.	著	着	14.21A，15.8B，15.12A
12.	笋	筍	2.12A
13.	嚇	嚇	13.7A
14.	朕	诊	13.13A，13.15C，13.15D（13.3B，13.15B，13.21A原文用诊）
15.	蔴	麻	15.20C，15.22A
16.	裡	裏	15.16A（裱密裏便）
17.	翻/番	番	14.19
18.	呌	叫	2.8Q

续　表

序	原　文	正　字	原　文　出　处
19.	一	一總	2.8Q
20.	真	眞	3.3A

表 3B　错字

序	原文错字	正　字	例　　句
1.	知到	知道	3.12A，10.15A，11.4A，15.9Q
2.	歛	殮	全部
3.	兩傍	兩旁	14.21A，15.19C
4.	擰	拎	2.20A，15.16A
5.	止係、止用	只係、只用	4.9A & 10.12B；14.18A
6.	炮像	炮仗	5.23B
7.	儕省	鄰省	6.4B
8.	得間	得閒	13.3B
9.	針炙	針灸	13.7A
10.	淅江	浙江	10.81A
11.	住趾	住址	13.15B
12.	隻亡	雙亡	14.14A
13.	梅酌	媒妁	14.26A，14.26B
14.	鍇聲	諧聲	8.5A
15.	養廉	養廉銀	12.14C
16.	扣	叩	13.15B(叩門而入)
17.	阿	啊	6.8，10.16，11.5

注：

① 见 Barnett and Fairbank（1985，p. 18）。

② 见王赓武（1994，p. 15）。

③ 见 Barnett and Fairbank（1985，序言）。

④ 例见 Towsend and Ride（1957）。

⑤ 见 Barnett and Fairbank（1985，p. 13）。

⑥ 在当地死亡的人约占总数一半。统计数字见 MacGillivray（1905）。

⑦ 例如伦敦会传教士 John Medhurst 宁可绕道来中国，也不愿意搭乘运载鸦片到中国的船。合逊医生，他的著作是本文的主题，也曾写一份篇幅颇长的请愿书给香港总督 Plenipotentiary Bowring。

⑧ 澳门总督。

⑨ 两广总督，见注⑫。

⑩ 从 1858 年开始，见注⑫。

⑪ 见注⑭。

⑫ 1847 年至 1851 年任广东省巡抚，1851 年至 1858 年任两广总督。1858 年叶名琛在广州被 5000 名强悍的英法远征军所俘，后被羁押在加尔各答，1859 年在加尔各答去世。他对广州失守，为法英所占，负有责任，许多历史学家认为他是一个软弱的总督（例见 Fu 1966）。不过近来对叶名琛问题又有新的倾向褒扬的解释（Wong 1976）。从叶名琛支持出版合逊有关西方医学论著来看，他对中国近代史和现代化的贡献应该重新谨慎评估。

⑬ 他年仅 23 岁就去中国是不寻常的，而他在 23 岁就成为合格的医生更是不寻常。例如，最早到中国的马礼逊博士是 1807 年 25 岁到中国的。详见 Towsend and Ride（1957）。据合逊的讣告，他是先在伯明翰大学读书，后在伦敦大学读书。

⑭ 梁发，他姓"梁"，拼作 Leong，有的作者拼作 Liang。他是中国最早的基督教皈依者，于 1817 年在马六甲的新教教堂受洗，主礼牧师是米怜，

米怜是马礼逊年轻的合作人。梁发是中国本地最早的新教牧师，1822 年在中国传教会为马礼逊牧师所按立。洪秀全因他而皈依基督教，洪秀全是太平天国的领袖，他曾读过梁发所写的著名小册子《劝世良言》。有意思的是，梁发的儿子作为两广总督的译员，曾从美国传教士 Elijah Bridgeman 先生学习英语，后者当年曾出版影响颇大的 China Repository。有关梁发的出身，请参阅 McNeur(1934?)，有关梁发道德觉悟的理智基础的精彩讨论，请参阅 Bohr(1985)。

⑮ 合逊医生在著作出版上有一位中国合作人。他称他的合作人"是一位对他要完成的任务非常称职的本地学者。他承艾约瑟牧师友善推荐任职，后者与他在苏州邂逅"。他隐去合作人的姓名，可能是为他的安全考虑，因为当局严惩给外国人教授汉语的中国人，也不许外国人除了贸易之外在中国从事别的工作，外国人被分隔开来，只能住在指定的居住区内。

⑯ 见 Balme (1921)，Lovett (1899)。

⑰ 见广东对话导言。

⑱ 可能有紧急需要，要印发这些广东话的教学资料，因为据 Bridgeman1841 年 1 月给伦敦传教会的年度报告，有 13 个传教士正在学广东话，只有 2 个传教士在学官话，3 个在学福建话。

⑲《老乞大》是一本著名的语言教科书，至迟从明代开始，也许更早以前就用于教朝鲜人、蒙古人、满族人或其他民族人，它采用问答体裁，也提供大量口语材料。详见 T'sou(1989) 和 Yang(1969)。

⑳ 每页分两栏，每栏通常包括 14 项，每项英文注解（常常是直译的）置于手写的中文条目之上。共有 26 页半，收 700 个条目，每条按字数从少到多排列，从两字词到九字词都有，十字词只有一条，排在最后。这些短语好像来自他的中文老师，或者是他在平时与中国同事和病人的接触中积累起来的。看起来他本来就有编辑一本短语集的想法，因为相关的中文和英文条目事先就安排在同一组，或自成意义单

元的几组中，然后用手工装订在一起。26页也几乎与对话的页数相同，也许他想把"常用短语选集"与对话编集在一起，对照使用。

㉑ 这些"口语短语"中有少数例外不见于在广州使用的粤语，例如"拢总"（所有，一切）：1）扫拢总楼板（扫所有地板），2）拢总个人（所有人）。这个双音节词不见于《广东对话》，而是某些闽语专用的词，东南亚包括马六甲的海外华人也常用。在《广东对话》里一律用"一总"。近代广州话中也有来自粤语次方言的词汇，这是不足为怪的，请见下文。

㉒ 今天所谓"粤剧"一直到20世纪初年还不是用粤语演唱的。

㉓ 英国和中国签订的和平、友谊、贸易和航运条约是这一时期所签订的四个不平等条约之一。其余三个条约是分别与法国、美国和俄国签订的，这三国坚持要与英国一样，签订更多的优惠条款。

㉔ 见中国、日本、菲律宾编年指引，香港，1877年。

㉕ 在中文本中插入了一段有意思的话："俟中国选派学生学习英文、英语熟习，即不用配送汉文。"在第二段第一个子句后面插入："暂时仍以汉文配送。"中文本的这些详细说明不同寻常，不但不符合专业翻译要求，而且与中国政府"中西不接触"的政策相违背。这引起人们的猜测，可能是英文本执笔人的中文顾问插入这些话，意在鼓励中国人学英语，并使之合法化。30年以后发生义和团运动，人们这才认识到英语学习的重要性，同时使之合法化，当时将对美国政府的赔偿用来资助中国留美学生，包括最早的两名中国"诺贝尔桂冠"学生，到耶鲁大学和别的学校留学。

㉖ 1984年《中英关于香港问题的联合声明》，提到中文和英文的同等地位。声明提到两种文本的声明具有同等的权威："1984年在北京复制的中英两种文本具有同等权威。"然而，1990年颁布的《香港特别行政区基本法》的英文文本仅可作参考之用，而且也没有提供权威的英文文本。有关中文和英文地位倒转的详细分析，见T'sou(1986)。

㉗ 请参阅 T'sou(1986)。

㉘ 此书第 11 章提到,广东全年税收不到 200 万两银子,而法国要求赔偿 200 万两银子,英国则要求赔偿 450 万两银子,其中 200 万两用于远征军。

㉙ 参阅 Thomson 著作(1873—1874,1982 年再版)的导言。值得注意的是 Thomson 自己与合逊及别的传教士,已经用了"Chinaman"这个词。

㉚ Thomson(1982)指出,中国人不信任欧洲人是由较早到来的葡萄牙人的不良行为所致。

㉛ 就英国人对中国官场操作细节的熟悉程度而言,他们一定早有所知。因此其中不无奥妙。可以推测英国人不是为这一条款的相关内容而开战,那么,为什么要加上这一条款呢?

㉜ 中国人在欧洲同事面前很少用这个词,然而,欧洲人用这个词互相指称或在中国同事面前用这个词却不少见。

㉝ 参见注㉘。

㉞ 大清国和香港的布政司。

㉟㊱ 与(1)和(2)等级相同(见 12.15B)。

㊲ 对这个敏感职位的养廉银没有说明,盐运司也同样是敏感的职位。

㊳ 杂官也有养廉银,但是没有提到数目。

㊴ (14.23A　众兄弟　拜见新翁、新郎,然后新郎引入房内,拜候新妇,因此名为探房,是日仍用花轿,送新妇回家拜父母,名为归宁,俗叫回门,另具好多烧猪、羊、酒等物送去。)

㊵ (14.9B　必要先过大礼,然后至娶。)

㊶ (14.15B　上头之后,男家就醮酌其子。)

㊷ (14.20B　轿夫就将轿门除开,大姈　新人入屋,同新郎交拜于堂上,俗名拜雁,因此设木雁一双在　上,取其不乱群之意。)

㊸ (14.21B　谈笑一回,然后又再送新郎入房,俗名叫做送房,各人就告

辞回家咯。)

㊹(14.20D　堂上就摆设筵席款待人客,堂下就吹弹歌唱,灯烛辉煌,到人客散席之后,另设一席在新人房,行合卺礼,俗名暖房饭。)

㊺(15.20C　初做第一旬,又名头旬,所有亲属,应该着孝嘅人,就于是日成服,孝子　粗麻袍、束麻带、穿草鞋、戴麻布帽,帽边吊三个绵花球,名为三梁冠,手揸一枝短杖,俗名捍狗棍。)

㊻(15.13A　世俗传说阴间有一条河,死后必要经过嘅,因此烧　　衣服,俾死者替换咁意思。)

㊼(15.18B　好衣服之后,又俾一粒银珠,放入死者口内,俗叫掟口,又有一个枕头,名为鸡鸣枕,放稳棺内,然后请尸入棺。)

㊽(15.18D　又俾红缎被周身盖密,咁至钉棺盖,俗名紧棺。)

㊾(15.19B　朝晚供献茶、饭,如生时一样,妻、子跪在灵前哭喊,俗名喊饭。)

㊿(10.4A　定例三年,考选各省秀才一次,名为乡试,亦系叫做大科。)

(51)(10.6B　此后换戴金顶,俗名叫做中举,第一名称为解元。)

(52)(10.9A　皇上命四个学士尚书做主考,称为大总裁。)

(53)(13.3A　假如笔者有子侄读书,不能上进,又唔愿学贸易,但想学医道,咁就要选择一位明白书理,晓畅脉诀,谨慎用药,临症亦多,咁嘅医生,拜佢为师。)

(54) 还有"拢总",见注㉑。

参考文献

Archives of the London Missionary Society (also microfische).

The Hobson Archive. Wellcome Institute, London.

Balme, H. 1921. *China and Modern Medicine: A Study in Medical Missionary Development*. London Missionary Society, London.

Barnett, S. W. & Fairbank, J. K. 1985. *Christianity in China: Early*

Protestant Missionary Writings. Harvard University Press：Cambridge，Massachusetts.

Bohr，P. R. 1985. *"Liang Fa's Quest for Moral Power"*, in Barnett and Fairbank（1985）pp. 35 - 46.

Chao，Y. R. 194 *Cantonese Primer* Cambridge：Harvard University Press.

Cheung，S.（张洪年） 1970. 香港粤语语法的研究，香港中文大学。

Cheung，S. 2001. "The Interrogative Construction：（Re）constructing Early Cantonese Grammar" in H. Chappell （ed） *Sinitic Grammar: Synchronic and Diachronic Perspectives*，New York：Oxford University Press，Oxford. pp. 191 - 231.

Cheung，Y. S. 1974. Negative Questions in Chinese. *Journal of Chinese Linguistics*. 2：3 pp. 325 - 339.

Fu，Q. X.（傅启学） 1966. 中国外交史，台北，三民书局。

Huang，Z. D.（黄正德） 1988. 汉语正反问句的模块语法，中国语文 4. 247 - 64.

Jing，C.（竟成） 1988. 汉语和藏缅语的一种是非同句，民族语文，2 - 35 - 8.

Lovett，R. 1899. *The History of the London Missionary Society* 1795 - 1895. Henry Frowde：London.

MacGillivray，1905. *A Century of Protestant Missions in China （1807 - 1907）*. Christian Literature Society for China. San Francisco.

McNeur，G. H. （1934?）. *China's First Preacher: Liang A-fa*. Shanghai：Kwang Hsueh Publishing House，Oxford University Press，China Agency.

Ni，D. B.（倪大白），1982. 藏缅，苗瑶，伺泰诸语言反语疑问句结构的异同,语言研究,1.249 - 58.

Qian N. R.（钱乃荣）,1992. 当代吴语研究,上海,上海教育出版社。

Rao, B. C.（饶秉才）,1990. 广州词汇和语法的主要特点《王力先生纪念文集》,pp. 446 - 63.

Ride，L. 195 *Robert Morrison: The Scholar and the Man*. Hong Kong University Press.

Rockefeller Foundation. China Medical Commission. 1914. *Medicine in China*, New York.

Thomson J. 1982. *China and Its People in Early Photographs: An Unabridged Reprint of the Classic 1873 - 1874 Work*. New York: Dover Publications.

Townsend，W. J. 1888. *Robert Morrison: The Pioneer of Chinese Missions*. S. W. Partridge & Co. : London.

T'sou，B. K. 1972. "On Re-ordering in Diachronic Syntax"，*Papers from the Chicago Linguistics Society Meeting*, pp. 591 - 612.

T'sou，B. K. 1976. *A Concordance of the Lao-Qi-Da*, Tokyo.

T'sou，B. K.（邹嘉彦） 1981. 有关近代汉语"顺裁""逆裁"结构演变的探究,中国语言学会,首届学术讨论会,成都。

T'sou，B. K. 1986. *The Language Bomb*. Longman: Hong Kong.

T'sou，B. K. 1989. "Teaching Chinese to Non-Native Speakers in the 14th Century: Explorations in Methodology". *Proceedings of the 1989 International Seminar on Chinese Language and Its Teaching in the World*. Singapore. （Ed. C. Y Chen）, Chinese Language Society，Singapore. pp. 670 - 671.

Wang，G. W. （王赓武） 1994. Upgrading the Migrant: Neither Huaqiao nor Huaren. Keynote paper, International Society for the Study of Chinese Overseas Conference, Hong Kong,

December 1994.

Wang，W. S. Y. 1965. *Two Aspect Markers in Mandarin Language*，41. 457－70.

Wong，J. Y.（???） 1976. *Yeh Ming-ch'en: Viceroy of Liang Kuang 1852－58*. Cambridge University Press：Cambridge（Chinese Translation by 区洪,《西广总督叶名琛》,北京中华书局,1984).

Wu，M. Y.（???），Li，H. X.，and Zheng，P. H. 1992. 国史纵编,雅美出版社(修定版)。

Yang，L. S. 1969. *Excursions in Sinology*. Cambridge：Harvard University Press.

Yip，V. and Mathews，S. 1993. *A Introductory Grammar of Cantonese*.

Yue-Hashimoto，A.（余霭芹） 1992. 广东开平方言的中性问句中国语文 40 周年纪念刊　4. 279－86.

Yue-Hashimoto，A. 1993. Comparative Chinese Dialectal Grammar：Handbook for Investigators. *Collection des Cahiers de Linguistique d'Asia Oriental* No. 1，Paris.

Zhang，M.（张敏） 1990. 汉语方言反变问句的类型研究,北京大学博士研究生学位论文.

Zhu，D. X.（朱德熙） 1985. 汉语方言里的两种反复问句. 中国语文,1. 10—20.

译者附注：本文原题 Hobson's Canton Dialogues，Language，Culture，And Society in 19th Century Canton,待刊海外学术刊物。作者英文名：BENJAMIN K. T'SOU。合逊原书序于 1850 年,目录如下：导言　1. 论孔夫子的文字系统和宗教系统　2. 佛教的派别和教义　3. 道教的派别和教义　4. 论穆罕默德教　5. 精灵和鬼怪

6. 论魔鬼　7. 论轮回　8. 论中国的书面语　9. 论教育　10. 论官阶　11. 论中国的政府　12. 论省政府　13. 论中国的医药业　14. 论中国的婚礼　15. 论中国的葬礼　16. 散语。

（本文原刊载复旦大学《语言研究集刊》第三辑，上海辞书出版社，2006 年 7 月，371—389 页）

罗马所藏 1602 年手稿本闽南话—西班牙语词典

——中国与西方早期语言接触一例

马西尼　罗马 la Sapienza 大学东方学系

游汝杰译

提要

　　自 16 世纪末期开始,在远东地区因传教与中国人接触的西方人,几乎无不声称或打算编写中文词典。此后,编写一本优秀的中文词典成为人们长期追求的目标,一直到 20 世纪初期莫利逊出版著名的 5 卷本大词典。

　　因传教活动关系,西方人需要实用的研究当地语言的基本工具书。最初碰到的问题是如何记录这些外国的语音,列出供记忆的词表。利玛窦(Matteo Ricci)在郭居静(Lazzaro Cattaneo)等传教士的协助下,为官话制订了一个可靠的拼音方案,方案中有送气符号和声调符号。

　　这一方案稍加修改,最后为金尼阁的《西儒耳目资》所采用,此书于 1623 年在杭州出版。此后几百年此书所用官话拼音方案一直被当作标准拼法[1]。

　　不过在利玛窦经澳门到中国之前,在菲律宾的传教士们

　　为学会汉语和中文，已经开始努力工作了。大多数传教会，即奥古斯汀会、多明各会和耶稣会，都声称已经编写好词典，这些教会是 1565 年至 17 世纪初期抵达菲律宾传教的。第一本词典是《中国语言词汇集》(*Arte y Vocabulario de la lengua China*)，据称编者是西班牙奥古斯汀会的 Martin de Rada (1533—1578)。他说他曾于 1575 年和 1576 年两度到福建旅行。可惜他编写的词典已逸失，与别的一些词典一样只有书名残留至今②。

　　这一时期编写的词典，只有少数几种至今犹存。其中一种今存罗马 Angelica 图书馆，作者是西班牙耶稣会的 Pedro Chirino(1557—1635)。这本手稿于 1602 年由作者从菲律宾带到罗马。这是一本记在笔记本上的手稿，共 88 页（其中只有 83 页有文字），包括几百条中文词语，并有某种闽南话及相应的 Castilian 西班牙语注音。这些词语对于研究中国和西方早期的语言接触是非常有用的。它也可以用于研究当时闽南话的语音和词汇特点。手稿上的汉字是文化程度不高的人写的，所以它对于验证最初出现的一些简笔字也是有用的。

　　西班牙的多明各会继奥古斯汀会之后来到菲律宾传教。他们是在 1578 年到达的，一直到 1626 年离开，当年他们设法登陆台湾，在 1642 年荷兰人占领台湾后，他们最终转移到中国大陆③。他们在那儿所遇见的是福建人，多明各会便创制了闽南话罗马字拼音方案。

　　西班牙多明各会在 16 世纪末和 17 世纪初，曾将这些罗马字拼音方案用于各种宗教文献。开头在菲律宾，后来到中国大陆的多明各会编写了 16 本有关汉语词汇的著作，我们只知道这 16 本书的书名。其中非闽南话著作暂不讨论，我现在只是把其中的闽南话著作的情况略为说一说。正如上文所说，有关闽南话的著作是最早的，因为最早与传教士接触的中国人是福建人。

这些书的书名如下：

a) *Vocabulario Sinico*，又名 *Diccionario español-chino vulgar*④ Miguel de Benavides（1550—1605）著；

b) *Dictionarium Sinicum*，又名 *Diccionario chino*⑤ Domingo de Nieva（1563—1606）著；

c) *Vocabulario Chino*⑥，Juan Cobo（？—1592）⑦著。

还有下列闽南话词典，我们也仅仅知道其书名，大部分不知其作者是谁。

其中有五种曾在马尼拉的 San Tom 大学的档案馆目验。这五种中有两种毁于 1941 年第二次世界大战时。今存以下几种应无问题。

（1）*Diccionario chino-español*。

（2）*Diccionario español-chino*。

（3）*Vocabulario de la lengua española-china*⑧。

（4）又一种见于巴黎国家书目，书名为 *Dicionario de la legua Chin-cheo*，写于 1609 年。最初为 Abel Remusat 藏书，后为 Stanislas Julien 所收藏，最后归 L. d'Hervey de Saint Denis⑨ 所有。

（5）又一种见于大英博物馆图书馆（Add 25. 317，ff. 2a—224b），书名为 *Bocabulario de lengua sangleya por las letraz de el A. B. C.*，最初为 Heinrich Julius Klaproth 藏书，1863 年 7 月 11 日由大英博物馆购得⑩。

（6）又一种见于罗马的 Angelica 书目，书名为 *Dictionarium Sino-Hispanicum*，Pedro Chirino 著，作者是在菲律宾的西班牙耶稣会会士⑪。

前三种仅存书名，其编写的年代可能比后三种要古老得多。

第五种今藏大英博物馆图书馆，P. Van der Loon 曾研究过这本词典，并有所描述：这是一本汉语闽南话—西班牙语 Castilian 话词典，几无汉字，记录约 300 个音节，标出送气音和鼻音，但大多不标声调。P. Van der Loon 详细研究了用于 1605 年在马尼拉印刷的 *Doctrina christiana en letra y lengua china* 的罗马字拼音方案，他在梵蒂冈图书馆找到原本（Riserva，V，73，ff. 33，只有中文部分），又在大英博物馆找到该馆所藏两种稿本，在同一档案中另藏上文述及的 *Bocabulario*，还有 *Dictrina* 的两个抄本，一本有罗马字拼音和西班牙语译文（Add 25. 317，ff. 239a—279a），另一本只有罗马字拼音（Add 25. 317，ff. 281a—313a）⑫。

P. Van der Loon 已认定 *Dictrina* 所见语言是闽南地区的潮州话，他相信 *Dictrina* 和 *Bocabulario* 的作者是 Domingo de Nieva，他也是 *Dictionarium Sinicum* 的作者（参见上文表中的 b）。

据 P. Van der Loon 说，多明各会士虽然负责编写词典，但是不会读中文。然而他们创制的罗马字拼音方案系统性很强。他们用了 13 个附加的发音符号，包括用 7 个符号表示不

同的调值(见表 2),用一个符号,即提升半格的 h,表示送气,
另用一个符号,即斜线,表示鼻音。

上述最后一本词典(第六种)是耶稣会而不是多明各
会传教士编写的。就我所知,这是 16 世纪晚期以来,耶稣
会传教士所编的唯一的非官话词典。要不是利玛窦和罗
明坚所编的著名的汉葡词典早十年问世,这将是第一本汉
外词典⑬。

1　Pedro Chirino 和他的词典

罗马 the Biblioteca Angelica 所藏 *Dictionarium Sinico-
Hispanicum*(Ms. Ital.-lat. n. 60)⑭是西班牙耶稣会士
Pedro Chirino(1557—1635)编写的,他于 1557 年生于
Ossuna,1580 年他在 Andalusia 省开始耶稣会修道士的见习
期,他曾请求派他到美洲传教,但是没有获得批准,后来他就
开始在 Jerez della Frontera 当使徒。1589 年他受命向菲律宾
人传达耶稣会会长 Claudio Acquaviva 的指示,将马尼拉耶
稣会所(the Jesuit Residence)改为学院,以利解决在菲律宾
居住的西班牙人的教育问题。他于 1590 年到达马尼拉,在
马尼拉地区他曾参加一些传教活动,后来他被任命为在
Cebu 的耶稣会学院(Jesuit college)院长。他从 1595 开始学
习中文,意在改变 Cebu 的中国人的观念,使其皈依耶稣
教⑮。从当时 Chirino 写的一份报告,我们知道,在一位由马
尼拉总督派往 Cebu 的年轻的中国信徒 Don Luis de los
Mariñas 的帮助下,他很快就能用中文授课,并在 1596 年为

第一批中国人施洗浸礼⑯。在 1602 年，作为菲律宾副省长的代理人，Chirino 被派往罗马，向 Acquaviva 报告在菲律宾的传教事业。Chirino 利用这个机会写了一份详细的报告，耶稣会会长很快就出版了这份报告，报告的题目是 *Relaci de Islas Filipinas i de lo que en ellas trabaiado los Padres de la Compañia de Jésus*⑰。Chirino 又利用这个机会把他所编词典的手稿带到罗马，交给 Augustinian Cardinal Angelo Rocca，后者是教堂司事和著名的藏书家，他的个人藏书，后来成为 Biblioteca 书库，并最终成为世界上最早的公共图书馆之一⑱。

Chirino 于 1606 年回到马尼拉，1635 年 9 月 16 日在马尼拉去世⑲。

2 书稿

书稿(21.8 厘米×16.6 厘米)由 88 张纸合订而成，其中只有 83 张纸和封面上写有文字，根据洋装书自左至右阅读的习惯，页码用铅笔自左至右记在右上角。所以有文字的每一页按中文书的习惯只出现在书的右页，但页码标在左页的右上角。这种现象很容易解释，页码是一个西方人添加上去的，他并不知道中文书的书写习惯是从右到左。

每一张纸都只是一面有文字，只有第 71 页是例外，两面都写字。第 71(a—b)，72，73 和 74 张笔迹有所不同，并且在正字法方面与其余部分不同，例如"水"("agua")标为 *Chuy*，但在第 3 页上却标为 *Chui*。

　　每一个字都有 Castillian 话的翻译,译文写在左边,中文注音写在右边。多音节的词语按语素逐一用 Castillian 话译出,它们与组成中文多音节词语的语素显然没有任何关系。有些词语的注音与所注的中文字并不相符,实际上所注是口语中的词语的语音,例如第 29 页上的第一个词是 *sai fu* 师傅,可是在同一页和下一页有许多以“匠”结尾的词,对“匠”的注音也是 *sai fu*。另有些例子,用不同的语音来注同一个汉字,例如 26 页上的“一”,罗马字拼法有标准音“su”或口语音 *chit* 和 *cheg*。

　　这本词典上的词和词语是按不同的标准编排起来的。见表 1,表上第 1 列是页码,第 2 列是内容,第 3 列是该页所见字数,第 4 列是单音节词的数量,第 5 列是双音节词的数量,第 6 列是三音节词的数量,第 7 列是短语和句子的数量,第 8 列是词语的总数,第 9 列是句子的数量(请与第 3 列所示字数比较)。表 1 底端列出每一列的总数。如果没有特别说明,每一个词、词语或句子都是先用中文写出,再写出罗马字拼音,最后是写出 Castillian 西班牙语。所有词、词语或句子都用中文的书写习惯写,从上到下,从右到左。

　　从表 1 可知,这本词典(或可称为“笔记”)包含 1 920 个字,966 个词,其中单音节有 639 个,双音节词有 304 个,三音节词语有 17 个,另有 6 个短语,104 个句子(未按组成这些句子的词的多寡来分类)。单音节词、双音节词和三音节词之间的比例关系,与对十七八世纪其他汉语方言文献的统计结

果是一致的⑳。以上的数字只能看作是大略的说明，因为确定
某一个说法是词（单音节、双音节词和三音节等）或短语或句
子，常常是非常困难的。

从表 1 可知，编者的意图是让读者循序渐进，熟悉这种语
言。开头是一些普通的字，然后是热带地区常见的物件、动物
和植物。只是开头的几页是按字形编排的，部首相同的词排
在一起。开头五页按五个不同的部首分页，每一部首占一页：
第一页为"铁"，第二页为"木"，第三页为"水"，第四页为"火"，
第五页为"土"。从第六页开始，即按义类编排，可见编者的用
意是将这本词典作为学习口语，而不是书面语的入门书。还
应该指出，从这本词典所收的词汇和句子来看，没有任何表示
外国的概念或观念的词或词语，也没有提到 Chirino 的祖国和
他的宗教信仰。

这本词典上的字显然是没有受过教育的中国人写的。有
些部首的写法前后不一致，如部首"犭"常常和"彳"相混。常
用简笔字，而不用正体字：例如用"旧"代替"舅"（f. 21）用"铁"
代替"鐵"（f. 1）。后一种现象是非常有意思的，特别值得注
意。这本词典中的有些简笔字，在中国文字学史的正规文献
上，出现的时代要晚得多。

例如"旧"，据现代的词典学参考书㉑，是下列三个字的简
化形式：舊臼舅。在 Chirino 的词典里，只用于第三个字
"舅"㉒。又如"铁"是"鐵"的简化形式，最早见于《正字通》，以
及《雍熙乐府》中的一首诗，后者出版于 1566 年，年代仅比
Chirino 的词典略早几年㉓。

表 1　Chirino 词典内容说明

栏目内容：

Ⅰ. 页码；Ⅱ. 内容；Ⅲ. 见于该页的字数；Ⅳ. 单音节词的数量；Ⅴ. 双音节词的数量；Ⅵ. 三音节词的数量；Ⅶ. 短语的数量；Ⅷ. 词语的总数；Ⅸ. 句子的数量

Ⅰ	Ⅱ	Ⅲ	Ⅳ	Ⅴ	Ⅵ	Ⅶ	Ⅷ	Ⅸ
1.	"金"字旁的字	20	20				20	
2.	"木"字旁的字	20	20				20	
3.	"水"字旁的字	20	20				20	
4.	"火"字旁的字	20	20				20	
5.	"土"字旁的字	20	20				20	
6.	动物	21	17	2			19	
7.	鱼	27	9	9			18	
8.	虫	23	17	3			20	
9.	虫	26	10	8			18	
10.	天气	20	20				20	
11.	物件	22	18	2			20	
12.	物件	20	20				20	
13.	物件	23	11	7			18	
14.	植物和水果	12	12				12	
15.	植物和水果	22	10	6			16	
16.	植物和水果	18	14	2			16	
17.	植物和水果	27	4	10	1		15	
18.	人体各部分	16	16				16	

续　表

I	II	III	IV	V	VI	VII	VIII	IX
19.	人体各部分	22	18	2			20	
20.	人体各部分	24	16	4			20	
21.	亲属关系	24	16	4			20	
22.	亲属关系	24	16	2			18	
23.	代词、色彩	18	12	3			15	
24.	布料	19	13	3			16	
25.	布料	31	5	8	2	1	16	
26.	数词 1—10，以及从 20—100 的十位数	28	10	9			19	
27.	别的数词、度量衡	28	12	8			20	
28.	各类名称	25	9	8			17	
29.	职业(以"匠"结尾的 14 个)	32		16			16	
30.	职业(以"匠"结尾的 5 个)	15		6	1		7	
31.	性质形容词	16	16				16	
32.	形容词和动词	16	16				16	
33.	形容词和动词	16	16				16	
34.	形容词和动词	17	15	1			16	
35.	动词	16	16				16	
36.	动词	16	16				16	
37.	动词	17	15	1			16	
38.	动词短语(as 如"完了")	32		16			16	
39.	动词或形容词短语	26		13			13	

续　表

I	II	III	IV	V	VI	VII	VIII	IX
40.	11 个动词短语和 1 个动词	22	2	10			12	
41.	动词短语	24		12			12	
42.	动词短语	24		12			12	
43.	11 个动词短语和 1 个名称	24	1	10	1		12	
44.	句子	41						12
45.	句子	27						6
46.	句子(只有一个有翻译)	29						6
47.	句子(只有一个有翻译)	33						8
48.	句子(没有翻译)	28						5
49.	句子公司	36						5
50.	句子(没有翻译)	28						7
51.	词和动词短语	23		5			5	4
52.	句子	28						6
53.	句子	27						5
54.	8 个词和 1 个短语	20		8		1	9	
55.	各种名称	18	4	7			11	
56.	各种名称(7 个以"食"为偏旁的字)	21	7	4		2	13	
57.	7 个不同的名称和 2 个句子	22		7			7	2
58.	各种名称	18	8	5			13	
59.	各种名称(4 个以"手"为偏旁的字)	20	4	8			12	

I	II	III	IV	V	VI	VII	VIII	IX
60.	7 个含"打"字的句子和另一个句子	20		7			7	1
61.	各种名称和短语	20		7			7	2
62.	各种名称和短语	24	7			1	8	1
63.	各种名称（其中 8 个以"相"开头）	23	1	11			12	
64.	各种名称（其中 5 个以"相"开头）	22		11			11	
65.	基本方位词和季节名称	13	11	1			12	
66.	形容词和名称	20	20				20	
67.	各种名称（其中 3 个以"相"开头）	20	5	6			11	1
68.	句子	27						3
69.	各种名称	20	1	5	3		9	
70.	各种名称	19	1	6	2		9	
71.	右边：句子	30			1		1	5
72.	左边：不加注音和释义的单音节词	10	10				10	
73.	左边：不加注音和释义的单音节词	20	20				20	
74.	左边：单音节词,部分有注音和释义	20	20				20	
75.	动词短语	22				1	1	6
76.	短语和句子	20	2	4	2		8	1

续　表

I	II	III	IV	V	VI	VII	VIII	IX
77.	句子	27		2			2	4
78.	句子	32						6
79.	句子,只有第一个有部分翻译	35						5
80.	句子,有的有翻译	36						4
81.	句子和两个词,有的有翻译	27		2			2	4
82.	句子,有的有翻译	34						5
83.	句子和词,有的有翻译	27		3	2		5	2
	总计	1 920	639	304	17	6	966	104

3　罗马字拼音系统

　　Chirino 的罗马字拼音系统,在符号使用上有以下特点:

　　1) 送气音十分系统地用"h"写在塞音/p/、/t/、/c/、/ç/、/q/的后面,即/ph/、/th/、/ch/、/çh/、/qh/。P. Van der Loon 曾研究过的 Doctrina 和 1607 年出版的 Bocabulario 也是用"h"表示送气的。在中国的耶稣会士后来编写的别的词典或词汇学文献则是用一个希腊文字母写在符号的上面,或者用一个撇号写在符号的前面,后来把撇号挪到符号的后面,表示送气,所使用的方法跟威妥玛式或远东法兰西学院(the Éole Française d'Extrême-Orient)拼法完全一样。

　　声调似乎没有系统的标示法,不过在某些场合还是用了

一些附加符号。可能这是最初为标示声调所做的努力,例如:
sia 加声调后有三个音节 sià 城,siā 锡,siá 社。通过与闽语
三个主要次方言(厦门话、潮州话、福州话)的比较,可以假设:
短横在上表示阴入,长横在下表示阳入,一捺在上表示阳平;
有时也用曲折号,可能是用来表示阴去,如 Su·a 线[24]。因为
只有十来个音节用了声调符号,所以以上所说还只是一种
假设。

表 2　声调符号

声　调	年代	平声		上声	去声		入声	
		阴	阳		阴	阳	阴	阳
Chirino	1604		/		\/		\	–
Doctrina 和 *Bocabulario*	1607	/	–	\	\/	/\	Y	人
西字奇迹[25]	1605	–	/\	\	/		\/	
西儒耳目资	1623	–	/\	\	/		\/	

这本词典所采用的罗马字拼音系统请见表 3 和表 4。表
3 为声母表,先写出大致的音值,后面括号中是 Chirino 所用
的声母符号。表 4 为韵母表,表上的韵母只是对 Chirino 所用
的韵母有所修正,我不想构拟当时可能的音值。因为我目前
还没有将它的音韵与当时其他闽语进行比较,所以我不打算
确定每一个语音的实际音值。Chirino 在 Cebu 的时候可能已
经与使用不同闽语的人群有所接触。然而有必要指出,
Chirino 的罗马字拼音系统与 P. Van der Loon 曾研究过的罗
马字拼音系统有所不同[26]。

Chirino 词典的声母和韵母表

表 3　声母

Voiceless unaspirated	p (p)	t (t)	ts (ch)	k (c, ç, qu)
Voiceless aspirated	p' (ph)	t' (th)	ts' (ch)	k' (qh)
Voiced	b (b)		dz (tz)	
Nasals	m (m)	n (n)		g (ng)
Fricatives			s (s)	
Approximant				h (h)
Sonorants		l (l, d)		

表 4　韵母

	-b	-c	-g	-m	-n	-ng	-p	-r	-t
a		ac		am	an	ang	ap	ar	at
ai									
ao									
au									
e		ec	eg			eng			et
ee									
ei									
i				im	in	ing	ip		it
ia	iab			iam	ian	iang	iap		
iao									
iau									
ie					ien	ieng			iet

	-b	-c	-g	-m	-n	-ng	-p	-r	-t
io						iong			
iu									
o		oc	og			ong			
oa				oam	oan				
oai									
oe									
ou									
u					un			ur	
ua				uam					
ue									
uei									
ui				uim	uin				uit
uia				uiam					
uio									

4　结语

　　没有证据可以说明当时中国知识界已经注意到这一种或别的闽语罗马字拼音系统。它们只是为实用的目的而制订，即用于宗教图书的拼写，如 1605 年的 *Doctrina*，或者为了向当地人民传福音而研究语言，制订拼写法，如 Chirino 的罗马字拼音系统和用于 1607 年的 *Bocabulario* 的拼写法。这些系统很快就被制订者耶稣会士和多明各会士放弃，他们不久就去了大陆，最终将精力放在为官话制订拼音系统，编写词典和语法书，官话是那些皈依天主教的读书人所使用的语言。这种情形一直维持到 19 世纪初年，那时候抗议派传教士投身于研究南方语言，创制各种不同的罗马字拼音系统。这些拼音系统中只有闽南白话字，得以传播，一直到今天福建省一些当地人还懂这种白话字⑰。

注：

* 本文的初稿是用意大利语发表的，题目为“Masteriali Lessiocgrafic sulla linggua cinese readatti dagli occidentali fra '500 e '600: I dialetti del Fujian", in *Cina*, Roma 2000, pp. 53 - 79。

① 关于 Ricci, Ruggieri, Cattaneo 的官话罗马字拼音系统，参见 Yang, Paul Fu-mien S. J. , "The Portuguese-Chinese Dictionary by Matteo Ricci: A Historical and Linguistic Introduction", *Proceedings of the Second International Conference on Sinology. Section on Linguistics and Palaeography*. Taipei: Academia Sinica, 1989; F. Masini, "Some preliminary remarks on the study of Chinese lexicographic materials prepared by Jesuit missionaries in the XVIIth century", in F. Masini (ed.), *Western Humanistic Culture Presented to China by Jesuit Missionaries*, Rome, 1996, pp. 235 - 245; Joseph A. Levi, *Dicionario Portuguese-Chinese de Mateo Ricci*, University Press of the South 1998. 有关《西儒耳目资》的中文、日文和西文的书目参见马西尼《一些初步看法……》，见注⑦。

② 关于 Miguel López de Legazpi 的探险事迹参见 N. P. Cushner, *Spain in the Philippines*, Institute of Philippine Culture, Ateneo de

Manila，Quezon City 1971；P. Fernandez，*History of the Church in the Philippines*（*1521 - 1898*），Navotas Press，Metro Manila 1979；H. de la Costa，*The Jesuit in the Philippines 1581 - 1768*，Harvard University Press 196。感谢 Giuliano Bertuccioli 教授允许我利用他的有关菲律宾的材料，特别是有关 Pedro Chirino 的笔记。

③ 参见 J. Dehergne，"L'ile Formose au XVIIe sièle"，in *Monumenta Nipponica* 4，1941，pp. 270 - 227。

④ 参见 Streit，*op. cit.*，vol. IV，p. 358，J. M. Gonzáles，*Historia de las Missiones Dominicanas de China*，Madrid 1967，vol. V，p. 386。

⑤ 参见 Streit，*op. cit.*，vol. IV，p. 364，J. M. Gonzáles，*op. cit.*，vol. V，p. 391。

⑥ 参见 Streit，*op. cit.*，vol. IV，p. 472，J. M. Gonzáles，*op. cit.*，vol. V，p. 386.

⑦ 有关这些传教士的事迹，也见于 Diego Aduarte，*Historia de la Provincia del Santo Rosario de la Orden de Predicatores en Filipinas，Japón y China*，Zaragoça 1693，now edited by M. Ferrero，C. S. I. C.，Madrid 1963. 其中有些人的事迹也见于 F. Mateos，"Apuntes para la Historia de la Lexicograf a Chino-Españla"，in M. Ariza，A. Salvador，A. Viudas ed.，*Actas del I Congreso International de Historia de la Lengua Españla*，Cáceres，30 de marzo - 4 de abril de 1987，Arco-Libros. S. A，pp. 927 - 941。

⑧ J. M. Gonzáles，*Historia de las Missiones Dominicanas de China*，Madrid 1967，vol. V，pp. 412 - 414. Gonzalez 指出，马尼拉的 San Tom 大学档案馆所藏这三本词典的签名分别为 t. 215，t. 216 和 t. 214。

⑨ 参见 A. Remusat，*Mélanges Asiatiques*，vol. II，Paris 1826，pp. 90 - 93；Cordier，*op. cit.*，col. 1629. Courant，Chinois。

⑩ Cordier,op. cit. ,col. 1632。

⑪ 参见"The Manila Incunabola and Early Hokkien Studies", in *Asia mayor* XII, pp. 95‑186. cf. Part II,p99。

⑫ Ivi,pp. 143‑186。

⑬ 手稿藏于罗马耶稣会历史档案馆,1934 年被 Pasquale D'Elia 发现, *Dizionario portoghese-cinese.* D'Elia 和杨福绵认为,这本手稿是 Ricci 和 Ruggieri 1583—1588 年在广东省的肇庆写的,1588 年由 Ruggeri 带到罗马。参见 ARSI, *Jap. -Sin.* I, 198, ff. 32‑156。 又,参见马西尼《一些初步看法⋯⋯》,p. 239, n. 9。

⑭ 手稿的完整题目是: *Dictionarium Sinico-Hispanicum quo P. Pedro Chirino Societatis Jesu Linguam Sinensium in Filipinis addiscebat ad convertendos eos Sinenses qui Filipinas ipsas incolunt, et quadraginta millium numerum excedunt. Quem R. mo D. Mons. Sacristæ obesequia ergo ipsemet Petrus suppliciter obtulit prid. Cal. Aprilis 1604.* 又可参见 E. Narducci, *Catalogus codicum manoscriptorum praeter Graecos et Orientales in Bibliotheca Angelica,* vol. 1, Roma 1893, p. 21, cit. also in Van der Loon, *art. cit.,* p. 98。

⑮ 在 1604 年的报告中 Chirino 说,当地约有 200 个中国人,但在词典的 序言里他说有 40 万人。

⑯ "Con estar sólo se ejercitaban nuestros ministerios en nuestra iglesia con Españes y con indios con harta frecuencia, y predicaba muy ordinario en la catedral. De más desto viendo el barrio de los Chinos desta ciudad, donde había más de doscientos, con solo un cristiano, y que no habia quien los administrase, estando ellos muy dispuestos para recibir nuestra santa fe, si hubiese quien se la enseñase, me apliqué á estudiar y á aprender su legua, de que ellos se alegraron mucho，y acudían muchos dellos todos los días á hora señalada，á darme lición，con que tomé algo della，que me bastó para comenzarlos á doctrinar：á lo cual me ayudó mucho el Gobernador Don Luis de las Mariñas，que de Manila me envío un mozo muy hábil desta nación，cristiano，que me ayudaba á catequizar los que se habían de bautizar . . . ”，P. Chirino，*Relación* . . . ，Manila 1969，p. 69. 又可参见 de la Costa，*op. cit.*，pp. 166－167，200，222。

⑰ Roma，Estevan Paulino，1604，pp. 196. Rist. Manila 1969。

⑱ 据《序言》，Chirino 在 1604 年 3 月 5 日完成他的 *Relación de Islas Filipinas*，过了没多久，既在 3 月 31 日，把手稿奉献给红衣主教 Rocca。为什么一个耶稣会传教士会把一本词典的手稿交给一位 Augustinian 红衣主教？可能的解释是：这位红衣主教可能是一位饱学之士，语言学专家，第一本官方出版的《圣经》（1590 年）的编辑，多少对 Chirino 的 *Relación* 的出版有些助益。事实上，一直到 1595 年，Rocca 多年来掌管梵蒂冈印刷厂，并与包括 Estevan Paulino 或 Stephanum Paulinum 在内的罗马所有的主要印刷厂都有联系，Chirino 的 *Relación* 和 Rocca 的至少一本书就是在上述印刷厂出版的。我们可以推想，Chirino 将词典交给 Rocca，是希望词典能在罗马出版。Rocca 在一本匿名小册子里曾提到这本手稿：*Bibliotheca Angelica litteratorum litterarumque amatorum commoditati dicata Romae in aedibus augustinianis*，Romae，apud Stephanum Paulinum，1608，where on page 86 he wrote：Codices ex cortice arundinea Sinis conscripti，& Siniacè item Sinis impressi cum dictionarium Sinohispanico manuscripto. 这本手稿不见于 Angelica 图书馆的首批目录：*Index Manoscriptorum Bibliotheca Angelica autorum et materiarum odine alphabetico dispositus*. A Padri Basilio Rassegnier，1734（ms. 2393），但见于 Guilelmus Bartolomei 在

1847 (ms. 1078, f. 48V)编辑的下述目录。有关图书馆一般历史和有关 Rocca 的文献参见 P. Munafò e N. Muratore, *La Biblioteca Angelica*, Istituto Poligrafico e Zecca dello Stato, Roma 1989。

⑲ 关于 Chirino 的生平事迹见于上文述及的有关基督教在菲律宾传教活动的参考书,也见于下述著作
（引自 Archivo Biográfico de España, Portugal e Iberoamérica, II/229, 353, 354）：M. Méndez Bejarano, *Diccionario de Escritores, Maestros y Oradores naturales de Sevilla*, Girones, vol. I, Sevilla 1922, n. 672; F. Rodriguez Marin, *Nuevos datos para las Biografias de cien escritores de los siglos XVI y XVII*, Tip. de la Revista de Archivos, Bibliotecas y Museos, Madrid 1923, ad indicem.

⑳ 参见 F. Masini, *The Formation of Modern Chinese Lexicon and its Evolution toward a National Language: The Period from 1840 to 1898*, Monograph No. 6 of the *Journal of Chinese Linguistics*, Berkeley, 1993, p. 121, n. 2. 中文译本：马西尼著、黄河清译《现代汉语词汇的形成——十九世纪汉语外来词研究》,汉语大词典出版社,1997 年。

㉑《汉语大字典》,湖北辞书出版社,四川辞书出版社,武汉,成都,1986—1990, 8 卷;《汉语大词典》,上海辞书出版社, 1986—1994, 13 卷。这些书上没有简化字在历史上首出的资料。《中文大辞典》(中华学术院印行,台北,1973 年,1980 重印,10 卷,包括《宋元以来俗字谱》载录的所有简化字。《宋元以来俗字谱》为刘复和李家瑞,1930 年初版,1957 重印,全书包括 6 240 个简化字）。

㉒ 参考《中文大词典》,14 052 条。

㉓ 参考《中文大词典》,41 220 条;《汉语大词典》第 11 卷,1232 页;《汉语大词典》第 6 卷,4187 页。

㉔ 各声调的调值据它们在现代闽语厦门话和/或潮州话的调值作了修正。见《汉语方音字汇》第二版，北京大学中国语言文学系、语言学教研室编，文字改革出版社，1989 年。

㉕《西字奇迹》是一本简短的教科书（正反面共 6 页），利玛窦著，1606 年初版于北京，全书包括三个圣经故事，皆译成中文，并配以罗马字拼音。《西儒耳目资》一书是金尼阁（1577—1628）在韩云和王徵的协助下写成的，1626 年出版于杭州。参见马西尼《一些初步想法...》、《欧洲出版的第一本中文词典》，以及这两种著作所列的详细书目。

㉖ 相关的闽语音韵特征大多可以在下述两种著作中找到：《汉语方音字汇》第二版，北京大学中国语言文学系、语言学教研室编，文字改革出版社，1989 年；袁家骅等著《汉语方言概要》，第二版，文字改革出版社，北京，1983 年。

㉗ 关于闽南白话字请参见《绍介流行悠久的闽南白话字》，载《语文建设通讯》，香港，1994，45，pp. 72‐79。

　　（本文原刊邹嘉彦、游汝杰主编《语言接触论集》，上海教育出版社，2004 年 3 月，211—234 页）

初版后记

　　这本小书更确切的书名应该是《19 世纪后半期至 20 世纪前半期来华西洋传教士方言圣经和方言学著作书目考述》，这也是本书大致的调查研究范围，但是书名太长会令人难以卒读，所以只好缩略为《西洋传教士汉语方言学著作书目考述》。

　　笔者有志于调查研究西洋传教士方言学著作，还是在读研究生的时候，虽然时间已经过去将近四分之一世纪，但是这个宏愿还只是万里长征走完第一步，即调查研究这些几乎被世人遗忘尘封已久的文献，编写出一份辑录兼考述的详细书目，为今后的研究张目。现在看来断非一个人的学力就能实现如此宏愿。我自己的计划是今后较多地研究其中有关吴语的文献，本书第七章①是一个初步的尝试。希望本书的出版能为有此同好的语言学工作者指点迷津，也为中外文化交流提供一份翔实的资料。

　　西洋传教士的中国方言《圣经》和方言学著作散藏于国内外各地图书馆，以笔者个人之力难以调查和搜集殆尽，万盼读者不吝补充，对考述部分也盼不吝指教。

---

　　①　即增订本的"研究篇"第一篇《西洋传教士著作所见上海话的塞音韵尾》。

　　语言学本是冷门学科，这本书目可以说是冷门中的冷门，今承丛书主编戴昭铭先生愿意收编，又承黑龙江教育出版社愿意出版，收笔之际感铭甚深，特此申谢。

2001 年早春

增订本后记

　　本书初版原名《西洋传教士汉语方言学著作书目考述》，是由黑龙江教育出版社于 2002 年出版的。此前这些早期西儒的方言学著作很难寻觅，笔者费尽心机，获得多项学术基金的支持，在国内外各大图书馆搜寻这些著作，编写书目，并复印了其中 9 000 多页。特别值得一提的是，当年多次出国从事文献调查研究工作，虽然获得国内外多种研究基金的资助，但是申请出国和签证并非易事，幸好欧盟驻中国大使魏根深（Endymion Wilkinson）为我写推荐介绍信，才得以成行、成事，感铭甚深。美国威斯康星大学的张洪明教授和纽约 Baruch College 的余志强教授也曾为我写邀请信。近年来因为互联网的发达，这些宝贵资料的电子版，有一部分竟可以轻易上网获取，特别是方言《圣经》，令人有"踏破铁鞋无觅处，得来全不费功夫"之叹。

　　此书初版后，笔者继续搜寻此类著作。近年来盛益民也对此事兴趣盎然，他年轻有为，又搜寻到一些前所未见的文献，并且细读修订稿，致力校对工作，非常感谢。另承陈忠敏、石汝杰、庄初昇、林素娥、祁嘉耀等学友相助，张美兰、张嘉星、曹西蕾、柯理思、袁进的著作也使我获益良多，至今的成果是方言《圣经》增约 100 种，其他方言学著作增约 50 种，通俗读物增 200 多种，皆已增补在增订本中。但我自知此类著作难以搜集殆尽，特别是其中的"通俗读物"，并不在一般图书馆的收藏之列，即使知道书目，目前在网上可以下载的原书扫描件，也寥寥无几。

增订本的内容除了书目的"考述篇"外，还有笔者历年来相关的研究论文及译文，统称为"研究篇"。增订本的篇幅比初版增加近一倍。此类著作的搜寻工作未成完备，研究工作仅仅是发轫而已，尚祈后来者继续努力。拙著的谬误、缺漏之处也请读者诸君批评指正。

2019 年春节
于上海景明花园静思斋